Juan Luis Colaiácovo • Rubén Daniel Avaro
Marilda Rosado de Sa Ribeiro • Hernán Narbona Veliz

JOINT VENTURES

y otras formas de
Cooperación Empresaria Internacional

ORGANIZACION DE LOS ESTADOS AMERICANOS (OEA)

CICOM
Centro Interamericano de Comercialización

I.S.B.N.: 950-537-207-8
Todos los derechos reservados
Hecho el depósito que marca la ley 11.723
MACCHI GRUPO EDITOR S.A.
1992 © by EDICIONES MACCHI
Córdoba 2015 - (1120) - Tel. 961-8355
Alsina 1535/37 (1088)
Tel. 46-2506/0594 - Fax 460594
Buenos Aires - Argentina

EMPRESA ADHERIDA A LA CAMARA ARGENTINA DEL LIBRO

A Viviana, por su comprensión.
A Marcela, por su esfuerzo para superarse.

RUBEN DANIEL AVARO

Prólogo

El sector externo ha jugado un papel significativo en las economías latinoamericanas no tanto por la importancia relativa en la formación del producto bruto, ya que el mismo representa en términos regionales menos de un 10%, sino porque periódicamente los desequilibrios que se han producido en ese sector han sido factores que han condicionado la política económica doméstica. Por otro lado, la exportación ha sido percibida fundamentalmente como un componente macroeconómico vinculado a las necesidades de importación y servicio de la deuda externa y no como un elemento estratégico asociado al crecimiento y el desarrollo, al ser un componente básico de la demanda global conforme lo han apreciado los países cuya dinámica económica proviene de dicho sector como es el caso de los llamados "tigres asiáticos" y otras economías abiertas.

Pareciera ser que en América Latina la preocupación por el fomento y desarrollo de exportaciones, principalmente no tradicionales, ha sufrido las consecuencias de esta visión, así como, por los efectos de los ciclos de precios de productos básicos de exportación. Sin embargo se nota que paulatinamente la formulación de una política de exportación ha ido adquiriendo una visión más estructural, que requiere de reglas del juego con mayor permanencia, y un trato diferenciado cuando se formulan políticas económicas que contemplan ajustes coyunturales.

La integración económica también ha sido un componente importante del diálogo latinoamericano en el último medio siglo, aunque su conceptualización e implementación ha sufrido cambios importantes durante ese período, pasando de ser un instrumento de apoyo a los esfuerzos de sustitución de importaciones, preservando para fuera del espacio ampliado, altas barreras arancelarias y para-arancelarias, para convertirse en un mecanismo de fomento de exportaciones y facilitación del proceso de inserción internacional al plantear un arancel externo común muy bajo exponiendo así a los agentes económicos a la competencia internacional.

El proceso de integración, al reducir o eliminar la protección genera nuevas condiciones competitivas que implican una necesidad de ajuste, no solamente en la política económica sino en la toma de decisiones empresariales, que tendrán en el espacio ampliado un nuevo marco de oportunidades y restricciones. Nuevos factores pasan a tener una influencia decisiva en la vida empresarial, y las empresas deben dar una respuesta adecuada en términos de reajustes estructurales internos, así como en la relación empresa-contexto externo.

El objetivo principal de este texto es justamente describir los mecanismos de ajuste y cooperación empresarial necesarios y convenientes en el marco de la integración, así como instruir en el proceso de implementación y negociación. El contenido del texto enfatiza el sistema de integración identificado como MERCOSUR, y formalizado en 1991 por el Tratado de Asunción, así como el mecanismo de cooperación denominado "joint venture", particularmente las joint ventures internacionales. Como el libro se ha diseñado para fines didácticos se incorporan varios casos prácticos que ilustran experiencias simuladas de formulación y negociación de proyectos de joint ventures internacionales.

En el caso específico del MERCOSUR el proceso de negociación oficial ha sido concluido en algunos aspectos sustantivos como aranceles, restando la negociación oficial de eliminación de asimetrías y la coordinación de políticas. En cambio el proceso de ajuste y cooperación empresarial recién está comenzando a articularse, por lo cual esta publicación aparece en un momento oportuno para apoyar tales acciones.

El texto es una selección de artículos y casos preparados por los cuatro autores, por lo cual podría percibirse entre algunos trabajos pequeñas superposiciones o incluso diferentes enfoques para el análisis del mismo concepto.

El tema de las "joint ventures internacionales" se trata en profundidad analizándose sus aspectos jurídicos, económicos y financieros. Se enfatiza en particular la "joint venture" de exportación o sea un mecanismo para que los paises latinoamericanos puedan penetrar en los mercados internacionales.

La experiencia de Chile en la materia ha sido tratada específicamente ya que es un país que ofrece una rica experiencia al respecto.

Los ocho casos prácticos incorporados permiten constituir una unidad didáctica completa con el material técnico.

El material presentado es en su totalidad propiedad intelectual de la OEA, pero los conceptos, análisis y opiniones vertidas son responsabilidad exclusiva de los autores. Este texto hace parte de una serie editorial preparada por el Centro Interamericano de Comercialización (CICOM), perteneciente a la Organización de Estados Americanos, Fundación Getulio Vargas y Ministerio de Relaciones Exteriores de Brasil, y comprende títulos tales como: Comercio Exterior y Negociaciones Internacionales; Técnicas de Negociaciones, Aplicaciones al Campo Internacional; Negociación y Contratación Internacional; Canales de Comercialización Internacional; Intercambio Compensado y Otras Formas No Convencionales de Comercio Exterior; Trading Companies, Experiencia Internacional; Proyectos de Exportación; Trading Companies II, Experiencia de Brasil; Exportación, Comercialización y Administración Internacional; y Promoción de Exportaciones.

JUAN LUIS COLAIACOVO

Río de Janeiro, diciembre 1991

INDICE

CAPITULO 1

Integración y cooperación regional. El caso Mercosur

CAPITULO 2

Mecanismos de ajuste y cooperación empresarial

Capitulo 3

Fusiones y adquisiciones de empresas

CAPITULO 4

Joint Ventures: Una relectura de sus aspectos jurídicos

Capítulo 5
Joint Ventures Internacionales

Capítulo 6
El fenómeno de las Joint Ventures

CAPITULO 7

Las Joint Ventures como estrategia de inserción en mercados internacionales

CAPITULO 8

Las Joint Ventures. Aspectos económicos, financieros y organizacionales

CAPITULO 9

Legislaciones, políticas y normas del país recipiente que influyen en la creación de una Joint Venture

Capitulo 10

El financiamiento de las Joint Ventures

CAPITULO 11

Las Joint Ventures en el marco de los acuerdos de integración regional

CAPITULO 12

Fuentes de información sobre Joint Ventures

CAPITULO 13

Experiencias chilenas en Joint Ventures en el exterior

CAPITULO 14

Casos prácticos

Capítulo 14

Casos prácticos

Capítulo 1

INTEGRACION Y COOPERACION REGIONAL. EL CASO MERCOSUR

El tema de la cooperación económica y la integración regional ha tenido vigencia a lo largo de la historia desde la formación de los estados nacionales, cobrando particular relevancia en la política exterior de los países a partir de la II Guerra Mundial. Ya al conformarse el "nuevo orden mundial" de postguerra con el nacimiento del BIRF, FMI y GATT creados para "disciplinar" y liberalizar el comercio, y los flujos financieros-monetarios internacionales, se detecta en 1945 la creación de la Organización Europea para la Cooperación Económica (OECE), que con la entrada de EUA, Canadá y Japón en 1960 se transformara en la Organización de Cooperación y Desarrollo Económico (OCDE), importante foro para el análisis y discusión de la cooperación, particularmente entre los países desarrollados.

En junio de 1947, el General GEORGE MARSHALL, en un histórico discurso en la Universidad de Harvard, anunciaba un plan de ayuda para la reconstrucción de los países arruinados por la guerra. Indicaba que los estados europeos se podrían beneficiar si establecían un "plan conjunto", que no debería ser una suma de planos nacionales, sino un esfuerzo consciente y sostenido de cooperación.

La cooperación iniciada por la OECE se complementaría con acuerdos posteriores como el Benelux, la Comunidad Europea del Carbón y el Acero, y finalmente el Tratado de Roma de 1957 que da lugar al nacimiento de la Comunidad Económica Europea, primer esquema de integración formalmente aceptado por el GATT, que tenía como objetivo lograr la formación de un mercado común como paso previo a la formación de una unión económica. Los países europeos no integrantes de la CEE, constituyeron a seguir por influencia de Inglaterra, la European Free Trade Association (EFTA). Debe recordarse que Inglaterra ya acumulaba una amplia experiencia de cooperación e integración con el esquema del Commonwealth.

Treinta años de arduo diálogo y negociación, permitió la evolución gradual de la economía europea hacia un sistema integrado, pero todavía con considerables imperfecciones. Con el reconocimiento explícito de una necesidad de acelerar y perfeccionar la formación de una unión económica, para poder enfrentar la competencia internacional, y modificar la sensación de "decadencia europea", se firmó en 1987 un compromiso que fijó para diciembre de 1992 el objetivo de llegar a una plena integración.

El proyecto Europa 92, incorpora como elemento facilitante, una innovación en el sentido que el proceso de armonización no requiere necesariamente una negociación previa, desde que los gobiernos estén dispuestos a permitir que las instituciones nacionales sean expuestas a una confrontación pragmática en ambos lados de la frontera. Una vez reconocidos recíprocamente, los mecanismos a ser armonizados (subsidios, líneas de créditos, normas técnicas, criterios de selección de proveedores, etc.), serían eliminados _a posteriori_.

La integración regional, ha sido también una de las preocupaciones de los países de América Latina desde la década de 1950. Sin embargo, los esfuerzos se han caracterizado por objetivos ambiciosos y resultados modestos.

Las primeras tentativas sistemáticas de creación de un mercado común en la región, se originaron en los estudios efectuados por CEPAL hacia fines de la década del 50. Las propuestas presentadas en aquel momento estaban influenciadas por el éxito inicial del Mercado Común Europeo.

La creación de comercio, como consecuencia de la integración, parecía proporcionar efectos positivos.

Así, en 1960, se firmó en Montevideo el Tratado que dio lugar al nacimiento de la Asociación Latinoamericana de Libre Comercio (ALALC).

La experiencia de ALALC se basó, esencialmente, en la necesidad de implantación de una estructura productiva específica en el sector industrial. Se entendía, que los esfuerzos de integración, estaban relacionados con el supuesto implícito de que el proceso de desarrollo económico, involucra necesariamente un grado más alto de industrialización, ya que un mercado ampliado haría factible la implantación y consolidación de nuevos sectores industriales.

El hecho de contemplar un proceso gradual de industrialización, hizo que las negociaciones en ALALC se basaran en listas de productos.

La CEPAL efectuaba tres recomendaciones básicas:

a) Las concesiones tarifarias deberían empezar por simples bienes de consumo, y sólo después que el proceso de integración se mostrara efectivamente exitoso en sus etapas iniciales, los países deberían negociar tarifas de bienes de producción en función de sus efectos multiplicadores.

b) Era necesario establecer algún mecanismo para evitar que se produjera un desequilibrio sistemático en el comercio bilateral.

c) Las concesiones a nivel comercial, se deberían sumar a mayores esfuerzos de integración, incluyendo las políticas económicas en los diversos países.

Los analistas consideran que el fracaso de ALALC se debió a una serie de factores entre los cuales se destacan la falta de b) y c), y el hecho de que las negociaciones tarifarias se hicieran sobre la base de la cláusula de la nación más favorecida.

ALALC fue también concebida como mecanismo de sustitución de importaciones y promoción de exportaciones. En los primeros tres años ALALC presentó dinamismo con la desgravación tarifaria de productos tradicionalmente comercializados por los países de la región, pero se trabó en la negociación de productos nuevos de menor complementariedad económica.

ALALC se transformó en ALADI (1980) dando un enfoque más realista a la integración. El proceso se tornó más flexible adoptando como meta el establecimiento gradual y progresivo de un mercado común latinoamericano, ya no a partir de una zona de libre comercio sino por medio de acuerdos bilaterales no extensivos. ALADI fue afectada ya que la primera mitad de esa década del 80 se caracterizó por la crisis del petróleo, crisis de la deuda, planes de ajustes del FMI, e interrupción de financiamiento y flujos de capitales.

En 1984, comenzaron las primeras conversaciones para un acuerdo de integración entre Argentina y Brasil que se plasmaría formalmente a partir de la firma de la **Declaración de Iguazú** del 30/11/85.

A partir de 1985 el tema de la integración adquirió considerable importancia en América Latina registrándose los siguientes movimientos:

a) IV Consejo Presidencial Andino;

b) Encuentro de Presidentes en Guadalajara, México;

c) Encuentro de Cancilleres de América Latina en Luxemburgo y Bruselas;

d) Iniciativa para las Américas;

e) Acuerdos Bilaterales de Argentina, Chile, Venezuela y México;

f) Acuerdo EUA-Canadá;

g) Acuerdo EUA-Canadá-México;

h) MERCOSUR;

i) Europa 92.

El Acuerdo MERCOSUR deja abierta una facilidad de una rápida incorporación de Chile, aunque este país parece indicar su preferencia por aguardar la evolución de los acontecimientos en base a que:

a) sus cláusulas limitan seriamente la posibilidad de celebrar acuerdos con otros países;

b) los miembros del MERCOSUR deberían primero compatibilizar una política con Chile para un ordenamiento del mercado.

Las negociaciones e implementación del Acuerdo MERCOSUR serán realizadas por el "Grupo Mercado Común" previsto en el texto del mismo, y que es una manera de preservar el "Grupo Mercado Común Argentina-Brasil" creado en el Tratado de 1988.

La integración en América Latina siguió una estrategia "hacia adentro" como instrumento de sustitución de importaciones. Hoy la necesidad de integración asume una característica diferente, "hacia afuera", es decir como objetivo último de mejorar la competitividad de la región para una mejor inserción en el comercio y economía mundial.

Esto implica buscar todas las formas posibles de cooperación para conquistar en el campo tecnológico, aprovechar las economías de escala y unir capacidad de compras y ventas externas para enfrentar a los grandes bloques económicos.

El mundo desarrollado ha comenzado a pensar inclusive en crear una zona de libre comercio en el marco de OCDE.

Finalmente, el camino de la integración y las relaciones entre sistemas, dependerá del resultado de la Rueda Uruguay actualmente en su negociación final.

La experiencia de 30 años de integración en América Latina permite hoy decir que hay un consenso entre los especialistas en cuanto a que las deficiencias más importantes radicaron en el carácter excesivamente global de los esquemas ensayados, en el realce de los aspectos y mecanismos comercialistas y en la escasa consideración prestada a la duplicación de estructuras industriales nacionales.

Otro factor negativo residiría en la supuesta ausencia de agentes relevantes interesados en el proceso de integración, lo que sería a la vez causa y efecto del fracaso de tales iniciativas.

1.1. TEORIA DE LA INTEGRACION

Las transformaciones en curso en la economía mundial, en particular las asociadas al cambio tecnológico, que renuevan tanto los productos como los procesos de producción y las formas de prestación de servicios, cuestionan la vigencia en el largo plazo de las ventajas de la especialización que se funda en la disponibilidad de recursos naturales y de mano de obra barata.

En América Latina la especialización exportadora responde al aprovechamiento de las ventajas comparativas estáticas en la mayoría de los casos, y a la liberación de saldos exportables en virtud del deterioro de la demanda interna que afectaba a las industrias de bienes intermedios con procesos continuos de producción. En general, la exportación latinoamericana se basa en la disponibilidad de recursos naturales, mano de obra barata y elevados subsidios al capital.

La teoría económica tradicional estableció a partir de BELA BALASSA (1964), las etapas en dirección a formas más completas de integración:

a) **Area de libre comercio.** Se busca la libre circulación de bienes dentro de la región, sin barreras o tarifas;

b) **Unión aduanera.** Además de las características de a), los países miembros buscan una estructura uniforme de barreras tarifarias en relación al resto del mundo;

c) **Mercado Común.** Al sistema b) se agrega la libre circulación de mano de obra y capitales, esto es la libre circulación de bienes y factores de producción;

d) **Unión económica.** Es la etapa superior del proceso de integración donde a las características de c) se suma un alto grado de integración y coordinación de las políticas macroeconómicas, en especial la monetaria y fiscal.

La teoría económica tradicional enfatiza en su análisis el caso b) y analiza los beneficios de la integración solamente en términos de creación y desvío de comercio entre los países en proceso de integración. Este es un enfoque considerado estático que presupone el pleno empleo de factores, cantidades fijas de insumos y donde los precios domésticos reflejan el costo de oportunidad.

La principal motivación para la integración —aparte de los aspectos políticos— es la perspectiva de un beneficio económico a través de:

a) crecimiento de la producción en función de la especialización con menores costos, como consecuencia de las economías de escala;

b) aumento de la eficiencia, a consecuencia de la competencia interna, lo que llevaría a mejorar los términos de intercambio con el resto del mundo;

c) alteraciones estructurales inducidas por la integración, afectando la cantidad y calidad de los insumos de factores tales como flujos de capitales y avances tecnológicos.

En el enfoque ortodoxo el comercio libre sería el *desideratum* en la asignación internacional de recursos, por lo cual la preocupación fundamental de la teoría que responde a dicha tradición es tratar de verificar en qué medida las uniones aduaneras —consideradas una alternativa subóptima (*second best*) frente a la apertura unilateral de la economía— brindan mayores beneficios que la situación de protección.

Son escasos los avances teóricos en la tradición ortodoxa de la teoría del comercio internacional principalmente porque supone condiciones muy restrictivas (competencia perfecta y rendimientos constantes a escala) y trata de explicar los patrones de comercio en función de las preferencias de los consumidores, las tecnologías disponibles y, sobre todo, de los factores de producción y los recursos naturales de que cada país dispone.

La llamada "nueva" teoría del comercio internacional asociada a diversos autores, en especial HELPMAN y KRUGMAN ([1]) ha realizado contribuciones que permiten incorporar la competencia oligopólica y las economías de escala como elementos claves explicativos de los factores de comercio, en especial del intraindustrial.

Otros aportes de la "nueva" teoría proveen fundamentos en favor de la intervención gubernamental en ciertas industrias con el objeto de aumentar el bienestar nacional, principalmente aquellas que hacen uso intensivo de investigación y desarrollo, bajo el concepto de "política comercial estratégica".

Es importante tener en cuenta que los nuevos aportes teóricos, y específicamente la teoría ortodoxa de las uniones aduaneras han tenido como referentes las economías industrializadas.

En el caso de los países en desarrollo, más que tratar de modificar los patrones de comercio, las uniones aduaneras encontrarán su fundamento en la necesidad de inducir nuevos patrones de producción y comercio para avanzar en el proceso de industrialización ([2]).

Los aportes teóricos más pertinentes para el análisis de las uniones aduaneras serían:

a) ventajas y desventajas de las uniones aduaneras en términos de creación y desvío de comercio;

b) argumentos en favor de la industrialización;

c) economías de escala y especialización.

---

(1) HELPMAN, E. y KRUGMAN, P., *Market structure and foreign trade*. The MIT Press, 1985.

(2) COOPER, C. y B. MASSELL, *Toward a general theory of customs unions for developing countries*. Journal of Political Economy, octubre 1965.

Prevaleciendo la creación sobre la desviación de comercio, la unión aduanera brindará más bienestar que la situación de protección. Por otro lado la liberación unilateral permite tener una economía más eficiente, pero no permitiría disfrutar de las ventajas de la protección discriminatoria que brinda la unión aduanera.

En general los argumentos a favor de las uniones aduaneras parecen débiles mientras no se introduzcan consideraciones como la necesidad de industrialización y economías de escala. Asi la integración se justificaría por un bien público o colectivo que es la industrialización. El otro elemento crucial a favor de la unión aduanera es la existencia de economías de escala imposibles de materializar en el marco de un mercado nacional relativamente pequeño.

Para captar el carácter esencialmente dinámico del cambio tecnológico, algunos autores introducen el concepto de eficiencia schumpeteriana que permitiría asignar recursos a determinadas ramas industriales en función de su potencial dinámico para el crecimiento futuro y el cambio tecnológico, como ha ocurrido en Japón (³).

1.2. INICIATIVA PARA LAS AMERICAS

El 27 de junio de 1990, el presidente Bush de EUA anunció una nueva política para América Latina, que debe ser entendida como parte de una estrategia global dirigida al diseño y consolidación de un orden mundial en que pueda aprovechar al máximo sus posibilidades.

Los países de la región han respondido favorablemente a la propuesta y han firmado en su mayoría "Acuerdos Marco" (Framework Agreement) como es el caso de México, Perú, El Salvador, Bolivia, Chile, Colombia, Costa Rica, Honduras, Venezuela y Ecuador. México había firmado un Acuerdo semejante en 1989. Argentina, Brasil, Paraguay y Uruguay como miembros de MERCOSUR firmaron conjuntamente el Acuerdo conocido como "4 + 1" o Rose Garden Agreement.

La **Iniciativa para las Américas**, que propone fundamentalmente una zona de libre comercio para toda América, implica previamente la firma de acuerdos bilaterales con EUA para iniciar acciones correctivas de liberalización económica.

---

(3) Dosi, G.L. Tyson y J. Zysman, *Trade, technologies and development. A framework for discussing Japan.* New York, Ballinger, 1989.

Esta propuesta del presidente Bush ha sido tema de intenso debate en EUA, principalmente en el Congreso y diferentes *think tanks,* como por ejemplo, el Institute for International Economics.

Hasta 1995 se espera que estén en vigencia acuerdos con todos los países. La relación de EUA con América Latina siempre ha sido compleja y debido a la asimetría de poder ha sido percibida con desconfianza. Reconociéndose la naturaleza compleja de la realidad interna e internacional de Estados Unidos y de América Latina, la propuesta ha sido aceptada con cautela y con entusiasmo realista.

La **Iniciativa** habla de negociar "con países o grupos de países", por lo cual se hizo factible el acuerdo con MERCOSUR conocido como **Rose Garden**. Para el MERCOSUR sería importante que la **Iniciativa** no afecte en forma desfavorable los objetivos del Tratado de Asunción.

La actitud oficial del gobierno de EUA es positiva en relación a MERCOSUR aunque consideran demasiado ambiciosa la meta de llegar a un mercado común el 1/1/95.

En el **Acuerdo Marco** recientemente firmado, EUA no aceptó la inclusión de aspectos de "tecnología" y "deuda", y no significa que se tendrá que llegar a un acuerdo de libre comercio, ya que para que esto ocurra será necesario que los países del MERCOSUR se ajusten conforme ciertos parámetros, a saber:

a) drástica reducción de tarifas aduaneras;

b) fuerte programa de privatización;

c) negociación con bancos acreedores;

d) estabilización económica;

e) legislación protegiendo propiedad intelectual;

f) inversiones externas facilitadas.

El **Acuerdo Marco** tiene tres puntos:

1) Una declaración de principios resaltando la importancia del GATT y del sistema multilateral, protección de la propiedad intelectual (patentes, "copyright", y marcas comerciales), y defensa de un comercio agrícola mundial sin subsidios.

2) Esta parte es más institucional, estableciendo un Consejo Consultivo del cual participarán representantes del USTR (United States Trade Representative) y los Ministerios de Relaciones Exteriores de los países del MERCOSUR. Tratará básicamente de comercio e inversiones y funcionará como mecanismo de consulta entre EUA y MERCOSUR, para diri-

mir divergencias y proporcionar condiciones para un futuro pacto de libre comercio.

3) Es una agenda de acción inmediata cuyos tópicos principales son:

   a) cooperación en la Rueda Uruguay;

   b) reducción de barreras al comercio e inversiones;

   c) acceso a los mercados y SGP;

   d) creación de MERCOSUR.

La falta de comprensión cabal de la importancia de la **Iniciativa** podría afectar las posibilidades de inserción internacional en el momento en que se plantea un nuevo sistema internacional, donde las variables económicas pasan a tener preponderancia al reducirse la competencia geo-política con el fin de la guerra fría, pasando a predominar la geo-economía. Según algunos analistas el aspecto más relevante que emerge de la **Iniciativa** es la oportunidad de que las democracias de la región la conviertan en una herramienta para integrarse al resto de la comunidad democrática. Mayores referencias sobre la **Iniciativa** Busн, pueden ser consultadas en algunas obras de referencia (⁴).

1,3. ACUERDO CANADA - EUA

Si bien el acuerdo plantea la creación de una "zona de libre comercio", el análisis de su contenido indica que el mismo va un poco más allá, ya que al plantear la coordinación de algunas políticas, se aproximaría a la figura de un "mercado común". La restricción al concepto habría provenido de los negociadores canadienses.

Canadá es una economía relativamente abierta ya que importa 50% de los bienes que consume y exporta 50% de lo que produce. En 1988, 66% de sus importaciones provenía de EUA, y 73% de las exportaciones iban para aquel mercado.

---

(4) CEPAL (División de Comercio Internacional y Desarrollo), "América Latina frente a la Iniciativa Bush: un examen inicial" LC/R 924, Santiago, Chile, setiembre 1990.

SELA, "La iniciativa Bush para las Américas: Análisis preliminares de la Secretaría Permanente del SELA", documento SP/CL/XVI, O/DT N° 19, setiembre 1990.

Drucker, Peter, *Na América Latina a resposta para o deficit comercial dos EUA*, Gazeta Mercantil, 29/5/90. São Paulo.

Esa gran concentración de la relación Canadá-EUA provocó en el primer país tres corrientes de opinión ([5]):

a)   reducción gradual de la apertura a través de una política de sustitución de importaciones;

b)   diversificación de socios comerciales;

c)   consolidación de los vínculos con EUA a través de un acuerdo de libre comercio.

Las dos primeras propuestas tienen un contenido político y su objetivo sería reducir la influencia de EUA.

Algunos estudios econométricos mostraron que c) era más conveniente. EUA-Canadá son semejantes en pautas de consumo, nivel de renta, y conducta empresarial, con lo cual el costo del ajuste es mínimo.

El Acuerdo firmado tiene 315 páginas que describen detalladamente cada uno de los aspectos específicos negociados, y constituiría un tipo particular de solución para el conflicto entre integración y soberanía.

La clase empresarial en ambos países —particularmente en Canadá— tenía fuertes motivaciones para un acuerdo, ya que permitiría un acceso facilitado y seguro al mercado de EUA, sin correr el riesgo de verse afectados por procesos antidumping, de subsidios o salvaguardias. La introducción de una estabilidad de acceso al mercado, facilitaría las estrategias de crecimiento de las firmas y abriría nuevas vías de aumento de productividad, una asociada a la explotación de las economías de escala y "scope", y otra proveniente de la reestructuración industrial, dotando al país de configuraciones sectoriales más adecuadas a la nueva situación del binomio tecnología de inversión del mercado.

Para los empresarios de EUA lo anterior era menos relevante aunque influía. El punto fundamental era la legislación canadiense sobre inversiones extranjeras, de la cual se querían librar los grupos multinacionales con empresas en ambos lados de la frontera.

Los principales puntos del Acuerdo son:

a)   eliminación hasta 1999 de todas las tarifas aduaneras incidentes sobre el comercio bilateral;

b)   adopción de criterios rigurosos sobre el origen y procedencias de las mercancías a fin de asegurar la exclusividad de los beneficios del acuerdo a las empresas establecidas en esos países;

---

(5) TAVARES DE ARAUJO, J., *Integração e harmonização de políticas na América do Norte e no Come Sul,* Seminario Forum Internacional. México, julio 1990.

c)   ratificación del protocolo sobre la industria automovilística firmado en 1965;

d)   definición de procedimientos para la armonización de normas técnicas a fin de impedir que éstas se transformen en barreras comerciales;

e)   eliminación parcial de los subsidios a la agricultura, y establecimiento de un régimen de consultas semestrales para el acompañamiento recíproco de las políticas adoptadas en este sector;

f)   establecimiento de mecanismos permanentes de consulta para la armonización de políticas para el sector de energía;

g)   compromiso de transparencia en la administración de las compras gubernamentales, para impedir la creación de condiciones desiguales de competencia entre los proveedores de bienes y servicios al sector público;

h)   creación de normas liberalizantes para la prestación de servicios, realización de inversiones y migración temporaria;

i)   creación de un foro supranacional para resolver controversias relativas al uso de subsidios y derechos compensatorios.

Por otro lado, EUA firmó con México en marzo de 1990 un "Acuerdo Marco" bilateral, y México, Canadá y EUA comenzaron en julio de 1991 negociaciones para la firma del North-American Free Trade Agreement (NAFTA), el primer gran acuerdo comercial en el hemisferio que servirá de modelo para los acuerdos con los demás países.

1,4. MERCOSUR. ANTECEDENTES

La semilla del Acuerdo de Asunción firmado en 1991 entre Argentina, Brasil, Paraguay y Uruguay, se encuentra en los esfuerzos de cooperación e integración que venían realizando Argentina y Brasil a partir de 1985.

Estos dos países habían demostrado, a lo largo de su historia, una actitud de desconfianza y competencia para el ejercicio de una cierta influencia regional, fruto de sus tamaños relativos. Las relaciones bilaterales se caracterizaron por períodos de aproximación limitados y momentos de tensión. En virtud de lo anterior, estos países no supieron aprovechar plenamente el potencial de su comercio y cooperación bilateral.

A lo largo del siglo, y hasta la década del 60, el comercio entre ambos consistió esencialmente de productos agrícolas con bajo grado de procesamiento.

El proceso de sustitución de importaciones desarrollado por ambos países a partir de la década del 50, y la protección que fue necesario establecer, permitió el desarrollo de un parque industrial relativamente diversificado y sofisticado. En la década del 60, ambos países dieron inicio a una política de fomento y promoción de exportaciones no tradicionales, para lo cual se pretendía aprovechar las oportunidades del mercado regional en virtud del esquema de integración creado con la Asociación Latinoamericana de Libre Comercio (ALALC).

El proceso de sustitución de importaciones, que comprendió básicamente a bienes de consumo durables y no durables, fue seguido en ambos casos por una nueva política de sustitución en la década del '70 pero para los bienes de capital e insumos básicos industriales.

El marco de la integración se modificó en esa época con la firma del Tratado de Montevideo (1980), que permitiendo negociaciones bilaterales y "acuerdos de alcance parcial", pretendió eliminar las trabas que el Tratado de 1960 presentó. Tanto Argentina como Brasil, tuvieron un papel importante en la implementación de acuerdos bilaterales en ese marco.

Así, en las últimas décadas y en virtud de la industrialización, el intercambio se tornó más sofisticado, con participación creciente de bienes manufacturados, y los valores crecieron de U$S 334 millones en 1970, para U$S 1.848 millones en 1980. Es importante resaltar, que un elemento facilitante para el incremento del comercio bilateral en ese período, fue la política de apertura económica implementada por Argentina a partir de 1976.

La crisis de la deuda externa, que se establece a partir de comienzos de la década del '80, afectó severamente el comercio de América Latina y naturalmente el de Argentina—Brasil. Hacia 1985 el comercio bilateral cayó para cerca de U$S 1.000 millones, produciéndose superávits sistemáticos en favor de Brasil.

El comercio bilateral ha representado una porción no muy significativa del comercio exterior de cada uno, cerca de 10% para Argentina, y 6% para Brasil. Por otro lado, tanto Brasil como Argentina son países que presentan un coeficiente pequeño de apertura de sus economías.

En la década del 80, se produce en ambos países un retorno de procesos democráticos, lo cual facilita el diálogo político y técnico. En ese momento, las economías de ambos países presentan una situación de inestabilidad preocupante, caracterizada por recesión y altas tasas de inflación. Casi simultáneamente implementan planes de ajuste económico similares (Plan Cruzado y Plan Austral), y a partir de ese punto, se percibe un mayor diálogo entre las Cancillerías y los Ministerios de Economía.

Lamentablemente el fracaso de las políticas macroeconómicas en ambos países, inviabilizó en gran parte los proyectos de integración que se tenían en mente.

La probable existencia de complementariedades productivas entre ambos países, sería de importancia fundamental para evaluar la factibilidad de la integración bilateral. Aquí es necesario considerar elementos, tanto de desvío, como de creación de comercio.

Algunas estimaciones realizadas por la Secretaría General de ALADI indican que el 80% de las exportaciones potenciales de Argentina, se concentraría en bienes agrícolas y agroindustriales, y el 80% de las exportaciones brasileñas adicionales correspondería a bienes metal-mecánicos.

TAVARES DE ARAUJO [6], en uno de los primeros trabajos sobre la integración argentino-brasileña, destaca que la hipótesis de desvío de comercio está directamente vinculada a un patrón de complementariedad intersectorial, según el cual los mayores intercambios bilaterales resultarían de las exportaciones agroalimentarias argentinas y de las exportaciones manufactureras brasileñas.

El mercado ampliado por la constitución de una zona de libre comercio entre Argentina y Brasil, reuniría una población de 180 millones, más del 40% del total de América Latina. El PIB total de ambos países es del 50 % del producto manufacturero de la región, siendo el producto por habitante de U$S 2.500.

Las diferencias de tamaño entre ambas economías son sustantivas. Brasil cuenta con una población equivalente a 4,5 veces la Argentina y su PIB cuadriplica el de su socio, relación que en el caso del sector manufacturero es de aproximadamente 5 veces.

A partir de la década de 1970, ha prevalecido en Argentina una tendencia al estancamiento, marcada en el sector industrial, en tanto que en Brasil hubo períodos de expansión significativa. Ya en la década del 80, ambos países enfrentan una fuerte recesión consecuencia de la crisis del endeudamiento externo y su ajuste.

Ambos países cuentan con una estructura industrial madura, siendo que el mayor dinamismo de la economía brasileña podría operar como factor de arrastre de la otra. En ambos países se ha producido la consolidación del sector productor de bienes intermedios, fundamentalmente papel, siderurgia y petroquímicos. En Brasil se han logrado avances sustanciales en la producción de bienes de capital, sector que al igual que la industria básica fue promovido en la estrategia de industrialización de grandes proyectos financiados con recursos externos en la década de 1970. En Argentina, en cambio, la producción de bienes no durables sigue encabezando la estructura industrial.

---

(6) TAVARES DE ARAUJO Jr., *op.cit.*

Se trata de dos economías relativamente cerradas a la competencia internacional, todavía poco exportadoras en promedio. Las estructuras de exportación son diferentes. En 1970, el 80% de las exportaciones argentinas correspondía a productos agrícolas y sus derivados industriales, participación que 20 años después cae al 70%, sin cambios importantes en el eslabón industrial. En Brasil, en cambio, la participación del complejo agrícola en las exportaciones cayó de cerca del 80%, al 40% en el mismo período.

En ambos países crecen significativamente las exportaciones siderúrgicas y petroquímicas.

Argentina ha mostrado mayor dinámica en el sector de bienes intermedios, en particular en las ramas papel, siderurgia y química fina. Ya Brasil presenta una dinámica generalizada en el sistema industrial, con cambios importantes en el complejo metalmecánico, y en las ramas textil, confecciones y calzados, además de las industrias básicas.

Desde el punto de vista argentino, Brasil puede aparecer como un gran mercado consumidor, capaz de generar un horizonte para el aumento de la capacidad productiva y las exportaciones agropecuarias y manufactureras, facilitando los problemas de escala. También significa un socio dotado de una capacidad industrial y tecnológica significativa, con un aparato exportador diversificado.

Argentina, por su lado posee, una producción agropecuaria y agroindustrial altamente competitiva que permitiría abaratar algunos componentes de la canasta familiar brasileña y facilitar esfuerzos conjuntos en terceros mercados. Asimismo, Argentina cuenta con una mayor abundancia relativa de fuerza de trabajo calificada.

Si se compara el comercio bilateral con el comercio exterior total, en ambos países se advierte gran diferencia en la importancia relativa del país socio. Argentina tiene una participación menor como oferente y demandante en el comercio brasileño, con valores del 3% en ambos casos, en tanto que Brasil es para el comercio argentino un mercado y un proveedor de mayor significación. El valor de las importaciones argentinas desde Brasil gira en torno del 15%. Argentina tiene una ponderación de entre 2% y 5% como proveedor de Brasil.

La Declaración de Iguazú (30/11/85), el Acta para la Integración Argentino-Brasileña (29/7/86), y el Acta de Amistad Argentino-Brasileña, Democracia, Paz y Desarrollo (10/12/86), facilitaron la recuperación del comercio entre los dos países y la mejora de las relaciones diplomáticas y políticas. Se marca el inicio de un esfuerzo en el sentido de revertir una tendencia histórica de deterioro en las relaciones económicas.

Los protocolos firmados en ese período contenían dos objetivos inmediatos y otro de largo plazo. A corto plazo se buscaba recuperar el nivel de transacciones y corregir desequilibrios bilaterales sistemáticos, y a largo plazo crear un nuevo patrón de relacionamiento entre ambas economías, que permitiera cumplir el papel de factor de sustentación del proceso de crecimiento bilateral y regional.

Hasta 1988 predominó en las conversaciones sobre integración, la flexibilidad y el pragmatismo, con lo cual se justificaba la ausencia de plazos definidos y de compromisos de armonización de políticas económicas en el proyecto de formación del mercado común.

Este tipo de actitud se explicaba por la situación de inestabilidad imperante en ambos países.

El Acta para la Integración Argentina-Brasileña (1986) creó el **Programa de Integración y Cooperación Económica (PICE)** que tuvo los siguientes objetivos: propiciar un espacio económico común con la apertura selectiva y estimular la complementación de sectores de la economía de los dos países, según principios de gradualidad, flexibilidad, equilibrio y simetría, para permitir la adaptación progresiva de habitantes y empresas a las nuevas condiciones de competitividad y legislación.

En esa fase fueron firmados 24 protocolos, tales como bienes de capital, industria alimentaria, empresas binacionales, trigo, biotecnología, cooperación nuclear, siderurgia, industria automotriz, etc.

En 1988, y a pesar de los problemas económicos internos por el fracaso del ajuste, se firma el Tratado de Integración, Cooperación y Desarrollo (29/11/88) que da inicio a una segunda etapa, fijándose un plazo de 10 años para formar el mercado común. Aquí se establece el deseo de remover todos los obstáculos tarifarios y no tarifarios al comercio de bienes y servicios, mediante la negociación de protocolos adicionales al acuerdo de alcance parcial de renegociación de las preferencias otorgadas de 1962 a 1980. Juntamente se procedió a una armonización gradual de políticas aduaneras, comerciales, de transportes, comunicaciones, científica y tecnológica.

Dadas las circunstancias económicas en ambos países, algunos analistas interpretan la firma de este Tratado, como un medio de mantener el rédito político.

Entre julio del 86 y agosto del 89 el proceso de integración bilateral consiste en 23 protocolos y más de 40 actas y anexos firmados por los Presidentes de los dos países en cinco oportunidades.

El Tratado de 1988 deja atrás la expectativa de una inmediata o muy acelerada integración. Es evidente que el dinamismo inicial debe dar paso a un accionar más reflexivo y ordenado que permita profundizar en forma estable una verdadera unión aduanera, como un paso fundamental hacia una mayor integración.

En julio de 1990 se firma el Acta de Buenos Aires por la cual se fija el plazo de 31/12/94 para la implementación de un mercado común. Además se elimina la negociación por productos y se establecen reducciones lineales generales. Se firma también el Tratado de empresas binacionales.

En agosto de ese año, Uruguay y Paraguay se juntan formalmente a las conversaciones y negociaciones.

Tanto Argentina como Brasil habían firmado anteriormente acuerdos bilaterales con Uruguay que eximían de impuestos y otras restricciones a casi toda la oferta exportable del Uruguay. Se trataba del Convenio Argentino-Uruguayo de Cooperación Económica (CAUCE) y el Programa de Expansión Comercial Brasil-Uruguay (PEC).

Después de rápidas negociaciones, y aprovechando la experiencia de negociaciones bilaterales de Argentina-Brasil, en marzo del '91 se firma el Tratado de Asunción que da nacimiento al Mercado Común del Sur (MERCOSUR).

En el Tratado se plantea el objetivo de eliminar todos los gravámenes y restricciones aplicados al comercio recíproco, a más tardar el 31/12/94 (art. 1º), prolongándose el plazo otorgado a Paraguay y Uruguay para eliminar la lista de excepciones hasta el 31/12/95 (Anexo I, art.1º).

Los países convienen un programa de desgravación progresivo, lineal y automático para el universo arancelario, y sobre la base de un cronograma de profundización semestral.

Estas preferencias se estiman sobre el arancel vigente en el momento de su aplicación, salvo que el nivel de dicho arancel sea posteriormente elevado, en cuyo caso las preferencias deberían estimarse con respecto al arancel vigente al 1/1/91.

Son excluidos del cronograma de desgravación, los productos comprendidos en listas de excepciones que, por otra parte, se reducirán al vencimiento de cada año a razón de un porcentaje determinado en los ítems que los componen (Anexo I, arts. 6º y 7º).

Asimismo, son excluidos de dicho cronograma determinados acuerdos de complementación económica y los acuerdos comerciales (herederos de los acuerdos de complementación industrial de ALALC). Se prevé también la celebración de "acuerdos sectoriales" (art. 5º, inc. d)), fuera del programa de liberalización global.

El Tratado de Asunción entrará en vigencia cuando sea ratificado por los Congresos de tres de los miembros lo cual ya se consiguió. El Tratado de Asunción, se incorporó como Acuerdo de Complementación Económica Nº 18 en el marco de la ALADI. Después de ratificado por los países signatarios, el MER-

COSUR deberá pasar por el GATT donde serán examinados dos principios fundamentales:

a) no aumentar en media la protección de esos países. Tarifas, cuotas, licencias y otros instrumentos similares deberán corresponder, por lo menos, a la media en vigor antes de la firma del acuerdo.

b) la asociación entre países del MERCOSUR no podrá resultar en desvío de comercio que perjudique a un tercer país exportador. En ese caso el país perjudicado podrá pedir compensaciones, como ocurrió con EUA al ingresar España a la Comunidad Europea en 1982.

En dicho caso, España dejó de comprar oleaginosas de EUA y pasó a adquirirlas de Francia.

En el Anexo se adjunta un resumen del Tratado de Asunción.

El proceso de negociación bilateral Argentina-Brasil, así como el MERCOSUR fue conducido fundamentalmente por entes oficiales, particularmente las Cancillerías. Ahora, a los fines de implementar medidas de coordinación de políticas macroeconómicas y eliminación de asimetrías cabe una intervención manifiesta de los Ministerios de Economía y afines, así como será necesaria una convocación de la clase empresarial para la implementación del Tratado.

La integración significa adoptar sacrificios de autonomía y soberanía en la formulación de la política económica doméstica, por lo cual es necesario que el concepto sea adoptado plenamente para que no quede excesivamente subordinado. En reunión de Ministros de Economía realizada en Montevideo en julio del '91, se registró en Acta el compromiso de incorporar la dimensión MERCOSUR al proceso de toma de decisiones económicas en cada país. Se comprometen a no formular políticas internas que entren en contradicción con los marcos legales de la integración. El Mercado Común, así, dejaría de ser una variable de política externa y pasaría a ser una variable de política económica interna.

La coordinación de la política económica implica coordinaciones, en la esfera cambiaria, monetaria, fiscal, industrial, agropecuaria, financiera, laboral, tecnológica y de comercio exterior.

Se da un paso de un cuadro de "autonomía nacional" para uno de "autonomía compartida". Según los analistas no hay experiencia en América Latina, en esta materia.

Así sería necesario mantener paridades fijas de las monedas de los 4 países en un valor de equilibrio, y la política monetaria común debería subordinarse a la política cambiaria para mantener las paridades. El instrumento fundamental de la política económica pasará a ser la política fiscal, que debería ser similar para no crear condiciones de competencia desigual con lo cual también la política industrial y de comercio exterior deben ser comunes. También deben igualarse las legislaciones laborales.

La integración involucraría dos desafíos:

a) desafío político de compartir soberanías. Ej. los bancos centrales deben consultar sobre políticas cambiarias, tasas de interés, etc.;

b) los gobiernos deben demostrar un mínimo de consistencia interna en sus políticas.

Entre las series de medidas a implementarse en el MERCOSUR caben citarse:

a) eliminación de barreras de carácter bromatológico, fitosanitaria y otras normas técnicas;

b) unificar el sistema de clasificación de mercaderías, según el criterio adoptado por Bruselas y ya admitido por ALADI Argentina, Brasil y Paraguay ya hicieron la adaptación;

c) unificar normas de combatir las prácticas desleales de comercio por otros países. Brasil es el único que tiene un código antidumping y antisubsidios ajustados al GATT;

d) facilitar el trámite de mercaderías en fronteras como adopción de formularios uniformes, servicios permanentes en los puestos fronterizos, y la aceptación en un país de documentos expedidos por otro;

e) acciones para cohibir la cartelización.

El Ministro Rezek [7] comenta sobre MERCOSUR lo siguiente:

"Me gustaría destacar que uno de los factores más expresivos de la esperanza de éxito de ese mercado está en que eso aquí no es un proyecto burocrático. Hay voluntad política de los gobiernos involucrados. Hay gran empeño en las máquinas estatales, en las Cancillerías y Ministerios de Economía. También hay en la sociedad, principalmente en las áreas de frontera, un gran empeño en favor de esa iniciativa.

Las universidades están entrando en ese proceso, los gobiernos locales se entusiasman enormemente, los municipios dan pruebas palpables de su deseo de integración en la frontera haciendo cosas que no eran de nuestra tradición, cosas altamente positivas, como por ejemplo, puentes construidos en las fronteras y costeados por los municipios de los dos lados, sin la necesidad del paternalismo financiero del Estado.

---

(7) Rezek, F., *Brasil Business*, Año 1, nº 5, 1991.

El empresariado, el sector privado, ve todo eso con los mejores ojos posibles, mismo sabiendo que algunos tendrán que reciclarse y tendrán eventualmente que mudar de ramo o mismo de algún modo, aunque mínimamente alterar su estilo de actuar en el mercado y hasta su producto".

En general la comunidad académica considera al acuerdo MERCOSUR como muy general en sus objetivos, y extremadamente ambicioso con relación al cronograma establecido de implementar plenamente un mercado común para el 31/12/94.

TRATADO DE ASUNCION
(26/3/91)

CAPITULO I. PROPOSITOS Y PRINCIPIOS

Art.1º

- Mercado Común para 31/12/94
- Implicancias del Mercado Común:
  - Libre circulación de bienes, servicios y factores productivos.
  - Tarifa externa común.
  - Política comercial común con relación a terceros.
  - Coordinación de posiciones en foros económicos comerciales regionales e internacionales.
  - Para asegurar condiciones adecuadas de competencia entre los Estados Partes se conviene:
    - Coordinación de políticas macroeconómicas y sectoriales en materia de:
      - Comercio exterior.
      - Agrícola.
      - Industrial.
      - Fiscal.
      - Monetaria.
      - Cambiaria y capitales.
      - Servicios.
      - Aduanera.
      - Transportes.
      - Comunicaciones.
      - Otras.
  - Armonizar la legislación en las áreas correspondientes.

Art. 2º

- Deberá haber reciprocidad de derechos y obligaciones.

Art. 3º

- Durante el período de transición hasta 31/12/94 se adoptará lo siguiente:
  - Régimen general de origen.
  - Sistema de solución de controversias.
  - Cláusulas de salvaguardia.

Art. 4º

- Se asegurarán condiciones equitativas de comercio con terceros países:
  - Se aplicarán legislaciones nacionales para inhibir subsidios, dumping o prácticas ilegales.
  - Coordinación de sus políticas nacionales para elaborar normas comunes sobre competencia comercial.

Art. 5º

- Durante el período de transición se implementará:
  a) reducciones tarifarias y no tarifarias; serán igual a cero el 31/12/94;
  b) coordinación de la política macroeconómica;
  c) tarifa externa común que incentive a la competencia externa;
  d) acuerdos sectoriales para optimizar la utilización de los factores de producción y de alcanzar escalas operativas eficientes.

Art. 6º

- Paraguay y Uruguay gozarán de diferencias de ritmos en la aplicación del Programa de Liberalización Comercial (Anexo I).

Art. 7º

- Los productos de un país gozarán en el otro del mismo tratamiento fiscal que los productos nacionales.

Art. 8º

- Los Estados Partes se comprometen a preservar los compromisos asumidos hasta la fecha de celebración del presente tratado, inclusive en ALADI.
- Los Estados Partes se comprometen a coordinar sus posiciones en negociaciones comerciales externas que se realicen durante la transición.

CAPITULO II. "ESTRUCTURA ORGANICA"

Art. 9º

- La administración y ejecución del presente tratado estará a cargo de:
  a) Consejo del Mercado Común;
  b) Grupo Mercado Común.

Arts. 10, 11 y 12

- El Consejo es el órgano superior, correspondiéndole la coordinación política y la toma de decisiones; estará constituido por los Ministros de Relaciones Exteriores y Economía. Se reunirá cuantas veces sea necesario y por lo menos una vez con presencia de los Presidentes.

  La presidencia será rotativa por 6 meses.

Arts. 13, 14, 15, 16, 17 y 18

- El Grupo Mercado Común es el órgano ejecutivo. Estará integrado por cuatro miembros titulares y cuatro suplentes por país. Será coordinado por los Ministerios de Relaciones Exteriores. Contará con una Secretaría Administrativa con sede en Montevideo.
- Antes del 31/12/94 los Estados Partes convocarán una reunión extraordinaria para determinar la estructura institucional definitiva.

CAPITULO III. "VIGENCIA"

Art. 19

- Tendrá duración indefinida y entrará en vigor en la fecha de depósito en Paraguay del tercer instrumento de ratificación.

CAPITULO IV. "ADHESION"

Art. 20

- El tratado estará abierto a adhesión de los demás miembros de ALADI, siendo las solicitudes examinadas después de cinco años de entrada en vigencia de este tratado. La excepción será para miembros de ALADI que no formen parte de esquemas de integración subregional o de asociación extrarregional.

CAPITULO V. "DENUNCIA"

Arts. 21 y 22

- Será efectuada al Ministerio de Relaciones Exteriores de Paraguay. Permanecerán los derechos y obligaciones referentes al programa de liberalización.

CAPITULO VI. "DISPOSICIONES GENERALES"

Arts. 23 y 24

ANEXOS AL TRATADO

Anexo I

• Establece el sistema progresivo de reducción de tarifas aduaneras y listas de excepción. Comenzará a tener vigencia a partir de la ratificación del Tratado por los Congresos.

• El programa es progresivo, lineal y automático, y será aplicado sobre la tarifa aduanera vigente para productos procedentes de terceros países no miembros de ALADI.

El cronograma es el siguiente:

47% de reducción al 30/06/91.

54% de reducción al 31/12/91.

61% de reducción al 30/06/92.

68% de reducción al 31/12/92.

75% de reducción al 30/06/93.

82% de reducción al 31/12/93.

89% de reducción al 30/06/94.

100% de reducción al 31/12/94.

• Quedan excluidos los productos de las listas de excepciones que son: Argentina 394, Brasil 324, Paraguay 439 y Uruguay 960. Brasil y Argentina eliminarán 20% anualmente, comenzando el 31/12/90. Paraguay y Uruguay tendrán diferenciado.

• Los productos que se retiren de las listas gozarán automáticamente de las preferencias que resulten del cronograma de desgravación.

Anexo II

• Establece el régimen de calificación de origen.

• Se adopta el procedimiento de ALADI, por el cual se aplica el tratamiento de nacional a bienes fabricados con 50% de materiales originarios del país.

• Cuando se empleen materiales procedentes de países no miembros del Mercado Común, y no se cumpla con el proceso de transformación que aplique una nueva individualidad, se establece la ponderación del porcentaje de las materias primas importadas de terceros países a "puerto de destino" de un país mediterráneo.

• Para casos excepcionales —problemas de abastecimiento, especificaciones técnicas, plazos, etc.—, podrán emplearse materiales no originarios de estados miembros hasta un 60%.

- Productos que resulten de montaje o "ensamblaje" no están incluidos en esta excepción.

Anexo III

- Las controversias serán resueltas mediante negociaciones directas; un tratado firmado posteriormente, estableció mecanismos a seguir.
- En casos excepcionales, si las importaciones de determinados productos causen daño o amenacen de grave daño, se aplicarán cláusulas de salvaguardia a la importación.

Anexo IV

- Para no interrumpir las corrientes de comercio, el país importador negociará una cuota para importación del producto objeto de salvaguardia, y obedecerá a las condiciones del programa de Liberalización Comercial, que se mantendrán por un año. Nunca se extenderán más allá del 31/12/94.

Anexo V

- Después de 30 días de entrada en vigor del tratado se crearán grupos de trabajo para coordinación de políticas macroeconómicas y sectoriales. Inicialmente esos subgrupos son diez:
    - asuntos comerciales;
    - asuntos aduaneros;
    - normas técnicas;
    - política fiscal y monetaria relacionada con comercio;
    - transporte terrestre;
    - transporte marítimo;
    - política industrial y tecnológica;
    - política agrícola;
    - política energética;
    - coordinación de políticas macroeconómicas.

1,5. BIBLIOGRAFIA

Araujo Jr., J.T., *A política comercial brasileira e a integração latino-americana*, IEI/UFRJ, texto para discussao, Nº 233, 1990.

Araujo Jr., J.T., *Integração economica e harmonização de políticas na América do Norte e no Cone Sul*, trabajo presentado en el seminario "Forum Internacional" realizado en México, julio 1990.

Araujo Jr., J.T., *O programa de integração Argentina/Brasil e as tendencias atuais da economia mundial*, ensaios económicos, Vol. X, Nº 1. Porto Alegre, 1989.

Araujo Jr., J.T., *Os fundamentos economicos do programa de integração Argentina/Brasil*, revista de economía política, Vol. 8, Nº 3, Sao Paulo, junho 1988.

Balassa, Bela A., *Teoría da integração economica*. Lisboa, Livraria Classica. 1964.

Bouzas, R., *La Iniciativa para las Américas: elementos para el diseño de una respuesta latinoamericana*. América Latina/Internacional, Buenos Aires, FLACSO, jul/set. 1990.

Chudnovsky, D. y Porto, F., *En torno de la integración económica argentino-brasileña*. Revista de la Cepal, Nº 39, dic. 1989.

Chudnovsky, D. y Porto, F., *La integración económica entre Argentina y Brasil: hacia una zona de libre comercio*, revista de la CEPAL. Dic. 84.

Curzon, P.V., *Free trade areas, The european experience*. C.D. Howe Institute, Toronto, 1987.

El-Agra, Ali M., *The theory and measurement of International Integration*. New York: St. Martin's Press, 1984.

French-Davis, R., *Integración económica*. Integración latinoamericana. Bs. As., INTAL, en./feb. 1989.

Fonseca, R.O., *Intercambio Brasil/Argentina e o Comercio intra-industrial: 1900-1987*. Tesis de maestrado, PUC/RJ, 1989.

Halperín, M., *El Mercado Común del Sur y un nuevo sistema regional de relaciones económicas multilaterales*. Integración latinoamericana, Nº 167. Mayo 91.

HIRST, M., *Contexto e estrategia do programa de integração Argentina-Brasil*, Revista de Economía Política. Vol. 8, N° 3, São Paulo, Junho 88.

HIRST, M., *El programa de integración y cooperación Argentina-Brasil: los nuevos horizontes de vinculación económica y complementación industrial*, FLACSO, Serie de documentos e informes de investigación, N° 81, Bs. As. 1989.

LERDA, JUAN C. y BAUMAN, RENATO, *A integração economica entre Brasil-Argentina e Uruguay: ¿Qué tipo de integração se pretende?* En Integração en debate, organizada por los mismos autores, Brasilia: Marco Zero/Universidade de Brasilia, 1987.

LIPSEY, R.G. y SMITH, M.G., *Taking the Initiative: Canada's trade options in a turbulent world.* C.D. Howe Institute, Toronto, 1985.

LIPSEY, R.G. y SMITH, M. G., *An Overview of Harmonization Issues, in Policy harmonization: The effects of a Canadian American Free trade area.* C.D. Howe Institute, 1986.

MINISTERIO DAS RELAÇÕES EXTERIORES. Boletim de Diplomacia Economica, 4:7, Brasil, maio 1991.

MASSAD, C., *Una nueva estrategia para la integración.* Revista de la CEPAL, Santiago, Chile, abril 1989.

MORELLI, A., *América Latina.* FLACSO. Vol. 8, N° 28, abril-junio 1991.

MORON DE MACADAR, B., *Mercado Comun do Sul (MERCOSUR): O multilateralismo na ALADI.* Analise conjuntural, 1er. trimestre 1991, Porto Alegre, RS. Vol. 19, N° 1, 1991.

REYES CHAVEZ, M., *La comparación económica bilateral en América Latina y su relación e influencia en la consecución del proceso de integración regional.* Integración latinoamericana, Buenos Aires, INTAL, jul/ago. 1986.

ROBSON, PETER, *The economics of international integration.* London: George Allen & Unwin 1984.

WONNACOTT, P., *The United States and Canada: The quest for free trade.* Institute fornternational Economics, Washington, 1987.

Capítulo 2

MECANISMOS DE AJUSTE Y COOPERACION EMPRESARIAL

2.1. CONCEPTOS

La creación del MERCOSUR, así como la implementación de una política de apertura económica generalizada aplicada por sus miembros, generará un ambiente macroeconómico diferente, que sin dudas requerirá de los agentes económicos acciones de ajuste tendientes a una eficiente adaptación a las nuevas circunstancias. El macroambiente significará condiciones competitivas diferentes, con nuevos riesgos y oportunidades.

La situación también será alterada paralelamente por las políticas de privatización, desregulación y descentralización administrativa.

La empresa, en sus diferentes tipologías ([1]), deberá reaccionar ante las nuevas "reglas del juego" para garantizar su sobrevivencia y eventualmente aprovechar las oportunidades que el nuevo marco ofrecerá.

Existe consenso en el sentido de que el sistema MERCOSUR ha sido diseñado e implementado de una manera extremadamente rápida, y que ha sido obra de negociaciones conducidas fundamentalmente por entes oficiales, y con escasa participación formal de los entes privados representativos de carácter empresarial. El proceso ha sido conducido básicamente por las Cancillerías, con una reciente participación de los Ministerios de Economía. El esfuerzo se

---

(1) RASMUSSEN, V.W., *Holdings e Joint Ventures*, Edições Aduaneiras, São Paulo, 1988. Este autor indica que el parque industrial brasileño se compone en un 50% de estatales, 22% multinacionales, y 28% empresas privadas nacionales.

concretó rápidamente, a pesar de ser significativamente ambicioso, por contar con apoyo político del más alto nivel.

Definidas las reglas del juego para la operación de un mercado común en 1995, la transición servirá a nivel oficial para la implementación del proceso de reducción arancelaria (ya negociado), la eliminación total de barreras no tarifarias, el establecimiento de un arancel externo común y, fundamentalmente, negociar la condición de la política macroeconómica, y la eliminación de asimetrías sectoriales que creen condiciones artificiales de competencia.

El espacio de tiempo es corto y la tarea compleja para la negociación oficial, actuando como factor agravante la inestabilidad macroeconómica que todavía persiste en algunos de sus miembros a pesar de las políticas económicas que se están implementando para corregirla. Como se indicó, la integración implica una pérdida parcial de autonomía y soberanía en la formulación de la política macroeconómica nacional. El formulador deberá así compatibilizar los requisitos de la coyuntura económica con las necesidades de preservar el marco de la integración.

Es indudable que mientras perdure el apoyo político del más alto nivel a los compromisos de integración, cualquier incompatibilidad o asincronía será resuelta en el marco oficial positivamente, y las partes negociadoras sabrán entender los "compromisos" de los agentes oficiales con las políticas domésticas.

Algunas opiniones indican, haciendo referencia a experiencias de otros proyectos de integración, tanto en América Latina como fuera de ella, que los objetivos propuestos son excesivamente ambiciosos y el marco legal demasiado general, por lo cual no creen que los cronogramas establecidos se cumplan. En cambio otros interpretan de una manera diferente, al analizar la presencia de factores altamente positivos como el proceso de consolidación de otros esquemas de integración (Comunidad Europea '92, NAFTA, Comunidad del Pacífico), la convergencia democrática, la eliminación de la Guerra Fría, la voluntad política, etc.

Dentro de ese cuadro presente y futuro, cabe a la iniciativa privada, crecientemente fortalecida por la implementación de políticas de privatización, "implementar" el proceso de integración mediante acciones a nivel de empresa y organismos de clase. Debe tenerse en consideración que el marco legal y los mecanismos instrumentales establecidos cuentan con el aval de haber sido negociados por gobiernos legítimamente establecidos, y que los pasos dados por el Ejecutivo han sido aprobados y legalmente sancionados por el Legislativo, sin observaciones relevantes de carácter constitucional por el Judicial.

Cabe a la clase empresarial asumir una posición clara ante el cuadro definido e institucionalizado conforme los elementos descriptos anteriormente. Sobre este particular podrían presentarse dos situaciones extremas; por un lado criticar el modelo a implementarse por su marginación institucional relativa en el proceso de negociación, y/o por no concordar con los términos establecidos por no contemplar apropiadamente sus intereses; por otro, asumir una postura positiva de aceptar las reglas del juego, demostrar credibilidad y confianza, y ofrecer todo el apoyo necesario a los centros oficiales para un *fine tuning* del modelo, e implementación del mismo, tanto por reconocimiento de la validez de la propuesta desde el punto de vista del interés nacional y general, así como de sus intereses particulares. Sin dudas, las reacciones a esperarse y en algunos casos ya manifiestas, serán mezcladas tanto por diferencias de percepción, como por diferencias genuinas en sus intereses. Es un hecho reconocido que el proceso de integración como está concebido afectará de manera diferente a distintos sectores, principalmente en el corto plazo, aunque se supone que todos se beneficiarán en el largo plazo al operar en una economía mayor, más dinámica y eficiente.

Aquellos sectores con ventajas comparativas tendrán oportunidades de crecer, en tanto que los otros deberán enfrentar el proceso doloroso de la "conversión".

Lo peor que podría esperarse, sería una actitud de pasividad e incredulidad generalizada, pensando como algunos sectores que han indicado que "será más un intento de integración sin mayores resultados y consecuencias, y en la peor de las hipótesis el Estado nos debe ofrecer concesiones y compensaciones".

Ese tipo de actitud sería nefasto, ya que no solo implicaría una omisión que puede perjudicar sus propios intereses, sino que crearía una confrontación con el interés general contemplado en el proyecto. También debería evitarse que el interés de la clase empresarial sea inapropiadamente interpretado, manifestado y representado por determinados sectores.

Deberá primar una actitud madura, en que la clase empresarial reivindicará un mayor diálogo y participación en la negociación a desarrollarse durante el proceso de transición (hasta 1995), y se formará una posición negociadora apropiada basada en estudios que permitan diagnosticar y evaluar el impacto de la integración en cada sector a la luz del modelo establecido, así como conocer mecanismos de ajuste que serían implementables. Con certeza, también, los entes oficiales sabrán reconocer la necesidad y legitimidad de participación de la clase empresarial en el proceso de negociación de la transición e implementación del Acuerdo.

En la medida que se establezcan foros apropiados para una fluida negociación Estado-Estado, Estado-Clase Empresarial y Clase Empresarial-Clase Empresarial, predominará una actitud de participación, legitimidad y apoyo a las decisiones.

Lo fundamental sería que el macroambiente económico, social, y político sea percibido por la clase empresarial como básicamente positivo (estable y altamente confiable) y se apliquen estrategias de negocios consonantes ([2]) que implicarían comportamientos "reactivos", "adaptables" e "innovativos" que se materializarían a través de:

— desarrollo de nuevos productos;

— desarrollo de nuevos segmentos mercadológicos;

— desarrollo de una estrategia dinámica de integración y conglomeración:

  • de retro-integración (fuentes de aprovisionamiento);

  • de pro-integración (canales de distribución);

  • de horizontalización (diversificación);

  • de verticalización (expansión en actividades similares).

La falta de internacionalización en la mayoría de las empresas latinoamericanas, conforme coeficientes de apertura inclusive altamente concentradas en pocos sectores y agentes económicos de porte, indica la falta de *know-how* y experiencia para implementar un sistema de diálogo y negociación con pares de otros países para implantar acciones como las indicadas. El universo de pequeñas y medias empresas cae plenamente en esta categoría.

Aquí se deberá imponer un complejo de acciones de concientización y formación para facilitar el desarrollo del proceso planteado.

La falta de diálogo y negociación empresarial durante el proceso de transición, determinará que se llegue a un punto donde será inevitable la confrontación que la desprotección provocará, aumentando el "costo" del ajuste, sesgando negativamente la percepción de los beneficios de la integración, dejando pasar oportunidades y generando actitudes que demanden la vuelta a un Estado paternalista y protector.

Es indudable, que la actitud y comportamiento a esperarse en el corto plazo, será diferente en el caso de la dirigencia de empresas estatales, empresas multinacionales o internacionalizadas, y pequeñas y medias empresas privadas.

En el caso de las empresas con facilidades productivas en más de un país, la liberalización permitirá una mejor división del trabajo y especialización, un mejor aprovechamiento de los factores de producción disponibles en cada país y, en consecuencia, optimizar sus funciones de producción con las economías de escala que el espacio establecerá. Estas empresas podrían aprovechar co-

---

(2) Rasmussen, V.W., *op. cit.*

mercialmente dicho espacio ampliado, para maximizar las oportunidades que el mismo ofrecerá. Este tipo de empresas apoyó la integración y los acuerdos desde un primer momento.

Las empresas estatales que como se indicó oportunamente representan casi un 50% del parque industrial, no habrían demostrado una actitud dinámica hacia la cooperación que la integración ofrecería, a pesar de que los tratados contemplan específicamente sectores donde las mismas participan activamente (transporte, comunicaciones, etc.). Quizá la explicación para esa actitud sea la inestabilidad e incertidumbre que el proceso de privatización provoca en la dirigencia del sector.

Los objetivos económicos de la integración han sido permitir que las unidades económicas alcancen dimensiones óptimas, beneficiándose de las posibilidades de las economías de escala, lo que permitirá a la sociedad beneficiarse de costos de producción y comercialización menores (beneficio social), y a las empresas mejorar su rentabilidad (beneficio privado). Como solamente el beneficio privado y social se igualarían en una estructura de competencia perfecta, el Estado ha debido velar para combatir el monopolio y la cartelización que implicarían, a pesar de los beneficios potenciales en materia de desarrollo tecnológico e inversiones, una concentración del beneficio en favor de la empresa y en detrimento de la sociedad como un todo.

Este tipo de dilema ha provocado en los países desarrollados la implantación de una rigurosa legislación antitrust como es el caso de EUA con las Sherman Act, Paton Act y Robinson Patman Act.

Como objetivo también importante los actuales movimientos integracionistas buscan que esa eficiencia empresaria permita una mejor inserción de los países en la economía mundial por lo cual el arancel externo común debe ser bajo. Se quiere evitar que la integración conduzca a "fortalezas". Como se explicó anteriormente los esfuerzos iniciales de integración en América Latina se basaban en la sustitución de importaciones (desvío de comercio) y alta protección.

Esta concepción moderna de la integración busca también mejorar la capacidad de negociación externa de los países que se juntan.

El empresario en el ámbito del MERCOSUR, entonces, debe percibir claramente estos objetivos ampliados cuando diseñe acciones de cooperación y complementación.

Ya en otros campos la integración facilita el diálogo político y la cooperación en campos educacionales, culturales, tecnológicos, etc. En general tiende a mejorar el "clima" de relacionamiento entre países, lo cual es positivo *per se*.

A los fines de facilitar el proceso de comunicación, diálogo y negociación en determinados sectores se ha sugerido que organismos de clase sectoriales (ej. cámaras o asociaciones), y gobiernos provinciales lleven a cabo estudios sectoriales para evaluar los efectos de las nuevas reglas de juego. Algunas entidades ya han tomado iniciativas en este campo.

Este diagnóstico podrá indicar:

a) sectores que serán futuramente inviables y que deberán iniciar acciones para reconversión o sustitución de actividades;

b) sectores que serán afectados negativamente pero que mediante acciones de ajuste interno y cooperación podrán sobrevivir;

c) sectores que serán beneficiados y que encontrarán un marco apropiado para un rápido crecimiento de negocios.

En general, algunos analistas estiman que Brasil tendría ventajas comparativas en sectores industriales básicos donde juegan fuertemente las economías de escala, y Argentina en los sectores agropecuarios y agroindustriales.

La movilización empresarial en torno de MERCOSUR ha comenzado de manera más marcada recientemente, y directivos de la Unión Industrial Argentina (UIA) han visitado en agosto de 1991 la Federaçao de Industrias de Sao Paulo (FIESP) en busca de un acuerdo para institucionalizar la participación empresarial en el MERCOSUR. Indicando las discrepancias en la clase empresarial, al actual directorio de la UIA se lo ha denominado de "grupo paulista" por su apoyo a la integración.

Estas organizaciones quieren ponerse de acuerdo para resolver problemas de asimetrías entre las dos economías, y para evitar que la apertura tenga consecuencias salvajes.

Las dificultades se concentrarían en problemas de costo de energía, mano de obra, transporte, escalas tributarias, cambios múltiples, tarifa promedio, etc.

Convalidando también el inicio de la movilización empresarial, en la sede de la Compañía Nacional de Abastecimiento (CNA) se reunieron en agosto de 1991, productores de frutas, jugos y vinos para definir la política agrícola que irá a nortear la comercialización de productos agropecuarios del MERCOSUR.

Indicada la necesidad y conveniencia de un diálogo y negociación sectorial para la implementación de mecanismos de ajuste y cooperación, sería conveniente analizar la gama de posibilidades disponibles.

La empresa, ante una situación de competencia y de oportunidades nuevas, podrá reaccionar de la siguiente manera:

a) introducir medidas que signifiquen una adaptación a las nuevas condiciones y que tiendan a mejorar su productividad. Estas acciones pueden traducirse en un mejor gerenciamiento de la empresa para reducir costos y satisfacer mejor las necesidades de sus clientes actuales. Puede incluirse aquí mejoras en las políticas de aprovisionamiento de insumos, mejoras en la productividad de la mano de obra, adaptación de los productos, mejoras del "servicio al cliente" en términos logísticos, controles de calidad, etc. Estas medidas tienden a preservar la ventaja competitiva de la empresa, y pueden tener un carácter meramente defensivo (preservar el mercado actual) o crear condiciones para un acceso a nuevos clientes tanto en el mercado doméstico como en el mercado ampliado;

b) en el caso anterior la empresa mejora la gestión preservando y mejorando el sistema de vínculos existentes, pero sin arreglos institucionales que impliquen una mayor cooperación e integración interempresarial. Pretende simplemente hacer un uso más eficiente de la estructura existente.

La opción que se plantea en este punto, sería la búsqueda de una mayor cooperación e integración con el sistema empresarial disponible en el propio sector ya sea doméstico o en el mercado ampliado.

Esto podría implicar situaciones como las siguientes:

b.1) **mayor control de las fuentes de insumos.** Ensayar negociaciones con los proveedores para garantizar aprovisionamiento estable y a largo plazo a costos competitivos.

Esto se podría materializar mediante contratos especiales en que se incorporen aspectos de financiamiento, cooperación técnica, garantías de demandas, etc. Este suministro privilegiado facilitaría el planeamiento y programación de la producción para ambos lados y se emplea con cierta frecuencia en industrias que usan insumos agrícolas o industrias de ensamblaje.

Si bien no es deseable desde el punto de vista del interés común, esta práctica puede cerrar el acceso a la industria para otros sectores.

Esta integración "hacia atrás" que anteriormente se había identificado como "retro-integración" se hace imprescindible en industrias intensivas en insumos y bienes estacionales, y puede implicar el empleo de formas asociativas para obtener los objetivos.

La apertura de los mercados puede facilitar la obtención de insumos de fuentes externas regionales (MERCOSUR) o extrazona en mejores condiciones. La protección y políticas de "compre nacional" han perjudicado a muchas empresas al no poder adquirir insumos a precios internacionales.

b.2) **integración vertical "hacia adelante" o "pro-integración"** que tiene por objetivo el control de los canales de distribución (de transacción y logísticos). En la formación del precio final al consumidor la incidencia de los "costos de distribución" crecen exponencialmente en la medida que se aumente "la distancia espacial y temporal" entre el productor y el consumidor final.

El costo de esta naturaleza también crece significativamente si no hay canales eficientes, es decir canales donde los integrantes presentan altos niveles de coordinación, son eficientes en el desempeño de las funciones y presentan un nivel de competencia "razonable" en cada segmento.

El concepto de ventaja comparativa ya no puede determinarse solamente a partir de la estructura de costos del productor, sino de la eficiencia relativa de "sistemas de comercialización", donde el productor es un componente. Cualquier ventaja del productor puede ser anulada por ineficiencia del canal de que dispone.

Así una mayor "intervención" del agente económico bajo análisis dentro del canal puede eliminar distorsiones y crear nuevos factores de "ventaja diferencial" para sobrevivir y competir. Posiblemente sea necesario renegociar los contratos vigentes en el canal y/o materializar una mayor intervención mediante formas asociativas diferentes.

El espacio ampliado puede implicar nuevas opciones en materia de canales que posibiliten su inserción comercial. En productos con bajo valor unitario y en mercados distantes, los costos de comercialización son la clave para conquistar espacios comerciales.

El diálogo con otras empresas en el espacio ampliado puede implicar formas cooperativas para contar con canales en común, mejores condiciones de negociación con los canales existentes (mejorar el concepto de "capitán del canal"), mejor división del trabajo, etc., Este análisis también es válido para el caso de aprovisionamiento descripto en b.1).

b.3) **integración con unidades productivas similares.** Esto puede ejercitarse tanto a nivel doméstico como del espacio ampliado. Esta estrategia competitiva busca obtener el "tamaño óptimo de planta" para producir a costos unitarios mínimos dada la naturaleza de la industria y las opciones tecnológicas disponibles. Suele también identificarse con el resizing.

Anteriormente se planteó esta opción como "verticalización".

Esta práctica de concentración que puede asumir diferentes modalidades jurídicas que serán descriptas posteriormente, podrá significar una reducción de la competencia (menor número de agentes económicos) y llevar a prácticas comerciales indeseables desde el punto de vista general, como será la "cartelización". Si bien un sistema cartelizado podría llegar a competir mejor internacionalmente, no sería conveniente en la medida en que se apoye en el consumidor interno que deberá afrontar costos mayores para subsidiar los esfuerzos de internacionalización.

Existe una tendencia natural a que los agentes económicos que operan en un determinado sector dentro del espacio ampliado "se entiendan" para evitar una competencia descarnada. Si este entendimiento implica mantener el status que mediante una división de mercados y recrear condiciones anteriores, entonces los beneficios económicos de la integración serán mínimos. El Estado debe velar para que esta situación no se presente, y medidas como una reducción general de arancel para terceros serían correctas. El concepto de "fortaleza" apuntado anteriormente facilitaría la cartelización.

b.4) **integración vía horizontalización**. Esta estrategia, como se indicó antes, tiene por objetivo la diversificación ampliando la gama de productos que preferentemente pueden ser complementarios para aprovechar la experiencia empresarial disponible. Algunas facilidades productivas en función de modernas tecnologías de automación y flexibilización procuran obtener lo que se ha denominado economías de scope, que permite producir diferentes productos con pequeños ajustes en facilidades productivas, por ejemplo, cambios en programas de computador.

Esta diversificación permitiría también una mejor distribución del riesgo operando en diferentes segmentos de mercado. Muchas empresas en América Latina se han visto en la necesidad de aplicar sus recursos excedentes en crecer mediante estrategias de horizontalización porque el escaso tamaño del mercado interno no permitía estrategias de verticalización doméstica. Por otro lado la verticalización a nivel internacional implicaba la disponibilidad de condiciones competitivas no existentes, debido a "deseconomías externas" principalmente generadas por políticas de comercio exterior erráticas y costos de distribución física prohibitivos.

Muchas de las acciones descriptas serán necesarias y viables en la medida que los países que se integran alcancen grados razonables de estabilidad política y económica, y que generen confianza en los agentes económicos domésticos e internacionales. Estas negociaciones requieren un "horizonte de mediano plazo" para implementarse, y no pueden llevarse a cabo por empresas agobiadas por la coyuntura. Cabe a los gobiernos proporcionar reglas del juego estables, creíbles, y promotoras en un marco general de estabilidad, pues caso contrario, como indica Rasmussen [3], el empresario percibirá el macroambiente como negativo o neutro y adoptará estrategias "no reactivas", "no adaptables" y "no innovativas" conducentes a la extinción o estancamiento.

Desde el punto jurídico las acciones anteriores pueden materializarse a través de:

a) consorcios, agrupamientos o unión de empresas;

b) fusiones;

c) incorporaciones;

d) adquisiciones.

El crecimiento de la empresa puede materializarse a través de una reinversión de utilidades, obtención de financiamiento, incorporación de nuevos socios. La insuficiencia de recursos en los dos primeros conceptos o el leverage financiero pueden hacer necesaria la última opción.

El crecimiento aparte de mejorar el poder negociador, implica mayores facilidades para desarrollar y emplear tecnologías más avanzadas. Por otro lado, en un sistema económico internacional crecientemente volátil, el "gigantismo" puede significar burocratización y menor flexibilidad para adaptarse a un ambiente dinámico. Puede significar también, establecer sistemas operacionales rígidos, que quiten capacidad creativa a la organización.

A) CONSORCIOS, AGRUPAMIENTOS O UNION DE EMPRESAS

Existen situaciones en que las fórmulas de concentración completa y definitiva de las empresas no serían viables. No siempre los empresarios desean abdicar de su autonomía de gestión. Así, la unión de empresas, puede ser dictada por situaciones excepcionales o temporarias que implican fórmulas de concentración transitorias y flexibles.

---

(3) Rasmussen, V.W., *op. cit.*, pág. 30.

La conjunción de empresas con preservación de autonomía recíproca puede hacerse de manera permanente (filial) o temporaria (agrupamiento o consorcio), en vista de un proyecto determinado.

El consorcio o agrupamiento, conjuga esfuerzos, y es un mero contrato que no crea un nuevo ente jurídico y puede existir apenas en el ámbito de las estructuras internas de las empresas consorciadas.

Esta conjugación de esfuerzos puede abarcar el sector técnico (investigación tecnológica común), o en el sector comercial (adquisición de materias primas en común, red de ventas en común, representación en el exterior, etc.).

El consorcio siendo un mero contrato no provocaría la creación de un nuevo ente jurídico y puede existir apenas en el ámbito de las estructuras internas de las empresas consorciadas o manifestarse también exteriormente delante de terceros. En este caso habría necesidad de crear una representación común, siendo que las responsabilidades asumidas afectan directamente el patrimonio de los consorciados solidariamente.

Contratos de este tipo pueden representar una primera etapa para una fusión societaria propiamente dicha.

Empresarios que duden en perder su autonomía de decisión y teman ligarse de modo completo y definitivo a otros grupos empresariales, encontrarán en el consorcio la solución flexible que les permita testar sin compromisos irreversibles la capacidad de vida en común de las empresas consorciadas.

La fórmula consorcial ha tenido más vigencia en el campo del mercado de capitales y en el sector de empresas de servicios para obras públicas. La falta de personalidad jurídica del consorcio dificulta muchas veces sus facilidades de ingreso en licitaciones públicas a menos que sea expresamente reglado por ley.

En muchos países la ley desconoce cualquier tipo de contrato asociativo o de sociedad especial de naturaleza estrictamente temporaria. Restaría en ese caso a los interesados el contrato de consorcio no personalizado o la constitución de una sociedad comercial común.

En España, por ejemplo, se creó la "agrupación temporal de empresas" o la "sociedad de empresas" (1963), que tienen por objetivo:

a)   expansión, modernización y racionalización de sus instalaciones productivas;

b)   adquisición de maquinaria y otros equipos para su utilización conjunta o particular;

c)   comercialización de los productos de cada empresa en los mercados nacional y extranjero;

d)   estudios de nuevas técnicas y negocios en los procesos de fabricación
para su ulterior aplicación, etc.

En Francia (1967) se permite la creación de un consorcio personalizado denominado "agrupamiento de interés económico". Puede ser constituido por persona física o jurídica, goza de personalidad jurídica propia y tiene por finalidad,
según la norma Nº 821/67, el agenciamiento de todos los medios aptos a facilitar o a desarrollar la actividad económica de sus miembros, y a mejorar o ampliar los resultados de dicha actividad.

Es importante así saber si el orden jurídico vigente en el país o el sistema
ampliado, se compatibiliza con los modelos deseados por los empresarios y con
los esfuerzos que los gobiernos desarrollen para redimensionar la empresa privada. De ahí que la compatibilización de sistemas jurídicos en el marco de la
integración son fundamentales.

Los objetivos de la concentración apuntan generalmente a la modernización, ampliación del volumen de producción, ampliación del mercado y aumento de productividad, de ahí que revistan interés público y los gobiernos la pro-
muevan, pero también la regulan para evitar el "gigantismo" y sus consecuencias negativas.

Para la consorciación de empresas industriales y comerciales se referencia
también al lector a los modelos sueco y japonés.

Normalmente las estructuras paternalistas de los emprendimientos familiares son el mayor obstáculo para la efectiva utilización de los modelos económicos jurídicos de asociación.

Muchas veces el consorcio o la unión transitoria, es el mecanismo de cooperación o asociativo preliminar, que si es satisfactorio, conducirá a la fusión
o incorporación.

B) FUSIONES E INCORPORACIONES

Fusión es la operación por la cual se unen dos o más sociedades para formar una sociedad nueva que les sucederá en todos los derechos y obligaciones.

En el caso de la incorporación no hay extinción de todas las personas jurídicas o sociedades, mas apenas de algunas, en este caso las incorporadas, que
se unen a otra que debe sobreexistir, ampliada en su capital y patrimonio.

El proceso de fusión implica:

a)   predecisión de fusión;

b)   proyecto de estatutos de la nueva sociedad;

c)   plan de distribución de acciones;

d)   designación de peritos para valoración del patrimonio de cada empresa;

e)   formación nueva sociedad.

Muchas veces la propia ley indica el proceso formal a seguirse, y normalmente requiere que las decisiones sean tomadas por asambleas de accionistas bajo ciertas condiciones.

En general, la fusión de empresas siempre ha sido un acto complejo, no apenas desde el punto de vista jurídico, más principalmente por sus implicancias fiscales. Algunas veces los gobiernos ofrecen incentivos fiscales a las fusiones.

En el derecho italiano la fusión puede tener lugar por incorporación. En este caso, se produce la disolución de una sociedad, que queda absorbida por otra, a la cual aporta todo su patrimonio, que va a constituir un aumento de capital de la sociedad absorbente.

La mayoría de las legislaciones no hacen distinción entre fusión e incorporación y aluden solamente a fusión.

En el derecho norteamericano, *consolidation* correspondería a fusión, y *consolidated corporation y merger* a incorporación.

Entre la fusión en que las empresas fusionadas se extinguen por su fusión o incorporación (como en la legislación italiana y francesa), y la forma de agrupamiento en que continúan a existir con la plenitud de la personalidad jurídica, aunque limitadas en el ejercicio de muchas de sus atribuciones, hay formas intermedias de concentración que podrían denominarse "semi-concentración", por la cual las empresas transfieren temporariamente algunas o partes de sus actividades a una o varias asociadas.

En Francia existen los *groupements* que tienen tales características y que sirven para gestión, producción o comercialización en común. Las sociedades jurídicamente no se funden; cada una mantiene su autonomía jurídica aunque en realidad están económicamente fundidas.

C) ADQUISICIONES

Como su nombre lo indica es la operación por la cual los titulares de una empresa adquieren otra, aunque no mediante la entrega de acciones como en los procesos descriptos anteriormente.

El proceso de adquisición puede ser total (100% del paquete accionario) o parcial.

Está muy de moda en EUA el empleo del *take over bid* o la oferta pública para adquisición de acciones votantes de determinada compañía, hecha con la condición de su aceptación por accionistas detentores de un número predeterminado de acciones, dentro de un cierto plazo.

Normalmente, se ofrece a los accionistas un valor superior al valor en bolsa de las acciones. Generalmente, los ejecutivos de estas empresas ofrecen naturales resistencias a estas ofertas, pues puede significar un cambio de administración.

El control puede adquirirse también mediante compra continuada de acciones en el mercado hasta llegarse a un valor que permita el control en asamblea. Cuanto más polarizada está la propiedad, más fácil es el control por este medio. En el caso de empresas latinoamericanas, el grado de concentración de la propiedad accionaria es enorme, ya que se trata de empresas familiares administradas profesionalmente.

Cuando la empresa practica acciones e integración caracterizadas por retro-integración, pro-integración, horizontalización y verticalización, llega a constituir los "conglomerados" que tienen una cabeza que asume la característica de un "holding" en diferentes formas.

El "grupo económico" o "conglomerado" se desarrolló en algunas economías mediante acción promotora del propio gobierno (Japón, Europa). En EUA se controla esta modalidad para mantener el sistema funcionando con una "razonable competencia".

Los juristas alemanes elaboraron el primer código de sociedad consolidada o Konzernrecht.

"Grupos económicos" famosos serían: General Motor Company, Hannover Trust Co., Morgan Trust, Rothschild, Vanderlip, Rockefeller, Salomon Brothers, Warburg, Schiff, Lehman, Goldman & Sachs, etc.

En Brasil existen numerosos grupos económicos que demuestran una consolidación empresarial diversificada.

En general, los modelos innovadores, provienen de países desarrollados donde el empresario se beneficia de una infraestructura más estable y un aparato legal menos restrictivo, para poder desarrollar empresas que benefician su organización y estructura empresarial.

El concepto de "grupo económico" ha sido la base del modelo de desarrollo japonés desde mitad del siglo pasado. Adquirieron la denominación de zaibatsus, comenzando como "grupos familiares" y pasando después de la 2da. Guerra Mundial a ser grupos económicos más atomizados en su propiedad.

Los zaibatsus se estructuraron en las siguientes bases:

a) Zaibatsus diversificados;

Empresas holdings que invierten en cualquier actividad económica, como en el sector financiero, industrial, comercial o de prestación de servicios. Ej. Mitsui, Mitsubishi, y Sumitomo.

b) Zaibatsus financieros;

Invierten en entidades financieras, y desarrollan a través de esas empresas diferentes negocios. Ej. Yasuda, Nomura.

c) Zaibatsus industriales.

Desarrollan técnicas de retro-integración, horizontalización y verticalización, sin la pro-integración en distribución, diversificándose industrialmente. En los zaibatsus del grupo a) las entidades comercializadoras o tradings son el eje del sistema.

Los "grupos económicos" pueden ser administrados mediante diferentes modalidades, siendo la cabeza una "holding de participación" que es mera titular de propiedad, pero con una administración descentralizada en cada empresa del grupo, o la holding puede estructurarse para ejercer una verdadera administración centralizada con un "consejo deliberativo", presidente, vicepresidentes corporativos, siendo que en cada empresa operan presidentes, directores generales o superintendentes como cabezas.

2.2. SUMARIO Y CONCLUSIONES

La integración regional ha sido una de las preocupaciones de los países de América Latina desde la década de 1950. Sin embargo, los esfuerzos se han caracterizado por objetivos ambiciosos y resultados modestos.

Las primeras tentativas de creación de un mercado común en la región se originaron en los estudios efectuados por la CEPAL hacia fines de aquella década. Las propuestas presentadas en aquel momento estaban fuertemente influenciadas por el éxito inicial del Tratado de Roma. La creación de comercio, como consecuencia de la integración, parecía proporcionar efectos positivos.

La intención de integrar sigue siendo un ítem importante en la agenda regional, y los negociadores tienen conciencia de las características necesarias después de la experiencia de ALALC (1960) y ALADI (1980).

América Latina atraviesa un período singular caracterizado por la consolidación generalizada de la democracia como régimen político, y de liberalismo económico sustentado en apertura económica, desburocratización, privatización, desregulación y descentralización. Dentro de ese marco general, y acompañando tendencias internacionales, se percibe también un creciente interés gubernamental por la integración en sus diferentes modalidades. Existe una movilización en todas las subregiones para actualizar y activar los sistemas de integración existentes. Este "movimiento" cuenta con considerable respaldo político interno y externo, siendo destacable el empuje que el tema tendrá con motivo del interés declarado de EUA a través de la **Iniciativa** Bush. Las "fuerzas" que apoyan el proceso de integración parecen tener, en el momento, suficiente poder e influencia, como para anular posibles "anticuerpos" de intereses que ahora y/o históricamente se han opuesto a este proceso.

La idea de crear una gran "zona de libre comercio" en el continente ha entusiasmado a importantes sectores, aunque han surgido numerosos interrogantes sobre los objetivos finales y los mecanismos de implementación.

Un análisis criterioso permitiría concluir que existe una alta probabilidad de que la integración deba ser un hecho concreto hacia fines de esta década. La "transición" no deberá ser fácil en la medida que la implantación de los esquemas negociados a nivel oficial requerirán arduas negociaciones adicionales con ampliación de los participantes en los procesos.

Esta "lectura" del macroambiente, si verdadera, aconsejaría la apropiada incorporación de la variable "integración", con todas sus connotaciones, en la formulación de la política económica oficial, y en el planeamiento estratégico y en la toma de decisiones por los agentes económicos.

El avance de la integración debe provocar en esta década, "reglas del juego" diferentes que requerirán una adecuada interpretación de parte tanto de entes oficiales como privados. Esta "interpretación" pasará por consideraciones sobre si el proceso de integración tendrá futuro, o se implementará en los términos que está planteado; sobre el impacto que tendrá en la vida organizacional en cada caso (nuevas oportunidades y restricciones); y sobre el tipo de reacción más conveniente (reestructuración interna, modificación del sistema decisorio, nuevas formas de cooperación y tratamiento del macroambiente).

Es importante también resaltar que el proceso de integración conforme está siendo concebido actualmente difiere significativamente de los esquemas diseñados en las décadas del '50 y '60, donde la integración, al crear un espacio ampliado, facilitaba el proceso de industrialización, por lo cual era básicamente sustituidora de importaciones extrazona. El modelo actual plantea la integración como un mecanismo facilitador de la inserción de la subregión en la economía mundial, por lo cual es necesario que el crecimiento de las organizaciones, factible en el mercado ampliado, sea acompañado por una modernización y aumento de eficiencia y productividad. El elemento que crearía estas condiciones sería un arancel externo común bajo, y el combate a posibles prácticas de centralización y uso indebido de los recursos. Por lo que se percibe en América Latina hay una tendencia generalizada hacia la fijación de aranceles mucho más bajos. También el modelo integracionista previsto enfatiza la necesidad de una internacionalización mayor de las empresas, y una "reconversión" productiva que permita un perfil exportador más caracterizado por productos "más modernos", es decir, con mayor y mejor tecnología incorporada. Los factores de ventaja comparativa tradicionales (mano de obra e insumos naturales baratos), así como la teoría ortodoxa del comercio internacional que explica la especialización en base a la abundancia de factores de producción, están siendo fuertemente cuestionados.

A partir de fines de 1985, Argentina y Brasil han realizado considerables progresos en la negociación de un marco para la integración bilateral, siendo que en marzo del '91 el esquema se ha ampliado, mediante la incorporación de Paraguay y Uruguay al Tratado de Asunción, que busca crear un "mercado común" para fines de 1994.

La negociación a nivel oficial entre los países involucrados ha avanzado rápidamente, firmándose un acuerdo que los analistas lo han interpretado como extremadamente ambicioso. Si bien cabe una etapa de transición para su implementación donde será necesario mejorar items importantes, como coordinación de políticas macroeconómicas y eliminación de asimetrías generales y sectoriales, la verdadera implementación debe llevarse a cabo por parte de la clase empresarial. Es justamente la actitud y comportaminto de este sector, un elemento fundamental para que los esfuerzos oficiales rindan sus frutos o el proceso planeado fracase.

Si bien hay intereses sectoriales diferentes, así como perspectivas variadas, se esperaría de la clase empresarial la percepción de la integración como un fenómeno positivo a largo plazo, y por consiguiente una respuesta reactiva, adaptativa y, principalmente innovativa para maximizar los beneficios que las nuevas oportunidades han de brindar.

Sería nefasta una actitud y comportamiento indiferente, o bien tratar de revivir prácticas paternalistas por parte del Estado para atenuar los efectos del ajuste necesario.

Hay algunas señales auspiciosas en la dirigencia empresarial, que está indicando un interés por un papel protagónico en el proceso a partir de las condiciones ya establecidas. El comienzo de esfuerzos de diálogo empresarial se ha manifestado, tanto a nivel de cúpula industrial, como de dirigencias sectoriales de los países involucrados.

La incredulidad y abulia inicial, está comenzando a transformarse en búsqueda de información y ensayos de negociación.

El empresariado, al percibir un ambiente más favorable, en el sentido de verse facilitada la toma de decisiones, ya que las variables macroeconómicas estarán estabilizadas, y habrá menos, intervención y regulación del Estado, podrá pensar en un horizonte mas prolongado y la implementación de proyectos que requieren mayor tiempo de maduración y confianza en el futuro.

Decisiones estructurales como ampliación de planta, ampliación de línea de productos, internacionalización, aumento del gasto en investigación y desarrollo, etc., requieren niveles básicos de confianza y un horizonte más largo.

Los organismos oficiales desearían que la clase empresarial perciba el macroambiente que la apertura y la integración crearán como un desafío y una oportunidad para modernizarse y crecer y adopten conductas positivas y creativas.

Recientemente se ha comenzado a percibir en el marco geográfico del MERCOSUR un cambio de actitud de la clase empresarial, principalmente en los organismos de clase (cámaras, asociaciones, etc.) manifestados por una concientización y una movilización con motivo de los tratados sobre integración. La dirigencia empresarial, nucleada en las instituciones indicadas, es la que ha manifestado naturalmente una "preocupación", por las consecuencias de la desprotección y la falta de participación en el proceso negociador hasta el presente, aunque no se percibe un rechazo a la idea del MERCOSUR. Los dirigentes se han movilizado tanto discutiendo el problema en el seno de sus organizaciones, como estableciendo un diálogo con sus pares de los países involucrados.

El propósito en esta fase sería para clarificar posiciones, coordinar acciones y reivindicaciones, evaluar el "costo" del ajuste y cómo financiarlo, y evitar una competencia depredatoria al tiempo que se formulan proyectos de cooperación. Parecería ser que la abulia, desinterés y descreencia inicial estaría siendo sustituida por una acción cautelosa, principalmente en la dirigencia, aunque las bases empresariales fundamentalmente del interior de los países ven el tema como lejano.

A este nivel no se manejaría todavía suficiente información sobre la materia.

Es natural que todo cambio genere expectativas y preocupaciones, ya que normalmente no se pueden percibir claramente las consecuencias. Así, "la teoría del cambio" nos enseña que en el universo empresarial la respuesta será variada dependiendo del carácter "innovador" o "conservador" de cada empresario. Solamente los "innovadores" o *early adopter* serán los que tomarán iniciativas en favor del cambio; los otros "esperarán para ver", "permanecerán encima de la pared", e indicarán preocupación y desconfianza "por principio". En base a lo anterior es importante la respuesta del primer grupo, que siendo favorable, arrastrará a la mayoría. Normalmente los organismos de clase, incluyen empresarios innovadores o "representantes" de empresarios de tal naturaleza.

Suponiendo que la negociación oficial avance rápidamente, con una razonable participación e intervención del sector privado, este sector deberá asumir irremediablemente mecanismos de ajuste.

El campo de acción es amplio, y las empresas deben evaluar los ajustes estructurales que serán necesarios, no solamente para sobrevivir sino para aprovechar los beneficios de un mercado ampliado que la integración proporciona.

Será necesario un análisis sistemático a nivel sectorial para verificar la competitividad de "sistemas de producción y comercialización", para introducir mecanismos de "concentración", "división", y "conversión" en función de las necesidades. Los agentes económicos podrían aprovechar los beneficios de economías de escala y modernización que un mercado ampliado podría proporcionar. Las empresas podrían recurrir a mecanismos jurídicos de unión transitoria, consorcios, fusiones, incorporaciones, compra-venta, y conglomerados para conectar los procesos de cooperación interempresarial.

Como el objetivo de la integración moderna comprende, no solamente mayor eficiencia para operar en el mercado ampliado, sino también mejor capacidad de inserción en la economía mundial, la cooperación tecnológica y comercial también debería encararse con esta perspectiva.

En un mundo donde la integración está adquiriendo plena vigencia entre los propios países desarrollados, el desafío planteado por MERCOSUR requiere una respuesta madura, positiva y dinámica de la clase empresarial de los países involucrados.

Contrariamente a lo ocurrido en otros esquemas de integración como la Comunidad Europea y el Free Trade Agreement entre EUA y Canadá, el MERCOSUR no es producto de presiones empresariales para profundizar y consolidar vínculos preestablecidos. Ya en 1938, 60% del comercio exterior de los países de Europa Occidental era comercio intrarregional. En el caso de EUA-Canadá, el monto de comercio bilateral anual giraba en los US$ 160 mil millones antes del acuerdo. O sea, las interdependencias ya eran muy grandes en los dos casos, y la voluntad política vino a sancionar y fortalecer el sólido vínculo preexistente entre ambas economías. En el caso del MERCOSUR la voluntad política antecede las interdependencias. El comercio intra-ALADI siempre fue bastante inexpresivo e inclusive ya fue mayor.

El propósito de este trabajo ha sido indicar de una manera esquemática las alternativas de conducta esperables por parte de los empresarios, entendiéndose que las mismas serían diferentes (al poseer diferentes intereses, así como diferente capacidad de acción) según se trate de empresas multinacionales, empresas públicas, grupos privados nacionales y pequeñas y medianas empresas privadas.

Aparte del ajuste interno, se han descripto las variantes que habría en materia de cooperación interempresarial (tanto a nivel doméstico, como del mercado ampliado), describiéndose aspectos jurídicos y de procedimientos de los mecanismos de fusión e incorporación de empresas.

Se ha dejado específicamente de analizar dos poderosos mecanismos de cooperación, como la joint venture y la "subcontratación" ya que los mismos se han comentado separadamente en los capítulos 7 y 8, fundamentalmente. Sobre estos temas, pueden consultarse los siguientes trabajos:

COLAIACOVO, J.L., *Joint Ventures Internacionales*, CICOM, Río de Janeiro, 1991; y *La J-V como Mecanismo de Penetración de Mercados*. Río de Janeiro, CICOM, 1982. AVARO, D., *Aspectos económicos financieros de las J-V* CICOM, Río de Janeiro, 1991, NARBONA VÉLIZ, H., *Joint ventures internacionales. Experiencia chilena*. CICOM, Río de Janeiro, 1991; SÁ RIBEIRO, M., *Aspectos jurídicos de las J-V internacionales*. CICOM. Río de Janeiro, 1991; y COLAIÁCOVO, J. L., *Subcontratación internacional y desarrollo de exportaciones*, en Técnicas de Negociaciones. Aplicaciones al campo internacional. Río de Janeiro, 1987.

Para concluir se incorporan dos reflexiones de interés:

OMINAMI, Ministro de Economía de Chile indica que "la cooperación y la creciente integración de las economías latinoamericanas solamente pueden ser fundadas en expectativas reales de beneficios mutuos para todos los participantes. Si los empresarios, transportistas, trabajadores, exportadores, banqueros, de nuestros países no ven en la integración beneficios claros, la integración no será hecha por más que los políticos e intelectuales pronuncien bellos discursos a su respecto".

RESEK, Ministro de Relaciones Exteriores de Brasil dice refiriéndose a MERCOSUR: "El empresariado, el sector privado, ve todo eso con los mejores ojos posibles mismo sabiendo que algunos tendrán que reciclarse y tendrán eventualmente que mudar de ramo mismo de algún modo, aunque mínimamente alterar su estilo de actuar en el mercado y hasta su producto".

2,3. BIBLIOGRAFIA

IDORT, Simposio sobre Fusões e Incorporações. Editora Mestre Jou. Sao Paulo, 1972.

MATTA MAIA, J., *Fusão e Incorporacao de Empresas.* José Bushatsky, Editor. Sao Paulo, 1972.

RASMUSSEN, V.W., *Holdings e Joint Ventures,* Edições Aduaneiras. São Paulo, 1988.

Capítulo 3

FUSIONES Y ADQUISICIONES DE EMPRESAS

3.1. INTRODUCCION

En los últimos años se puede verificar, a través de la lectura de revistas, periódicos o reportes internacionales de noticias, la febril actividad mantenida en relación a la compra venta de empresas, a través de mecanismos tales como las fusiones, incorporaciones, adquisiciones, takeovers y buyouts, entre otras.

El centro de la atención sobre estos esquemas obviamente se ha situado en los Estados Unidos y en Europa Occidental. En los Estados Unidos, muchos de ellos se han realizado entre empresas del mercado interno, si bien se destacan adquisiciones de parte de grupos foráneos, entre ellos, los japoneses, holandeses y británicos. El punto de concentración de estos movimientos ha sido el mercado de valores de Wall Street, siendo que en muchos casos, sólo han tenido objetivos meramente especulativos, más que de reposicionamiento en mercados externos.

Diferente ha sido el caso de las fusiones, incorporaciones o adquisiciones (conocidas habitualmente bajo la expresión de M & A, abreviatura de la expresión Mergers y Acquisitions) en la Europa Occidental. Aun cuando también se destacan muchos casos de carácter especulativo, ha habido un notable incremento de la compra venta de empresas, con objetivos estratégicos y de posicionamiento en el mercado europeo comunitario, a los fines de establecer bases manufactureras, de comercialización o de distribución en el marco del proceso de conformación de un mercado único interior comunitario, dentro del proyecto Europa 1992.

En lo que respecta a América Latina, si bien existen buena cantidad de casos de fusiones y adquisiciones, en donde grupos empresarios adquieren participación, se fusionan o literalmente compran el paquete y el control accionario de otras empresas, grandes o pequeñas, los objetivos han sido mayoritariamente de diversificación sectorial y de avance en el posicionamiento de gama de productos, ya sea por integración vertical y horizontal. Las privatizaciones podrían considerarse como un capítulo especial, dado que en este caso se encuentran situaciones de compra del paquete accionario, tanto por parte de una empresa, o bien a través de formación de consorcios o joint ventures, por parte de socios internacionales y socios locales.

Estos procesos se desarrollan tanto en forma independiente entre las firmas, o bien a través de las bolsas o mercados de valores de cada país. Una característica importante en nuestros mercados, es que los grandes bancos acreedores de las naciones latinoamericanas —en el proceso de reducir su exposición en estos países— han realizado operaciones de canje de deuda por inversión (en algunas naciones como Perú, el canje también fue de deuda por productos), es decir esquemas de *debt swapping*.

Bajo estos sistemas, las entidades financieras acreedoras de la región, han comprado activos en diversos sectores de la producción y servicios, bajo los diversos sistemas de regulaciones existentes al efecto. Así, se destacan experiencias interesantes en naciones como Argentina, Brasil, Costa Rica, Chile, Perú, Venezuela y México, entre otras.

En ese sentido, algunos Bancos han tomado parte del paquete accionario o adquirido empresas, de los más diversos rubros, tales como agricultura, ganadería, minería, telecomunicaciones, aeronavegación, industria pesquera, forestal, celulósica, petroquímica, siderúrgica, metalmecánica y de alimentos congelados, por citar sólo algunos rubros. En muchos casos, esas adquisiciones son consecuencia de los procesos de privatizaciones que se van llevando a cabo en los últimos años en países de la región, orientados bajo las políticas de desmembramiento de activos del sector estatal, transfiriendo al sector privado actividades económicas, que en muchos casos ocasionaban pérdidas, eran mal administradas y presentaban bajos niveles de calidad de servicio.

En algunos casos, los bancos han vendido luego parte de ese paquete accionario, aunque en la mayoría de los ejemplos, las instituciones financieras internacionales continúan siendo los accionistas principales, pero entregan la gestión de la empresa a un operador experimentado en el área, a través de la firma de un contrato de management.

En los casos de empresas de prestaciones de servicios, la mayoría de estos esquemas de fusiones y/o adquisiciones, han estado limitados al mercado doméstico, si bien implican la conformación —en ciertos casos— de asociaciones empresariales internacionales con objetivos industriales, comerciales o tecnológicos. Mientras tanto, en el caso de adquisición de empresas con actividades manufactureras, el objetivo ya no sólo se concentra en el abastecimiento del mercado local, sino que en casi todos los casos, se orienta hacia los mercados internacionales, o bien se fortalece una presencia en mercados externos ya existentes.

Ultimamente, comienzan a verse algunas adquisiciones o incorporaciones —y en menor caso fusiones— de paquetes accionarios entre naciones latinoamericanas, con el objetivo de posicionamiento estratégico dentro de los nuevos espacios económicos que se van creando.

Así, existen experiencias aisladas pero importantes de adquisiciones de empresas argentinas por parte de inversores brasileños y chilenos, de empresas uruguayas por parte de inversores argentinos y brasileños, y de empresas mexicanas por parte de inversores estadounidenses. Procesos similares se están registrando entre las empresas del grupo andino, particularmente con empresas colombianas que adquieren paquetes accionarios de firmas venezolanas, o firmas peruanas que compran empresas bolivianas y ecuatorianas.

También se presentan casos en donde empresas de la región adquieren compañías en el exterior para posicionamiento en mercados regionales, tal el caso de varias empresas brasileñas que adquieren en forma total o bajo una cierta participación accionaria, firmas establecidas en Portugal —el caso típico de la constructora Odebrecht y la Trading Cotia, por ejemplo—, al solo efecto de sentar bases en territorio europeo comunitario, para así aprovechar como empresas locales los beneficios del mercado ampliado derivado del proyecto Europa 1992.

3.2. LAS FUSIONES Y ADQUISICIONES EN EL MARCO DE LOS PROCESOS DE INTEGRACION

Un punto importante que debe destacarse, se refiere a la importancia que deberán adquirir los procesos de fusiones y adquisiciones, dentro de los esquemas de cooperación empresarial, en función de los nuevos esquemas de integración económica que se vivencian en la región latinoamericana.

Por una parte, Argentina, Brasil, Paraguay y Uruguay, han firmado el tratado de Asunción, conocido bajo el nombre de Mercosur. Este tratado dispone que para el 1º de enero de 1995, habrá una total libertad de movimiento de mercaderías entre las naciones miembros.

Al efecto, y tal como se ha comentado en el capítulo 1, se ha fijado —y se va cumpliendo— un programa de liberación comercial, donde se van reduciendo los aranceles, a través de un aumento paulatino de las preferencias arancelarias otorgadas entre dichas naciones, que llega a un arancel del cero por ciento para la fecha indicada.

Adicionalmente, se eliminarán todas las barreras no arancelarias y los obstáculos técnicos al comercio. A la vez, se propone la definición de un arancel externo común y la fijación de políticas comerciales comunes, siendo que ya se han determinado las reglas de origen y las cláusulas de salvaguardia para protección de aquellas industrias o sectores que se vean afectados por la competencia desleal de las industrias o sectores de los otros países.

Por otra parte, los gobiernos de los países miembros del Mercosur, irán armonizando paulatinamente sus políticas macroeconómicas y sectoriales, para llegar a unificarlas. No obstante, ello implica que, vistos los diferentes tiempos que se manejan en cada país, la burocracia existente en cada uno de ellos, los procesos de toma de decisiones, la infraestructura existente, el nivel, costo y calidad de los servicios públicos, los niveles de presión tributaria, los diferentes rangos de protección efectiva durante el proceso de transición y las capacidades de producción y nivel tecnológico de los sectores primarios, manufactureros y de servicios, habrán de existir asimetrías entre dichos sectores de cada país, lo cual implica ciertos niveles de vulnerabilidad de las empresas de un país frente a sus competidores de otra nación.

En otras palabras, se crean fuerzas y debilidades sectoriales. Desafíos que pueden inducir a respuestas de diverso tipo, tales como la reestructuración, el redimensionamiento, la flexibilización, la readaptación y/o reconversión, la relocalización de procesos productivos, comerciales o de distribución, la expansión, el aumento de la productividad y la competitividad, o bien la asociación empresarial, mediante la cooperación comercial tecnológica, comercial o industrial.

En el Grupo Andino, se va dando un panorama significativamente similar al del Mercosur, pero con plazos más breves aún, ya que los compromisos de Galápagos y de la Paz, establecieron la liberación comercial en vigencia desde el 1º de enero de 1992. No obstante, de la misma manera que en el Mercosur, se va dando un proceso de armonización de políticas, aunque en algunos sectores como el acero, la energía o la petroquímica se presentan asimetrías realmente significativas entre sus miembros, lo cual crea algunas fricciones.

Es entonces, en el marco de esos procesos de integración, donde se podrán dar respuestas innovativas de cooperación empresarial o reposicionamiento y diversificación de las empresas dentro de los sectores aludidos, tal como se enunciara en el capítulo 2. Allí es donde se inserta la posibilidad de fusionarse, incorporar o adquirir paquetes accionarios de empresas en otros países para reforzar la presencia, la imagen, la calidad, la tecnología, la oferta de bienes o cualquier otro atributo necesario para logar mayor competitividad y crecer —o sobrevivir— en los mercados que se expanden.

A pesar de todo ello, los esquemas de integración, tratan de evitar la creación de carteles o trusts dentro de su mercado ampliado, a fines de evitar la monopolización, oligopolización o prácticas desleales, que la conformación de grandes grupos podría traer consecuencia. En varios instrumentos jurídicos del Mercosur, particularmente en la decisión Nº 3/91 del Consejo de Mercado Común, referida a las reglas para formación de acuerdos sectoriales, queda explícito el control que los gobieros tratan de tener sobre ello.

Los procesos de fusiones y adquisiciones, no sólo se dan entre las propias naciones Latinoamericanas. También hay empresas originarias de terceros países, fuera de la región, que compran activos o participación accionaria, o bien adquieren empresas en su totalidad, a los fines de manufacturar bienes y servir desde un país a los otros mercados de la región.

Es el caso de algunas adquisiciones italianas en la Argentina, en el marco del Tratado de Relación Asociativa Particular vigente entre ambas Naciones, que no sólo se establecen en el país latinoamericano para antender las demandas del mercado local, sino para aprovechar ahora el ingreso facilitado desde la Argentina al mercado brasileño, en virtud de los acuerdos de integración y desgravación arancelaria vigentes, que se van profundizando conforme se van cumpliendo las metas previstas en el Mercosur en lo que respecta a liberalización comercial.

También en el marco de acuerdos o sistemas de preferencias arancelarias unilaterales que otorgan algunas naciones o bloques de naciones hacia ciertos países de América Latina, se han producido adquisiciones de empresas. Esto ya ha sucedido, por ejemplo, en virtud de la Iniciativa de la Cuenca del Caribe —CBI—, donde empresas de diversas naciones han adquirido firmas de los países caribeños o centroamericanos beneficiados con el sistema, que otorga libre acceso a la mayoría de los bienes manufacturados en dichos países —salvo algunas excepciones—, al mercado estadounidense.

Estas adquisiciones no sólo han sido de parte de inversores estadounidenses, sino tambien de inversores de otras naciones que desean conservar sus niveles de competitividad en el mercado de los Estados Unidos. Por ejemplo, cuando este país quitó de la lista de países beneficiarios del Sistema Generalizado de Preferencias a Corea del Sur, varias empresas de esta nación asiática vieron incrementados los precios de sus productos en el mercado norteamericano. En consecuencia, compraron empresas ya establecidas en naciones beneficiarias de la CBI —caso típico de algunas empresas en Honduras, por ejemplo— las que fueron dotadas de nuevos equipos y modernizadas tecnológicamente, para así continuar proveyendo bienes al mercado del Norte, sin pago de derechos aduaneros, y reduciendo sus precios a niveles similares a los del pasado, con lo que evitaron la pérdida de competitividad.

3.3. LA FUSION DENTRO DE LAS ESTRATEGIAS DE INSERCION INTERNACIONAL

Los procesos de inserción internacional de las empresas, reconocen diversas formas para llegar a los mercados foráneos, tal como se explica más adelante. Así, una empresa puede ingresar en un mercado a través de la exportación, la transferencia de tecnología, la inversión, la asociación empresarial, la subcontratación internacional, el franchising o el comercio compensado, por citar las estrategias más habituales o conocidas.

Dentro del marco de la inversión en el exterior, tanto de base comercial como de base industrial, una empresa puede recurrir a varias opciones, tales como la de establecer una empresa comercial, que puede inclusive actuar como importadora y distribuidora, instalar una planta nueva para manufacturar bienes —sea con procesos de ensamble o con alto nivel de integración nacional de insumos, partes, piezas o componentes—, arrendar una fábrica ya instalada, realizar contratos de manufactura, o bien adquirir las instalaciones de una empresa en funcionamiento, como es el caso que analizamos en este trabajo.

Esta última situación, permite adquirir empresas con un costo tal vez menor que lo que representa invertir en una planta de fabricación propia, pero ello está en función del proceso de valuación que se haga de la misma. No debe olvidarse que una empresa puede tener un determinado valor en libros contables y otro valor a nivel de mercado. Además su valor llave o fondo de comercio (Goodwill) puede ser importante en función de algunos elementos como la imagen, la marca, la gama de productos, su nivel tecnológico, su localización, su presencia en el mercado, su management y sus ventajas competitivas en general, entre otros factores. A veces, un atributo como la marca, puede no ser de interés para el adquirente, ya que la empresa adquirida llevará en el futuro la marca del comprador, ya impuesta en el mercado. En consecuencia, al valor de la empresa, se le deduce el valor de la marca ya que no será de utilidad, o bien se puede pagar una compensación por la misma.

En muchos casos, las empresas adquiridas son readaptadas o reacondicionadas, tanto en lo que respecta a su infraestructura, como a su equipamiento, su tecnología, sus sistemas de abastecimiento, comercialización, producción, management y su situación organizacional, así como su sistema de toma de decisiones. Esto ocurre frecuentemente en los casos de adquisiciones de empresas que están en situaciones difíciles, tanto financieras como de producto, tecnología o mercado. Algunas veces, las adquisiciones de empresas se realizan sobre aquellas firmas que están cercanas a la quiebra, o donde se visualiza una disminución importante de su participación en el mercado. En otras palabras, a mayor dificultad de la firma, menor valuación de la misma y mayores posibilidades de tener un buen negocio financiero por sobre todas las variables, ya que muchas empresas en dicha condición, se compran, se reacondicionan y luego se vuelven a vender.

De todas formas, no es ese proceso —por así llamarlo especulativo o de generación de plusvalía económica— el que nos interesa dentro del marco de las realidades de la región, sino aquel por el cual las fusiones o adquisiciones son utilizadas como método de inserción en un mercado, para aumentar las presencias en los mismos.

Por otra parte, de no existir una inversión 100% propia, puede haber lugar a una fusión con una empresa local, a través de un proceso de asociación internacional, sobre la base de los objetivos que ya hemos comentado.

Las modalidades con las que se concretan las nuevas formas de alianzas empresariales son de las más variadas, desde aquellas formas contractuales limitadas en el tiempo, que no implican transferencia de recursos ni participación en la estructura de la propiedad, a las formas de fusiones y adquisiciones, representando esta última el límite extremo de la alianza, ya que el grado de participación accionaria es máximo en este caso.

RICARDO GALLI, en su obra *L'era delle alleanze* (1990), destaca un cuadro sobre las diferentes formas de alianzas empresariales, según la forma contractual y los recursos que se emplean en los mismos, el que detallamos como **Anexo I.**

Se puede apreciar entonces que la fusión o la adquisición, involucran la redistribución de la titularidad de la propiedad de una empresa, controlando y coordinando sus recursos, sus atributos y su comportamiento organizacional.

3.4. PRINCIPALES MOTIVACIONES PARA FUSIONARSE O ADQUIRIR EMPRESAS

Las motivaciones que llevan a las empresas a buscar una fusión o la adquisición del paquete accionario y los recursos de otra firma, son de diverso alcance, a saber:

— Búsqueda de una mayor rentabilidad de los recursos empleados a través de un mayor margen provocado como consecuencia del efecto de sinergia obtenido de dos unidades económicas que operan en forma conjunta.

— Diversificación de la gama de bienes producidos o manufacturados.

— La diversificación de una marca, la que a la vez eleva el prestigio del comprador. También el posicionamiento de una marca en un nuevo mercado, o el reposicionamiento de una marca existente en un mercado ya conocido.

— La obtención de recursos escasos para la empresa adquirente, como ocurre en el caso de ciertas materias primas.

FORMAS DE ALIANZAS EMPRESARIALES

ANEXO I

Contenido/ Recursos	Forma equity			Forma non equity									
	PAR	MIN	CVC	JV	SUB	APROV	LIC	OEM	VAR	TR	RDC	CON	ACC
FIN	X	X	X	X								X	
I&D	X	X	X	X							X	X	X
KHI	X	X	X	X			X			X			X
PRD	X	X	X	X	X		X				X	X	X
PER								X					
COM	X	X		X		X	X	X	X		X	X	X
SER	X	X		X							X	X	X
APV	X	X		X			X						X
OTR	X	X		X								X	X

Aclaraciones

Par: Participación igualitaria - Min: Participación minoritaria - CVC: Corporate Venture Capital - JV: Joint Venture - Sub: Subcontratación - Aprov: Contrato de manufactura o aprovisionamiento - Lic: Licencia - Oem: Original Equipment Manufacturing - Var: Value Added Retailing - Tr: Transferencia de recursos y Know How - RDC: Realización y desarrollo conjunto - Con: Consorcio - Acc: Otros Acuerdos

Fin: Recursos Financieros - I&D: Investigación y Desarrollo - KHI: Know How e ingeniería - PRD: Producción - Per: Personalización - COM: Comercialización - Ser: Servicios - APV: Asistencia post venta - Otr: Otros

Fuente: L'Era delle Alleanze, Ricardo Galli, ISEDI, 1990, Torino, Italia.

— La compra de activos de empresas pequeñas, que puedan tener características de flexibilidad y rápida adaptación a los constantes cambios generados por la demanda. Esta motivación usualmente se da en las grandes empresas.

— La inserción en otros mercados externos con mayor rapidez. Este elemento se ve alentado dentro del proceso de conformación de bloques económicos, como es el caso del Nafta, Grupo Andino o Mercosur, por citar sólo a los casos que afectan a empresas en la región latinoamericana.

— La adquisición de unos activos, ya en funcionamiento y explotación, que estén infrautilizados o mal manejados, y cuya óptima puesta en marcha puede lograrse con relativa facilidad, por ejemplo, a través de un adecuado management, o un conocimiento adecuado y facilidades de acceso a los canales de distribución de mercados externos.

— La eliminación de un competidor, logrando una mayor presencia dentro del mercado objetivo.

— La aplicación de un excedente de fondos monetarios que, destinados a una adecuada inversión, permitan obtener un aumento de rentabilidad, con lo cual se mejoran los recursos y el cash flow.

— Búsqueda de una cobertura o defensa ante posibles enfrentamientos futuros a estructuras productivas muy superiores, con las cuales sólo se podrá competir en un marco de unión de esfuerzos.

Hemos destacado las principales motivaciones que inducen a la compra de empresas, pero también es importante destacar aquellas motivaciones que puedan conducir a la decisión de vender una firma. Cada una de las situaciones o la mezcla de algunas de ellas, determinan procesos y criterios de valoración y marcos de negociación muy distintos.

Entre las principales motivaciones para vender los activos de una empresa propia, encontramos los siguientes:

— Necesidad de lograr un financiamiento adecuado para el negocio, eliminando las actuales cargas o presiones financieras que puedan existir, a través de un eficiente manejo de las nuevas inversiones para así volver a niveles de rentabilidad.

— Necesidad de suprimir gastos y cargas actuales, sin los cuales la rentabilidad volvería a aumentar en forma considerable.

— Necesidad de contar con un flujo de fondos adicionales —cuando los mismos ya no pueden ser obtenidos a través del endeudamiento de instituciones financieras—, para poder pagar indemnizaciones a consecuencia de despidos de personal necesarios para lograr una readecuación, readaptación o reconversión de las actividades productivas de la empresa.

— La recuperación de ingresos compensatorios de la inversión inicial, a cambio de una cesión accionaria y una participación de otra firma en la empresa.

— Situaciones de "Cansancio empresarial".

— Ausencia o pérdida de capacidad de dirección o ejecución por parte de directivos o management, que no permite una adecuada evolución o expansión del negocio. Por ejemplo, la muerte de un presidente o fundador de una firma, líder carismático de la misma, cuya labor no puede ser desarrollada o ejecutada por ninguna persona de los cuadros directivos o gerenciales de la empresa.

— Descapitalización de la empresa debido a la acumulación de pérdidas, con difícil panorama de recuperación en el futuro, sumado a la imposibilidad de capitalizar la firma con recursos propios. Este es un modelo que ha tenido cierta vigencia en naciones latinoamericanas, ya que ha habido empresas que se descapitalizaron a consecuencia de sistemas de controles de precios, y no tenían un adecuado nivel de participación en mercados externos, para contrarrestar dicha situación.

3,5. CLASES DE FUSIONES Y ADQUISICIONES

Para las definiciones sobre fusiones, incorporaciones o adquisiciones remitimos al lector al capítulo anterior de esta obra.

En primer lugar podemos determinar que las fusiones o adquisiciones de empresas pueden ser catalogadas según sean con empresas privadas o públicas. Este trabajo, apunta fundamentalmente a analizar y definir las situaciones emergentes del proceso de fusión y/o adquisición de empresas privadas, por cuanto la adquisición de una parte o del total de los activos de una firma pública o sociedad del estado nacional, provincial, regional o municipal, implica llevar adelante un proceso de privatización, esquema frecuente en estos tiempos por parte de los gobiernos de naciones latinoamericanas, que buscan desprenderse de entes o empresas improductivas, deficitarias, de baja performance administrativa y organizacional y prestatarias de bienes o servicios de baja calidad y alto costo.

Según el objetivo que persigan y en función de sus finalidades, las fusiones y adquisiciones se suelen clasificar como:

— De integración vertical.

— De integración horizontal.

— Convergentes o concéntricas.

— De diversificación.

a) FUSIONES Y ADQUISICIONES
DE INTEGRACION VERTICAL

Este tipo de operaciones se basa en la unión con una de las puntas de la cadena de comercialización, o bien la adquisición de la misma, ya sea con un proveedor de materias primas, como con un destinatario o consumidor de los bienes, es decir, el cliente. En un ejemplo, un fabricante de aleaciones de aluminio, se fusiona con el proveedor de aluminio en lingotes, o bien con el cliente fabricante de aberturas y cerramientos de aluminio para hogares y oficinas. Este tipo comprendería a las figuras de retro-integración y pro-integración analizadas en el capítulo anterior.

Si bien las caracterizaciones y los esquemas de negociación son diferentes, el resultado apunta a un mismo objetivo: lograr un mayor crecimiento de la empresa, mayor competitividad, mayor fuerza frente a la competencia y asegurar la existencia, rentabilidad y crecimiento de las empresas fusionadas, o de la nueva empresa adquirida.

Las motivaciones de la empresa que desea este tipo de fusión (Firma A) pueden ser falta de competitividad, competidores más fuertes que la acosan, bajo nivel de rentabilidad, débil estructura financiera o pérdida paulatina de la cuota de mercado. En el caso de una fusión con un cliente (Firma C), éste percibe efectos positivos, tales como una garantía de suministro, mejores condiciones de precio, aumento de prestigio y aumento de la cuota de mercado.

En el caso de la fusión con el proveedor (Firma P), éste asegura su suministro y cobro, controla a la empresa usuaria de las materias primas que buscó la fusión (Firma A) y puede crecer a través de esta última.

En términos generales, se espera que la empresa fusionada, que puede resultar en las figuras de A + C= AC, A + P= AP, o bien A + P + C = APC, logre algunos de estos objetivos:

— menores costos en materia prima;

— aumento de sus niveles de calidad;

— logro de mayor rentabilidad;

— posibilidad de fijar precios de mercado;

— aumento de su poder competidor;

— diversificación de sus mercados;

— reducción de costos;

— mejor estructuración para fusión o adquisición de más alto nivel;

— aumento del valor de las empresas fusionadas;

— mejor performance para una eventual oferta pública de adquisición.

b) FUSIONES O ADQUISICIONES DE INTEGRACION HORIZONTAL

Este tipo de operaciones se refiere a la unión de fuerzas entre empresas de un mismo sector o actividad económica. Siguiendo el ejemplo anterior, sería el caso de que un fabricante de aleaciones de aluminio se fusione con otro fabricante de aleaciones de aluminio, o bien adquiera su paquete accionario o lo incorpore a su empresa.

Su objetivo es obtener un mayor efecto de sinergia, mayores resultados productivos, tecnológicos y comerciales, mayor cuota de participación en el mercado, etc. Por ello que la reacción del mercado ante la fusión de dos empresas hasta entonces competidoras suele ser tanto de admiración como de cautela. La reacción señalada se ha podido observar claramente en el mercado financiero mundial cuando en 1991 se fusionaron los bancos estadounidenses Manufacturer Hannover y Chemical Bank.

En este tipo de operaciones, especialmente en los casos de fusiones, lo más problemático suele ser la resolución de los problemas de orden interno, como la formulación del nuevo organigrama, la revisión o readecuación del proceso de toma de decisiones, el flujograma de tareas, los métodos y sistemas operativos, la reducción de los planteles de fuerza laboral, sus nuevos niveles de remuneración, los cargos gerenciales que se eliminan por duplicidad, y quiénes ocuparán los puestos en el consejo o la dirección, entre otros.

El objetivo más importante puede estar en la obtención de un menor costo de producción por razones de economía de escala, con lo cual la empresa fusionada se hace más competitiva y, en todo caso, más rentable. Otra consecuencia de índole financiera, es el incremento de los activos de la empresa ante la competencia, lo cual desanima posibles operaciones de índole agresivo, tales como takeovers y otras operaciones como oferta pública de adquisición.

En resumen, los efectos en los casos de la fusión horizontal son los siguientes:

— aumento de economías de escala, como resultado de nuevas políticas de producción ampliadas;

— reducción de costos de compra de insumos, materias primas, partes, piezas y componentes, como resultado de una política de abastecimiento conjunta;

— reducción de costos operativos, por un aprovechamiento de las instalaciones y equipos en forma mas eficiente;

— aumento de la participación en el mercado, ya que se unifican los equipos comerciales, las fuerzas de ventas, los canales de distribución y las estrategias de promoción y publicidad;

— mayor potencial financiero, tanto en términos globales como en lo referido a índices de solvencia y autonomía. Mejora del flujo de caja;

— mayor capacidad de investigación y desarrollo tecnológico, tanto por las mayores facilidades de inversión, así como por el aprovechamiento de los elementos técnicos y humanos existentes;

— mejoramiento de las técnicas de negociación y procesos de toma de decisiones, debido al mejoramiento de los cuadros gerenciales y directivos, producto de la selección más idónea de las empresas fusionadas;

— aumento del valor llave o goodwill de la empresa.

c) FUSIONES/ADQUISICIONES CONVERGENTES O CONCENTRICAS

Son fusiones, incorporaciones o adquisiciones de empresas que, si bien no pertenecen a un mismo rubro económico o sectorial, utilizan idénticos canales de distribución, o se dirigen a un mercado de consumo convergente.

En el caso de una fusión, ello permite, aparte del desarrollo individual de la producción, tal como era antes del proceso de fusión, el establecimiento de redes comunes de comercialización, distribución y ventas, logrando mejores negociaciones y reduciendo costos en las actividades antes mencionadas.

Como ejemplo podemos citar aquellos casos de fusiones de empresas productoras de bienes de consumo, tales como firmas productoras de artículos de belleza y tocador, perfumes, detergentes, o bien los casos de empresas de productos alimenticios, dada la amplia gama de artículos dentro de este sector, tal el caso de fusiones entre empresas de bebidas no alcohólicas con fabricantes de galletas, bizcochos, dulces o embutidos.

d) FUSIONES Y ADQUISICIONES DE DIVERSIFICACION

Este tipo de operaciones incluyen empresas de diversos sectores en lo que se refiere a mercados, producción, canales de distribución, etc.

Estas son exactamente lo opuesto a los casos presentados anteriormente, ya que la finalidad fundamental es la de diversificar riesgos y pérdidas globales que se pueden dar ante entornos o coyunturas desfavorables.

Son ejemplos claros las fusiones o adquisiciones de empresas por parte de grandes holdings que adquieren o incorporan a una empresa matriz las empresas de los sectores más variados, cuyas directrices pasan a depender de las empresas madres.

De vital importancia es el conocimiento del sector de la empresa adquirida, tanto en lo que se refiere a sus aspectos de producción y tecnología como a su mercado, la composición del management y la tecnología decisoria que se aplica, por cuanto, muchas veces, la compra de firmas en donde se produce una importante inyección de liquidez, no alcanza para mantenerlas en competencia dentro del mercado.

Se han reportado numerosas experiencias en las que, a falta de los atributos mínimamente indispensables —como los antes mencionados—, la compra o fusión de empresas de diversos rubros con el objetivo de diversificación empresarial, no han dado buenos resultados, y en algunos casos han ocasionado cuantiosas pérdidas.

3.6. PRINCIPALES CONSIDERACIONES PARA LA EVALUACION DE UNA EMPRESA

En principio, deberá haber una valoración de los bienes en unidades monetarias que reflejan el patrimonio de la empresa, pero sin dejar de pasar por alto la valorización de aquellos activos que sean considerados como intangibles, tales como el valor llave, la marca, la tecnología, su productividad, competitividad, sus canales de distribución, su acceso a mercados, y liderazgo en el sector, entre otros.

La valoración no implica *per se*, un resultado final, sino que es un punto de partida de la negociación. Es decir que, el valor de una empresa tiene un caracter técnico, pero no siempre el precio final puede ser idéntico, ya que es el valor que alguien está dispuesto a pagar por una compañía, surgiendo de la oferta y la demanda. Además, muchas veces la valoración de los activos físicos e intangibles en función de futuros beneficios o pérdidas, suele diferir del valor presente que se le otorgan, con lo cual, una vez más, varían los conceptos de valor y precio.

Adicionalmente, debemos destacar que el momento y las circunstancias en que se halla la empresa, pueden dar lugar a diversos tipos de situaciones, a saber:

— empresa en proceso concursal;

— empresa en proceso de liquidación;

— empresa en normal funcionamiento;

— empresa con dificultades de cash flow;

— empresa con resultados negativos;

— empresa de reciente puesta en marcha;

— empresa objeto de privatización,

Todo el proceso de evaluación de empresas debe basarse en principios o normas generalizadas, que pueden estar o no incluídos en la legislación societaria o fiscal. En algunos países, son de aplicación ciertas normas de evaluación y valoración provistos por colegios de profesionales de ciencias económicas, o federaciones o agremiaciones de contadores públicos. De todas formas, siempre se trata de buscar un criterio de máxima objetividad en dicho proceso, dado que la subjetividad en la información puede acarrerar situaciones problemáticas en el futuro.

Debe destacarse que, antes del proceso de negociación formal, y aun antes de aplicar los métodos de valoración de la empresa, hay que realizar un análisis y diagnóstico de la firma.

Dicho proceso debe definir las fortalezas y debilidades de la empresa, cuantificar la situación económica financiera de la firma y evidenciar aspectos que podrían ser conflictivos para el comprador una vez fusionada, incorporada o adquirida la empresa en cuestión.

3,6,1. EL ANALISIS CUANTITATIVO (FINANCIERO) DE LA EMPRESA

Frecuentemente éste es el elemento fundamental del proceso, y que condiciona a los restantes. Se pretende descifrar la historia clínica de la firma en relación a su situación financiera y de capitales. Al efecto se analizan un sinnúmero de indicadores típicos, entre los que se destacan la rentabilidad de los recursos propios, la evolución de las utilidades sobre el capital social, la rentabilidad de las nuevas inversiones, la proporción entre el capital social y las reservas, costo de los recursos utilizados, política de endeudamiento, más algunos otros elementos de tipo cuantitativo, como el estudio de las políticas de cash flow, autofinanciamiento y política en materia de dividendos y reservas.

No obstante, vale destacar que una empresa puede encontrarse ante numerosas dificultades financieras, pero ostenta un eficiente sistema de canales de
distribución o fuerza de ventas, con lo cual puede adquirirse, incorporarse o proceder a una fusión, ya que la contraparte interesada puede inyectar liquidez y
mejorar un cash flow para así resucitarla, si es que ése fuera el problema, por
sólo citar un caso habitual.

3.6.2. LOS ASPECTOS CUALITATIVOS DE LA EMPRESA

El análisis o diagnóstico de una empresa no sólo reconoce sus aspectos
cuantitativos o numéricos, por cuanto existen muchos aspectos cualitativos tanto endógenos como exógenos que nos pueden dar una clara visión de la situación en que se encuentre la empresa.

3.6.2.1. LAS CARACTERISTICAS GENERALES DE LA EMPRESA

Al respecto, se debe estudiar y analizar a la empresa como ente económico, es decir, cuál es la importancia económica y social dentro del medio o la región, país o área en que se encuentra, cuál es su efecto multiplicador en la economía local, su capacidad de generación de empleo, su proyección en el entorno local y externo, su participación sectorial en referencia a producción y mercado, su sistema y nivel de relacionamiento con el gobierno, sindicatos, cámaras, organizaciones no gubernamentales y la comunidad en general, entre otros
factores.

Por su parte, debemos analizar la firma como ente jurídico, analizando su
régimen jurídico y fiscal, así como los compromisos contraídos, tanto a su favor como los que se encuentran en vías de cancelación. En relación a la legislación aplicable a una empresa adquirida o incorporada en el exterior, o bien
para una fusión con una empresa foránea, son de aplicación las legislaciones,
normas y reglamentos del país recipiente citados en el capítulo específico que
se comenta más adelante, salvo algunas excepciones en donde se aplican legislaciones de otros estados o bien tratados internacionales, como los casos de
ciertos contratos de empréstito o contratos de compraventa internacional sujetos a legislaciones diferentes a las del país recipiente donde se localiza la empresa comprada o fusionada.

Finalmente, cabe analizar cuáles son las estrategias actuales de la empresa, pudiendo detectar fuerzas y debilidades, y si ello permitirá provocar cambios
en las mismas, es decir, cambios en las estrategias organizacionales, de administración, de marketing, las de inserción internacional, las de integración, las
de eficiencia, y las de tipo logístico (distribución física, abastecimiento, etc.).

3.6.2.2. ASPECTOS PARTICULARES

Aquí cabe analizar con mayor detalle la estructura organizacional de la firma, su management, sus aspectos comerciales, de producción y tecnología, su política de abastecimiento, así como los factores humanos y laborales.

3.6.3. LA VALORACION DE LA EMPRESA

Santandreu Martinez considera cuatro sistemas de valoración basados en datos contables históricos, a saber:

— valor contable;

— valor contable corregido;

— valor sustancial;

— valor basado en los capitales permanentes empleados.

Todos estos sistemas considerados como tradicionales provienen de la información suministrada por los balances, tanto en el activo como en el pasivo. Sólo contemplan los datos históricos de la situación patrimonial de la empresa, sin tener otra consideración respecto de posibilidades de generación de beneficios futuros.

3.6.3.1. EL VALOR CONTABLE

El valor contable o valor de libros es la diferencia entre el activo real y el exigible o las deudas totales. Al considerar el activo real se debe prescindir de aquellas partidas que no tengan ningún grado de realización. Estas partidas, si bien la empresa tuvo que desembolsar y considerar como gastos amortizables en su momento, de hecho no tienen ningún valor a efectos de la valoración de la empresa, tales como los gastos de constitución, puesta en marcha de la sociedad, gastos por ampliación de capital social, de emisión de deuda u obligaciones y pérdidas de ejercicios anteriores o el actual.

3.6.3.2. EL VALOR CONTABLE CORREGIDO

Este sistema consiste en la actualización de los elementos que constituyen el balance actual de una empresa, sustituyendo los valores que figuran en el balance por los actuales. De hecho puede haber diversos métodos de ajuste de valoración. Por ejemplo, se suelen ajustar los valores de ciertos activos como maquinarias, equipo de transporte, aparatos, así como los de bienes en explotación, como los stocks de mercaderías, sean insumos o productos finales de venta, o bien los derechos y créditos a su favor. También suele haber índices de corrección o ajuste de valor por efectos de inflación.

3.6.3.3. EL VALOR SUSTANCIAL

En este caso, a diferecia del valor contable, se contempla sólo el activo de una empresa como conjunto de inversiones, sin consideración de la forma de adquisición y la política de financiamiento que se haya utilizado, con lo cual se supone que el pasivo está formado con recursos propios.

El valor sustancial es el valor de reposición en valores actuales de los elementos considerados en el activo, pero sólo los bienes y derechos indispensables para la explotación.

3.6.3.4. EL VALOR BASADO EN LOS CAPITALES PERMANENTES EMPLEADOS

Los capitales permanentes necesarios para la explotación son aquellos que necesita la empresa para la adecuada financiación de toda su inversión en activos fijos más la dotación necesaria para la cobertura del fondo de maniobra de aquellos activos circulantes cuya rotación no está cubierta por el exigible a corto plazo.

3.6.3.5. LA VALORACION DEL GOODWILL

Hemos mencionado anteriormente la existencia de un valor llave o fondo de comercio (Goodwill) de la empresa, valor que mide su reputación y que se agrega al valor técnico que se ha medido anteriormente. Esa imagen de la empresa puede considerarse desde varias ópticas.

El plano comercial abarca conceptos tales como marca, gama de productos, participación en el mercado, canales de distribución, comunicaciones, innovaciones, servicio, etc. El industrial comprende elementos tales como localización, nivel tecnológico, automatización, instalaciones, relaciones humanas, etc. El financiero vincula la relación con proveedores, bancos, instituciones financieras, inversionistas, bolsas y mercados de valores. El político mide el relacionamiento de la compañía con organismos y entes públicos, agencias internacionales, organizaciones no gubernamentales, etc. Finalmente, el público hace referencia a la reputación de la empresa dentro de un contexto global frente a la comunidad en general, es decir, la imagen de la empresa ante el público. Sobre estos dos últimos conceptos, es interesante destacar cómo ha aumentado el interés de las empresas en los últimos tiempos para mejorar su imagen pública y ante los gobiernos en materia de protección ambiental y conservación ecológica. Esto último requiere de importantes inversiones. Por ejemplo, según datos de la Asociación Federal de la Industria Alemana, en 1990 la industria de ese país ha tenido que invertir en medidas para protección al medio ambiente, por un valor aproximado de 21.000 millones de marcos.

3.6.4. EL ANALISIS DE LOS DATOS A FUTURO

La valoración también debe tomar en cuenta la posibilidad de generar beneficios a futuro de la empresa que será adquirida, incorporada o fusionada. Para ello es menester la realización de estudios de factibilidad o proyectos concretos, para así proyectar ciertos períodos, sobre la base de diversos escenarios que contemplen, entre otros, los siguientes factores:

— tasas estimadas de descuento, lo cual denota un alto nivel de aleatoriedad en ciertos países o sectores económicos;

— evolución de la propia empresa;

— características de la organización, su management, sus productos, su tecnología, sus mercados y sus estrategias;

— características del mercado o los mercados donde opera;

— evolución de la política económica que la afecta;

— características de los competidores.

3.6.5. OTROS ELEMENTOS DE CONSIDERACION

Existen otros elementos que deben tomarse en cuenta en la valoración que no han sido descriptos anteriormente y que influyen en la decisión final del proceso de adquisición, incorporación o fusión, ya que se vinculan con el logro de una mayor rentabilidad, objetivo final de cualquiera de dichos procesos.

Por una parte, se deben analizar las posibilidades de compartir las estructuras, tales como servicios contables, administración, alta dirección, investigación y desarrollo, tecnología, fuerza de ventas y logística, entre otras. No sólo debe considerarse este aspecto, sino también aquel vinculado a la infraestructura, es decir, oficinas comunes, servicios globales, etc.

Por otro lado, se debe considerar si, como resultado de un proceso de adquisición, incorporación o fusión se puede lograr un aumento de la capacidad de negociación, tanto ante proveedores, como bancos, canales de distribución, clientes, organizaciones empresariales privadas y gobierno (Poder Ejecutivo, Legislativo, Organismos Públicos, Agencias de Gobierno, etc.).

Finalmente, debe considerarse la posibilidad de obtener un real efecto de sinergia con la empresa en proceso de adquisición, incorporación o fusión, ya que éste es un elemento importante en la búsqueda del aumento de la rentabilidad.

3.7. LA FINANCIACION DE LOS PROCESOS DE ADQUISICION, INCORPORACION O FUSION DE EMPRESAS

El proceso en sí mismo de una adquisición, incorporación o fusión de empresa implica algunos mecanismos particulares que se han venido desarrollando en los últimos años y que describiremos seguidamente. No obstante, son de aplicabilidad cualquiera de los mecanismos de financiamiento que se describen más adelante para los joint ventures, con adaptaciones en algunos casos.

Si bien dentro del proceso de desarrollo del Mercosur, se va trabajando sobre armonización de diversas políticas macroeconómicas que afectan al financiamiento y/o las finanzas de las empresas, tales como financiamiento al comercio exterior, política monetaria, tasas de interés, tipo de cambio, etc, también es importante de destacar en relación a las operaciones de asociación o cooperación empresarial entre firmas de la región, que las bolsas y mercados de valores de Argentina, Brasil y Uruguay, se encuentran en etapas de análisis, para negociar luego una interrelación de sus mercados de capitales en el marco del proceso de integración, lo cual favorecería notablemente un aumento de operaciones de adquisición, incorporación o fusión de empresas entre las naciones que componen este sistema de integración.

Muchas empresas financian sus adquisiciones o procesos de Buy-Out a través de deudas garantizadas (avaladas) con garantías reales, como hipotecas, pólizas de crédito o bien pagarés, ya que tienen un costo menor y su colocación es más fácil por un menor riesgo, aunque también se suelen emitir empréstitos para la deuda principal o secundaria o subordinada, tales como obligaciones negociables, commercial papers, debentures, según la legislación existente en cada país.

En ciertos países se utilizan con frecuencia los Junk Bonds también llamados bonos basura, que ofrecen una alta tasa de interés. En la comunidad Europea, la emisión de Junk Bonds suele ir acompañada de Warrants para adquirir títulos de una sociedad.

Otras opciones incluyen la emisión de acciones, la enajenación o arrendamiento de activos sobrantes o no necesarios, la utilización del lease back (venta de los bienes y posterior contrato de arrendamiento, como ocurrió en algunas privatizaciones de líneas aéreas), la suscripción de acciones por parte del personal propio o terceros vinculados (proveedores, clientes) y la oferta pública de acciones, como ocurre también en algunos casos de privatizaciones de empresas, donde los gobiernos federales, estatales o provinciales lanzan acciones para su adquisición por parte del público en general, sean personas físicas o inversores institucionales.

3,7,1. EL BUY-OUT

Vinculado al tema que estamos tratando, debemos definir al Buy-Out como la acción por la cual un grupo, usualmente inversor, adquiere una empresa con su cuerpo directivo, con el fin de lograr un aumento de la rentabilidad de la inversión, con un objetivo posterior de reventa, logrando así una utilidad económica. Ello vale tanto para empresas de pequeño, mediano o gran porte, como para los grupos de empresas o Holdings. En estos últimos casos, la venta por separado (desguace) generalmente tiene un atractivo interesante ya que se supone que se obtendrá una utilidad mayor.

La tipología de un Buy-Out no difiere, en alguna de sus etapas, de una compra normal de empresas, pero suelen tener características muy particulares.

En el Leveraged Buy-Out (L.B.O.) se utiliza deuda (leverage) para comprar (buy) los títulos en la bolsa o mercado de valores en que cotiza la empresa a adquirir para proceder a retirar los mismos del mercado (out). Se trata de producir un efecto palanca, ya que el costo de los recursos empleados es inferior a la rentabilidad que se puede obtener de la propia inversión. Se financia la operación de compra a través de un endeudamiento de parte del comprador, a través de un empréstito tipo obligación negociable o commercial paper, de manera que se realiza un financiamiento con fondos ajenos sin tener que utilizar excesivamente fondos propios. En muchos países, el costo financiero de la retribución de los recursos obtenidos tienen implícitamente una subvención, ya que son deducibles del impuesto a las ganancias o la renta. Como ejemplo, si la tasa nominal de interés está en el 10% y el impuesto sobre ganancias de sociedades es del orden del 33%, el costo financiero efectivo se traduciría en el 6,7%.

Usualmente, el capital propio efectivamente aportado en una L.B.O. no suele sobrepasar el 15/20% de los recursos necesarios.

En el Management Buy-Out (M.B.O.), son los directivos —o algunos de ellos— los que toman parte de la empresa objeto de la transacción, es decir, se produce la conversión del management en propietarios, asumiendo el riesgo que dicha propiedad les confiere. Para ello debe haber una notable capacidad de entendimiento, cohesión y compenetración del grupo de personas que intentan una M.B.O., factor que muchas veces redunda en un fracaso de la operación. También deben considerarse otros factores influyentes, como la reacción del personal, de los proveedores y los clientes, la estrategia ante los sindicatos o gremios, la estrategia a seguir ante las fuentes de abastecimiento o el mercado, etc.

En otro caso, el Leveraged Buy-In, combina las dos figuras anteriores, ya que se adquiere una empresa en forma de L.B.O. pero con relación al management, el grupo inversor adquirente aporta, como condición *sine qua non*, un nuevo equipo directivo para la empresa.

Finalmente, en la Leveraged Cash-Out (L.C.O.) los nuevos accionistas pagan a los accionistas vendedores, una parte en efectivo, y otra parte en acciones de la nueva empresa, sea en Bonos y Obligaciones que pueden o no ser convertibles en acciones.

3,8. ORGANIZACIONES PARTICIPANTES EN EL NEGOCIO

Finalmente, debemos señalar que en todo proceso de fusión, incorporación o adquisición de empresas, encontramos diversos tipos de jugadores.

Del lado de la oferta, es decir, quienes están interesados en la venta, usualmente encontramos al sector público, que a través de procesos de privatizaciones van liquidando activos o empresas estatales en diversos países, los bancos, tanto para desprenderse de activos propios, para redimensionarse o bien para liquidar empresas o activos a su cargo como consecuencia de liquidaciones de empresas, y casos de grupos familiares que desean vender sus participaciones accionarias en diversas firmas en funcionamiento.

Del lado de la demanda, es decir, partes interesadas en adquisición de empresas o participaciones accionarias, encontramos a grupos industriales —en algunos casos en procesos de diversificación—, directivos de las propias empresas, o bien grupos financieros o inversores institucionales como fondos de pensiones, o de inversión de países.

Habitualmente la figura del intermediario o Broker, queda para los Merchant Banks o los Investment Banks. Entre estos últimos, encontramos varios "Players" de amplio conocimiento y reputación internacionales, como Citicorp, Chase Investment Bank, Boston Investment Group, J. P. Morgan, Bear Stearns, Lazard Brothers, Prudential, Shearson Lehman Brothers, First Boston, Merril Lynch, Salomon Brothers, Morgan Stanley, Bankers Trust, Leinwort Benson y Nomura, entre otros. Estos Brokers diseñan la financiación, asumen la función de Manager o Lead Manager de la emisión de acciones o bonos, hacen el Underwriting y prestan un asesoramiento completo sobre el proceso de fusión, incorporación y adquisición de empresas.

3.9. BIBLIOGRAFIA

MARTÍNEZ, ELISEO SANTANDREU, *Manual práctico de valoración de empresas*, EADA Gestión, 1990, España.

AECA, *Principios de valoración o empresas*, A.E.C.A., 1981, Madrid.

Mergers and Acquisitions, American Management Association, USA.

ROSENFELD, FELIX, *L'evaluation des actions*, Ed. Bordas, 1975, París.

REVISTA APERTURA, Varios números, Buenos Aires, 1990 y 1991.

Capítulo 4

JOINT VENTURES: UNA RELECTURA DE SUS ASPECTOS JURIDICOS

4.1. INTRODUCCION

Las "Joint Ventures" o "Associations d'entrepises" formadas en el contexto del comercio internacional, son un instrumento fundamental para la realización de negocios internacionales. Su contemporaneidad es indiscutible, apareciendo como sus actores las empresas multinacionales y nacionales, estatales y privadas, países huéspedes, agencias de desarrollo, bancos y otros organismos internacionales actuantes en el escenario mundial.

Es esencial, para actualización y rediscusión de las cuestiones del comercio internacional, un análisis de los mecanismos inherentes o accesorios a la formación de las Joint Ventures. Los profesionales que tienen ligazón a ese ramo de actividad encuentran en él un campo interesante y complejo bajo la óptica interdisciplinaria ya sea de un ángulo estrictamente teórico o pragmático.

En el contexto de este trabajo priviligiaremos de alguna forma al aspecto jurídico. Henri Lesguillons (¹), por ejemplo, las califica como una "teoría de conjuntos de estilo peculiar —componentes variables de todo lo que permanece complejo"—, pues envuelve diferentes campos del derecho.

De entre las obras clásicas sobre el asunto, hay trabajos surgidos en la década del sesenta que demuestran el resurgimiento del interés por las joint ventures como objeto de estudio. Diríamos que en el Brasil, hubo un acentuado interés por el asunto en la década del sesenta, como se nota en las diversas notas y artículos publicados en revistas de comercio exterior de aquella época (²).

---

(1) Lesguillons, Henri, apud Baptista, L.O. Durand y Barthez, P., *Les Associations déntreprises dans Le Commerce Internacional 1986*, París, ed. Feduci.

(2) Cf. Bibliografia al final.

Sin duda, en esa primera fase, la mayoría de los estudios y debates oriundos de autores o empresarios brasileños enfocaban la Joint Venture como factor de atracción del capital extranjero, considerando la vocación del país como de "huésped para las joint ventures".

Un punto de referencia obligatorio en la bibliografía brasileña sobre las Joint Ventures es la obra de Luis Olavo Baptista, profesor del departamento de Derecho Internacional de la USP, autor de diversos trabajos y seminarios sobre el tema. Es el profesor Luis Olavo quien nos dice ser la Joint Venture (³) "un factor de equilibrio que justifica y viabiliza la interdependencia, la internacionalización e integración de las economías" (⁴).

Hemos orientado nuestra actividad profesional, en el área internacional del petróleo, a la luz de las enseñanzas doctrinarias de los mejores autores nacionales e internacionales, juzgando que, con la experiencia adquirida, podremos traer alguna contribución práctica a las teorías vigentes. Nuestra práctica la hemos adquirido en el curso de las asesorías jurídicas que realizamos en empresas estatales brasileñas, con actuación y presencia en varios países, en el Africa, Oriente Medio, América del Norte y Europa, creyendo que de esta manera podremos imprimir un enfoque nuevo al tratamiento del tema, cuya tentativa de una empresa brasileña es la de internacionalizarse, formando asociaciones en el exterior.

Estas experiencias asociadas a las innumerables iniciativas de JV formadas por empresas de países en desarrollo en la década del ochenta (⁵) puede, por lo menos en tesis, probar la validez de que debemos repensar el enfoque tradicionalmente dado al examen de la materia por algunos de nuestros especialistas.

4.2. INSTRUMENTO DE INTERNACIONALIZACION: ACTORES, INVERSORES, RECEPTORES

Apenas para efectos didácticos, sin la pretensión de hacer generalizaciones, decimos que algunas discusiones en seminarios y trabajos realizados so-

---

(3) Pasaremos a designar *Joint Venture* ocasionalmente, como J.V.

(4) En Baptista, Luis Olavo, *Una Introduçao ás Joint Venture*, Vox Legis, Vol. 169, Jan 83, págs. La 38.

(5) Para citar algunos casos brasileños: Odebrect en los EE.UU., asociada a la "Chuch & Tower", Edit. Abril en Portugal, asociada a la "Comundo", Cacique en jv para fabricación de café soluble en la China, Stauroup en la URSS y otros, fuente: Souza, Carlos César, charla dictada en el Procint (FEA/USP), el 26/04/91.

bre el asunto, en los países en desarrollo, parten de un enfoque restrictivo, que se limita a tratar la cuestión bajo la óptica del país huésped, como receptor de capital. Según ese abordaje, aun válido y actual, la preocupación fundamental de las agencias gubernamentales de los países huéspedes es la introducción de salvaguardias y mecanismos que protejan las inversiones sin permitir una desnacionalización de los asociados del país receptor del capital, facilitando la transferencia tecnológica y la formación de recursos humanos.

Por otro lado, las obras representativas de los intereses de los países habitualmente inversores buscan privilegiar las cuestiones que atañen a la salvaguardia del capital y de las condiciones de negocio en los ambientes restrictivos (6).

En la bibliografía que citamos hay también trabajos completos desde el punto de vista académico, que tratan de la materia en forma amplia, abarcando y analizando los dos polos principales de la operación, que son el inversor y el país huésped, sin descuidar de los importantes terceros que participan en la compleja operación de montaje de una joint venture, cualquiera que sean los financiadores, los subcontratantes, el cliente de la JV y los gobiernos de los países receptores entre otros.

Ahora, en la actual relectura del tema, que estamos proponiendo, uno de los puntos que merece tratamiento más profundo es el del papel que cabe a los países en desarrollo, en sus múltiples posibilidades de inserción internacional, los cuales también pueden situarse en el polo del inversor, buscando nuevas oportunidades asociativas que sustenten sus negocios. En algunos casos—tipo, hay flujo de capitales también para los países desarrollados, articulándose en ese ambiente toda suerte de convergencia de intereses, tornando más compleja y enriquecedora la discusión del actual panorama de las joint ventures.

Exactamente por esa razón juzgamos que es importante dinamizar la comprensión de los mecanismos inherentes a la Joint Venture, que permanece abierta a esas nuevas posibilidades surgidas en la década del ochenta. Esto nos autoriza a esperar que haya una nueva realidad para las Joint Ventures en el decenio que estamos viviendo.

Al discurrir sobre empresas multinacionales y sus fases de internacionalización, CARLOS CESAR SOUZA ejemplifica varios casos con buen resultado de Joint Ventures creadas por empresas de países en desarrollo en un proceso de internacionalización. Las fases de internacionalización asumidos por las empresas

---

(6) MAW, CARLYLE E., *Joint ventures Abroad - Forms and Methods* in International Commercial Contracts, Symposium on Private Investments Abroad, The Southwestern Legal Foundation. Dallas Texas, 1965.

inversoras definirían naturalmente el grado de complejidad y de internaciona-
lidad de las propias J.V. así enumeradas:

a) empresas exportadoras de bienes y servicios;

b) empresas exportadoras con alguna estructura de marketing y ventas en el exterior;

c) empresas con base de producción en el exterior (empresas internacionales);

d) empresas con unidad negociable autónoma en el exterior (empresas multinacionales);

e) empresas globalocalizadas (empresas transnacionales) [7].

Esas diferentes modalidades empresariales, aliadas a la siempre alabada versatilidad de las J.V. que tienen el poder de unir Estados y sociedades mul-
tinacionales, permitieron que ellas prosperaran a través de sistemas jurídicos diversos, hasta de países de sistema políticos antagónicos, colaborando para hacer un puente, que sería difícil en otras esferas de entendimiento. Es el caso, por ejemplo, de asociaciones entre países comunistas y sociedades multi-
nacionales a través de joint ventures amparadas en leyes específicas, promul-
gadas a partir del final de la década del sesenta en aquellos países que conti-
núan desarrollándose. Con la apertura política de los países del Este Europeo, de la ex-URSS y de la China, asumió renovado interés el estudio de las leyes de Joint Ventures en esos países. La contrapartida es verdadera, como demuestra la propia evolución legislativa más reciente allí ocurrida, indicando el interés de esos países en acompañar la dinámica de los negocios internacionales. Hay empresas oriundas del Este Europeo, que ya iniciaron un proceso de internacio-
lización.

4,3. CARACTERISTICAS Y TIPOLOGIA

Algunos autores buscan una clasificación de las Joint Ventures fuera del ám-
bito tradicional, buscando superar las consideraciones estrictamente jurídicas o fiscales que las caracterizan, de manera que en ellas se incluyan conceptos más amplios, tales como objetivos, sector de actividades o aun la naturaleza de los asociados. Podemos formar, así, una tipología bien asentada en la práctica

---

(7) Conferencia sobre Empresas Transnacionales dictada en la FEA/USP en el Procint, el 26/04/91.

del comercio internacional, y ajustada al trabajo preventivo y de asesoramiento cuya habilitación y percepción pretendemos desarrollar. Preliminarmente, es necesario buscar la comprensión básica del perfil de las JV.

4,3,1. CARACTERISTICAS

Partiendo de definición simple, como herramienta inicial de trabajo podemos decir que Joint Venture es una reunión de fuerzas entre dos o más empresas del mismo o de diferentes países, con la finalidad de realizar una operación específica (industrial, comercial, inversión, producción o comercialización externa) [8]. Adoptamos la definición para enseguida apuntar su inadecuación.

La definición de Joint Venture, que es un instrumento comercial complejo, tiene alcance limitado, tanto por razones históricas como por el hecho de que ella puede encuadrarse en la legislación del país de origen o del país de su actuación, en el caso de que ésta sea de carácter mandatoria. Asi su actuación se encadena a la de otros institutos jurídicos sin llegar a confundirse con ellos. Además de eso, la joint venture puede dársenos en diferentes fases de internacionalización vividos por las empresas. Por ejemplo, la definición abarcaría, entre otros, consorcios, consorcios de exportación, grupos de marketing de exportación, sociedades anónimas o sociedades limitadas formadas bajo la ley del país de actuación, "uniones" transitorias de empresas, "joint operating agreements" y otros.

El abordaje más apropiado es el que procura huir de las definiciones globalizantes, trazando características básicas de las J.V. Indicaremos algunas clasificaciones, la primera de ellas bastante compleja, formulada por Sergio de la Pera:

a) carácter *ad hoc*, la cual sea para estar destinada básicamente a un proyecto, sin por eso ser de corta duración, pero sí de duración limitada;

b) contribuciones y comunidad de intereses por los participantes;

c) busca de una utilidad común;

d) contribución para las pérdidas;

e) facultad recíproca de representación de la otra parte (*mutual agency*);

f) control conjunto de la empresa;

---

(8) En *Thesaurus of International Trade Terms apud* Revista CACEX/89.

g)   naturaleza fiduciaria del relacionamiento;

h)   deber de no concurrencia entre los socios ([9]).

Una clasificación bien actual es la de Linklater & Paines, que intenta huir de la riqueza de detalles, por considerar que el examen de la jurisprudencia inglesa, por ejemplo, no permite listas muy generales. Esos autores hacen entonces dos listas diferentes, la primera aplicable a la práctica inglesa:

a)   búsqueda de un objetivo comercial común, pudiendo las partes tener papeles, intereses y funciones diferentes pero convergentes;

b)   poder de regateo que permite un sistema de control y equilibrio que asegura a una parte menor o menos poderosa, mayor poder que el de un simple accionista minoritario de una empresa inglesa;

c)   partición de los riesgos y recompensas, en que la formulación es más amplia porque no siempre los beneficios para las Joint Ventures podrían ser dimensionados en términos de ganancias o pérdidas ([10]).

La segunda lista que ellos presentaron indica los factores aplicables a la práctica norteamericana:

a)   emprendimiento único;

b)   derecho conjunto al control;

c)   partición de ganancias y perdidas ([11]).

Luis Olavo Baptista extrae de la jurisprudencia norteamericana los factores comunes a las Joint Ventures internacionales:

a)   el origen o carácter contractual, con ausencia de forma específica;

b)   la naturaleza asociativa;

c)   el derecho de los participantes a la gestión conjunta;

d)   el objetivo o duración limitados ([12]).

Otras definiciones pueden ser consultadas más adelante en esta obra.

---

(9) En La Pera, Sergio, *op. cit.*, págs. 74 a 79.

(10) En Linklaters & Paines *op. cit.*, págs. 2 y 3.

(11) Idem, págs. 4 y 5.

(12) Baptista, Luis Olavo, *op. cit.*, pág. 19.

4.3.2. TIPOLOGIA

Las Joint Ventures pueden ser analizadas según tipologías distintas, organizadas de acuerdo con diferentes criterios. Adoptaremos la tipología de la Organización para la Cooperación Económica y el Desarrollo (OECD), a saber, que reconoce la existencia de JV para:

a) investigación y desarrollo;

b) exploración de recursos minerales;

c) ingeniería y construcción;

d) compra y venta;

e) servicios ([13]).

Dejaremos de abordar la distinción hecha de acuerdo con la naturaleza de los participantes y los análisis comparativos con otras formas asociadas, de gran interés para los abogados y estudiosos de derecho ([14]) para adoptar, como referencia, aquella hecha de acuerdo con el sector de actividades, por su interés multidisciplinario y por servir como punto de partida para enfocar el análisis de algunos casos específicos.

En este trabajo daremos privilegio a los ejemplos del área petrolera, de ingeniería y de investigación y desarrollo, que ilustraremos más adelante con casos prácticos.

4.4. CONSIDERACIONES HISTORICAS-COMPARATIVAS

Juzgamos poco necesario presentar aquí una amplia perspectiva histórica de las Joint Ventures, porque ella ya fue expuesta en las obras indicadas en la bibliografía. Vamos a limitarnos para eso, como una forma adecuada de introducir un abordaje comparativo, y hacer algunas consideraciones históricas que nos permitan distinguir las diferencias de encuadramiento de las Joint Ventures según el ordenamiento jurídico en la cual vengan a ser insertadas.

---

(13) En Baptista, Luis Olavo, *op. cit.*, págs. 28 a 49.

(14) En Linklaters & Paines, *op. cit.*, pág. 7.

Es interesante notar que el origen del instituto no es concepción doctrinaria del derecho anglo-sajón, sino precisamente del derecho inglés. En Inglaterra las dos instituciones básicas para el desarrollo del derecho societario fueron la partnership y la corporation, siendo el desarrollo de la forma más primitiva el de la primera, la Joint Stock Company, el instrumento más utilizado por las grandes compañias coloniales de los siglos XVII y XVIII ([15]).

Las diferencias que ocurren en las evoluciones de los referidos institutos, a lo largo del tiempo, fueron expuestas con bastante propiedad por Sergio de La Pera en su obra *Joint Venture y Sociedad* ([16])

4.4.1 DERECHO ANGLOSAJON

Aunque ya fuera factible de encontrar la definición en el Diccionario de Bouvier, que dice que la adventure es el envío de mercaderías al exterior bajo la responsabilidad de un notario u otro agente para venta en las mejores condiciones, en beneficio de los propietarios; entiende Luis Olavo Baptista que ahí estaría contenida apenas la noción de mandato Agency ([17]).

Indiscutiblemente, en el derecho anglosajón el origen del instituto se remonta al derecho escocés, donde se caracterizaba básicamente por la transitoriedad de la asociación asemejándose a la figura de la Association en Participation del derecho francés. La referencia básica es la definición de Bell, que en 1839, entendía la Joint Venture o Joint Trade como una sociedad confinada a un negocio, especulación, operación comercial o viaje, en la cual los socios ocultos o conocidos no usan una denominación social y no incurren en responsabilidad fuera de los límites de la operación ([18]).

---

(15) Idem, págs. 4 y 5.

(16) La Pera, Sergio, *Joint Venture y Sociedad*, Buenos Aires, 1989, ed. Astrea, págs. 29 a 79.

(17) **Bouvier's Law Dictionnary**, Rawles 3º rev. 1914 pág. 152 (*Sending goods abroad under charge of a supercargo or other agent, which are to be disposed of to the best advantage for the benefit of the owners*) apud Baptista, Luis Olavo, *op. cit.* pág. 6.

(18) Bell, George Joseph, *Principles of Law of Scotland Edinburgh*, The Clark Law Book Seller, 4º ed. 1839 pág. 146 (*A Joint Venture, or a Joint Trade, is a limited partnership confined to a particular adventure, speculation course of trade or voyage, and in which the partner, either latent or unknown, use no firm or social name, and incur no responsibility beyond the limits of the adventures*) apud Baptista, Luis Olavo, ítem pág. 6.

En el Reino Unido, en la época contemporánea, los estudiosos todavía consideran que no hay una definición satisfactoria de Joint Venture, a pesar de la frecuente alusión a la expresión en las decisiones de los tribunales. El término es usado en un sentido comercial amplio, en una variedad de contextos diferentes, por lo que la primera tarea del abogado inglés es determinar la base legal que será utilizada, siendo adoptados como cuadro de referencia, los conceptos usuales del derecho contractual y societario.

En la práctica inglesa, la JV puede designar tanto la Joint Venture Company, donde se crea una entidad distinta de la de sus miembros (personas físicas o jurídicas) en relación a las asociaciones sin personalidad jurídica propia. Es en la descripción de las características fundamentales de ambas modalidades, que haremos más adelante donde se encuentra el análisis más adecuado del asunto en cuestión [19].

4,4,2. DERECHO NORTEAMERICANO

En los EUA, aunque al final del siglo XVIII las trece colonias hubiesen adoptado la common law, habría habido en determinado momento de la evolución del derecho societario, una marcada influencia del derecho holandés y del derecho francés. Este se hizo sentir especialmente en las asociaciones comerciales por los grandes comerciantes de la época, que con eso se familiarizaban con las instituciones francesas como la Societé en Commandite y la Societé en Particiption [20].

Según TAUBMAN, Norteamérica habría asimilado la experiencia francesa, tomando prestado el nombre a Escocia y domesticando su propia modalidad empresarial, denominada Joint Venture. Esos orígenes eclécticos marcaron, profundamente, la evolución de las JV en la jurisprudencia norteamericana [21].

Existen dos precedentes jurisprudenciales interesantes que delinean el origen y algunas características del instituto en las cortes norteamericanas: son los casos Ross V. Willet y Meinhard V. Salmon en que se fijaron el alcance de la res-

---

(19) Linklaters & Paines, *Joint Ventures*, London, 1990, ed. Longman, págs. 1 y 2.

(20) BAPTISTA, LUIS OLAVO, *op. cit.*, págs. 6 y 7.

(21) *Idem*, págs. 8 (SIC) in *short, América assimilated French experience, borrowed the name from Scotland and domesticated its own business organization which is denominated Joint Venture or Joint Adventure* in TAUBMAN JOSEPH, the Joint Venture and tax classification, Nueva York, Federal Legal Publications, 1957, pág. 81.

ponsabilidad entre los socios y el carácter esencialmente fiduciario del relacionamiento entre las Joint Ventures [22].

Ya que no había, entretanto, una definición exacta, a partir de la creación jurisprudencial, los hombres de negocios pasaron a usar la expresión con base empírica, y de este análisis las Joint Ventures pasaron a ser "exportadas" en los negocios hechos por empresas norteamericanas en su proceso de internacionalización después de la Segunda Guerra Mundial.

Esa cuestión es actualísima en los EUA porque hubo un reflujo de capital extranjero para la inversión en el país, colocando la jurisprudencia norteamericana frente a un hecho nuevo que son las Joint Ventures internacionales formadas para actuar en su propio territorio y no fuera de él. Por otro lado, existe el problema de las restricciones a las prácticas oligopolistas (Sherman Act), a ser considerado, en caso de la formación de precios y eliminación de la competencia, porque se hace presente como un nuevo desafío y límite a la expansión de las JV.

4.4.3. DERECHO FRANCES

No podríamos dejar de recordar, todavía, otra fuente importante, que es la del derecho continental, representada por el derecho francés. Sin analizarlo, juzgamos que basta señalar que presenta las mismas características de transitoriedad y especificación de la JV nacida a partir de la cristalización del instituto con facetas diferentes.

El análogo generalmente citado es la Societé en Participation, incrementada a lo largo del siglo XIX para adquisición en conjunto de gran cantidad de mercaderías para división y ventas en lotes. Existen otros institutos de derecho francés citados en las comparaciones con las Joint Ventures: Schmitthoff, por ejemplo, habla del Groupemen D'Interet Economique [23].

También se alude a la Filiale Commune aunque varios autores busquen exactamente distinguirla de las JV a través de indicaciones básicas, en conformidad a lo siguiente:

— el objetivo societario es limitado;

— el control es ejercido en conjunto;

---

(22) La Pera Sergio, *op. cit.*, págs. 64 a 65 y 77 a 78.

(23) Schmitthoff, *Export Trade*, págs. 205 a 209.

— puede ser creada entre dos sociedades del mismo Estado y dos o más socios de Estados diferentes;

— necesidad de reconocimiento de la personalidad jurídica de la operadora o de la Filiale Commune.

4.4.4. EJEMPLOS DE DERECHO LATINOAMERICANO: BRASIL Y ARGENTINA

En Argentina, la ley de sociedades comerciales de 1972 fue objeto de una extensa reformulación en 1983, en la cual se crea la figura de "unión transitoria de empresas" de tipo contractual y no societario [24].

Son allí estipulados los sujetos contratantes (Art. 118 de la Ley 19.550); el objeto, a saber "el desarrollo o ejecución de una obra, servicio o suministro concreto, dentro o fuera del territorio de la República" (Art. 377); proporción y método para determinación de la participación (Art. 378); reglas de votación por unanimidad (Art. 382); condiciones de admisión y exclusión de miembros (Art. 377, incs. 9 y 10).

Hay autores que diferencian la Unión Transitoria de Empresa de la JV, como siendo un contrato atípico, sin formalidad de constitución [25].

En Brasil, para tratar del tema de JV la referencia a la figura de los consorcios es obligatoria, tal como regulados por la ley de las S.A. de 1976.

Por otro lado es importante analizar el asunto de las sociedades en cuenta de participación.

4.5. CONFLICTO Y CONVERGENCIA DE INTERESES. EL POLO INVERSOR Y EL PAIS RECEPTOR

Es fundamental resaltar la importancia que reviste la fase preliminar, anterior al montaje de una JV. Es en esa fase que se desarrollan los contactos ini-

---

(24) *Ibídem.*

(25) Fusaro, Bertelio, *Los Contratos de Colaboración Empresarial.* Bs. Aires, ed. Depalma, 1987.

ciales, que se hacen los estudios de viabilidad, que se estiman las potenciali-
dades de cooperación y complementación de las partes.

La empresa inversora tiene que evaluar en forma bastante amplia, lo que
se denomina en el área internacional el Doing Business en determinado país.
Debe conocerse a fondo la legislación y prácticas comerciales del país de actuación en que se desarrollará la JV. En esa fase ya se torna necesario el asesoramiento preventivo, aspecto muchas veces descuidado, por los inversores que
sólo utilizan la consultoría local (jurídica, tributaria u otras) en el momento de
la negociación de los acuerdos.

Como veremos más adelante, existen disposiciones legales vigentes en determinado país, que desconocidas en un primer momento pueden, si no invia-
bilizar un negocio, tornarlo antieconómico. Considerando que hasta los gastos
iniciales intrínsecos a una fase de análisis pueden ser significativos, aumenta-
das por los costos y el tiempo necesario al desarrollo de los estudios económicos, es importante detectar, *ab initio*, los principios básicos que regirán las JV
en el país de actuación.

Cuando el asociado en la JV es empresa del país receptor se polarizan naturalmente los asuntos más amplios en el seno de la administración de la JV,
por lo que es recomendable tener en mente los factores coyunturales y la perspectiva que orienta en general, de un lado al inversor y del otro al país receptor.

Consideramos importante observar este asunto no sólo como una situación
de potencial conflicto de intereses, sino formulándolo mejor, como de convergencia de intereses. Los elementos usuales citados en la literatura especializada son los siguientes:

Interés del Inversor:

— Importancia de la participación en todas las fases del proceso.

— Garantías jurídicas de la inversión.

— Privilegios relativos

   • a la tributación;

   • a la repatriación de capital;

   • a las ganancias.

— Problemas de concesión a competidores (reserva de mercado).

Interés del País Receptor/Huésped:

— aumento de las exportaciones;

— entrenamiento de mano de obra;

— contribución en capital y bienes;

— acceso a las fuentes productoras de investigación;

— transferencia de tecnología.

Los objetivos del país huésped, sintetizados arriba aseguran innumerables ventajas en el caso de las JV acordadas y gerencial correctamente y que, por eso, tienen condiciones de llegar a un buen desenlace a saber: transferencia de Know-how técnico y gerencial; mejor tecnología para el producto; mejor penetración en el mercado externo; y posibilidad de diversificación.

La obtención de financiamiento adecuado es uno de los desafíos de las JV para ambas partes. Tanto pueden recurrir a las líneas de crédito de las instituciones internas o internacionales, como utilizar líneas especiales o incentivos eventualmente implementados en los países de origen o de actuación.

Para los asociados de los países receptores, los principales problemas apuntados por los empresarios que intentaron la experiencia, son los de la limitación de mercado en el exterior, no siempre franqueado por el socio internacional en la JV específica ofrecida. Además de eso, existe en la JV un temor crónico de los socios de los países en desarrollo que es el del peligro de la desnacionalización.

Ya para la hipótesis paradigma de nuestro trabajo, que es la de las empresas oriundas de países en desarrollo, buscando la asociación para que se operacionalice o se facilite la internacionalización, existen en general fuerzas internas de resistencia a tal proceso de internacionalización. Esas fuerzas parten de una premisa generalizada de que hay necesidad de inversión en el propio país que no justifican la "evasión" de capitales.

Como fuerza propulsora, por otro lado, existe interés en la integración competitiva con el primer mundo cuando el horizonte de actuación es así más ambicioso. Aquí pueden existir también desconfianzas en cuanto a la validez de formación de la JV con empresas sin tradición internacional.

Cuando la directriz de internacionalización es direccionada para otros países en etapas menos desarrolladas, conforme lo descripto más arriba, el mayor atractivo es el acceso a mercados que necesitan de los productos y de la tecnología ya dominada por ese inversor. En esos casos el ambiente es en general más receptivo. Existe un inmenso potencial de JV a ser creadas explorando las ventajas competitivas de esos países.

4,6. PROCESO DE CREACION DE UNA JOINT VENTURE

Podríamos trazar un esquema simplificado del proceso de creación de una Joint Venture, conforme se destaca a continuación:

Fase Preliminar

Identificación de oportunidades.

Delimitación de objeto.

Selección de socio.

Proyecto de Factibilidad.

Búsqueda de financiamiento.

Fase de negociación preliminar.

Heads of Agreement.

Acuerdos de Confidencialidad.

Joint Bidding Agreements (si hubiera)

Fase de Negociación.

Acuerdo Básico de la J.V.

Contratos Satélites.

Contratos de financiamiento.

Providencias Complementarias

Negociación con cliente/gobiernos.

Obtención de autorizaciones.

Finalización.

En la J.V. contractual: Conclusión de acuerdos.

En la Equity J.V.: Negociación del acuerdo de accionistas.

En la fase preliminar es fundamental el trabajo en equipo desde el montaje del negocio. El levantamiento de los problemas debe ser lo más amplio posible.

Para esta fase se pueden identificar 4 puntos básicos que podrán servir como indicadores:

a)   identificación de los aspectos culturales y específicos, del estilo de gestión empresarial, de la cultura propia de las empresas;

b)   búsqueda de los objetivos de las empresas, con claridad sobre las expectativas recíprocas y de complementación;

c)   análisis del tipo de sociedad que será establecida.

4.7. LAS DIFERENTES MODALIDADES: ENCUADRAMIENTO EN LA LEGISLACION DEL PAIS DE ACTUACION CONTRACTUAL: NON-EQUITY JV Y EQUITY JV

La JV tanto puede formarse a nivel puramente contractual sin adquirir personalidad jurídica propia, distinta a la de sus miembros, como puede culminar con la constitución de una empresa.

La Joint Venture contractual puede ser constituida en torno de un acuerdo base y varios "acuerdos satélites"; por ejemplo, contratos de prestación de servicios y asistencia técnica, autorización de patentes y marcas, etc.

En la equity Joint Venture, las empresas asociadas constituyen una empresa de acuerdo con las leyes del país de actuación y pasan a administrar los negocios en el ámbito de la empresa con toda la estructura decisoria, societaria y tributaria compatible.

Las partes en general firman un acuerdo de accionistas (*shareholders agreement*), crucial para la sobrevivencia de los principios e intereses que direccionan la propia creación de la JV.

Es difícil definir las ventajas y las desventajas de una y otra modalidad. SERGIO DE LA PERA entiende que las empresas prefieren la equity JV si el proyecto exige inversión más o menos lineal en el transcurso de un período prolongado. Ya la JV contractual sería preferida cuando hay fuerte inversión de capital, con retorno rápido [26].

También encontramos una vaga referencia a una investigación que revela la preferencia de las empresas norteamericanas por la JV contractual. Muchas empresas norteamericanas prefieren esta modalidad, porque hay menos compromiso de capital, menos personal, menos peligro de pérdida de inversión en caso de confiscación [27].

La JV contractual es aún la opción escogida por la empresa petrolera para su actuación, siendo el documento básico que instrumentaliza la asociación el Joint Operating Agreement (de ahora en adelante denominada JOA). Las partes de un JOA son las empresas petroleras internacionales (International Oil Com-

---

(26) En LA PERA, SERGIO, *op. cit.*, pág. 84.

(27) En Mow CARLYLE E., *Mow Joint Venture Abroad*, Formas & Methods Cit.

panies - IOC's), también partes en un contrato de exploración y producción con un país huésped y donde se pretende explorar, desarrollar y/o producir petróleo.

La peculiaridad evidente en un JOA, es que la representación y actividades desarrollada por uno de los socios, "operador que asume el liderazgo del grupo, promueve las subcontrataciones, representa las partes junto a la estatal del país receptor (National Oil Company - NOC), y demás actividades necesarias de acuerdo con las buenas prácticas de la industria del petróleo. Todo se hace, entretanto, de acuerdo con determinados criterios de supervisión y control, informes, reuniones y auditorías periódicas por parte de los no operadores.

Equity Joint Venture es aquella que culmina en la constitución de una empresa, en general bajo el orden jurídico del país de actuación. El relacionamiento de los socios de la JV es diferente, básicamente en razón de los siguientes aspectos: pasa a haber una estructura corporativa y reglamentación de las actividades en el seno de una sociedad. Los asociados participan en todas las etapas del proceso de constitución de la sociedad, que tendrá sus estatutos y registro necesarios a la actualización en el país receptor. Preliminarmente habrá una selección, si fuera permitido por la ley local, del tipo de sociedad que vendrá a ser constituida.

4,8. ELABORACION Y ELABORACION DEL ACUERDO BASE

4,8,1. ORGANIZACION

Es indispensable que los socios de la JV hayan previamente recolectado información y analizado todos los puntos relevantes enlazados por los equipos de apoyo al negocio, debidamente registrados por el asesor jurídico desde la iniciación del ciclo.

El dossiê (colección de documentos) del asunto debe estar preparado y el check-list definido antes de la redacción propiamente dicha. Puede producirse una discusión entre todos los involucrados, por la parte que vaya a presentar la minuta para la JV en el sentido de detectar los principales aspectos que serán desarrollados.

4,8,2. ELABORACION

Además de las referencias a las cláusulas indicadas en los modelos típicos, hay tópicos obligatorios en cualquier acuerdo base:

— preámbulo o considerandos;

— calificación de las partes;

— objeto;

— valor de la inversión proyectada;

— naturaleza de las contribuciones de las partes;

— referencia a acuerdos complementarios (exportación, patentes, asistencia técnica);

— esquema de poder (comités, votos, etc.);

— verificaciones y autorías;

— solución de disputas.

— otros principios:

— no competición, lealtad;

— aspectos tributarios.

En el caso de la Equity Joint Venture:

— acuerdo de accionistas;

— estatuto.

4.8.3. NEGOCIACION

Aspectos Preliminares:

— diferencias de background cultural, jurídico y lingüístico;

— lenguaje de las negociaciones;

— permisos y autorizaciones locales.

4.9. LAS JOINT VENTURES EN LA INDUSTRIA PETROLERA. LOS "JOINT OPERATING AGREEMENTS"

Los Joint Operating Agreements (JOA's) son las Joint Ventures en la Industria del Petróleo.

El JOA, o acuerdo de operaciones conjuntas, es un instrumento contractual de particular interés en la industria del petróleo: de él participan las empresas internacionales signatarias de un contrato de exploración con la empresa estatal del país huésped (Host Company, o National Oil Company- NOC).

Procuramos, en este capítulo, alcanzar los siguientes objetivos: destacar ciertas nociones básicas solidificadas en los trabajos doctrinarios examinados, enumerando algunos de los aspectos más interesantes discutidos y aprendidos en diferentes negociaciones y, finalmente, exponer algunos aspectos e indagaciones, en los cuales persistimos.

Regístrese, inicialmente, que las obras más significativas encontradas se refieren a los JOA's entre empresas norteamericanas, y que las reflexiones teóricas allí desarrolladas ya incorporan, en gran parte, los resultados de la jurisprudencia sobre los diversos casos llevados a los estrados de los tribunales por las pequeñas y medianas empresas. Otras experiencias tomadas como base comparativa son las del Reino Unido y de Noruega.

En los libros y artículos sobre Joint Ventures, producidos en la literatura jurídica brasileña, latinoamericana y europea investigada, encontramos más datos sobre aquellas ligadas al comercio, servicios de ingeniería, construcción y otros emprendimientos que en la economía moderna exigen abultadas inversiones y asociación de socios de diferentes países y hasta de gobiernos con empresas privadas nacionales o multinacionales.

Los JOA's son instrumentos básicos en la concreción de las asociaciones en la industria del petróleo. No siempre los países receptores ofrecen supervisión y control sobre esos acuerdos, tal vez en la presuposición de que ellos interesan sólo a las empresas internacionales asociadas para exploración del petróleo en sus territorios. La excepción más evidente, naturalmente, es la de aquellos casos en que el propio país huésped, a través de su empresa estatal depositaria de los derechos de exploración o contratación, participa directamente de la Joint Venture, en una o más fases del contrato, de conformidad con lo que mostraremos más adelante, comentando algunos casos comunes de la industria.

La Petrobrás que ya se ha lanzado a la actuación internacional a través de la Braspetro, como también empresas estatales de los países huéspedes, pueden —en el acompañamiento a esas cuestiones— adquirir un mejor insight sobre los bastidores de la operación petrolera y del relacionamiento entre las empresas internacionales que actúan en sus respectivos territorios.

4,9,1. CONCEPTUACION

Como ya hemos dicho, el JOA es un instrumento básico, que permite a las partes asociadas, en función de un contrato de exploración con una estatal o un Gobierno, concretar la unión de recursos, la participación o división de gastos y la minimización de los riesgos en un emprendimiento.

No es muy frecuente la creación de una persona jurídica en esa asociación. Los participantes, vía de regla, mantienen su personalidad jurídica autónoma, reglamentando su relacionamiento en contratos básicos muy divulgados en la industria, algunas veces publicados por asociaciones de la industria petrolera (EUA y Gran Bretaña) o por el propio gobierno, que impone la participación de su estatal (Noruega).

Las interpretaciones surgidas en el transcurso de la existencia de la Joint Venture sufren un proceso de sedimentación, a consecuencia de los varios "cruzamientos" de asociaciones, pues una determinada empresa puede reencontrar, eventualmente, socias de otras Joint Ventures [28].

Es notorio que las empresas norteamericanas fueron pioneras en esa modalidad contractual. En un trabajo básico sobre los contratos de la industria petrolífera [29], consta que el primer modelo de JOA fue propuesto por la American Association of Petroleum Landmen, la denominada Form 610. Allí son enumerados los objetivos que justificaron los primeros JOA's:

a) la búsqueda del capital;

b) la división de los riesgos inherentes a las actividades petrolíferas, permitiendo la diversificación de emprendimientos por las partes;

c) la obtención de tecnología o equipamientos;

d) la posibilidad de acceso a instalaciones dowstream o la adquisición de provisión garantizada por los participantes en campos explorados y desarrollados por otras empresas.

Este primer modelo de JOA era el punto de referencia de las empresas norteamericanas que se volvieron para el mercado internacional. En el contexto norteamericano, dicha JOA aún sobrevive, a pesar de ser según los críticos, tendencioso y favorable a las grandes empresas que actúan como operadores. El

---

(28) En David, Nicolas, *op. cit.*, pág. 45.

(29) En Blinn K., Duval C., Le Leuch y Pertuzio A., *International Petroleum Exploration and Explotation Agreements*, Nueva York, ed. Barrows, 1986, págs. 192 y 193.

modelo aún encuentra buena receptividad cuando el background de las empresas asociadas es semejante y ellas tienen buena experiencia y visión comunes de los usos y prácticas de la industria. Entretanto, ya puede revelarse inadecuado, cuando surgen diferencias o cuestiones entre partes oriundas de contextos distintos [30].

El proceso de internacionalización de la exploración petrolífera congregando empresas oriundas de ordenamientos jurídicos distintos, con sujeción a las leyes y tradiciones de un tercer país receptor, diversificó, mejoró y actualizó los modelos de JOA's actualmente utilizados.

Aunque el contenido del JOA sea función del contrato de exploración del cual él es accesorio, y de las prácticas regionales que determinan la estructuración y hasta el tipo de redacción de los contratos, Nicolas David observa que la influencia originaria norteamericana habría permanecido hasta en el estilo de redacción, más prolijo que el alemán y el francés, dejando de variar en función de la ley aplicable al contrato [31].

Generalmente, el JOA cubre las actividades de exploración y explotación en los contratos de exploración e incluye el transporte, tratamiento y almacenamiento de petróleo, así como los acuerdos de financiamiento o marketing [32].

4,9,2. CLAUSULAS BASICAS

Además del tradicional preámbulo, característico de contratos oriundos de la _common law_ y de la calificacióon de las partes, son básicas las cláusulas de objeto, del valor de la inversión (el cual es, en general, proporcional a la participación porcentual en el contrato de exploración) y de la naturaleza de las obligaciones y contribuciones de las partes.

Es fundamental la cláusula referente a la designación, deberes, controles y remoción del operador. El esquema de poder, en el ámbito del JOA es, generalmente, reglamentado a través de un comité, o Management Commitee, con procedimientos de votación y sistemática de control de presupuesto. Son importantes también las denominadas válvulas de escape, las cláusulas de _sole_

---

(30) En Boigon, Howard, _The Joint Operating Agreement in a Mostile Environment_, Oil Gas Taxation, Denver, Colorado, pág. 5,3.

(31) David, Nicolas, _op. cit._, pág. 46.

(32) Bunn K. et Alii, _op. cit._, pág. 193.

risk y *non consent,* a través de las cuales una o más partes pueden emprender o enterarse de determinadas operaciones de acuerdo con mecanismos previstos en el contrato.

Cabe mencionar la relevancia de las cláusulas pertinentes a las verificaciones y auditorías, bien como las cláusulas referentes a la ley aplicable al contrato y las relativas a la solución de controversias.

4,9,3. EL JOA EN EL DERECHO NORTEAMERICANO

El modelo básico del JOA norteamericano contiene, en general, cláusulas que procuran descaracterizar la sociedad. Sin embargo, hay varias técnicas que pueden ser usadas para evidenciar la creación de relacionamientos jurídicos entre operadores y no operadores, generadores de obligaciones recíprocas y responsabilidades ante terceros [33]. Al depender de la determinación de la naturaleza jurídica del JOA, la cual es hecha en los tribunales, el relacionamiento jurídico por el creado se traduce en una obligación solidaria entre las partes y en un deber de buena fe y de procedimiento de acuerdo con las buenas prácticas de la industria [34].

Con relación a la propiedad mineral, es hecha la distinción entre la Cotenancy y la Mining Partnership. En la Cotenancy, hay una copropiedad en relación al subsuelo, en que cada propietario tiene el derecho no exclusivo de conducir las operaciones. Así, cuando uno de ellos opera, los demás lo reembolsan por los costos de la producción, sin que haya el establecimiento de cualquier relacionamiento en la base de la confianza entre ellos (*Fiduciary Relationship*) [35].

La Mining Partnership es una sociedad resultante de la ley, independiente del acuerdo específico de las partes. Se crea esa modalidad asociativa cuando los copropietarios de una sociedad minera se unen para operar la propiedad y concuerdan en dividir los lucros resultantes de la operación.

Los miembros de la Mining Partnership tienen el derecho de controlar el operador por el principio de la mayoría y pueden, en la ausencia de acuerdo es-

---

(33) Boigon H.L., *op. cit.*, pág. 5,4.

(34) *Idem*, pág. 5,5. El autor registra la excepción de los tribunales de Texas, aparentemente más liberales en la apreciación del asunto de esa naturaleza.

(35) *Idem*, pág. 5,4.

pecífico en contrario, limitar la actuación del operador, en su intento de conducir operaciones específicas (36).

Ya la Joint Venture puede ser caracterizada como una combinación especial de dos o más personas que, en su operación comercial específica, buscan lucro, sin cualquier sociedad (Partnership) o formas (Corporate Designation) (37). Aunque la Joint Venture sea diferenciada de la partnership por la mayor parte de los autores estudiados, hay algunos que resaltan que el relacionamiento fiduciario entre los asociados entra en el encuadramiento de la Joint Venture en disposiciones legales aplicables a las sociedades (38). Otros, al definirla de manera empírica al estilo norteamericano, analizan, además de las semejanzas y diferencias con la partnership, el asunto de la caracterización del operador como agente cuanto al poder de los asociados, y varios otros aspectos a título de ejemplo para completar la delimitación del instituto (39).

Es importante destacar que si un Tribunal reconoce la existencia, en un JOA, un Mining Partnership o una Joint Venture, las partes no operadoras serán consideradas responsables y obligadas a resarcir un tercero que los tenga accionado en relación de un acto u omisión del operador. No es suficiente que los no operadores aleguen su involucración no directa con las operaciones para pretender eximir de responsabilidades. En algunas decisiones citadas por Boigon, en su artículo sobre los JOA's, fue suficiente probar que el no operador visitó el campo para probar su relacionamiento con las operaciones (40).

La determinación en juicio de la naturaleza jurídica del JOA es importante, también, para definir el grado de responsabilidad de las partes en su relacionamiento recíproco. Un ejemplo típico del principio de la responsabilidad fiduciaria entre las partes es la adquisición de participación en un área adyacente, especialmente si tal adquisición se hubiera tornado posible gracias a las informaciones generadas por las actividades del grupo (41). Así es que el modelo básico de JOA norteamericano contempla la previsión de que las extensiones o ad-

---

(36) Boigon H.L., *op. cit.*, pág. 5,4.

(37) En Baptista, Luis Olavo.

(38) En Steffen, Roscoe T., *Agency Partnership*, St. Paul Minnesota, West Publishing Company, 1976, pág. 213.

(39) Baptista, Luis O. et Alii, *op. cit.*, págs.10 a 16.

(40) Boigon, *op. cit.*, pág. 5,9, donde el autor, más de una vez excepciona el caso de las Cortes Texanas, más liberales con los no operadores.

(41) *Idem* 13.

quisiciones de áreas adyacentes a una licencia (léase) sean reveladas y ofrecidas a las demás partes en el JOA.

Para finalizar conviene recordar que el alcance de la comparación con el JOA norteamericano es limitado por el aspecto de que en aquel país la propiedad del subsuelo es concedida con la licencia (léase) o suele ser resultante de la propiedad de la tierra, en el caso de la exploración onshore. En la mayor parte de los países latinoamericanos la propiedad del subsuelo y de la tierra es del estado.

Otro aspecto fundamental en la legislación norteamericana, aplicable al JOA, es la existencia de una figura jurídica denominada *Operator's Lien*. Se trata de una especie de gravamen sobre los derechos de los no operadores, en beneficio del operador, que incurre en los gastos en nombre del grupo. El *Lien* protege al operador en relación al eventual incumplimiento (*default*) de los no operadores, permitiéndole retener parte la totalidad de la producción que cabe a un no operador incumplidor para hacer frente a parte de los compromisos financieros en el JOA.

La exposición del JOA al derecho norteamericano es tan peculiar y los más recientes desarrollo legislativos tan sofisticados en el área petrolífera, que se presenta una cuestión bastante interesante, aunque limitada a aquel mandato jurídico, se cuestiona si el JOA puede ser considerado un acuerdo limitativo a la competencia que infrinja la sección 2 del Sherman Act, que prohibe las tentativas de monopolio. Los autores Rufus W. Oliver III y William R. Kurke Jr. entienden ([42]) que hay pocos casos de contencioso en el área de exploración y producción del petróleo bajo el amparo del Sherman Act pues los acuerdos en el Area de Recursos Naturales tienen un tratamiento e impacto diferentes de aquellos patrocinados por las industrias de manufacturas.

En el caso de los JOA's, la congregación de los esfuerzos de las partes no solamente posibilita el aumento de la producción, como también, con base en el acuerdo precedente, el Joint Bidding Agreement (JBA), que es un instrumento firmado por las empresas participantes de una licitación promovida por el país huésped, en el cual son fijados los principios y obligaciones principales, y anticipadas a las directrices aplicables al JOA a ser oportunamente celebrado. Ese JBA permite a las empresas menores la participación en las propuestas y operaciones ([43]).

---

(42) Burke Jr., William R., *The Sherman Act and its effects on Joint Development Arrangements*, in Natural Resources Lawyer, Volume XIII, en el 4, 1381, Journal of the Section of Natural Resources Law, ABA, págs. 671 a 674.

(43) *Idem*, pág. 676.

4.9.4. ABORDAJE DE ALGUNOS ASPECTOS POLEMICOS

Aunque haya un margen de variación en las provisiones de los JOA's, principalmente si salimos del contexto norteamericano y pasamos para el contexto internacional, todos los acuerdos de esta naturaleza tienen que abordar por lo menos algunos tópicos fundamentales.

En la evaluación de JOHN S. LOWE, los asuntos esenciales son apenas tres:

a)   el ámbito de la autoridad del operador;

b)   las disposiciones en cuanto a la perforación de pozos pioneros, y

c)   los asuntos relativos al desarrollo ([44]).

Hay otros autores que indentifican más variables de las antes citadas. De ellos cabe resaltar a BOIGON, que señala lo siguiente:

"These general concerns become specially significant when exarcerbated by the difficult financial times currently plaguing the industry. Many previously accepted assumptions are now routinely challenged as parties scramble to protect their interests in the face of assaults from co-working interest owners, landowners, third parties affected by Joint operations, governmental regulators, creditor and bankruptcy trustees" ([45]).

En este contexto definido por el propio BOIGON como "medio ambiente hostil", cláusulas las cuales las partes adhirieron anteriormente, sin mayor problema, son ahora duramente cuestionadas y negociadas.

Así es que, en las cláusulas pertinentes al operador, rigurosa es la selección hecha por las partes. Normalmente el grupo escoge el operador, antes del otorgamiento de un contrato por el gobierno competente. Excepción es el caso de Noruega, como veremos en el parágrafo 9.5. Es también usual la exigencia de aprobación previa del operador por el país huésped, que en algunos casos se reserva el derecho de escoger el operador.

4.9.4.1. CONTROL DEL OPERADOR POR EL COMITE

El JOA prevé, habitualmente, la formación de un Comité de Operaciones Conjuntas (Joint Operating Comitee-JOC). El JOC tiene reuniones periódicas,

---

(44) En *Oil and Gas Law* St. Paul, Minnesota 1984. Ed. West. Publishing C, pág. 5,3.

(45) BOIGON, *op. cit.*, pág. 5,3.

en las cuales las empresas participan representando empresas asociadas. En esta oportunidad se discuten no sólo problemas relativos al presupuesto, sino también asuntos técnicos de importancia para la conducción de las operaciones.

El JOC propicia así una provechosa confrontación de "Filosofías exploratorias" y tradiciones distintas, cohibiendo, de cierta forma, la actuación prepotente por parte del operador.

4,9,4,2. LIMITACION DE COSTOS

Un asunto ampliamente discutido durante las negociaciones de un JOA es el relativo al control de costos. Entre los diferentes socios de la asociación, se encuentran culturas empresariales distintas, que además de una diversidad de postura técnico—gerencial, presentan una visión más o menos liberal en relación al gasto en programas de exploración. Se agrega a esto la eventual existencia de disposiciones de control de presupuesto y de reembolso de costos en el contrato de exploración, las cuales tendrán un natural impacto sobre el JOA.

La premisa básica de las asociaciones reguladas por el JOA es la que en el ejercicio de sus actividades, el operador no obtendrá lucro, mas deberá ser reembolsado de sus gastos y lo hará merecedor a un *overhead* acordado.

Actualmente, está siendo consagrado el siguiente procedimiento: además del presupuesto anual propuesto por el operador a los demás socios, debe él emitir un documento específico alusivo a cada operación, designado Authority for Expenditure-AFE. La AFE también es considerada estimativa, aunque sea, comúnmente, usada como un mecanismo de aprobación suplementario. Se discute, inclusive, en la jurisprudencia norteamericana, si la AFE no sería, al contrario, un instrumento para fines de información, no pudiendo constituir, sin embargo, un límite a la autoridad del operador para incurrir en gastos [46].

El JOA básico norteamericano, así como otros usados internacionalmente contiene, en general, disposiciones que eximen al operador de responsabilidad en relación a pérdidas incurridas, con excepción hecha a aquellas ocasionadas por culpa grave (*gross negligence*) o dolo (*willful misconduct*).

Ese lenguaje, en general, es objeto de bastante discusión, siendo cierto que, además de la remisión al derecho que rige del contrato, algunos procuran una mayor precisión a esa limitación de responsabilidad. Es lo que encontramos en un modelo de JOA analizado por uno de los autores estudiados.

---

(46) En Boigon, *op. cit.*, pág. 5,20.

"Operator shall not be liable to the other parties for anything done or omitted to be done by the operator in the conduct of the petroleum operations, except in cases of established breah of the JOA, willful misconduct, willful failure to alt or such wanton and reckles conduct as constitutes in effect an utter disregard for harmful foreseeable and avoidable consequeinces" [47].

En que, pese al esfuerzo de los operadores en el sentido de extender el concepto de exoneración de responsabilidad al asunto de los excesos al incurrir en gastos, es creciente la preocupación de los no operadores con el control *a priori* de los gastos a través de los mecanismos antes citados.

Se materializan, también, tentativas de limitación *a posteriori,* de los excesos eventualmente practicados por los operadores. Uno de los instrumentos disponibles es la propia auditoría por los no operadores. Los otros recursos (*remedies*) disponibles para los no operadores son de alcance discutible, pues se resumen a argumentos que tendrían que prevalecer por vía judicial, de antemano debilitados por el lenguaje corriente descrito arriba. A título de ejemplo, uno de ellos sería la alegación de que hubo una información, deliberadamente fallida (*intentional understatement*), por parte del operador, defraudando la buena fe de los operadores. Un segundo argumento sería la diversidad de la operación conducida de hecho en relación a aquella descripta, específicamente en una AFE aprobada. Podrían, sin embargo, los no operadores alegar, con base en el lenguaje usual de los procedimientos contables normalmente anexos a los JOA's, que los gastos incurridos por el operador no fueron adecuados y necesarios (*reasonable and necessary*) [48].

4,9,4,3. FISCALIZACION DE LA PERFORMANCE Y DESTITUCION DEL OPERADOR

No es sólo en el asunto de los costos que emergen las diferencias de cultura entre las empresas. Al concebir un programa exploratorio, propuestas y análisis conflictivos con aquellas sometidas por el operador pueden surgir. Es verdad que en la propia indicación del operador debe existir, como premisa, la aceptación de su capacidad técnica y gerencial.

Inicialmente, el parámetro de conducta para el operador era la actuación correcta y adecuada de acuerdo con las buenas prácticas vigentes en la industria del petróleo (*good and workmanlike manner and good oil field practices*).

---

(47) Bunn, K., et Alü, *op. cit.*, pág. 202.

(48) Boigon, *op. cit.*, págs. 5,21 y 5,22.

Mientras, el examen de los tribunales demostró la fragilidad de esas expresiones, aunque ellas hayan sido útiles, para solidificar un parámetro jurisprudencial sobre lo que constituye la buena performance del operador (*reasonable and prudent operator*). Esos casos comentados en las revistas especializadas, se tornan una referencia doctrinaria para las demás empresas que actúan en el ramo del petróleo.

Hacemos referencia a algunas demandas involucrando empresas de petróleo actuantes en el Estado de Louisiana, EUA. La base de la discusión y reclamación de resarcimiento, ya sea por los socios, ya sea por terceros o por propietarios de la tierra (*lessors*), se centraba en la noción de performance del operador como *reasonable and prudent operator* [49] caracterizada, usualmente, en disposiciones contractuales que procuran asegurar el voto o el veto a los no operadores, con participación porcentual significativa en el contrato, en relación a las operaciones de mayor relevancia. Son, también, introducidas obligaciones específicas para los operadores, en término de previo aviso referente a las etapas importantes en la perforación de pozos, que deben ser objetos de informes periódicos, con informaciones precisas, en cuanto a la naturaleza de los test que irán a ser desarrollados [50].

De entre las causas para el incremento de ese control técnico-operacional, ya mencionado en *passant*, en el ítem relativo al control de costos, podemos resaltar los factores resumidos a continuación:

— The very high costs of operations, specially in offshore areas;

— a greater awareness on the part of all participants of the need to exercise a strict budgetary control on an ongoing basis;

— the move towards state participation and the customary regulatory schemes inherent in State activities; and

— an increased supervision wich States may wish to exercise over contracting and procurement activities [51].

El desagrado de los no operadores con la performance del operador puede llevarlos si hubiera respaldo contractual para tanto, a su destitución. Por esa razón es grande la discusión en torno de las hipótesis de remoción del operador.

---

(49) En Martin, Patrick M., *Mineral Rights*, Louisiana Law Review, vol. 48, 1987, págs. 405 y 406.

(50) En Boigon, *op. cit.*, pág. 5,25.

(51) En Bunn K. et Alü, *op. cit.*, pág. 196.

En general el incumplimiento por parte del operador en relación a sus obligaciones fundamentales, el concurso o quiebra del operador, o la interferencia del país huésped, son *a grosso modo*, las causas generadoras del proceso de destitución.

Aunque existan las hipótesis de remoción del operador, son ellas raramente puestas en práctica, porque realmente habría la necesidad de una mayoría muy próxima de unanimidad para conseguirla, más allá de la autorización del país huésped ([52]).

4.9.4.4. ASUNTOS OPERACIONALES

En la convivencia con el JOA, los abogados de las empresas del petróleo procuran obtener una comprensión general de las actividades exploratorias, de modo de acompañar la negociación y la elaboración de los instrumentos contractuales.

Vamos a intentar enfocar algunas de esas cuestiones, en general respaldadas en las exigencias y obligaciones mínimas del contrato de exploración.

Por ejemplo en relación a la profundidad de los pozos obligatorios, puede el JOA, determinar un criterio suplementario hasta el encuentro de formaciones geológicas especificadas, o estipular la profundidad como resultado de *tests* realizados. Pueden ocurrir con frecuencia hechos adversos durante la perforación de pozos, que exijan tomas de decisión rápida, por parte del operador. De ahí surgen diferentes análisis, que van de la recomendación de realización de un *sidetracking* hasta el simple taponamiento del pozo. Lo que importa no es apenas la indagación si la perforación alcanzó o no su objetivo estipulado contractualmente, con la consecuente responsabilización del operador, sino abordar de manera preventiva y eficaz, mecanismos decisivos ágiles que permitan una correcta discusión técnico-económica de las perspectivas vislumbradas con la perforación de los referidos pozos.

Del posicionamiento consecuente de la eventual divergencia de propuestas al nivel técnico-operacional es que surgen dos importantes salvaguardias contractuales, o "válvulas de escape": las cláusulas denominadas *non-consent* y *sole risk* que pasamos a comentar.

---

(52) En DAVID NICOLAS, *op. cit*, pág. 55.

4.9.4.5. CLAUSULAS DE *NON-CONSENT* Y *SOLE RISK*

La cláusula de *non-consent* regula un mecanismo de retirada del contrato por una parte que no esté de acuerdo con el encaminamiento de las operaciones. Se trata de una cláusula de negociación bastante delicada, pues está acoplada a una posibilidad de reentrada de la parte *non-consent* mediante el resarcimiento de gastos a las partes que participaron de las operaciones, agregando el pago de una multa. La complejidad de esta cláusula radica, preliminarmente, en los cálculos económico-financieros subyacentes a la proyección de una multa de reentrada. Trátase de resguardar la protección de un legítimo derecho de divergencia, no quitándole, entretanto, el estímulo a la participación pasiva de socios que no osen asumir el onus del riesgo exploratorio, inherente al negocio, y beneficiándose de los frutos por un mecanismo de reentrada leniente. Es por esa razón que se acostumbra resaltar la importancia de los cálculos económicos para el suceso de un JOA equilibrado y la necesidad de la interacción del asesoramiento jurídico al económico y de negocios.

Por su parte, la cláusula de *sole risk*, enfrentada por algunos como la simple contrapartida de la cláusula de *non-consent* es la que faculta a una determinada parte el proseguimiento de ciertas operaciones por su cuenta y riesgo, en el caso de que las demás no hayan aceptado su propuesta de desarrollo de un determinado proyecto o instalación. Es el caso típico de la perforación de un pozo de exploración, complementario a las obligaciones mínimas resultantes de un contrato de exploración. El socio que perfora el pozo, bajo la condición del *sole risk*, abastece los fondos necesarios, y si el pozo fuera seco él pierde su inversión y el emprendimiento prosigue normalmente. Si hubiera descubrimiento comercial resultante de esta perforación, los otros socios pueden participar de la explotación de la reserva, mediante el reembolso de los gastos incurridos, y pagando un premio para remuneración del socio que actuó en *sole risk*, que puede corresponder de 5 a 10 veces el valor de los costos [53].

4.9.4.6. INCUMPLIMIENTO (*DEFAULT*)

La razón básica de incumplimiento por parte de los no operadores es relativa al pago de las cuotas pertinentes a las respectivas participaciones en los gastos exploratorios.

---

(53) En DAVID, NICOLAS, *op. cit.*, pág. 50

El cuidado en la selección de los socios refleja la preocupación con su disponibilidad financiera para hacer frente a los compromisos contractuales asumidos, especialmente en fase de crisis, que afecta hasta a las empresas sólidamente establecidas.

El JOA establece un mecanismo de colecta periódica de fondos por el operador (*cash calls*) buscando asegurar los recursos necesarios a las operaciones. En algunos sistemas, esa colecta es hecha anticipadamente y, en otros, mediante comprobación de gastos.

Son previstos plazos rigurosos para el cumplimiento de esas obligaciones, pues en el caso que una de las partes se torne morosa, las demás deberán prorratear la cuota no recibida.

El operador puede exponerse a un elevado riesgo, al emprender o continuar operaciones sin la garantía del respaldo financiero de las demás partes. Por otro lado, los no operadores no tienen garantía previa, al adelantar fondos, de que el operador vaya a aplicarlos adecuadamente [54].

El ejemplo de Noruega es *sui generis* y vale la pena ser citado. En aquel país, el gobierno, a través de legislación específica, aprobó las disposiciones básicas aplicables a los permisos de producción. Como consecuencia de la participación estatal directa en las actividades petrolíferas, las empresas estatales, aún con participación minoritaria son, generalmente indicadas operadoras. El grupo no se forma autonomamente, como sucede en otros países, pero cada empresa presenta propuesta por separado, y en el caso de que sea aceptada en una determinada licitación, pasa a integrar la Joint Venture compuesta por el propio Ministerio del Petróleo.

El modelo de JOA propuesto por el gobierno no admite, de esta manera ninguna negociación, sufriendo un proceso de actualización paulatino, a través de los comentarios formulados por la Asociación de los Operadores en Noruega.

4,10. ANALISIS DE UN CASO REAL

Vamos a exponer una experiencia real de Joint Venture, en el área de servicio de ingeniería y construcción, introduciendo pequeñas adaptaciones y atribuyendo nombres irreales. La oportunidad de servicio surgió en un país africano, donde una empresa francesa, FRINX, abrió un concurso para la construcción

---

(54) En Boigon, *op. cit.*, págs. 5,39 a 4,41.

de plataformas de petróleo para el bloque en el cual era operadora para la empresa estatal encargada de la conducción de la exploración y explotación en aquel país.

La empresa brasileña BRASERV, identificó la oportunidad de asociación con el socio francés FRANSERV, el cual estaría habilitado a prestar servicios complementarios para el cliente FRINX. El socio brasileño, por razones de planeamiento fiscal y operacional, utilizó su controlada en Cayman/BRASCAY para habilitarse en el concurso firmando el socio francés una carta de intención (*letter of intent*) con la FRANSERV (el socio francés).

Antes del resultado los socios implantaron el esquema de estructuración de la operación, que envuelve la obtención de financiamiento por las partes, cada una en el país de origen. La FRANSERV contaba con los beneficios de créditos de exportación y seguros de la COFACE, otorgados por el gobierno francés a los exportadores de servicios y productos. Eso requirió negociaciones paralelas por el socio francés. En el caso brasileño, además del financiamiento, una serie de subcontrataciones se harían necesarias, por lo que la BRASERV tuvo que actuar en el país huésped en nombre y por cuenta de BRASCAY. Algunos subcontratantes contaron con los beneficios fiscales a la época vigente, como Befiex y las exenciones del impuesto sobre los productos industrializados (IPI) e impuesto de circulación de mercaderías (ICM).

Como el proceso es muy dinámico, las partes tuvieron que agilizar y coordinar sus acciones para montar todo el grupo de subcontrataciones en tiempo hábil. El contrato en el país africano fue adjudicado a la Joint Venture y firmado por ambas, haciendo parte de ese contrato una serie de disposiciones pertinentes a la representación de la Joint Venture y firmado por ambas, haciendo parte de ese contrato una serie de disposiciones pertinentes a la representación de la Joint Venture y la responsabilidad solidaria.

El ejemplo nos demuestra algunos aspectos dignos de notar desde el punto de vista jurídico:

a) necesidad de sujeción de las partes a varias ordenanzas jurídicas distintas, independientemente de la ley de regencia y del local escogido, para arbitraje;

b) las partes deben imperativamente concertar todos los términos de su cooperación antes de firmar la carta-propuesta para el cliente;

c) las interfaces, o complementariedad de las obligaciones deben estar muy bien delimitadas, bajo pena de que uno de los socios puede tener perjuicio con asunción de tareas no previstas;

d) los subcontratos deben estar todos negociados antes de la adjudicación del contrato por el cliente;

e)   los términos y condiciones del contrato principal deben estar muy bien repasados a los subcontratantes, inclusive multas moratorias, bajo pena de haber situaciones insuperables (*deadlock situations*) en términos de calidad y plazo.

4,11. LAS EXPERIENCIAS DE LA CHINA Y EL ESTE EUROPEO

Resolvimos analizar específicamente la temática de las Joint Ventures en la China, por ser este país un ejemplo excelente de florecimiento de la cooperación e integración económica Este-Oeste a partir de la legislación de las J.V. No se puede perder de vista también que, a pesar de los recientes acontecimientos que resultaron en un redireccionamiento de la apertura china y en la consecuente revisión de las inversiones extranjeras en aquellos países, persiste el atractivo del mercado. Se trata de un potencial receptor para empresas de países en desarrollo con el perfil señalado al inicio de este trabajo.

Además, el interés teórico-doctrinario que presenta la inserción de este instituto consagrado en las prácticas comerciales del Occidente en contexto ideológico-político, jurídico y económico radicalmente distinto como es el universo chino, se constituye en un desafío particularmente interesante.

Procuramos estudiar inicialmente algunos comentaristas a los textos legales vigentes, cabiendo desde luego resaltar que prácticamente todos los trabajos encontrados se refieren a la ley editada en 1979 (*The Law of the People's Republic of China on Joint Venture Using Chinese and Foreign Investment*).

Frederic Rich, en interesante trabajo (⁵⁵) procura dar una visión bastante amplia del tema, analizando el contexto histórico e ideológico del surgimiento de la ley, incursionando sobre el terreno del difícil análisis de las acciones de la burocracia estatal y finalmente tratando un cuadro comparativo muy útil con otras legislaciones del Este Europeo que harían el papel de inspiradores a los redactores de la ley china.

A) CONTEXTO HISTORICO E IDEOLOGICO

Además de la precursora apertura a las inversiones soviéticas y provenientes del Este Europeo ocurrida al inicio de la década del 50, se hace referencia

---

(55) Rich, Frederic C., *Joint venture in china: the legal challenge in international Lawyer.*

a la codificación de la ley comercial ocurrida en la mitad de la misma década. Posteriormente, uno de los factores fundamentales para el inicio de la apertura al capital extranjero fue la implantación del programa de las cuatro modernizaciones por Chou en Lai en 1975, entre las cuales estaba incluido el fortalecimiento de la legalidad china [56].

Es imperativo notar que en el análisis de Rich, aunque la nueva ley de las Joint Ventures haya representado innegablemente un avance y apertura por la implantación de una legislación que incluya los términos comerciales, económicos o societarios, ella todavía surgió en el cuadro de una constitución (1975) que no resolvía el problema del lucro y de la propiedad por empresas extranjeras. Así es que, como veremos más adelante, los derechos de las empresas extranjeras al lucro siempre estarán en bases contractuales y no en noción de propiedad de acciones [57].

La recepción al capital extranjero es hecha por lo tanto en un contexto complejo del punto de vista jurídico ideológico, en el sentido que debe estar en consonancia con los principios de igualdad y de beneficio recíproco (*Equality and Mutual Benefit*). Los analistas mencionados en el trabajo citado ya no descartaban la posibilidad de un retroceso político en ese cuadro receptivo, consistiendo en eso el riesgo que cada potencial participante de una Joint Venture en la China debe considerar, según Rich.

B) COMPARACION CON LEGISLACION DEL ESTE EUROPEO

La comparación hecha por Rich nos da un referencial excelente en el sentido de la compresión de las ambigüedades y omisiones de la ley china. A ejemplo de la China, los países del Este Europeo concibieron sus leyes en el sentido de introducir y no de limitar la inversión extranjera. El grupo instituido en la China para desmenuzar el proyecto de ley habría estudiado la legislación de esos países con la desventaja de no contar con la tradición jurídica europea que daba un paño de fondo a las demás. Entretanto la cautela y resistencia latentes justificables por el aspecto ideológico estaban también presentes en la época de las negociaciones de los primeros acuerdos de Joint Venture en Hungría, Yugoslavia y Rumania, los cuales también precisaron ser amparados por legislación complementaria.

---

(56) *Idem, op. cit.*, pág. 184.

(57) Gordon, Apud Rich, pág. 195.

C) ORGANOS DE SUPERVISION Y CONTROL

Algunos órganos de control fueron creados especialmente en función de la nueva legislación: es el caso del CITIC (China International Trust and Investment Commission), que tiene la función de coordinar los contactos iniciales entre extranjeros y socios chinos además de monitorear la introducción, absorción y aplicación de las inversiones, tecnología y equipamientos del exterior. El FIC (Foreign Investment Commission) tiene la atribución de aprobar los textos de Joint Venture Agreements. El GAIC (General Administration for Industry and Commerce) es el órgano de registro de las Joint Ventures.

Además, las empresas extranjeras estarán también sujetas al control y registro junto a las reparticiones fiscales y de control de remesas para el exterior, según se desprende del texto de la legislación que examinaremos a continuación.

D) ANALISIS DE LAS PRINCIPALES DIFERENCIAS ENTRE LA LEY DE 1979 Y LA DE 1988

A pesar de que hemos aprovechado comentarios y ejemplos aplicables a la ley de 1979, los potenciales inversores deben examinar la ley editada el 13 de abril de 1988, que trata de las Chinese-Foreign Cooperative Joint Ventures.

Jamie P. Horsley, en artículo bien reciente sobre la materia [58], analiza algunas de las diferencias fundamentales entre las dos leyes:

1. En cuanto a la distribución de lucros en la ley del '79, la distribución precisaba ser hecha estrictamente de acuerdo con el prorrateo de la inversión de cada parte, en cuanto en la ley del '88 las partes pueden entrar en acuerdo contractual en cuanto al método y proporción de la distribución.

2. En cuanto a la tributación, la nueva ley no ofrece muchas concesiones. La parte extranjera será tributada de acuerdo con la Foreign Enterprise Income Tax Law. En cuanto a la parte china, quedará sujeta a la tributación doméstica según lo usual.

3. En cuanto a la forma societaria que será adoptada, la ley del '79 prescribía la formación de sociedades de responsabilidad limitada, las Cooperative Joint Ventures han sido organizadas ya sea como tales sociedades de derecho chinos, ya sea como asociaciones desprovistas de personalidad jurídica y de acuerdo con la ley china.

---

(58) Horsley, Jamie P. de la Oficina Paul, Weiss, Rifkrind Wharton & Garrison, Hong Kong in International Financial Law Review, June 1988, pág. 47.

4. En cuanto a la parte burocrática, los procedimientos y plazos para autorizaciones parecen ser los mismos. En cuanto a los aportes, la ley del '88 es más permisiva, aceptando la hipótesis de contribuciones en especie, en derecho de uso y de propiedad industrial, las cuales no eran admisibles en la ley anterior.

5. En cuanto a la administración, la ley del '79 exigía que el chairman fuera chino, en cuanto la nueva ley confiere mayor autonomía a las partes en la decisión.

6. En cuanto a la obtención de préstamos ambas leyes permiten la búsqueda libre dentro y fuera de China, manteniendo la responsabilidad de las partes en cuanto al cumplimiento de las obligaciones resultantes.

7. En cuanto a la utilización de cuentas bancarias en moneda extranjera, la ley del '88 introduce la flexibilidad de acceso a cualquier institución bancaria autorizada a operar con cambio, buscando posibilitar mejores servicios a las empresas asociadas extranjeras.

8. La nueva ley introduce la posibilidad de recuperación de las inversiones y de los lucros antes del término previsto para la Joint Venture, no admitida en el esquema anterior. Es cierto que exige la contrapartida de que la parte china pase a ser propietaria de los activos al final de la Joint Venture, además de que serán necesarias aprobaciones de las autoridades competentes.

9. Finalmente, en lo que se refiere a la duración, en cuanto las Joint Ventures formadas al amparo de la ley anterior duraban 20 ó 30 años, las nuevas Cooperative Ventures pueden tener un plazo cualquiera definido entre las partes, prorrogables mediante las competentes autorizaciones.

4.12. CONSIDERACIONES FINALES

Intentamos presentar una síntesis adecuada y práctica a las cuestiones pertinentes a las negociaciones, ejecución y acompañamiento de una Joint Venture.

Para la elaboración de este trabajo, nos hemos valido de la experiencia internacional en la cual aludimos al comienzo y a las experiencias realizadas en las clases del CICOM — Centro Interamericano de Comercialización, que mucho ha contribuido para la mantención del interés teórico por el tema y su constante actualización.

Esperamos, pues, haber contribuido para una comprensión más amplia y para un eventual debate de las cuestiones que interesan a todos los que lidian con el asunto de las Joint Ventures.

Capítulo 5

JOINT VENTURES INTERNACIONALES

5.1. INTRODUCCION

El saneamiento del sector externo de las economías del Tercer Mundo continúa siendo motivo de gran preocupación tanto por parte de gobiernos y bancos de países desarrollados, como por parte de organismos financieros multilaterales y gobiernos de los propios países en desarrollo.

Economías con desequilibrios internos y con alto endeudamiento externo, están empeñadas en políticas fiscales para reducir el déficit del sector público, así como también mediante políticas financieras, monetarias, cambiarias y administrativas, se procura una estabilización de la economía y una producción razonable de superávits en la balanza comercial. Gran parte de esos superávits han sido consumidos por la balanza de servicios (principalmente pagos de intereses, comisiones, dividendos, etc.), y aun han sido insuficientes para cumplir rigurosamente con los compromisos internacionales.

Muchos países han visto su política fiscal y monetaria perjudicadas por la necesidad de generar superávits comerciales, ya que el gobierno al adquirir los dólares excedentes, ha necesitado inyectar más moneda de lo deseado, perjudicando las metas monetarias y, por otro lado, agravando el déficit fiscal. Por este motivo el gobierno de Brasil, por ejemplo, ha planteado que el pago de la deuda externa debe hacerse en la medida de las posibilidades, no medida por el saldo en la balanza comercial, sino por las posibilidades que brinda el superávit fiscal.

De esa manera el ajuste interno, que sería meta prioritaria de corto plazo, no se vería perjudicado por los compromisos externos.

También, de común acuerdo con organismos financieros multilaterales, en los países en desarrollo se ha producido un proceso de apertura económica, descentralización, desregulación y privatización de la economía. Esta política se supone que producirá una economía más eficiente y competitiva, al mismo tiempo que el proceso de privatización permitiría una reducción del déficit fiscal y una reducción de la deuda externa mediante los programas de conversión.

El saneamiento y estabilización de la economía, con equilibrio interno y externo crearía las condiciones necesarias, aunque no suficientes, para el inicio de una política de crecimiento y desarrollo. Esto último requerirá la generación de ahorro interno y externo para financiar una razonable tasa de inversión global haciendo al mismo tiempo una aplicación eficiente del gasto público y la inversión. El flujo voluntario de recursos externos, hacia los países en desarrollo sería retomado cuando estas condiciones se cumplan.

Esos recursos podrán entrar bajo la forma de inversiones o financiamientos, en la medida que mejore el concepto de *country risk*, y mejore la "confianza" del sistema económico internacional hacia el país.

Habiendo recursos financieros libres escasos en el exterior, ya que actualmente la República Federal Alemana y Japón son prácticamente los únicos países que cuentan con excedentes, América Latina deberá competir por los mismos con Europa Oriental, Sudeste Asiático (principalmente ASEAN), Africa y el propio EUA, hoy fuerte tomador.

La "confianza" en los gobiernos latinoamericanos, una disminución de rendimientos y una cierta desestabilización de la banca de los países desarrollados (disminución de rentabilidad), podrá provocar un retorno de capitales de nacionales que están actualmente colocados en aplicaciones financieras e inmobiliarias en el exterior. Se supone que estos recursos son significativos.

Los esfuerzos bilaterales y multilaterales en favor de la integración también se han intensificado en la región, acompañando acciones similares pero más avanzadas que se llevan a cabo en otras áreas del mundo, particularmente en Europa, América del Norte y Sudeste Asiático.

El planteo del gobierno de EUA, identificado como **Iniciativa** Bush o "Iniciativa para las Américas", de crear un mercado común en las Américas, y un incremento de la cooperación basada en el comercio, inversión y transferencia de tecnología, son factores nuevos que deben proporcionarle nuevas perspectivas a las economías latinoamericanas.

En la medida que las políticas que están formulándose e implementándose en la región perduren y den resultados positivos, en la medida que la democracia como régimen político se consolide; y en la medida que estos factores sean percibidos por los agentes económicos domésticos y externos como prueba suficiente de un cuadro estable que amerita confianza, es probable que la región reciba el flujo de recursos necesarios para un crecimiento perdurable.

Dentro de este cuadro, los gobiernos deberán dar prioridad a políticas e instrumentos que faciliten la cooperación económica internacional y permitan la obtención de fondos externos de inversión, adquisición y transferencia de tecnología, acceso a los mercados internacionales y fortalecimiento de la integración económica.

Un instrumento fundamental para materializar esta cooperación económica internacional, es la Joint Venture Internacional (JVI), materia que será desarrollada en esta obra.

Tradicionalmente el proceso de expansión internacional por parte de grandes organizaciones con sede en países desarrollados y, generalmente, identificadas como empresas multinacionales o trasnacionales (algunos autores establecen una diferencia entre ambas) se ha consolidado mediante inversiones productivas (por adquisición de empresas ya existentes o por creación de nuevas empresas) que con la denominación de filial o sucursal, permitían el control de una unidad económica inserta en un mercado extranjero. Generalmente propietarios de productos basados en innovaciones tecnológicas y marcas registradas, podían desarrollar una política de comercialización con control de estos elementos estratégicos fundamentales. La expansión internacional permitía una ampliación de la demanda global, y recuperar de una manera más rápida la inversión desarrollada en la función de Investigación y Desarrollo, normalmente concentrada en su totalidad en la matriz. El ciclo de vida de los productos se ha prolongado también mediante el acceso a nuevos mercados.

Otro factor que ha provocado el interés de una proyección de sus negocios a nivel internacional ha sido el acceso a recursos naturales, y utilización de recursos humanos con un precio inferior. Estos elementos han sido vitales para poder competir a nivel global. Las operaciones de *foreign sourcing*, subcontratación y maquila se insertan en esta modalidad.

El desarrollo tecnológico experimentado en el campo de la genética, biotecnología, ingeniería de materiales, robótica y similares, ha reducido el interés de búsqueda en el exterior de los factores anteriores.

La radicación de estas filiales ha significado para los países recipientes un acceso a nuevos productos (generalmente con modernas tecnologías embutidas), capitales externos, capacidad gerencial y, en menor medida, canales de acceso a una oferta exportable. Sin embargo, es amplio el debate acerca de los "beneficios netos" de estas inversiones en el país de destino, con numerosos argumentos críticos principalmente en el sentido de que inducen con sus acciones a un determinado modelo de desarrollo.

A pesar de lo anterior, los países recipientes, han realizado un esfuerzo continuado por atraer y mantener inversiones productivas externas, aunque tratando de establecer, dentro del marco de sus posibilidades de negociación, "condiciones" para recibirlas. Estas condiciones generalmente se refieren al lugar de localización, empleo de mano de obra, transferencia de utilidades, período de permanencia, tratamiento fiscal, etc. Un requisito requerido normalmente, y que interesa a los fines de este trabajo, es la necesidad de presencia de un "socio local" cuya participación podrá ser mayoritaria, igualitaria o minoritaria. Las políticas nacionales en este aspecto han sido diversas. Para muchas empresas extranjeras este requisito ha sido un obstáculo definitivo en cambio, para otras, un elemento facilitante, ya que el socio local (dependiendo de sus capacidades) permitiría acceso facilitado al gobierno local, mercado financiero y de capitales, proveedores, etc. Principalmente, el socio local permitiría cobertura política y darle a la empresa un carácter "más nacional". La radicación de recursos en el exterior implica factores de riesgo adicionales (en relación a inversiones domésticas), por lo cual es normal que los países escogidos representen un factor de riesgo relativo menor, o se exijan rendimientos a la inversión acordes al factor de riesgo.

La implantación del sistema MERCOSUR ha estado despertando en la clase empresarial de los países involucrados un creciente interés por una mayor cooperación interempresarial a nivel regional. La apertura de los mercados y la desburocratización de procedimientos oficiales incentivará y facilitará este tipo de cooperación. Sin embargo un obstáculo importante a su implementación sería la falta de conocimiento y experiencia de las empresas (principalmente aquellas pequeñas y medianas) acerca de los modelos de cooperación disponibles y la forma de negociarlos. Así se impone el montaje de acciones de concientización y capacitación.

Adicionalmente, el empresariado comprendido en su gran mayoría, no ha proyectado el proceso de integración y las nuevas reglas del juego que improndrá, ya que en la opinión de muchos el MERCOSUR es un esquema "distante" y que podría no implementarse conforme está previsto. Para otros, es más una tentativa de integración de resultados "dudosos". Esta actitud que podría caracterizarse como "pasiva" creará un desfasaje entre la aplicación de los cronogramas previstos y los ajustes empresariales, pudiendo motivar acciones de lobby para modificar los primeros.

Hay ya, sin embargo, algunas acciones de gobiernos provinciales y sectores productivos específicos, orientadas a evaluar el impacto de la implementación del MERCOSUR en un determinado sector o espacio geográfico. Estos estudios servirían para el diseño de acciones de ajuste y cooperación como las apuntadas anteriormente. La gama de posibilidades de cooperación interempresarial es amplia y comprendería mecanismos como los siguientes:

a) subcontratación internacional;

b) fusiones de empresas;

c) adquisiciones;

d) reconversiones (de exportación a importación, y viceversa);

e)   representaciones cruzadas;

f)   joint ventures (J.V.);

g)   licenciamiento de procesos y marcas;

h)   intercambio tecnológico y proyectos conjuntos de desarrollo tecnológico;

i)   sistemas de lobby en común;

j)   sistemas de inteligencia en común;

k)   división del trabajo y especialización a nivel subregional;

l)   sustitución económica.

Como el acuerdo MERCOSUR contempla también el libre movimiento de "factores de producción" esto proporcionaría la base para combinaciones importantes también en el campo laboral, profesional, financiero, etc.

En los sistemas educativos ya se percibe también una preocupación por una adecuación de carreras produciendo profesionales con una visión más "internacionalista" y una tendencia a la uniformización del *currículum* de estudios para facilitar intercambios y transferencias.

En general la implementación de acuerdos de cooperación interempresarial pasa por la necesidad de creación de un marco macroeconómico estable y una mayor coordinación de políticas económicas y simetría en el tratamiento de los agentes económicos a nivel sectorial.

Por iniciativa del Ministerio de Relaciones Exteriores de Brasil, la Universidad de Sao Paulo (USP) está llevando a cabo en cooperación con universidades europeas, una serie de análisis y estudios sectoriales para evaluar la experiencia de ajuste y cooperación empresarial en Europa y su posibilidad de implementación de MERCOSUR.

En 1983 el entonces Ministerio de Industria y Comercio de Brasil realizó un estudio específico sobre las joint ventures en el país, identificando un universo de 1.420 empresas con esas características, en las cuales 55,6 % del capital era de origen europeo.

En 1986, el entonces CEBRAE, realizó una investigación sobre esta misma materia y como resultado decidió iniciar un programa para estimular dichas asociaciones, principalmente entre pequeñas y medianas empresas. Esta sería una buena fórmula para el ingreso de capital extranjero y para la obtención de tecnología del exterior.

Los motivos que más atraerían la inversión extranjera en el país serían, en primer lugar, la escala y el potencial del mercado brasileño. El bajo costo de mano de obra fue otra razón apuntada, precedida por la perspectiva de aumentos de utilidades y en cierta medida los incentivos del gobierno.

La mayoría de las iniciativas partió del socio brasileño, y normalmene llevó un año o más para concretar el acuerdo.

En las empresas estudiadas 72% de la tecnología del proceso de fabricación y 62% de la tecnología del producto, eran originarias del socio extranjero. 60% de las empresas exportan hasta 50% de la producción directamente para el socio o empresa del exterior.

Entre las dificultades encontradas por las empresas europeas para instalarse en el país fueron citadas: diferentes estilos gerenciales, falta de personal calificado en las empresas locales —principalmente en cargos de dirección—, y no protección de los derechos de propiedad intelectual.

Según el propio CEBRAE no existía en aquel momento una política económica específica, ni instrumentos suficientemente eficaces para evaluación del impacto de esas asociaciones en el país.

Finalmente, en dicho estudio se constató que la contratación de tecnología se dio así:

a) Cooperación Técnico-Industrial (CTI);

b) Suministro de Tecnología Industrial (STI;)

c) Servicios Técnicos Especializados (STE);

d) Licencia para el Uso de Marcas (LUM);

e) Licencia para Explotación de Patentes (LEP).

En muchos de los casos analizados, la formación de la J.V. fue precedida por una experiencia a veces prolongada de cooperación comercial.

El Ministerio de Relaciones Exteriores ha comenzado a implantar en 1986, el "Programa de Captación de Inversiones Extranjeras". El programa ha sido operacionalizado por la Divisão de Informação Comercial (DIC), una de las cuatro que constituyen el Departamento de Promoção Comercial de Itamaraty.

El punto de partida es el formulario Boletim de Oportunidade de Investimento (BOI) emitido por un puesto diplomático y el Investiment Opportunity Bulletin (IOB), a ser llenado en inglés por el empresario brasileño.

Los aspectos básicos para el tratamiento del capital extranjero, en el caso de Brasil, se encuentran contemplados en las Leyes 4131 de 1962 y 4390 de 1964, que fueron reglamentadas por Decreto 55762 de 1965. La remesa de utilidades y dividendos se determinan en el Decreto Ley 2073 del 20/10/83.

Un caso de J.V. implantado en Brasil es el de la empresa Clemente Cifali S.A. de Río Grande do Sul que se asoció bajo ese esquema a la Wirtgen Gmbh de la República Federal Alemana.

La empresa alemana pasó a tener 25% de la Clemente Cifali. La Wirtgen es detentora de la mejor tecnología para la producción de equipos para obras asfálticas. La estructura internacional de comercialización de los alemanes sustentará las exportaciones para Europa y otros continentes. En América Latina la J.V. negocia la exportación de máquinas fresadoras.

Los contactos con la Wirtgen comenzaron a fines de 1986, cuando los directivos de la Cifali supieron que la empresa tenía interés en fabricar sus equipos en Brasil, y no solamente importarlos y comercializarlos a través de su representante, la Wirtgen do Brasil. En marzo del 87 se firmó el "protocolo de intenciones".

Casi todos los países han montado regímenes para atraer la inversión extranjera, contemplándose "incentivos" y "condiciones" para instalarse.

Hasta recientemente los países en desarrollo absorbian apenas 25% del flujo de inversiones privadas en todo el mundo, siendo que 50% de ese monto se concentra en cinco países: Brasil, Indonesia, Malasia, México y Singapur.

En la India existe un "balcón del inversor". En EUA existen varios mecanismos como el Overseas Private Investment Corporation (OPIC) que cruza informaciones de 4000 inversores. Finlandia posee el Finnish Fund Investment Development, que financia hasta 25% del capital de una J.V., siempre que una de las partes sea finlandesa. Dinamarca cuenta con el Industrialization Fund for Developing Countries. En Canadá funciona la Canadian International Development Agency y en Alemania el Deutsche Entwicklungsgesellschaft para analizar inversiones potenciales.

Suiza, República Federal Alemana y Japón cubren totalmente los costos de oficinas de ONUDI situadas en sus países y que se dedican al agenciamiento de inversores para los países en desarrollo.

A esa actividad también se dedica la International Finance Corporation (IFC) que opera con empresas de capital privado, participando con 15% a 20% en la composición de las J.V. Las actividades de estos organismos son analizadas con mayor profundidad más adelante.

En Arabia Saudita son favorecidas las inversiones extranjeras que se canalicen para la formación de J.V. con empresas sauditas que tengan más de 50% del capital accionario. Las crecientes oportunidades de ganar buenos contratos del gobierno saudita no son los únicos incentivos a la formación de J.V. Están a disposición de las J.V. con un mínimo de 25% de participación saudita, ventajas financieras como la exención de tasas que gravan la renta de la empresa, por un período de 10 años, después del inicio de la producción, para fábricas de bienes manufacturados y otros proyectos industriales.

Las J.V. también pueden tener exención de tarifas aduaneras en las importaciones de materias primas, máquinas y piezas de reposición para el sector de manufacturas.

Las mismas fábricas gozan de tarifas de protección del 20% sobre la importación de productos similares, préstamos subsidiados por períodos de 3 a 15 años, además de financiamiento del 50% del costo total del proyecto, proporcionado por el Fondo de Desarrollo Industrial Saudita. Se ofrece además acceso a terrenos en áreas industriales, con costos de alquiler bajos.

Algunos países establecen la obligatoriedad de la J.V. como el único vehículo para acceso de la inversión extranjera, mientras que otros procuran promoverla por vía indirecta. Las legislaciones fiscales y otras normas de determinados países crean problemas que tornan la J.V. difícil o limitadas a cierto grado de participación.

Desde el punto de vista del gobierno brasileño, las J.V. más favorecidas serían:

a)   tecnología avanzada que pueda ser transferida para la J.V. con costo moderado;

b)   contribución en capital, sea en dinero, sea en maquinaria;

c)   oportunidades de trabajo creadas por la inversión;

d)   potencial de exportación, que es de la mayor importancia actualmente;

e)   sustitución de importaciones;

f)   inversiones regionales en áreas especiales.

En general las naciones recipientes se interesan por las J.V. por lo siguiente:

a)   contribución en capital o bienes de producción;

b)   capacitación de mano de obra local;

c)   sustitución de importaciones;

d)   aumento de exportaciones a través de los recursos del inversor extranjero;

e)   transferencia de tecnología y know how;

f)   acceso a fuentes productoras de nuevas técnicas o I & D;

g) finalidades sociopolíticas como desarrollo regional;

h) creación de infraestructura tal como puertos, carreteras, escuelas, etc.

FRANKS indica las ventajas de las J. V. para una multinacional:

a) conocimiento general local;

b) existencia de personal administrativo superior o especializado en el área de marketing;

c) mejor acceso al mercado, en comparación con las subsidiarias;

d) contribuciones de capital;

e) acceso a materias primas más fácil y en forma directa;

f) capacidad de producción de investigación y desarrollo (I & D).

FRIEDMAN divide las razones para participar en una J.V. en:

a) motivos específicos —refiérese a ventajas y desventajas de las J.V.—;

b) motivos no específicos —condiciones económicas o de negocio no vinculadas al hecho de que la inversión sea o no una J.V.—.

Las etapas de negociación y celebración de acuerdos para la creación de J.V. fueron examinadas entre los temas del 6º seminario sobre Aspectos Jurídicos-Legales de las Negociaciones en Comercio Exterior realizado en Brasilia en 1985.

La negociación previa al establecimiento de una J.V. incluye aspectos generales y jurídicos de gestión, gerencia comercial, financiera, técnica y de personal, en un cuadro determinado por las legislaciones de los países de origen de los contratantes.

Será con las autoridades gubernamentales, en primer lugar, que los futuros "co-venturers" tendrán que negociar para alcanzar sus objetivos. En este punto el participante local juega un papel de importancia.

Hay consenso de que la negociación de acuerdos de J.V. debe ser confiada a especialistas que están familiarizados con las exigencias legales de cada país involucrado y con la participación de ejecutivos de marketing que puedan evaluar las verdaderas posibilidades de los productos, la estrategia mercadológica, la rentabilidad de los proyectos, y siempre que sea posible que el consultor sea sin vínculo de empleo con una parte.

Bajo la J.V., el empresario local se convierte en un fenómeno de captación de capital, tecnología y acceso a mercados internacionales.

La J.V. permitiría desligar el clásico paquete de capital, tecnología, y capacidad gerencial tradicionalmente adquirido mediante filiales y sucursales de propiedad totalmente extranjera.

No siempre hay necesidad de formar empresas J.V. con aportes de capital. Muchas operan con acuerdos operacionales (*non-equity* J.V.).

Batista recomienda un esquema para creación de una J.V., compuesto de tres etapas:

a)   identificación de los aspectos personales y culturales;

b)   búsqueda de objetivos de las empresas;

c)   definición del tipo de sociedad a establecerse.

En general las reglas recomendadas para formación de una J. V. son:

a)   saber bien lo que se pretende en la primera etapa (ej. 5 años) en lo que se refiere a crecimiento, posición potencial en el mercado, transferencia de tecnología y formación de personal.

Aunque los objetivos de largo plazo deben ser definidos y mantenidos en mente, los factores claves son los planes de corto y mediano plazo;

b)   asegurar que todos los socios están conscientes de las contribuciones que puedan dar, para el éxito de la elaboración de los planes.

c)   contratar asesores profesionales desde el comienzo.

Estas mismas ideas pueden expresarse también así:

a)   entendimiento entre socios:

1.   Compatibilidad.

2.   Objetivos y prioridad comunes.

3.   Respeto y confianza mutuos.

4.   Tolerancia con relación a las limitaciones de cada uno;

b)   establecimiento de buenas reglas básicas para la operación de la empresa.

Hay motivos o intereses no siempre declarados pero que tienen incidencia en la formación de una J.V.

a)   garantías jurídicas de la inversión;

b)   privilegios relativos a tributación;

c)   repatriación de capital y utilidades;

d)   reserva de mercado.

La J.V. tiene su origen en el siglo XVIII cuando Inglaterra inicialmente realizaba contratos directos de navegación por el cual se transportaban mercaderías que se venderían en ultramar.

En general la J.V. es la asociación de dos o más personas naturales o jurídicas que por medio de un acuerdo de cooperación recíproca objetivan realizar un proyecto económico de interés común.

Es una forma asociativa singular, un modelo jurídico nacido de la práctica de los negocios configurado por vía contractual, y que aún no habría alcanzado su forma definitiva en la legislación de origen.

Esta figura nace aun como una experiencia del sector privado anglosajón y, posteriormente, se hace extensivo al Estado y empresas públicas, principalmente, para grandes proyectos y obras públicas de naturaleza nacional o internacional.

La negociación y posterior formalización de este contrato contiene aspectos jurídicos, económicos, políticos y religiosos.

Originalmente se denominó "joint enterprise" y "syndicate"; nace sin cualquier formalidad, simplemente por voluntad de las partes, se formaliza mediante un breve contrato escrito, y expresa el deseo de un negocio común.

La J.V. nace de un "Acuerdo Base" (A.B.) que es el orientador de un grupo de contratos que lo configuran, llamados contratos-satélites.

Se aplican a los contratos de esta especie los principios básicos de la "teoría general de los contratos", universalmente aceptados, y que son:

a)   autonomía de la voluntad;

b)   supremacía de la orden pública;

c)   obligatoriedad de los contratos como ley entre las partes.

Entre las cláusulas normales del "A-B" están la elección del foro y la legislación aplicable.

El "A-B" registra los acuerdos provenientes de largas y laboriosas negociaciones, a propósito de la creación de una J.V.

Generalmente en este "A-B" se prevé la creación de un "órgano de gestión y control" que puede utilizar como vehículo uno de los modelos de sociedad dotados de personalidad jurídica. Cuando esto ocurre, se corre el riesgo de que la persona jurídica, nacida bajo forma consagrada y conocida en el derecho, ofusque o haga desaparecer el propio "A-B". De este modo el "A-B" asumiría el papel de simple acuerdo de intenciones o de pre-contrato, que dejaría de tener cualquier valor en virtud de la fuerza normativa del contrato social o estatuto de la sociedad.

En EUA, generalmente, gana fuerza la voluntad de las partes consustanciada con el "A-B".

Así, el "A-B" establece los elementos básicos que regirán el funcionamiento de la empresa conjunta, actuando como una norma orientadora de las relaciones entre los socios y que sirva de base para la interpretación de las cláusulas contractuales o estatutarias de las sociedades que hayan sido creadas por él.

El "A-B" debe dejar claramente definido los aspectos jurídicos, administrativos, financieros y técnicos que van a regir la nueva sociedad.

Previo al "A-B", se firma normalmente un "Protocolo de Intenciones" que establece las líneas generales en que la J.V. va a ser creada, la división de poderes, contribución de cada socio, y disposición de normas internas. Es un pre-contrato firmado con el fin de tornar obligatoria la celebración de un contrato definitivo ("A-B").

Otro componente del proceso es el "Contrato Satélite", instrumento jurídico complementario al contrato principal "A-B". Para que tenga validez legal es necesaria la inclusión de una cláusula de vinculación obligatoria dentro del "A-B". Puede incluirse aquí: contrato de tecnología, de licenciamiento, de "know how", de franquicia, etc.

Finalmente el "Acuerdo de Administración", dispone sobre la división de cargos, elevación del capital de la empresa, cambio de nombre, etc. Regula el ejercicio del derecho al voto y a cuestiones específicas del poder y varias otras decisiones relativas a la actividad empresarial de la J.V.

COMPARATO indica que esta figura no se encaja en la sociedad particular del Derecho Civil, por su periodicidad ya que tiene objetivos específicos, que una vez satisfechos, se torna causa de extinción contractual.

Es un contrato y no una sociedad; prevalece el espíritu de obligaciones recíprocas más que el *affectio societatis*.

Es un contrato que no funde o incorpora a las partes, sino que las une para un negocio común. Cada contratante actúa como propietario o agente de los demás, así la promesa o compromiso de uno implica compromiso de todos. Es también una relación de confianza y buena fe.

ESQUEMA FORMACION J. V.

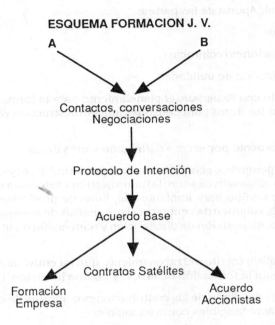

A   B

Contactos, conversaciones
Negociaciones

Protocolo de Intención

Acuerdo Base

Contratos Satélites

Formación   Acuerdo
Empresa   Accionistas

Bulgarelli indica que se trata de una unión parcial y temporal, asemejándose a un consorcio, se aproxima a la fusión, más se diferencia por no presentar estabilidad ni permanencia, además de tener objetivos específicos limitados. En la fusión, una o ambas empresas desaparecen.

Aunque la vida y ejecución del contrato puedan encargarse a un órgano ajeno a las empresas participantes, el mismo tendrá solamente el carácter de "controller", supervisando el movimiento contable o financiero del contrato. Cada uno de los sujetos actúa separadamente, con su propia estructura orgánica y su naturaleza jurídica.

Existe la posibilidad de que ese órgano de control sea una sociedad, aunque derivada del contrato.

Sierralta indica que el "A-B" debería contener los siguientes ítems:

a)   Objetivos;

b)   Administración. Es el órgano de control, que puede ser una entidad informal, o hasta una sociedad mercantil, cuyo único objeto social sea el de gerenciar y cumplir las obligaciones del "A-B";

c)   Capital. Aporte de las partes;

d)   Socios;

e)   Obligaciones recíprocas;

f)   Distribución de utilidades.

De acuerdo con RASMUSSEN, el planeamiento para la formación de una J.V. debe incluir varios ítems para constituir una infraestructura técnica y legal sólida:

a)   un protocolo por escrito definiendo varios ítems.

Objetivos generales, económicos y sociales de la J.V., políticas y estrategias operacionales, dispositivos sobre la futura gestión y selección de administradores, límites de tiempo para implantación, línea de productos, segmentación mercadológica, volumen de ventas previsto, análisis de necesidad de capital de giro y de riesgo, disposición de distribución y reinversión de utilidades, tasa de retorno, etc.;

b)   un análisis escrito del razonamiento que incentivó el proceso de decisión para la formación de la J.V. y no una inversión 100%;

c)   análisis detallado de las contribuciones o aportes de capital de los socios, tanto tangibles como intangibles;

d)   identificación de los individuos claves en la formación y posterior gestión de la J.V.;

e)   selección y composición del grupo negociador;

f)   formación de criterios de valores de activos tangibles e intangibles para formar un criterio de distribución del control accionario de la futura J.V.;

g)   un protocolo que analiza las ventajas de cada socio, para formar un consenso de validez de las transacciones.

La importancia de las J.V. fue resaltada por FRIEDMAN y KALMANOFF que en su libro Joint International Business Ventures, destacan esta figura como instrumento para transferir tecnología.

La J.V. surgiría como un factor de equilibrio armónico, que justifica y viabiliza la interdependencia, la internacionalización y la integración.

5,2. SUMARIO Y CONCLUSIONES

Los sistemas de integración y la apertura económica en la medida que se implementan definen nuevas "reglas del juego" para los agentes económicos internos y externos, las cuales tienden a abrir espacios para nuevas formas de cooperación interempresarial, así como obligan a una mayor coordinación de políticas macroeconómicas y análisis de asimetrías sectoriales.

Si bien el ingenio humano crea permanentemente modelos y modalidades nuevas de cooperación económica, es importante captar y adaptar formas de cooperación implementadas en otros sistemas.

Así, la inminencia de aplicación de mecanismos como MERCOSUR e Iniciativa para las Américas aviva el interés y la imaginación para explotar oportunidades y efectivizar ajustes en función de las nuevas condiciones que dichos sistemas traerán. Al mismo tiempo la experiencia de Europa '92 y NAFTA sirven como antecedentes valiosos para Latinoamérica.

La adaptación de la empresa al medio y las circunstancias parecen ser la receta fundamental no solamente para sobrevivir sino para progresar. La eficaz "lectura" del ambiente y su correcta interpretación pasan a ser fundamentales.

La unidad económica debe demostrar agilidades y flexibilidad para enfrentar exitosamente circunstancias cambiantes.

De entre los mecanismos de cooperación empresarial, uno ha merecido destacarse especialmente por su validez y utilización; se trata de la "Joint Venture" o la asociación de agentes económicos para un proyecto de interés común, compartiendo costos y beneficios. Esta figura en sus varias modalidades ha sido empleada a lo largo de la historia, aunque se atribuye su nacimiento al mundo anglosajón en el siglo XVIII. A pesar de su antigüedad todavía es motivo de discusión académica por los juristas que no concuerdan en su definición y en sus diferencias con otras figuras del Derecho.

Vulgarmente se interpreta la J.V. como una asociación de capitales (*equity* J.V.) aunque la gama de posibilidades es amplia.

La "J.V." puede emplearse para proyectos domésticos y/o internacionales, siendo que en el segundo caso puede emplearse para atraer capitales y tecnología (J.V. de "importación") o como instrumento de penetración de mercados externos (J.V. de "exportación"). Tradicionalmente en los países en desarrollo la "J.V." ha sido del primer tipo, siendo reciente la experiencia con J.V. de "exportación". La J.V. de "importación" ha definido básicamente la relación entre un socio local y un socio extranjero de un país desarrollado, principalmente para operar en el mercado doméstico. También muchas J.V. domésticas (entre socios locales) se han creado principalmente para operar en el mercado local y excepcionalmente en el exterior.

La integración y las políticas de inserción internacional están fomentando la J. V. de "exportación", ya sea entre socios locales o entre socios de países vecinos. Esta cooperación entre países en desarrollo es reciente pero presenta un gran potencial. El mercado meta puede ser solamente el de un socio, el de algunos o todos, o un espacio geográfico mayor.

La poca experiencia en esta última modalidad, principalmente en el caso de pequeñas y medianas empresas, requerirá acciones de promoción y capacitación, tanto para despertar el interés como para su correcta implementación.

La negociación de J.V. entre países en desarrollo presenta sus particularidades y los "intereses" de las partes involucradas son diferentes de asociaciones similares entre agentes diferentes.

Así el marco legal y administrativo debe contemplar esta situación, requiriendo un "proyecto" específico. El régimen de empresas binacionales entre Brasil y Argentina es un reconocimiento de lo anterior.

El sistema MERCOSUR ha sido reconocido explícitamente por EUA en el acuerdo denominado "4 + 1", y cuenta en cada país miembro con un apoyo político amplio y del más alto nivel. Cabe a la clase empresarial iniciar e implementar a corto plazo acciones de ajuste y cooperación para operar eficientemente en el nuevo marco definido.

Este trabajo introductorio ha tenido como objetivo describir el concepto económico y jurídico de J.V., sus diferentes modalidades, y promover su empleo en el ámbito regional.

5,3. BIBLIOGRAFIA

ALONSO, F. R., *Agrupamentos complementares de empresas.* Sao Paulo, Resenha Universitaria, 1981, 133 págs.

ARABIA SAUDITA, *Un reino se moderniza.*, Comercio Exterior. MRE, n° 100, enero/febrero, 1989.

ASTOLFI, ANDREA, *Il contrato di joint venture; la disciplina giuridica dei raggrupamenti temporanei di imprese*, Milano, A. Ginffre, 1981.

ASTOLFI, ANDREA, *Il contrato internationale di joint venture.* Rivista delle Societa, Milano, 22 (5): 863-7, set/out. 1977.

BAPTISTA, LUIS OLAVO, *A joint venture; una perspectiva comparatista*. Revista de Direito Mercantil, Industrial, Economico e Financeiro, nova fase, Sao Paulo, 20 (42): 9-59, abr/jun. 1981.

BAPTISTA, LUIS OLAVO. *Formação do contrato internacional*. Revista de Direito Publico, 19 (80): 152-7, out/dez, 1986.

BAPTISTA, LUIS OLAVO, *Uma introduçao as joint ventures*. Vox Legis, 15(169): 1-38, jan. 1983.

BIVENS, KAREN K. y LOVELL, ENID B., *Joint ventures with foreign partners*, N. York, National Industrial Conference, Inc. 1966.

BULGARELLI, WALDIVIO, *O direito dos grupos e a concentração de empresas*. Sao Paulo, Ed. Universitaria de Direito, 1975.

CABALLERO SIERRA, GASPAR, *Los consorcios públicos y privados*. Bogotá, ed. Temis, 1985.

COISH, H.O., *Joint ventures and bilateral trade agreement*. Canada Commerce, jan. 1981.

COMPARATO, FABIO KONDER. *Novas formas juridicas de concentração empresarial*, nº 13, Brasil.

CONSELHO DE DESENVOLVIMIENTO INDUSTRIAL, *Consolidação do modelo de joint venture*, Brasilia, 1983.

DIAS, JOSÉ MARÍA A. M., *Aspectos jurídicos das joint ventures internacionais*, Fundação Joao Pinheiro, Belo Horizonte, 13 (5/6): 141, maio/jun. 1983.

FRIEDMAN, G. WOLFGANG y BEGUIN, JEAN-PIERRE, *Joint international ventures in developing countries*, New York, Colombia Univ. Press, 1971.

FRIEDMAN, G. WOLFGANG, *The contractual joint venture*, Columbia Journal of World Business, 7 (1), 1972.

HENDERSON, DAN FENNO, *Contract problems in US-Japonese joint ventures*, Washington, Law Review, 39 (3): 479-515, ago. 1964.

INTERNACIONAL JOINT BUSINESS VENTURES IN DEVELOPING COUNTRIES, *Report on the Commission on International Investments* and Economic Development. USA. December, 1968.

JOINT VENTURES, *Seminario sobre aspectos jurídicos-egais das negociações em comercio exterior*, MRE, Brasilia, 1981, págs. 1-75.

JOINT VENTURES, *Informaçao semanal CACEX*, Río de Janeiro, 12 (556) 1-14, ago. 1977.

JOINT VENTURES. *Contrato define boa parceria*. Comercio Exterior, MRE, nº 82, fevereiro, 1986.

JOINT VENTURES. *CEBRAE ajuda a encontrar parceiros estrangeiros*, Comercio Exterior, MRE, nº98, setembro/outubro, 1988.

JOINT VENTURES. *Associacao Cifali - Wirtgen soma experiencia*. Comercio Exterior, MR, nº 94, janeiro/fevereiro, 1988.

JOINT VENTURES. *A melhor maneira de enfrentar a crise*. FUNCEX, Ano 6, nº 60, jan. 1983.

JOINT VENTURES. *Mil e uma possibilidades*. Comercio Exterior, MRE, nº 83, mar/abr. 1986.

A JOINT VENTURE NA EXPORTAÇÃO. *Exportador brasileiro*. Associação de Comercio Exterior do Brasil, Ano XV, nº 156, Río de Janeiro, junho 1986.

KRINKER, RAYMOND, *Joint venture, a melhor maneira de enfrentar a crise*. Informativo CE nº 60. Jan.1983.

LANGONI, CARLOS G., *Política de associações com empresas extrangeiras*. Diagnosticos APEC, Río de Janeiro, 2: 301-6, 1978.

LOPEZ, JOSÉ ALBERTO, *Joint venture; un estudo comparado*. Revista Brasileira de Contabilidade, 16 (59): 27-9, out/dez. 1986.

MACIAS SANCHEZ, E., et. al, *Joint ventures o empresas conjuntas, opción para la exportación*, CICOM, Río de Janeiro, 1988.

MEYNEN, J. et. al. *Joint venture revisted*. Columbia Journal of World Business, Spring. 1966.

NACIONES UNIDAS. *Manual on the establishment of industrial joint venture agreements in developing countries*, N. Y. 1977.

NEGOCIAÇÕES E RENEGOCIAÇÕES DOS CONTRATOS DE JOINT VENTURES. En: *Seminario sobre aspectos jurídicos legais das negociaçoes em comercio exterior*(MRE) 1985, págs. 117-196.

OLIVEIRA, JOSÉ CARLOS COSTA, *Joint venture; alternativa para o comercio internacional*. Rumos ao desenvolvimento, 7 (41): 14-16, mai/jun. 1983.

OLIVEIRA, JOSÉ CARLOS COSTA, *Joint venture; uma estrategia para o desenvolvimento de novos negocios*, Fundação Joao Pinheiro, 13 (5/6), 2—12 mai/jun. 1983.

OLIVEIRA MURTA, R., *Joint venture, opção para os negocios internacionais*. Informativo CE nº 68, set/1983.

PAPAVASSILION, NICOLÁS. *Joint ventures-the aims of business development*, Inter Economico, (2), 1975.

RASMUSSEN, J. W., *Holdings e Joint Ventures*. Sao Paulo. Aduaneiras, 1988.

Segura, William, *Joint ventures, herramienta para el desarrollo*. Perú Exporta. Adex, Lima, Perú, nº 112. oct/nov. 1985.

Sierralta, A., *Contratos de joint ventures internacionales*. CICOM, Río de Janeiro, 1988.

Um esquema novo para atrair capitais. Comercio Exterior, MR, nº 83. mar/abr. 1986.

Vasconcelos, Glaucia W. y Santini Henriques, H., *A joint venture na economia nacional*. CEBRAE, Brasilia, 1988.

Wells, Louis T., *Joint venture; sucessful handshake or painfull headhache?* European Business, (38). 73-79, Sum. 1973.

Wright, R.W. y Russel, C.S., *Joint ventures in developing countries: realities and responses*. Columbia Journal of World Business, 10 (2), 1975.

Zoninsein, Jonas, *Política industrial, joint venture e exportacoes: a experiencia brasileira*, Río de Janeiro, IPEA/INPES, 1986, 77 págs.

Zoninsein, J. y Teixeira, A., *Joint venture na industrialização brasileira: notas para o estudo das formas de capital*. Texto para discussao nº 29. UFRJ, oct. 1983.

Capítulo 6

EL FENOMENO DE LAS JOINT VENTURES

6.1. INTRODUCCION

Las Joint Ventures tienen una larga historia dentro del mundo de los negocios internacionales, de manera que no es una invención de los años '80. Si bien se detectan emprendimientos conjuntos desde tiempos ancestrales —desde los fenicios hasta la época de las Compañías de Indias— pasando por las empresas conjuntas que desarrollaban los venecianos, ya se comenzaron a realizar este tipo de acuerdos desde finales del siglo pasado, obviamente que bajo formas más primarias y menos sofisticadas contractualmente que las que existen hoy en día. No obstante el origen de las joint ventures se remonta al Siglo XVIII en los contratos de navegación en Inglaterra, para el transporte de mercaderías y su posterior venta en ultramar.

No obstante ello, y a pesar de que desde las postrimerías de la Segunda Guerra Mundial, muchas empresas norteamericanas incursionaron en mercados internacionales por medio de la conformación de empresas conjuntas, es en la década del '70 y del '80 cuando se han expandido los conceptos de joint ventures, alianzas estratégicas y cooperación internacional en las áreas comerciales, financieras, tecnológicas y de producción.

Para muchas empresas de países desarrollados, el modelo global de sus estrategias internacionales, pasa en buena medida por la inversión en el exterior o bien por la conformación de algún tipo de alianza estratégica. A la inversa, muchas empresas de naciones en desarrollo, van volcándose a la cooperación y la asociación internacional con firmas de otros países, por la necesidad que tienen de capital, financiamiento, tecnologías, equipamientos, management o acceso a mercados, ofreciendo a cambio, una parte de capital, recursos naturales o bien, mano de obra con bajo costo.

Sin embargo, no siempre la mano de obra es la principal ventaja por la cual las empresas invierten directamente o desarrollan emprendimientos conjuntos en el exterior —con la excepción, tal vez, de los casos de zonas industriales libres de exportación—, ya que las firmas que desean invertir o asociarse en el exterior, buscan las ventajas competitivas de un país, y aun cuando la mano de obra puede ser baja, el resto de los atributos de la nación pueden no ser adecuados para encarar una inversión. Ello corta un poco el mito que en términos generales prima en América Latina, por el cual se cree que los inversores extranjeros o los potenciales socios de una futura joint venture vendrán hacia nosotros por el mero hecho de contar con mano de obra calificada de bajo costo.

Según MICHAEL PORTER, en su obra *Ventaja Competitiva de las Naciones*, la prosperidad de una nación no es hereditaria, sino que se crea. Una nación, —según PORTER— no crece en función de sus recursos naturales, mano de obra, tasa de interés o tipo de cambio —como insisten los economistas clásicos— sino que depende de la capacidad de su industria de innovar y mejorar, y debido a factores de presión y cambio. Siguiendo el planteo clásico —señala el autor—, como Japón casi no tiene recursos naturales, no debería haber crecido, y ya que Suecia tiene alto costo de mano de obra, no debería ser una nación desarrollada.

PORTER encuentra la respuesta en los atributos de una nación, que conforman la ventaja competitiva nacional, es decir, el campo de juego que cada nación establece y opera para sus industrias.

Las conclusiones de sus estudios de cuatro años sobre las razones que llevan a un país a ser competitivo, son contradictorias al pensamiento económico tradicional, donde los bajos costos de mano de obra, la tasa de interés, el tipo de cambio y las economías de escala son las determinantes más fuertes de la competitividad.

En su opinión, las palabras de hoy en las empresas son las de fusiones, adquisiciones, alianzas estratégicas, empresas conjuntas, acuerdos de colaboración y globalización supranacional.

Si bien las fusiones y/o adquisiciones de empresas *(mergers and acquisitions)* han tomado un auge importante en los últimos años, en paralelo al fenómeno de los *takeovers* (compra hostil de una empresa) o los *leveraged buy outs* (adquisición de empresas con endeudamiento), las alianzas estratégicas, tales como los acuerdos de licenciamiento de tecnología, acuerdos formales de joint venture —tanto societarios como contractuales—, u otras colaboraciones o asociaciones empresariales —como la participación minoritaria en otras empresas—, son alternativas a las fusiones y/o adquisiciones, ya que pueden lograr las mismas metas más directamente, en forma privada, menos costosa y con mayor flexibilidad.

De todas formas, las alianzas estratégicas tienen sus problemas también. Los coinversores de una empresa conjunta a menudo tienen expectativas diferentes, y los conflictos suelen ser exacerbados por circunstancias cambiantes.

Las cuestiones de la política comercial, financiera, de producción o administrativa y de control pueden generar conflictos y ser difíciles de resolver. Pero en definitiva, si las cosas son difíciles o no funcionan bien, las separaciones son más fáciles.

Las estrategias de internacionalización de empresas a través de joint ventures, están siendo utilizadas en forma creciente debido a otro aspecto importante de la economía internacional: la formación de bloques económicos.

En efecto, la tendencia a la formación de espacios económicos-comerciales comunes, o lo que habitualmente se llama la conformación de grandes bloques (megabloques) económicos, lleva a los empresarios a constituir empresas conjuntas para no quedar fuera del terreno de los negocios. Por ejemplo, el proceso de formación de un gran mercado interior dentro de la Comunidad Europea (CE), previsto en el Libro Blanco de 1985, que prevé la liberalización total del movimiento de mercaderías, personas, capitales y servicios dentro de la CE para el 1º de enero de 1993 —proyecto conocido como Europa 1992— ha llevado a incrementar el número de alianzas estratégicas —entre ellos las joint ventures fundamentalmente— no sólo entre empresas de países miembros de la CE, sino de empresas radicadas fuera de la CE con empresas de países miembros de la Comunidad.

En el primer caso, según el 18vo. Reporte sobre la Política de Competencia elaborado por la Comisión Europea en 1989, el número de joint ventures intracomunitarios en el período 1987-88 se elevó en un 50% con respecto al período 1986-87. En el segundo planteo, la posible formación de una Fortaleza Europea luego de 1993 —si bien ha sido desmentido o negado repetidas veces— lleva a muchas empresas extracomunitarias, entre ellas las norteamericanas, canadienses, japonesas y suecas, a constituir joint ventures con socios radicados en la Comunidad, a fin de no quedar fuera del negocio, aunque las leyes de competencia y antimonopolio les causen inconvenientes.

Del mismo modo, Japón desarrolla joint ventures con empresas nativas en naciones del Sudeste Asiático. En los últimos años, la formación de empresas conjuntas entre Japón y firmas de Indonesia, Malasia y Tailandia ha sido una constante sin precedentes, según informa la revista Business Week.

En América Latina, los movimientos en ese sentido han sido tenues y débiles hasta ahora. Sin embargo, algunos ejemplos pueden contabilizarse en forma positiva. México, tal vez sea una de las naciones más beneficiadas por la captación de joint ventures, en virtud de su vecindad con el mercado estadounidense y de su legislación sobre la industria de la maquila. La República Dominicana tiene radicadas un sinnúmero de empresas conjuntas, básicamente dentro de sus áreas francas de exportación. Otros países de Centroamérica y del Caribe han ido captando inversores foráneos que se asocian a firmas locales, en virtud de las ventajas que ofrece la Iniciativa de la Cuenca del Caribe. Chile, Argentina, Brasil, Venezuela y Ecuador son otros casos en que también han ido registrando un ritmo interesante de formación de emprendimientos conjuntos, usualmente en cierto tipo de industrias como la minera, petrolera, autopartes o productos marinos.

Dentro de los procesos de integración, se van firmando empresas conjuntas entre naciones que pertenecen a un mismo acuerdo. En el proceso de integración entre Argentina y Brasil, se van registrando numerosos casos de joint ventures tanto societarios como contractuales. Algunos ejemplos interesantes se encuentran en la industria automotriz, carrocera, maquinaria agrícola, motocicletas, siderometalúrgica, cervecera, arrocera y química, por citar sólo algunos ejemplos. Con la implementación del MERCOSUR, se espera que se profundice el proceso de cooperación empresarial entre firmas de los cuatro países miembros.

6,2. LOS ACUERDOS DE COOPERACION INDUSTRIAL

Siempre suele haber algún tipo de confusión entre los joint ventures y los contratos de cooperación industrial o las formas de asociación internacional.

Una forma de clasificación de los contratos de cooperación industrial proviene de la Comisión Económica para Europa de las Naciones Unidas. Así, se pueden distinguir los siguientes contratos:

a) licenciamiento:

   a.1) provisión de licencias y/o know-how (o algún equipo con tecnología incorporada) con pago en forma de regalías, honorarios, suma fija o a cambio de productos y componentes (esta última, sería una versión de *countertrade*);

   a.2) ídem a a.1) pero la provisión también incluye partes en ciertos porcentajes del producto final con las mismas formas de pago antes nombradas;

b) provisión de plantas y equipos:

   b.1) provisión de plantas y equipos, incluyendo la correspondiente tecnología, a cambio de productos y componentes, al menos parcialmente;

   b.2) ídem a b.1) pero para la explotación de recursos naturales, más los estudios de disponibilidad y accesibilidad de los recursos, y la investigación vinculada con la aplicación de tecnología a ciertas circunstancias;

      b.3) provisión de planta y equipos sobre una base de leasing a cambio de productos;

  c) coproducción y especialización:

      c.1) cooperación, incluyendo o no las ventas, en la cual cada parte manufactura partes o componentes de un producto final, y la teconología es provista por una de las partes o ambas partes;

      c.2) cooperación en la cual cada parte se especializa en una parte del programa de fabricación y las partes luego se intercambian las unidades para completar una a otra su rango de productos;

      c.3) cooperación y especialización que involucra investigación y desarrollo solamente;

  d) subcontratación:

      d.1) acuerdos de corto plazo que implican la entrega de una cantidad definida de bienes terminados o semiterminados producidos a través del uso de documentación y know how (y a veces, partes, maquinaria y equipo) provistos por el contratista dador de órdenes;

      d.2) acuerdos de largo plazo que permiten la entrega de bienes sobre una base de continuidad, igual que el punto d.1;

  e) proyectos conjuntos y ofertas conjuntas:

      e.1) con el cliente localizado en un tercer país;

      e.2) con el cliente localizado en uno de los países donde residen las partes;

  f) otras categorías:

      f.1) acuerdos marco que involucran operaciones conjuntas de tipo científico o técnico;

      f.2) contratos de administración.

Los puntos c, e y f.1 son los que representan la mayoría de los casos de joint ventures contractuales. Pero aún así, una joint venture societaria, puede incorporar como cosa propia o separada cualquiera de estas formas de cooperación industrial aquí citadas.

Por su parte, el Instituto para la Integración de América Latina (INTAL), organismo dependiente del Banco Interamericano de Desarrollo (BID), en un estudio sobre la asociación internacional de empresas, considera a la asociación como "la estructura organizativa de un proyecto común, donde existe vinculación entre dos o más empresas para organizar la administración y explotación de un proyecto común, en la medida en que la misma contenga, de alguna forma, las siguientes características: puesta en común de recursos, continuidad y estabilidad en el tiempo, establecimiento de algún mecanismo que permita la toma de decisiones conjuntas y participación en el riesgo del proyecto.

En todo caso se trataría de estructuras de tipo *equity* joint venture y contractual joint venture, es decir empresas conjuntas que implican la formación de un nuevo ente societario, o bien aquellos emprendimientos conjuntos que sólo tienen una base contractual.

Según el estudio del INTAL, los métodos para la asociación internacional se darían, según se combinen dos elementos básicos:

— la transferencia de uno o varios recursos entre empresas, de un país a otro, ya sean financieros, tecnológicos o bienes de capital, entre otros.

— la participación en la estructura de propiedad de las empresas asociadas, es decir, la titularidad de su patrimonio.

Así, podemos distinguir cuatro tipos de asociación:

A) **Asociación donde se transfieren recursos y se participa en la estructura de la propiedad.**

Esto incluye:

a) la toma de participación de una sociedad en el capital de otra, mediante la compra de acciones de suscripción inicial o de aumento de capital;

b) la fundación por parte de dos o más sociedades de una filial común o sociedad de sociedades, cuyas acciones están en su totalidad o mayoría en poder de las sociedades fundadoras, y que ejercen el control interno con prescindencia de su porcentaje de participación.

B) **Asociación donde se transfieren recursos pero no se participa en la estructura de propiedad.**

Cuando se transfieren recursos financieros, ello puede tomar la forma de contratos ordinarios de crédito, o bien debentures u obligaciones. En el primer caso, la asociación está en el hecho de que el prestamista puede participar en la administración de la empresa tomadora del crédito. En el segundo caso, implica una asociación cuando dichas obligaciones pueden tener derecho a capitalizarse.

En el caso de transferencia de recursos tangibles como bienes de capital, se consideran básicamente los casos de obras completas o plantas entregadas bajo la condición llave en mano, en los cuales el proveedor toma la responsabilidad de manejar o administrar la planta, a cambio de pago en productos (una variante de *buyback* o convenio de recompra) o bien con participación en las utilidades. Ello no debe confundirse con las asociaciones contractuales entre los diferentes proveedores subcontratistas que construyen la planta.

Cuando se transfieren recursos tecnológicos, usualmente no hay asociación, salvo en los casos de licenciamiento cruzado o recíproco o cuando el proveedor recibe en compensación un acuerdo de suministro de insumos, partes o piezas.

Finalmente, cuando existen casos de transferencia múltiple de recursos, por ejemplo para la construcción de una obra o planta con entrega llave en mano, existe una asociación o relación contractual donde cada socio pone recursos pero no se conforma una nueva identidad jurídica ni tampoco cada uno de ellos pierde la propia. En estos casos de joint ventures contractuales o *non-equity*, cada socio permanece independiente, conserva su personalidad jurídica, autonomía patrimonial y responsabilidad frente a terceros.

C) **Asociación donde se participa en la estructura de la propiedad pero no se transfieren recursos.**

Este tipo de asociación se manifiesta:

a) a través de la fundación por parte de dos o más sociedades de una sociedad holding, a la que los accionistas transfieren todas sus acciones (holding en sentido estricto) o una parte sustancial de las mismas, a cambio de acciones de la nueva sociedad. El objeto específico del holding es ejercer el control de varias sociedades mediante participaciones accionarias, asegurando su unidad económica, y debe distinguirse de las sociedades financieras o de inversión, que adquieren participaciones en otras sociedades con fines solamente especulativos, sin ánimos de control;

b) a través de la fusión de dos o más sociedades, sea mediante absorción de una por otra, en cuyo caso una de ellas se disuelve, sin liquidación, y traspasan su patrimonio a la subsistente, o mediante la creación de una nueva sociedad, en cuyo caso todas las sociedades desaparecen, transmitiendo su patrimonio a una nueva a cambio de acciones de esta última. La fusión debe distinguirse de la adquisición de una parte del activo de una sociedad y de la adquisición de la totalidad de las acciones de una sociedad. El objeto de la fusión es, normalmente, administrar conjuntamente establecimientos cuyas actividades son similares o complementarias;

c) la toma recíproca de participación en el capital entre dos sociedades existentes, de modo tal que ambas sociedades (o sus socios) sean accionistas una de otra; sea mediante la compra de acciones en circulación o mediante el aumento de capital de las dos sociedades.

D) **Asociaciones donde no hay transferencia de recursos ni partici-pación en la estructura de propiedad.**

Se refiere fundamentalmente a ciertos contratos de cooperación empresa-rial, ya sean de objetivos comerciales, industriales o tecnológicos.

Encontramos:

a) los acuerdos de exclusividad, por los cuales el fabricante exportador se compromete a no vender sus productos a terceros en el territorio del importador, y éste a no comprar productos similares a los del exportador;

b) los contratos de elaboración o fabricación, donde una empresa enco-mienda a otra, situada en otro país, la manufactura de determinados productos, elaborados con la materia prima entregada por la primera, que los vende con su propia marca;

c) los contratos de suministro, donde una empresa, se obliga a destinar en forma continua y periódica, el total o parte de su producción a otra empresa, en contrapartida de un precio en dinero o a cambio de otros recursos de la empresa receptora, como tecnología, créditos, etc.;

d) los acuerdos de subcontratación, por el cual una empresa le encarga la realización de un trabajo total o parcial a otra empresa extranjera;

e) los contratos de compras o ventas en común, por el cual una empre-sa localizada en un país puede emplear la organización de ventas y co-mercialización de otra empesa en otro país, o bien ambas establecen un sistema de abastecimiento conjunto o comercialización conjunta, y se reparten los beneficios.

6.3. DE LOS CONTRATOS DE COOPERACION INDUSTRIAL A LAS JOINT VENTURES SOCIETARIAS

En un sinnúmero de casos —si bien no en todos—, la formación de joint ven-tures societarias, ha estado precedido por alguna forma de cooperación indus-trial o empresarial, más aún en los casos de acuerdos de cooperación que te-nían características de joint ventures contractuales.

Por lo general, el paso de una forma de cooperación hacia una joint ventu-re, va tomando ciertas fases.

.   En una primera etapa de cooperación, una licencia de propiedad industrial es otorgada, pudiendo haber producción subcontratada. En algunos casos, el pago de la licencia se hace con partes o componentes. Luego de la fabricación bajo licencia, se expanden las actividades, pasando a un intercambio de componentes y/o ensamblaje conjunto, pudiendo cada parte servir su propio mercado así como también terceros mercados. La coproducción es ampliada, pasando al desarrollo de producto y la provisión conjunta de servicios de post venta en ciertos mercados. Una vez que el volumen de ventas registra un determinado nivel que requiere de una estructura más compleja para desarrollos tecnológicos y comercialización compartida, tiene lugar la formación de una *equity* joint venture para así proveer una estructura administrativa compartida para el manejo de tales actividades.

Algunas razones para pasarse de un acuerdo de cooperación industrial a una joint venture societaria pueden ser las siguientes:

— llevar a cabo la producción en gran escala de productos complejos que anteriormente habían sido importados;

— expandir la producción a través de la creación de nuevas facilidades manufactureras;

— extender y diversificar actividades existentes en nuevas líneas de productos y otros sectores;

— ampliar el espectro de la comercialización para obtener nuevos mercados y canales de distribución;

— proveer asistencia adicional para la fabricación conjunta, extendiendo las relaciones entre firmas a los aspectos de investigación y desarrollo y servicios de post-venta;

— crear una estructura formal para la transferencia de tecnología propia;

— facilitar acuerdos de pagos;

— ampliar las relaciones entre las firmas.

6.4. LA INVERSION INTERNACIONAL

Debido a ciertas diferencias en las reglamentaciones vigentes que regulan la constitución tanto de joint ventures societarias como contractuales, se hace muy difícil medir exactamente el valor anual de los joint ventures internacionales. Además, una medición debería ser para las joint ventures societarias, donde hay participación accionaria y otra para los contractuales, donde hay casos en que existe inversión con puesta en común de nuevos recursos, sin cambios en las estructuras de propiedad de las empresas involucradas. Aun así, existen algunos informes que valorizan y cuantifican las joint ventures, particularmente dentro de la Comunidad Europea o entre los países de Occidente y las naciones situadas detrás de la Cortina de Hierro.

De todas formas es conveniente analizar los alcances de la inversión internacional, ya que una parte de ella se canaliza a través de los emprendimientos conjuntos y otra parte se destina a creación de firmas nuevas, fusiones o adquisiciones de empresas.

Las Naciones Unidas han calculado que la inversión internacional en el mundo, ronda actualmente los U$S 1.034 miles de millones, y que ha habido una notable expansión en los últimos años. Hasta los '80, la tasa anual de crecimiento estaba en el orden del 1,3 al 1,6% en términos reales. Entre 1984 y 1987 la inversión mundial se triplicó de un valor anual de U$S 41 mil millones a U$S 140 mil millones. Ello se debe en parte a los cambios de las paridades de las monedas, pero también a un crecimiento económico sostenido en las economías industrializadas, desregulación en ciertas industrias productivas y de servicios (especialmente, servicios financieros) y la extensión de la competencia global a un mayor número de industrias. La integración económica, como es el caso de la Comunidad Europea, también ha sido otro elemento motivador para dicho crecimiento.

Ese crecimiento ha ido acompañado de un incremento en el númeo de países que reciben sumas significativas de inversión extranjera. Japón es el principal ejemplo de esta situación, ya que en 1988 le quitó a los Estados Unidos el liderazgo en la inversión extranjera. También Alemania Federal y Francia, han incrementado notablemente su inversión externa, llegando en algunos años a desplazar a los países europeos que tradicionalmente invierten en el exterior, el Reino Unido, Suecia y Suiza. También es de destacar la aparición de inversores provenientes de naciones en desarrollo y de reciente industrialización, con una tendencia a invertir en naciones desarrolladas más que en países en desarrollo. Como ejemplos típicos tenemos a Taiwan y Corea del Sur.

Los principales destinatarios de la inversión internacional durante los '80 han sido las economías desarrolladas. Los países en desarrollo, que durante los años '70 contabilizaron por cerca del 30% del total de los flujos de inversión internacionales, vieron caer esa porción de la torta a un tercio de aquel valor. La principal causa de ese cambio han sido las inciertas perspectivas económicas, la menor inversión en industrias primarias y los nuevos desarrollos tecnológicos que han hecho disminuir el atractivo que la mano de obra de bajo costo ofrecía a los inversores en el pasado.

Finalmente, ha habido un cambio significativo en la inversión internacional, tanto en lo que respecta a los aspectos sectoriales como industriales. El cambio ha sido de las industrias manufactureras a las industrias de mediana y alta tecnología —tales como maquinaria industrial, electrónica, telecomunicaciones— y los servicios.

6.5. ALGUNOS ELEMENTOS DE ANALISIS DE LAS JOINT VENTURES EN AMERICA LATINA

Tampoco existen estadísticas precisas sobre el valor y la importancia relativa de las joint ventures en América Latina, tanto entre socios latinoamericanos y socios de extrazona, como entre socios de la región.

Se conoce, por ejemplo, de la importancia que tienen países como los Estados Unidos (en declive en este sentido), Alemania Federal, España, Italia, Francia, Reino Unido, Holanda y Japón. Las empresas de este último origen, denotan un rápido crecimiento en la conformación de empresas conjuntas en la región.

Las experiencias que habitualmente se mencionan o describen en estudios o publicaciones distinguen, en principio, una variedad de sectores económicos, que incluyen la agricultura, las industrias extractivas, la pesca, la industria manufacturera, los transportes, la construcción, el financiamiento y la publicidad.

Los emprendimientos conjuntos latinoamericanos —llevado a cabo sólo entre socios de la región— develan un particular énfasis en el sector industrial, ya sea industria pesada o liviana. También los acuerdos se formalizan tanto con inversores privados, o bien entre organismos públicos entre sí.

La existencia de niveles diferentes de desarrollo o las asimetrías existentes entre las economías, lejos de ser un obstáculo, han favorecido la constitución de empresas conjuntas entre socios de la región, tanto como la estrechez de los mercados nacionales. En ese contexto, los acuerdos de integración también han facilitado la creación de joint ventures entre socios de la región, como se prevé que ocurra dentro del MERCOSUR.

La existencia de tecnologías más sofisticadas en algunos países que en otros, como la vigencia de determinadas políticas nacionales, también ha promovido la creación de empresas conjuntas en la región.

6.6. LAS JOINT VENTURES COMO MODALIDAD PARA LA CAPTACION DE SOCIOS EXTERNOS EN PROYECTOS LOCALES DE INVERSION DE RIESGO

En América Latina, la formación de joint ventures ha estado ligada mayoritariamente a acuerdos entre empresas grandes o medianas, tanto de la región como con empresas transnacionales, y a algunas empresas estatales, principalmente relacionadas con el sector energético y financiero.

Sin embargo, en los últimos años, se están observando numerosas joint ventures entre empresas pequeñas y/o medianas con socios extranjeros, en proyectos agrícolas, agroindustriales, manufactureros, mineros y de servicios turísticos, ya que nuestros países poseen recursos naturales y mano de obra calificada y no calificada con bajo costo a niveles internacionales, pero le faltan capitales, financiamiento, tecnologías y acceso a mercados, que es precisamente lo que pueden ofrecer los socios extranjeros.

Por ejemplo, un auge relativo ha venido a cobrar la formación de joint ventures en la Argentina, desde que este país firmara Tratados especiales con Italia, España y Brasil. En particular, con esta última nación, ya se ha constituido un estatuto de empresas binacionales, además de las numerosas joint ventures que ya funcionaban con anterioridad.

Es menester tomar en consideración entonces, que las joint ventures no son sólo una herramienta estratégica para aquellas empresas que desean internacionalizarse sino que, a la vez, es un mecanismo de creciente importancia para lograr la ejecución de nuevos proyectos de producción o de generación de servicios por parte de empresas locales dentro de un país, pero con el aporte de socios foráneos. Para citar un caso, cada vez tienen mayor importancia las joint ventures —tanto societarias como contractuales— para la fabricación de bienes industriales la producción de bienes agrícolas o primarios, con objetivos de exportación a mercados donde el socio extranjero reside, tiene dominio o control de canales comerciales, o directamente tiene acceso a los mismos, y en los cuales ese socio foráneo, aporta recursos tecnológicos —por ejemplo, en materia de cadenas de frío o packaging en los casos de bienes agrícolas—, además de recursos financieros, usualmente para capital de trabajo o para compra de insumos, maquinaria y/o modificaciones de plantas industriales.

6,6,1. LA PROMOCION DE LAS JOINT VENTURES

Algo importante de destacar es que, tanto las autoridades nacionales como en muchos casos, las provinciales o municipales de los países de América Latina, van tomando en cuenta la creciente importancia de la captación de socios extranjeros para proyectos de inversiones de riesgo en sus áreas de influencia, generalmente orientados a la exportación. En ese sentido, ya es frecuente observar que se dispone la realización de misiones comerciales al exterior —generalmente hacia naciones desarrolladas— cuyo objetivo principal es el ofrecimiento de posibilidades de inversión y la captación de socios foráneos para realizar inversiones de riesgo en proyectos de producción o de servicios, en asociación a empresas locales.

Más aún, algunas provincias o municipios, tratando de buscar mayor autonomía con respecto al Estado nacional, tienen dependencias específicas dentro de sus estructuras gubernamentales, o conforman entidades mixtas junto con cámaras empresariales, cuyo objetivo es la preparación de proyectos destinados a su ofrecimiento a socios extranjeros en asociación con socios locales.

Adicionalmente, estas entidades preparan y tienen actualizado al día todo tipo de informaciones vinculadas a posibilidades de inversión y clima de inversión en sus regiones, con informes y estadísticas económicas, demográficas, comerciales, industriales, educacionales, laborales, tecnológicas, de infraestructura y legales, con información precisa acerca de las facilidades existentes, de la legislación promocional que ofrecen y de las características de las legislaciones nacionales que afectan al inversor extranjero.

6,7. COMO PREPARAR UN PROYECTO PARA UNA JOINT VENTURE

No siempre los países ofrecen condiciones ventajosas para la inversión en el plano general, pero a veces sí tienen notables ventajas en el plano particular de un sector agrícola, industrial, minero o de servicios, como es el caso turístico.

En ese sentido, puede darse el caso de que un determinado proyecto sea realmente interesante y presente, en principio, una alta tasa esperada de retorno, pero sus promotores no lo saben promocionar, en este caso, en el exterior, ya que en el plano local no se encuentran inversores con capacidades tecnológicas, financieras o de mercado para llevarlos a cabo.

Aun cuando en muchos casos, las oficinas de planeamiento, o las direcciones o secretarías de Industria, Comercio, Agricultura, Ganadería, Pesca o Minería de los Estados Nacionales o Provinciales, o incluso Municipales, suelen preparar proyectos de inversión, el sector privado también desarrolla sus propios proyectos.

El problema que se suele presentar es que, con frecuencia, los proyectos no se confeccionan bajo los debidos parámetros, teniendo en consecuencia algunas falencias. Es común observar proyectos con mucha información sobre los recursos o sobre la producción, pero que adolecen de análisis tecnológico, financiero o de comercialización, tanto local como externa.

En consecuencia, no son proyectos adecuados como para que ameriten su promoción o la capacitación de potenciales interesados del exterior, para una posterior asociación. Usualmente, muchas empresas de países en desarrollo utilizan modelos de estudios de factibilidad o de proyectos proporcionados por organismos internacionales, como es el caso del modelo PROPSPIN diseñado por la ONUDI.

Capítulo 7

LAS JOINT VENTURES COMO ESTRATEGIA DE INSERCION EN MERCADOS INTERNACIONALES

7.1. INTRODUCCION

Anteriormente, hemos hecho mención a las joint ventures como una modalidad apta para la captación de socios externos en proyectos locales —es decir dentro de un país— de inversión de riesgo, aun cuando tuvieran objetivos exportadores.

Pero también las joint ventures se constituyen en una estrategia posible de inserción en los mercados externos, en forma independiente o combinado con otras estrategias.

La definición de una estrategia de inserción o de penetración internacional, es una de las etapas dentro de una estrategia de planeación del marketing internacional. Así, el proceso comienza con una etapa de selección de posibles mercados. Una vez definidos los mismos, se procede a investigar el mercado o los mercados, para obtener informaciones tales como las limitaciones de acceso al mercado —fundamentalmente barreras arancelarias y no arancelarias—, el volumen y nivel de expansión del mercado para el producto en cuestión, su consumo, su nivel de producción, el valor y la cuantía de sus importaciones y exportaciones, el análisis de la competencia y los factores que determinan su éxito, los niveles de precios y los procesos de formación de los mismos, los esquemas de distribución de los productos, los canales normales y alternativos para dicha distribución, el tipo de producto, su ciclo de vida y los atributos requeridos por el mercado, la promoción y la publicidad que debe utilizarse, el envase y el embalaje requerido por el mercado, y el transporte y seguro hasta dicho mercado, por citar los principales factores.

El proceso continúa con la definición de la estrategia de inserción, y es aquí donde debe seleccionarse por la realización de una joint venture sola, combinada con otras estrategias, o directamente por otra forma de penetración. Posteriormente se fijan los objetivos de mercado, y luego se diseña el marketing mix, o la formulación más adecuada de las variables precio, producto, canales, promoción y publicidad y servicios. Finalmente vendrá la acción, donde toda esta planeación se lleva adelante, para luego —dentro de un período perentorio— realizar la evaluación y proceder a detectar posibles fallas del proceso, a las que vendrán las nuevas soluciones a los problemas encontrados.

Precisamente, en la fase de selección de la estrategia es uno de los puntos donde se suelen dar los errores o dificultades, en el sentido de que la elección no haya resultado ser la más adecuada. Inclusive, a veces, no se trata de que la estrategia en uso esté equivocada, sino que simplemente, no es la que reporta mayores utilidades. Esto es, un exportador puede vender cómodamente su producción al exterior, y la estrategia elegida es la exportación directa. Lo que puede ocurrir es que, por ejemplo, la combinación de la exportación con la formación de una joint venture de distribución en el mercado de destino, le podría significar un mayor nivel de utilidad.

Si bien no es tan frecuente que las empresas de las naciones latinoamericanas inviertan o se asocien con capitales o empresas en mercados foráneos, existe una creciente utilización de este mecanismo por parte de empresas latinoamericanas, particularmente en los casos de aquellas empresas medianas y grandes —para los patrones de sus respectivos países— que ya cuentan con una sólida performance exportadora y que, por lo general, desean aumentar su presencia en los mercados internacionales.

Aun cuando las estadísticas de esas asociaciones internacionales de empresas son en la mayoría de los casos inexistentes, podemos señalar que su orientación tiene como principales destinatarios el mercado estadounidense, España, Italia o los propios países latinoamericanos. En este caso, los acuerdos regionales o subregionales de integración han intentado facilitar este tipo de asociaciones, tal como ocurre con el Mercado Común Centroamericano, el Pacto Andino, o como se espera que ocurra dentro del MERCOSUR.

Los acuerdos de asociación bajo esta óptica, suelen ser tanto los de tipo societario *(equity joint venture)* a los de tipo contractual *(non-equity joint venture)*, y tienen diversas características.

Por una parte encontramos las joint ventures industriales destinadas a la fabricación de bienes en otros mercados. Un ejemplo reciente lo encontramos en el caso de Argentina y Brasil, en donde las empresas de un país empiezan a invertir en el otro en asociación con firmas locales y con objetivos de producción, en el marco de los acuerdos de integración entre ambas naciones y del proceso de conformación de un mercado común en el Cono Sur. Las expectativas en este terreno son mayores todavía, desde que la Argentina y Brasil tienen un estatuto de empresas binacionales que propicia y favorece la creación de empresas conjuntas.

Por otro lado, tenemos el caso de las joint ventures comerciales o de distribución, que habitualmente y en el caso de empresas latinoamericanas, se conforman en aquellos mercados donde ya tienen una cierta presencia, como consecuencia de ventas de exportación. Así, las empresas, se asocian con firmas locales para poder tomar mayor participación en el proceso de comercialización y distribución de sus bienes o inclusive de otras empresas, en el mercado en cuestión.

Existen algunos casos de empresas multinacionales o binacionales en América Latina que se han constituido como trading companies, con los fines de comercializar productos de la región, o para importar bienes de terceros países a su área de influencia.

También tenemos el caso de las joint ventures que, bajo la organización de consorcios de empresas, se asocian temporalmente para la construcción de obras civiles y de infraestructura, entregadas como obra completa o bajo la condición llave en mano. Inclusive, algunas legislaciones de «contrate nacional» (normativa similar en sus características a las reglas de «compre nacional», pero aplicables a la contratación de empresas de servicios de consultoría, de ingeniería y/o de construcciones) obligan a la asociación con firmas locales del país que licita una obra. Dichas asociaciones no sólo incluyen empresas del país recipiente de la obra o construcción, sino que la experiencia también indica que se desarrolla con empresas de terceros países.

7,2. LAS OTRAS ESTRATEGIAS USUALES DE INSERCION EN MERCADOS INTERNACIONALES

En primer lugar debemos destacar que, como estrategias primarias de inserción en mercados internacionales, encontramos a la exportación, la transferencia de tecnología y a la inversión. Como estrategias secundarias, encontramos aquellas como el intercambio compensado, el joint venture, la subcontratación o el franchising, las cuales habitualmente están conformadas en parte o mezcladas con alguna de las estrategias primarias.

La exportación encuentra varios métodos para su realización. El método directo implica que el propio fabricante o productor, realiza la fase productiva, de comercialización internacional y de logística de las exportaciones, siendo el exportador final bajo sus propios registros. Este es el mecanismo de mayor relevancia dentro del relacionamiento comercial de las empresas argentinas, brasileñas, paraguayas y uruguayas que hacen negocios dentro de algunos de los estados que forman parte del MERCOSUR.

En el método indirecto, toma participación un intermediario o prestador de servicios, tal como el agente de exportación, el broker, la trading company, o el agente de compra, quien desarrolla las funciones de comercialización internacional y de logística de las exportaciones, quedando la fase productiva en manos del fabricante o productor. Para estos últimos, en realidad el negocio se circunscribe a una venta en el mercado doméstico, pero que se destina posteriormente al mercado externo, ya que el intermediario o el ente prestador de servicios quedará registrado como el que realizó las exportaciones. Sobre este particular, es de esperar que dentro de las posibilidades de cooperación empresarial dentro del MERCOSUR, las empresas de Argentina, Paraguay y Uruguay puedan aprovechar la rica experiencia y el acceso a mercados internacionales que ostentan las trading companies brasileñas.

Una variante sería el método asociativo, por el cual la producción queda en manos del fabricante o productor, y la comercialización y logística es responsabilidad de un consorcio o cooperativa de exportación, el cual integra dicho fabricante o productor. Así que, desde el punto de vista económico, la empresa que fabrica o produce un bien, aunque no sea ella quien lo exporte, tiene una participación y control en la actividad de comercialización y la logística de la exportación, ya que forma parte —como socio o accionista— de esa cooperativa o consorcio de exportación.

Finalmente, en el método mixto, el productor o fabricante se dedica a la fase productiva, pero también cubre el aspecto logístico de la exportación, mientras que un intermediario realiza la comercialización internacional de los bienes. Existen casos en que un agente de exportación o una trading company obtienen un negocio de exportación, pero los aspectos logísticos y operacionales —trámites aduaneros, de transporte y seguro, bancarios, cambiarios, financieros y fiscales— son de responsabilidad de la empresa productora o manufacturera de las mercancías que son objeto de venta al exterior.

Sobre estos temas, pueden consultarse las obras *Trading Company, Texto y Casos*, de J. L. Colaiácovo, Edit. Cabicieri, Río de Janeiro; Trading Company. *La Experiencia de Brasil*, de J. L. Colaiácovo y Oscar Yciz, Edit. Cabicieri, Río de Janeiro y *Canales de Comercialización Internacional*, de J. L. Colaiácovo, Edit. Macchi, Buenos Aires, 1990.

La transferencia de tecnología tiene varias tipologías, dentro de lo que se conoce como tecnología no incorporada (*unembodied technology*). Por una parte, encontramos el contrato de licencia de propiedad industrial, en donde el titular de dicha tecnología autoriza su utilización a un tercero a cambio de una retribución.

La propiedad industrial puede comprender patentes de invención, que estén registradas en una o varias oficinas de patentes o Registros de la Propiedad Intelectual, marcas o nombres comerciales, dibujos y modelos industriales y modelos de utilidad, que amparan invenciones menores. En el caso de una invención, generalmente es norma que para proceder a su patentamiento aquella debe tener una altura inventiva, ser una novedad universal y tener aplicación industrial.

El contrato de know how permite transferir un paquete de información, aunque una porción sustancial del mismo es mantenida en forma confidencial o en secreto. Por lo general, el know how es referido como aquella tecnología que amerita la consideración de no patentable porque, por ejemplo, le falta la definición de novedad, aspecto que sí caracteriza a la patente, o que directamente no se patenta por razones de secresía comercial o industrial.

Mientras que el acuerdo de asistencia técnica brinda información técnica o servicios técnicos. Desde el punto de vista de la información, una empresa puede brindar asistencia técnica a otra sobre la instalación de una planta, mientras que desde la óptica de la administración, la asistencia puede referirse a capacitación en el área de administración y/u organización de la producción, o en la administración de materiales, por citar sólo algún ejemplo. La asistencia técnica se caracteriza, más que por su contenido, por su forma de prestación, ya que consiste en la provisión de personal técnico a fin de brindar asesoría, dar capacitación y/o entrenamiento, supervisar tareas o asistir en la resolución de problemas o conflictos de organización, producción o administración que surgen a consecuencia de la transmisión de una tecnología. Los servicios de consultoría internacional, —por ejemplo para la evaluación de un proyecto—, suelen estar considerados bajo el contrato de asistencia técnica. Un contrato que tiene características similares, aunque cubre otro espectro, es el contrato de management, por el cual una empresa toma el control administrativo y organizacional de otra firma en el exterior, a cambio de una remuneración. Dicho contrato también puede referirse a una determinada área funcional, tal como la producción, ingeniería, comercialización, recursos humanos, finanza, logística, etc.

Por otra parte, también encontramos los contratos de ingeniería. Dentro de ingeniería básica, se comprenden las tecnologías que definen los parámetros esenciales del producto o proceso, las condiciones de operación de la planta, la secuencia operativa, etc. En la ingeniería de detalle, se aplican los datos provistos por la ingeniería básica para el diseño de equipos, la obra civil, instalación de equipos y eléctrica, instrumentación, etc.

Los contratos de transferencia de la propiedad intelectual, si bien no tienen las características de los contratos de propiedad industrial, tienen creciente utilización en el comercio internacional de servicios, como por caso, los sistemas de información, el software que se comercializa internacionalmente, o los derechos autorales sobre investigaciones, libros y/o publicaciones.

Sobre estos temas, puede consultarse la obra *Técnicas de Negociaciones: Texto y Aplicaciones Prácticas en el Campo Internacional*, de J. L.Colaiacovo, Edit. Cabicieri, Río de Janeiro, 1987.

De todas formas, los contratos de licencia de propiedad industrial, know how y en menor cuantía, los de asistencia técnica, son los que pueden compararse junto a la exportación, o la inversión, a la hora de decidir sobre la estrategia de inserción en un mercado internacional. De todas formas, estos contratos pueden estar en forma pura, o también vinculados o incorporados a procesos de negociación de joint ventures.

La inversión en el exterior, es otra de las formas primarias de inserción internacional que tiene una empresa para llegar a los mercados internacionales. Esta inversión se puede dar en forma de asociación —si comprende una inversión del 1% al 99%— para lo cual nos encontraríamos frente a un caso de joint venture, o bien como inversión 100% propia.

La inversión en el exterior puede ser básicamente de dos tipos:

a) de base comercial, o

b) de base industrial.

En una inversión de base comercial, la empresa puede invertir en el exterior sólo para tener una oficina que actúe como agente de ventas tomando pedidos, o bien puede convertirse en importadora, para lo cual ya importa ella misma, forma stock y luego lo distribuye a mayoristas, cooperativas, supermercados y otros canales. También puede formar una importadora distribuidora, o bien llegar a la venta minorista, proveyendo servicios auxiliares como instalación o reparaciones, contando con un stock de repuestos. Dependiendo del tipo de producto, tendrá que desarrollar una adecuada política de canales, si es que quiere insertarse en el proceso de importación y posterior distribución del producto hasta llegar a los consumidores finales.

En una inversión de base industrial, la empresa podría comenzar con una central de montaje o planta ensambladora, con un bajo nivel de componente local de partes y piezas, para llegar a realizar el 100% del proceso productivo en el propio país extranjero, aun cuando haya algún nivel de componente importado de partes y piezas. El establecimiento de una planta de fabricación en el mercado externo es un paso que habitualmente continúa después de la planta ensambladora. Para ello debe haber suficiente potencial de mercado que absorba un mínimo nivel de producción y un nivel razonable de demanda en ese país o aun en los países vecinos. Muchas veces, el establecimiento de una planta en un mercado, puede garantizar mejores condiciones de acceso a otros mercados, tal como sucede dentro de las naciones que conforman el Pacto Andino, o como va ocurriendo entre la Argentina y Brasil, que van camino de conformar un mercado común para 1995, junto a Paraguay y Uruguay.

El punto crítico es si el costo unitario del producto fabricado en un mercado externo será menor que el precio del producto importado. A veces eso no se logra sino en un par de años, para lo cual, se deberá operar con alguna pérdida, a sabiendas que en cierto lapso la situación podrá revertirse y un incremento en la rentabilidad podrá ser alcanzado.

Para muchas empresas, la fabricación en un mercado externo puede no ser la alternativa más ventajosa, y los costos involucrados en desarrollar un proyecto de este tipo, tales como la construcción de la planta, la provisión de equipos y maquinarias, el reclutamiento y capacitación de la mano de obra, pueden crear necesidades de fondeo que la empresa no está en condiciones de cubrir, para lo cual caben las siguientes opciones:

a) formar una joint venture;

b) arrendar una fábrica ya instalada;

c) hacer contratos de fabricación local.

La formación de una joint venture implica la asociación —bajo un cierto porcentaje a negociar— con una empresa local y su tratamiento y análisis es el objetivo básico de este libro.

La segunda opción, es la de arrendar un predio, adecuadamente instalado para desarrollar actividades productivas, reduciendo así los costos de establecimiento de una planta industrial. Esto suele ser muy frecuente en las áreas determinadas como zonas francas, zonas industriales libres de exportación y hasta en los parques industriales, que en mayor o menor medida, suelen gozar de otros incentivos y beneficios de tipo fiscal, aduanero, financiero, cambiario y laboral.

La tercera opción, implica hacer acuerdos de subcontratación con firmas ya establecidas en el mercado a servir. En este caso, solamente la fabricación corre por cuenta de la empresa local ya establecida (tomadora de orden), bajo planos, matrices, diseños y procedimientos que le proporciona el inversor (dador de orden) y luego el aspecto de comercialización y finanzas está a cargo del inversor extranjero.

Esta forma tiene la ventaja de que la empresa extranjera establece su marca en un mercado y satisface la demanda de dicho mercado. Si bien una desventaja es que la utilidad sobre la fabricación está en manos del subcontratista local, el aspecto importante a considerar es que si la situación de mercado o política llegara a cambiar, la empresa puede retirarse del mercado con menores costos que resultarían de haber estado instalada con líneas de producción propias. Tal vez, uno de los problemas cruciales de este esquema, sea el de encontrar la empresa local que tenga estándares de calidad del nivel que el inversor extranjero está buscando. En caso de no haberlo, se deberían invertir importantes sumas en el desarrollo de tales proveedores.

Otra posibilidad es que la empresa que desea invertir en el exterior, pueda simplemente comprar una empresa local que ya está en funcionamiento, con niveles acordes de fabricación, inserción en el mercado y posibilidades de crecimiento. En algunos casos, se suelen comprar empresas en buen estado financiero, aunque también se dan los casos en que se adquieren empresas con problemas de ese tipo, o bien cercanas a la bancarrota, pero que tienen una cierta imagen de producto o marca con buena reputación en el mercado, aunque fue su deficiente administración la que la ha llevado a una situación cercana a la quiebra. Este proceso ha tenido un notable crecimiento en los años 80, y numerosos bancos comerciales y *merchant banks* han ofrecido sus servicios como asesores consultores de procesos de fusiones y adquisiciones (Mergers and Acquisitions-M&A). Sobre este particular, pueden consultarse los capítulos 2 y 3 de esta obra.

Una herramienta que puede ayudar a facilitar el proceso de inversión en el exterior, es el mecanismo de capitalización de deuda (*debt swapping*), que muchos países han implementado como un medio para reducir su endeudamiento externo. En consecuencia, al comprar un título de deuda externa en el mercado secundario —y descontando la tasa de corte que exige la autoridad monetaria del país donde se realiza la inversión—, la paridad resulta ser menor a 1 y, consecuentemente, se reducen los fondos en moneda extranjera que son necesarios para la inversión.

Dentro de las estrategias secundarias, es decir aquellas que en mayor o menor medida dependen en parte de la exportación, la transferencia tecnológica o la inversión, encontramos la joint venture, como forma asociativa de la inversión en el exterior, y que adicionalmente puede estar vinculada a contratos de exportación y/o de transferencia tecnológica.

Por ejemplo, una empresa puede exportar a un mercado, y en ese país contar con una joint venture que tenga la finalidad de importar y comercializar posteriormente los bienes. En otro ejemplo, una empresa puede formar una joint venture de fabricación en un mercado externo con un socio local, para lo cual hará parte de su aporte en recursos tecnológicos, o bien venderá su tecnología a aquella empresa extranjera de la cual el mismo forma parte.

Por otra parte, encontramos la estrategia del intercambio compensado, genéricamente conocido como comercio de contrapartida o *countertrade*, en donde las empresas que desean incursionar en un mercado externo, aceptan la compra en contrapartida de productos locales, como un medio para evitar, reducir o balancear la salida de divisas del país, aunque también existen otras motivaciones para su realización. Valga mencionar por ejemplo, que en los casos de offset —operaciones generalmente reservadas a bienes de capital o productos y equipos estratégicos, y frecuentemente realizadas entre naciones desarrolladas—, una de las formas de evitar la salida de divisas que se negocia y que forma parte del Memorándum de Entendimiento del Offset entre el proveedor y un gobierno, es la de la radicación de inversiones productivas en el país que demanda el offset, las que con cierta habitualidad toman la forma de joint ventures con propósitos de fabricación y exportación, para así ayudar al país en cuestión a generar ingresos de divisas.

La subcontratación internacional, otra estrategia de inserción internacional, es la operación mediante la cual una empresa llamada dadora de orden confía a otra, llamada tomadora de orden o subcontratante, la realización de una parte de los actos de producción o de servicios, conservando la responsabilidad económica final. De lo que se trata, entonces, es que una empresa puede ofrecer en el mercado internacional sus capacidades de producción, con el objetivo de captar dadores de órdenes para que bajo sus modelos, diseños industriales o patentes, produzcan determinado tipo de bienes bajo tales especificaciones técnicas y luego los exporten a los mercados indicados por aquellos dadores de órdenes. La subcontratación es una actividad común en la mayoría de las naciones de reciente industrialización del sudeste asiático, a tal punto que se realizan ferias de subcontratación con el objetivo de captar dadores de órdenes productivas, en donde se expone e informa a los visitantes las capacidades de producción y los costos, más que un producto en particular, aun cuando a veces suelen exponerse una variada gama de bienes que la empresa tomadora de órdenes estaría dispuesta a producir bajo contrato. En América Latina, si bien este tipo de operaciones tiene menor cuantía, existen países, zonas especiales o sectores industriales de algunas naciones que ofrecen sus capacidades para así obtener acuerdos de subcontratación internacional. Asimismo, en la mayoría de las naciones que conforman el MERCOSUR y el PACTO ANDINO, existen bolsas de subcontratación operando formalmente desde algún tiempo. Indudablemente, el proceso de formación de MERCOSUR generará una mayor utilización de este mecanismo.

Finalmente, encontramos el franchising, esquema de relacionamiento de mediano o largo plazo, en el cual se autoriza el uso de una marca comercial en conjunción con un sistema de servicio, donde el licenciante otorga asistencia técnica al licenciatario en aspectos tales como producción, finanzas y comercialización o en la prestación del servicio, y le controla la calidad del producto distribuido o el carácter del servicio prestado. Si bien existen algunas experiencias interesantes en la materia entre Argentina y Brasil, es posible que este mecanismo tenga un rápido crecimiento entre las naciones que forman el MERCOSUR. La liberalización de los movimientos de mercaderías, personas y servicios prevista en el Tratado de Asunción vendrá a facilitar las operaciones de franchising entre los cuatro países.

Asimismo, la existencia de recursos monetarios como resultado de indemnizaciones o planes de retiro voluntario previstos en los programas de achicamiento del sector público en dichos países, podría servir para aplicarlos en la generación de negocios bajo el esquema de franchising.

Sobre estas tres últimas estrategias, pueden consultarse las obras *Intercambio Compensado y Otras Formas No Convencionales de Comercio Exterior*, de J. L. Colaiacovo y R. D. Avaro, Edit. Cabicieri, Río de Janeiro, 1988 y *Técnicas de Negociaciones: Texto y Aplicaciones Prácticas en el Campo Internacional*, de J. L. Colaiacovo, Edit. Cabicieri, Río de Janeiro, 1987.

7.3. EVALUACION ENTRE LAS ALTERNATIVAS DE EXPORTACION, TRANSFERENCIA DE TECNOLOGIA O DE INVERSION EN EL EXTERIOR

Obviamente que el proceso de internacionalización de una empresa tiene sus etapas que son naturales. Así, es muy poco frecuente que una empresa empiece su actividad en un mercado externo con la instalación de una subsidiaria. Por lo general, se comienza con una actividad exportadora, para luego pasar a un licenciamiento de patente u otra forma de transferencia tecnológica, o la radicación de una inversión en el exterior, con fines comerciales o bien industriales. En esta etapa es donde se puede decidir entre hacer una asociación con una firma local o bien invertir con un capital ciento por ciento propio formando una subsidiaria o sucursal.

Sin embargo, en algunos momentos será necesario, para una empresa, la formulación de un sistema de evaluación para determinar si le conviene la estrategia de exportación, la de transferencia de tecnología o la de inversión, sea ciento por ciento propia o bajo la forma de joint venture.

Entre los factores que inciden en la evaluación de las estrategias mencionadas, los principales son los siguientes:

7.3.1. FACTORES INTERNOS

a) El grado de utilización de la capacidad productiva y las posibilidades de abordar mercados externos

Si el grado de utilización de la capacidad instalada de la empresa es elevado y las posibilidades de expansión de la misma son limitadas, la exportación de productos tendría menores ventajas respecto de las estrategias de inversión y de transferencia tecnológica. A la inversa, si la empresa cuenta con una capacidad ociosa importante o bien tiene posibilidades reales de expansión, la exportación de bienes sería la estrategia más conveniente, aun cuando para la exportación de tecnología sería un aspecto neutro.

b) Capacidad gerencial y de recursos humanos

Si estas capacidades son altas dentro de la empresa, la inversión productiva en el exterior sería la alternativa más propicia. Si es de tipo mediano, las estrategias de exportación y de transferencia tecnológica serían las beneficiadas. Mientras que si la capacidad gerencial y los recursos humanos de la firma son de bajo nivel, la única alternativa sería la de la exportación.

En resumen, podemos decir que, en general, se requieren mayores disponibilidades de capacidad gerencial para los casos de inversiones productivas en el exterior. En las alternativas de exportación de productos y tecnología, obviamente es esta última la que en la mayoría de los casos plantearía mayores exigencias de personal técnico y legal jerárquico, pero la situación puede variar en función del tipo de productos y tecnologías, y de la experiencia de la empresa en ambas áreas.

c) Disponibilidades financieras

Si la empresa no tiene suficientes recursos financieros propios para abordar inversiones productivas en el exterior, sean propias o en forma de joint venture, y las posibilidades de acceder a fuentes de financiamiento son limitadas, ello puede incidir negativamente en la alternativa de inversión, y también causar algún problema en la estrategia de exportación. Debe tenerse en cuenta que usualmente una empresa que fabrica para la exportación, necesita capital de trabajo para llevar adelante el proceso manufacturero, motivo por el cual necesita de créditos para la producción de pre-embarque (sistemas conocidos como prefinanciación de exportaciones). También encontramos los casos de las empresas que deben financiar sus ventas al exterior en el corto, mediano o largo plazo —dependiendo ello del tipo de productos— para lo cual necesitan créditos o sistemas de redescuento de letras de cambio, cartas de crédito o *promissory notes,* los que habitualmente se conocen como sistemas de financiación de exportaciones. En este caso, la exportación de tecnología sería la alternativa más ventajosa.

Por el contrario, si la disponibilidad financiera es alta, o el acceso a fuentes de financiamiento es viable, la estrategia de inversión en el exterior y la exportación serían las beneficiadas, mientras que para la exportación de tecnología esta situación sería de tipo neutro.

d) Incentivos a la exportación

En este factor debemos comparar los incentivos a la exportación. Si los incentivos a la exportación de tecnologías son mayores o de mejor calidad o cuantía que los de las exportaciones de bienes, convendrá conquistar los mercados externos por la vía de la transferencia tecnológica. De todas formas, pareciera ser que en el caso de América Latina, la experiencia generalmente ha sido a la inversa, donde a pesar de que los gobiernos intentan promover las exportaciones de tecnología y de servicios los niveles de incentivos existentes —cuando los hay— son más favorables para las exportaciones de bienes en detrimento de las exportaciones tecnológicas.

e) Calidad de la infraestructura

Para que una empresa desee exportar, el país donde se encuentre debe contar con una adecuada infraestructura de caminos, puertos, aeropuertos, medios de transporte y de comunicaciones que garantice una salida rápida, eficiente y de bajo costo al exterior. Si ello ocurre, la exportación de bienes se encuentra en cierta forma en ventaja frente a las otras dos estrategias. Caso contrario el efecto es, en cierta medida, a la inversa, donde se alentaría la exportación de tecnología, siendo tal vez un poco neutro el efecto sobre las inversiones.

f) Costo de la mano de obra y los servicios

Cuando el costo de los salarios de los profesionales, administrativos y de los obreros calificados y no calificados, es bajo con relación al mercado internacional, entonces la exportación tiene sesgo positivo frente a la inversión y la exportación de tecnología. No obstante, con bajo costo de mano de obra, también resulta atractivo el desarrollo y la investigación de nuevos procesos tecnológicos. Si el costo de mano de obra es elevado, convendrá radicar inversiones en el exterior, en la medida que en el mercado objetivo, ese costo sea menor que en el país sede de la empresa que decide la penetración en un mercado internacional.

De la misma manera ocurre con los servicios, en particular en aquellos casos, en que son brindados en condiciones monopólicas o por parte del Estado Nacional o Provincial, como es el caso de la energía. A mayor costo, menor incentivo para la producción con destino a la exportación, y viceversa.

g) El mercado cambiario

En los países de América Latina, donde suele haber situaciones de inestabilidad en las monedas y sus paridades con las principales divisas, suele ocurrir que en determinadas circunstancias, la moneda esté sobrevaluada frente al dólar estadounidense y otras divisas convertibles.

De manera tal que, cuando existe una sobrevaluación de la moneda local, o bien que las divisas estén retrasadas frente a la evolución de otros índices de medición, tales como el índice de precios al consumidor o el índice de precios mayoristas o industriales, la situación se presenta propicia para la exportación de capitales, con lo cual la constitución de inversiones en el exterior se toma como la más atractiva de las estrategias. A la inversa, cuando existe una sub-valuación de la moneda local, en donde los operadores consideran «alto» el valor de la divisa, la exportación de tecnología o de bienes se ven beneficiadas.

7,3,2. FACTORES EXTERNOS

a) El régimen fiscal en el país extranjero

En este caso, analizamos la política arancelaria pues concierne a los bienes físicos, y la fiscal, ya que interesa por los aspectos impositivos vinculados a la importación de tecnología y pagos de regalías, honorarios, cánones o sumas fijas por dichas transferencias tecnológicas y por la radicación de inversiones extranjeras.

Si los aranceles de importación son elevados para los productos, convendría exportar tecnología o bien invertir en el mercado en cuestión, siempre y cuando exista algún nivel de protección efectiva, o sea una relación razonable entre el derecho de importación del bien final y los derechos de importación de los principales insumos que deberían importarse, en caso de radicar una inversión productiva. A la inversa, si existe un arancel bajo —sin tomar en cuenta la dispersión arancelaria o el nivel de protección efectiva— la alternativa más razonable sería la de la exportación.

Si el régimen fiscal establece altos impuestos para la remisión de regalías y tasas más bajas para la remisión de utilidades, entonces conviene la inversión en el exterior frente a la exportación tecnológica. Si la remisión de utilidades está gravada en una mayor proporción que el pago de regalías, la exportación tecnológica será más favorable que la inversión.

b) El sistema de promoción industrial.

Del mismo modo que los incentivos fiscales a la radicación de nuevas industrias, el mercado objetivo puede tener un sistema de promoción nacional, industrial, regional o sectorial que incluya otros incentivos, por ejemplo de tipo crediticio, para la radicación de capitales de riesgo. En ese sentido, si las empresas de capital extranjero pueden recibir los beneficios de un sistema de promoción o tienen acceso al financiamiento local, será positiva la estrategia de inversión. A la inversa, será negativo.

c) La estructura de mercado de los productos en el país

Si el mercado donde queremos incursionar presenta grados de concentración muy elevados y las empresas líderes tienen consolidadas sus posiciones en el mercado interno, las posibilidades de realizar inversiones productivas son inferiores al caso en que las formas dominantes de mercado sean menos concentradas. En esos casos, las exportaciones de bienes tendrían mejores posibilidades de rentabilidad.

d) El régimen de inversiones extranjeras y el régimen de transferencia de tecnología en el país extranjero

Si el régimen de inversiones extranjeras del mercado objetivo es abierto y fomenta la radicación de capitales de riesgo, la alternativa de inversión se consolida. Caso contrario, en regímenes de alto nivel de regulación, se considera negativo, pierde atractivo.

Asimismo, si el régimen legal de transferencia de tecnología del país donde se pretende incursionar es flexible, ello incentiva la exportación de tecnología frente a otras opciones. En caso de ser inflexible, convendría la exportación.

e) El sistema cambiario del país extranjero

Usualmente, la política cambiaria de un país está en estrecha relación con otras políticas como la financiera, la fiscal, la monetaria y la comercial e industrial. Pero la evolución del sistema cambiario tiene cercana vinculación con la evolución del sector externo en general de una economía y, en particular, con las reservas en divisas que mantenga el país.

En aquellos casos de mercados con dificultades de divisas o escasez de las mismas, las tres estrategias se verían afectadas. No obstante, la exportación puede verse favorecida frente a la inversión y la transferencia tecnológica, ya que puede operar con mecanismos de intercambio compensado, con el propósito de generar las divisas necesarias para penetrar en el mercado y asegurarse el cobro de la venta.

f) Estabilidad política

No cabe duda que ante situaciones de inestabilidad política, las tres estrategias se ven afectadas. Sin embargo, la inversión es la que mayoritariamente se vería comprometida, ya que es la estrategia que tiene una mayor influencia frente a los sucesos que ocurren en un país.

Capítulo 8

LAS JOINT VENTURES. ASPECTOS ECONOMICOS, FINANCIEROS Y ORGANIZACIONALES

8,1. INTRODUCCION

El concepto de inversión internacional, como mecanismo de penetración de mercados, está cobrando una importancia creciente en América Latina, tanto por el interés demostrado por los gobiernos en recibir este tipo de inversión, como por la posibilidad de emplearla como instrumento para ganar una posición en un mercado externo.

La inversión internacional puede asumir dos formas básicas:

a) formar una unidad económica exclusivamente con recursos propios, es decir, sin participación de asociados, o

b) crear una empresa donde haya un aporte de capital de un asociado que puede ser del país recipiente y/o de otra nación.

Este segundo caso, es el que genéricamente se lo conoce como una joint venture. Indudablemente, la mayor parte de los elementos que se deben negociar o definir en una joint venture son equivalentes a la formación de una sociedad con socios domésticos, sin embargo, la participación de socios extranjeros les confiere un carácter especial.

La asociación internacional es la estructura organizativa de un proyecto común, cuyos participantes radican en diferentes países. Necesita de la vinculación entre dos o más empresas para establecer la administración e implantación de una inversión, que implica la asignación en común de recursos, continuidad y estabilidad en el tiempo, la toma de decisiones conjuntas y la participación en el riesgo del proyecto.

Estos conceptos son válidos tanto para las joint ventures contractuales (*non equity joint ventures*) como para las de tipo societaria (*equity joint venture*).

Los factores que inducen a las empresas a formar joint ventures, en lugar de otras estrategias de inversión como la adquisición o la filial propia, derivan de la organización interna y de la dinámica de la empresa en sí mismo; de las condiciones y oportunidades del mercado, y de las medidas de política gubernamental que regulan el comportamiento económico de las empresas.

La experiencia internacional muestra día a día los innumerables casos de joint ventures que se constituyen entre empresas públicas, privadas o mixtas con objetivos de comercialización, producción, finanzas, servicios e investigación y desarrollo (R&D). Muchas joint ventures se consolidan entre países de diferentes bloques económicos, los que suelen involucrar, por ejemplo, acuerdos de subcontratación y operaciones de comercio compensado, por la cual las utilidades se entregan en productos, tal el caso de China y varias naciones del Este Europeo.

En la década del '80, se han podido apreciar numerosas creaciones de joint ventures destinadas a brindar servicios de comercialización y logística dentro de los negocios internacionales.

A su vez, es muy frecuente la asociación internacional de bancos para el otorgamiento de paquetes de ingeniería financiera destinados al financiamiento del comercio, inversiones o préstamos de mediano y largo plazo.

En el caso particular de América Latina, la formación de joint ventures ha comenzado a cobrar mayor importancia en los últimos años, ya que nuestra región posee recursos naturales y mano de obra calificada y no calificada con bajo costo a niveles internacionales, pero le faltan capitales, financiamiento, tecnologías y acceso a mercados, que es precisamente lo que pueden ofrecer los socios extranjeros.

8.2. CARACTERISTICAS ESENCIALES

Se considera que, por lo menos, cinco factores reflejan las características esenciales de las joint ventures:

1. Es un acuerdo entre dos partes con objetivos económicos comunes y de largo plazo, ya sea de producción, de compra, de venta, de manutención, de reparación, de investigación y desarrollo, de consultoría, o de finanzas u otros tipos de servicios. Solamente unos pocos casos —generalmente joint ventures para construcción de obras o prestación de ciertos servicios específicos—, tienen un sesgo de temporalidad.

2. Es una puesta en común por las partes, de activos —tales como dinero, planta, recursos naturales, maquinarias, equipo, tecnología y derechos de propiedad intelectual, management y capacidad de marketing—, para el logro de objetivos determinados. En consecuencia, existen contribuciones y comunidad de intereses.

3. La caracterización de esos activos puestos en común, como contribuciones de capital de las partes, que a la vez buscan una utilidad común pero también afrontan las eventuales pérdidas.

4. El logro de esos objetivos comunes se hace a través de órganos de administración que están separados de los órganos de administración de cada una de las partes.

5. Los socios comparten usualmente en proporción a sus respectivas contribuciones de capital, las ganancias resultantes o las pérdidas asociadas, siendo su responsabilidad limitada a las contribuciones de capital.

8,3. DEFINICIONES

A los fines de estudiar la implicancia económica de las joint ventures internacionales, hay que proceder a definir de la forma más precisa posible lo que el término significa.

Joint significa común o conjunto, mientras que venture, procede de adventure, es decir una aventura, un proyecto, una empresa. Ello implica que hay esfuerzos y riesgos por delante, pero también la posibilidad de un resultado positivo, una utilidad, un beneficio.

A pesar de ello, aparecen ciertas diferencias en las definiciones de joint venture en relación a diversos tipos de acuerdos comerciales. En los últimos años ha habido una tendencia a ampliar el concepto y, por lo tanto, la definición de joint venture, como reflejo de un número creciente de acuerdos de cooperación empresarial que no involucran la participación del capital en forma accionaria (*equity participation*).

Es importante distinguir también entre las joint ventures operacionales, por un lado, donde los socios o poseedores conjuntos de la empresa juegan un activo rol en sus operaciones, y las inversiones financieras pasivas (*portfolio investments* o inversiones de portafolio), por el otro, donde los inversores no están involucrados en las decisiones comerciales ni en las operaciones de la empresa en la cual han invertido. Una joint venture operacional es también diferente de un acuerdo entre firmas que no crean una entidad societaria nueva y separada.

Una definición vastamente aceptada de joint ventui e operacional, nos dice que «es una sociedad a través de la cual dos o más firmas crean una entidad jurídica nueva y separada, para llevar a cabo una actividad económica productiva o de prestación de servicios, en la cual cada parte toma un activo rol en el proceso de toma de decisiones».

Aun cuando encontramos variantes —como joint ventures donde un socio tiene más control o mayor dominio en el proceso de toma de decisiones—, cada parte en una joint venture operacional hace una contribución sustancial que puede ser bajo la forma de capital, tecnología, experiencia comercial, o activos físicos y humanos. Los socios también pueden contribuir con el acceso a sus respectivos canales de distribución. El valor monetario asignado por los socios, a los activos con los cuales contribuyen a la formación de la nueva sociedad, constituye la capitalización de la joint venture.

Otra definición, usada en los Estados Unidos para las joint ventures empresariales es la siguiente:

«Una empresa, corporación o sociedad, formada por dos o más compañías, individuos u organizaciones, donde al menos uno de ellos es una entidad en actividad que desea ampliar sus actividades, con el propósito de conducir un negocio nuevo y de rentabilidad, con una duración permanente. En general, la posición es compartida por los participantes con más o menos idéntica distribución accionaria y sin absoluto dominio de una parte».

En los años recientes, la categoría de acuerdos de cooperación empresarial ha sido usada más frecuentemente para referirse a los casos de joint ventures contractuales o no societarios (*non-equity joint ventures*). Esos acuerdos son esquemas de cooperación empresarial formales o informales entre dos o más firmas, donde se acuerdan un cierto nivel de colaboración sobre bases contractuales, pero no societarias. Las operaciones de estas dos o más firmas son parcial y funcionalmente integradas para llevar a cabo actividades en una o más áreas.

Pueden consistir en simples operaciones de compra o venta, desarrollo y producción conjunta de recursos naturales, investigación y desarrollo conjunto, operaciones de fabricación conjunta, o bien, proyectos de ingeniería o construcción conjuntos.

En algunas industrias, los términos de una actividad conjunta pueden entenderse bajo otras expresiones. Por ejemplo, en la industria extractiva —petróleo, minería—, es común la utilización del «joint operating agreement» o acuerdo de operación conjunta, cuyas características difieren de otros contratos y que ha sido tratado en el capítulo 4 de este libro.

Asimismo, debe notarse que muchas veces, en función de los países, los significados de la expresión joint venture pueden no ser los mismos. En algunas naciones, el término joint ventures tiene temporalidad y se aplica a los acuerdos contractuales, ya que la formación de una sociedad, entra en el concepto de partnership. En ciertos países, cuando un empresario obtiene un contrato y acuerda en que otra empresa realice parte de la obra o produzca parte de los bienes, se lo considera joint venture, mientras que otros llaman a eso una subcontratación. En otros casos, también se acepta que un joint venture se constituya sobre la base de opciones diferentes al tradicional 50-50, es decir sobre porcentajes 51-49 o 60-40, u otras variantes.

8.4. CLASIFICACION Y TIPOS DE JOINT VENTURES

En función de lo anteriormente comentado, el análisis puede resultar en la distinción de diferentes clases de joint ventures o tipos de emprendimientos conjuntos. De todas formas, brindamos a continuación las formas de clasificación más frecuentes e internacionalmente conocidas.

8.4.1. DESDE EL PUNTO DE VISTA LEGAL Y ORGANIZACIONAL

En el terreno internacional se distinguen habitualmente dos tipos de joint ventures entre inversores de diferentes países:

— las joint ventures societarios o de capitales (equity joint venture);

— las joint ventures contractuales (contractual o non-equity joint venture).

Friedman y Bequin, definen a los joint ventures societarias como «una empresa en la cual dos o más partes, que representan a uno o a varios países desarrollados y a uno o varios países en vías de desarrollo, comparten los riesgos financieros y la toma de decisiones por medio de una participación conjunta de capitales en una empresa común».

La definición de dichos autores para las joint ventures contractuales es «una empresa en que se comparten riesgos pero no se forma una sociedad conjunta con personalidad separada, en la cual los socios tengan acciones de capital proporcionales a su inversión».

Las joint ventures societarias son las que contienen una inversión de riesgo, son emprendimientos conjuntos permanentes (no tienen temporalidad) e implican la constitución de un nuevo ente societario. No están comprendidos en esta categoría las inversiones de portafolio, como sería el caso de la compra de acciones de una empresa por parte de un inversor extranjero, en la cual este último no tiene control sobre el proceso de operaciones o de toma de decisiones. En caso de que esa participación accionaria aumente en el tiempo, nos encontraríamos frente a un caso de posible absorción o incorporación de una empresa por otra.

En una joint venture contractual, las partes no establecen una nueva empresa compartida para llevar a cabo sus actividades, ni tampoco arreglan la distribución entre ellos de las acciones de una empresa existente. Las relaciones legales internas entre las partes así como las de esas partes y terceros, son estructuradas y regladas sobre una base contractual. Estos acuerdos no implican la constitución de un nuevo ente societario. O sea que existe cooperación empresarial, industrial o tecnológica pero cada parte conserva su autonomía societaria.

Asimismo, es posible realizar joint ventures contractuales en algunas operaciones comerciales (como marketing internacional y/o distribución de mercaderías) o industriales (acuerdos de subcontratación, complementación industrial, coproducción) sin la utilización de esas figuras, para lo cual tienen vigencia, otros contratos específicos.

Las agrupaciones de colaboración empresarial (así se distingue a los joint ventures no societarios en algunos paises) tienden a que las empresas o empresarios individuales se asocien con el objetivo de complementar sus actividades, tales como:

— la construcción de una obra;

— la provisión común de suministros;

— la adquisición en común de materias primas o semielaboradas;

— utilización conjunta de servicios;

— actividades de investigación y desarrollo;

— mecanismos de comercialización internacional de bienes;

— la participación conjunta en licitaciones o concursos de precios nacionales e internacionales.

8,4,2. DESDE EL PUNTO DE VISTA DEL TIPO DE CONTRATO O ACUERDO DE LAS PARTES

En este caso, distinguimos las joint ventures:

— para proyectos manufactureros;

— para las industrias extractivas;

— para la industria de la construcción;

— para proyectos comerciales;

— para investigación y desarrollo;

— para actividades financieras;

— para prestación de servicios.

En el caso de las joint ventures para las actividades de fabricación o industrialización de bienes, habitualmente se presenta la figura del equity joint venture, donde hay que conformar una sociedad, aunque a veces, tienen presencia los acuerdos contractuales.

Los socios se reparten las utilidades o soportan las pérdidas acorde a sus niveles de participación societaria o aportes.

En el caso de las joint ventures para las industrias extractivas, el esfuerzo no apunta a distribuirse utilidades o pérdidas, sino a la obtención y posterior distribución de producción en especie, es decir que la comercialización posterior corre por cuenta y riesgo de cada uno de los participantes.

En las joint ventures de construcción, también llamados consorcios de construcción, las partes se distribuyen entre sí determinados trabajos, acordando el nivel de ingresos brutos para cada uno de los participantes. No obstante, si cada participante tiene utilidades o pérdidas por su participación, es un problema que no atañe al resto de los socios. Existe aquí un team leader que coordina las actividades y funciones de los miembros del grupo. Este tipo de acuerdo —de características contractuales o non-equity— es muy utilizado en la construcción de obras completas, plantas entregadas bajo condición llave en mano y obras bajo condición B.O.T.(Built, Operate and Transfer; Construcción, Operación y Transferencia).

La joint venture para proyectos comerciales, no implica el desarrollo de una actividad manufacturera industrial, pero sí puede incluir la producción o prestación de un servicio o una actividad comercial, tal como una joint venture para exportación o distribución, la generación de software, la comercialización de paquetes turísticos o el rodaje de una coproducción cinematográfica. Por lo general, este tipo de joint ventures se desarrolla bajo la forma contractual o non-equity.

Las joint ventures de investigación y desarrollo han tenido un notable auge durante la década pasada, y por lo general implican el esfuerzo de dos o más empresas para generar nuevos productos o desarrollos tecnológicos, para su posterior explotación económica. Los socios asumen que si la inversión genera un desarrollo tecnológicamente novedoso, útil y beneficioso en términos económicos, tendrán ganancias, ya que podrán vender los derechos de propiedad industrial a terceros, o bien ellos mismos —o uno de ellos— comenzará un proceso productivo con la nueva tecnología.

Si por el contrario, no se alcanza algún desarrollo importante desde el punto de vista tecnológico, habrán sufrido una pérdida. Habitualmente, se conforman joint ventures societarios (Research and Development Limited Partnerships), aunque también se suelen reportar casos de acuerdos meramente contractuales.

En el terreno de las actividades financieras, tanto los bancos como otras entidades de crédito, suelen hacer joint ventures para determinados emprendimientos, siendo el préstamo sindicado el más usual, donde un banco asume la figura de team leader (caso similar al de los consorcios de construcción), y es quien organiza el grupo de bancos, obtiene los fondos de ellos y realiza el proceso de negociación frente al tomador del financiamiento.

Finalmente, cabe señalar que en materia de prestación de servicios, suelen darse joint ventures bajo la forma contractual. En algunos sectores de servicios, estos arreglos son comunes, como por ejemplo los «joint container service» en el transporte marítimo.

8,4,3. DESDE EL PUNTO DE VISTA DEL ROL DE LOS SOCIOS

Esta clasificación está relacionada con el rol que los socios han de desempeñar en el manejo del emprendimiento conjunto.

Básicamente, encontramos tres categorías, a saber:

— joint ventures con un socio dominante o líder;

— joint ventures de administración y operación compartida;

— joint ventures independientes.

La joint venture con un socio dominante o líder implica que el emprendimiento está básicamente controlado o dominado por un socio, que juega un rol activo, mientras que el otro socio tiene un rol pasivo.

El aspecto importante de este tipo de joint venture, es que el socio dominante la administra casi de la misma manera que a una subsidiaria o filial propia.

El directorio o junta de directores, aun cuando tiene ejecutivos de cada socio, juega un papel casi ceremonial. Todas las decisiones estratégicas y operacionales son tomadas por los ejecutivos de la empresa dominante, localizados fisicamente tanto en el país donde se ejecuta la joint venture como en la sede de la empresa socia dominante en el exterior.

El gerente general de una joint venture de este tipo, aunque sea el ejecutivo principal de una empresa conjunta que funciona en forma independiente, en realidad se reporta a algún ejecutivo de la empresa socia dominante. Todos los gerentes funcionales dentro de la joint venture (producción, finanzas, administración, comercialización, etc) se originan en o son seleccionados por el socio dominante.

Las joint ventures con socios dominantes se utilizan con frecuencia en aquellos países donde el gobierno local, obliga a asociarse con una empresa del país como condición sine qua non para aprobar una inversión o aceptar la realización de un proyecto. Si el socio extranjero no necesita el management o cualquiera de los atributos o activos del socio local, excepto su nacionalidad, lo que debe hacer es buscar un socio que juegue un rol pasivo, y que al menos, ofrezca una habilidad negociadora con el gobierno del país huésped de la joint venture.

No obstante, es dificultoso para una empresa que quiere jugar un rol activo, encontrar un socio que tome el rol pasivo. Un socio que debe jugar un rol pasivo, pero que a la vez aporte sumas de dinero o importante tecnología a algún otro activo, necesita tener un gran nivel de confianza en la competencia y honestidad del socio dominante.

Otro aspecto es que no siempre el rol dominante y el grado de posesión van de la mano. Una empresa puede dominar un joint venture sin tener una posición dominante, o aun cuando los niveles de participación sean iguales, como en los casos de joint ventures 50-50 o 33-33-33, o bien 25-25-25-25.

En la joint venture de administración y operación compartida (shared management joint venture), ambos socios juegan un rol activo en la administración y el gerenciamiento de la empresa. En comparación con el modelo anterior, este tipo de joint venture tiene un directorio o comité ejecutivo formado por ambas partes pero con una real y efectiva presencia en el proceso de toma de decisiones. Adicionalmente, cada uno de los socios aporta gerentes de línea a la empresa conjunta, y las operaciones se manejan como si fuera una joint venture con participación igualitaria (50-50), independientemente de cuanto sea en realidad el aporte o la porción de capital de cada una de las partes.

Cuando cada parte o socio aporta un conocimiento o know how parcial pero complementario —por ejempo, una firma aporta tecnología, la otra el mercado—, entonces la joint venture de administración y operación compartida tiene sentido de existencia.

Una joint venture de este tipo se dió entre una empresa multinacional estadounidense y una gran compañía alemana. Esta última deseaba entrar al mercado americano, mientras que la empresa estadounidense deseaba asegurarse un futuro viable para una pequeña división que estaba en el mismo negocio que la firma germana, pero cuyos negocios no eran rentables. Los americanos contribuyeron con los activos físicos, la mano de obra y una porción del mercado local para la joint venture, mientras que los alemanes aportaron una tecnología, que según era sabido en el mercado del producto en cuestión, era una de las mejores del mundo. Así, el gerente general era un estadounidense, y mientras los gerentes técnicos y de producción eran alemanes, las gerencias de administración, comercialización y de finanzas estaban en manos de personal americano.

En los casos de joint ventures independientes, por lo general, ninguno de los socios juega un rol activo. El papel fundamental en el proceso de toma de decisiones, y en la administración y operación de la empresa o el proyecto, recae en manos de un gerente general, que habitualmente no proviene de ninguno de los socios, aunque se puede dar esa posibilidad. Aquí el gerente general tiene completa libertad para manejar la empresa según sus propios criterios, aunque existe algún control ex-post por parte del directorio, conformado por los socios de la joint venture.

Cuando se debe decidir entre una joint venture dominante o una de tipo compartido o independiente, hay que analizar que es lo que cada socio o parte tiene para ofrecer.

Peter Killing, en su obra *Strategies for Joint Venture Success*, cree que cuando un socio aporta solamente atributos (nacionalidad, provisión de materias primas o componentes y clientes para la producción del joint venture) o activos (capital, marcas, patentes), entonces ese socio sólo debe jugar un rol pasivo en el emprendimiento conjunto, ya que su contribución de management no es significativa, dejando que el otro socio domine el emprendimiento.

Killing cree que el punto esencial de análisis acerca de esos activos y atributos, es que a pesar de que pueden ser necesarios para el éxito de la joint venture, no requieren que el proveedor de los mismos se involucre gerencialmente. De manera que, entonces, la cuestión crítica para el diseño de una joint venture, no es tanto el aspecto de quien provee los activos o los atributos, sino cual de las partes tiene la capacidad y las habilidades de management para hacer que el negocio sea exitoso.

8.5. LAS EMPRESAS BI O MULTINACIONALES

Las empresas binacionales son una especie dentro del grupo de empresas conjuntas. Según la definición de Eduardo White, Jaime Campos y Guillermo Ondarts, consultores del Instituto para la Integración de América Latina —INTAL—, una empresa conjunta bi o multinacional es una entidad creada por capitales originarios de dos o más países, cuya estructura de propiedad está distribuida en forma equilibrada entre los países participantes del mismo modo que su control efectivo, y donde la participación de inversionistas extrazonales (o extranacionales), cuando exista, debe ser formal y efectivamente minoritaria.

En América Latina, la empresa conjunta del tipo binacional o multinacional, se concibe asimismo como un instrumento para alcanzar ciertos objetivos en materia de integración y cooperación económica, actuando dentro de un marco institucional que puede estar dado por acuerdos o programas de integración intergubernamental o regional.

Sobre este tipo de empresas, más adelante se analiza la experiencia en materia de empresas binacionales entre Argentina y Brasil.

8.6. LAS MOTIVACIONES PARA FORMAR UNA JOINT VENTURE

Existen variadas motivaciones para formar una joint venture, y ello puede variar según el tamaño de la empresa; si la misma es local o extranjera dentro de la empresa conjunta; del país huésped donde se realizará; del tipo de industria y producto; de las prácticas comerciales; del respaldo financiero con que se cuente; de las tecnologías que se detenten y del management que se disponga, entre otros factores.

Asimismo, las motivaciones se encuentran influenciadas la mayoría de las veces, por ciertos aspectos que llevan a la empresa a definir la conveniencia de la formación de una joint venture frente a otras estrategias como la exportación o la transferencia de tecnología. Esas variables de comparación en el uso de estas estrategias frente al uso de la joint venture como método para incursionar en un mercado internacional, pueden consultarse en el capítulo 7.

Si bien vamos a referirnos a las motivaciones para la formación de una joint venture societaria de tipo industrial, es decir, que involucra la fabricación de un producto, debemos aclarar que la mayoría de esas motivaciones, son extensibles a los casos de joint ventures destinadas a prestar servicios (por ejemplo, bancarios, transporte, telecomunicaciones, o bien para hacer investigación tecnológica.

En términos generales, podemos decir que las empresas que operan internacionalmente, pueden procurar formar una joint venture en un cierto mercado, por diferentes motivos, a saber: necesidad, conveniencia, obligación o política empresarial.

Por necesidad, porque el socio potencial posee atributos indispensables que de alguna forma monopoliza y que hacen a la esencia del éxito del negocio. Por ejemplo, el socio potencial puede tener un monopolio en la producción de un insumo importante para el proceso productivo a desarrollarse.

Por conveniencia, cuando resulta el esquema más ventajoso para operar exitosamente en un mercado. Aquí el socio posee atributos que pueden complementarse perfectamente bien con las cualidades de la firma en cuestión. Cabe distinguir del caso anterior, la situación en que la firma tiene acceso a alternativas, inclusive no asociarse, pero le resulta más conveniente incorporar un asociado. Por ejemplo, el socio puede tener control sobre un canal de distribución más eficiente, y si bien existirían otras opciones, las mismas no serían óptimas.

Por obligación, porque el gobierno del país receptor, a través de su política puede desestimular la inversión externa cuando no se entre en un régimen de asociación con empresarios locales o el propio Estado.

Por política empresarial, por que la empresa puede definir que no es conveniente un análisis casuístico de cuál es el mejor esquema en cada oportunidad que deba canalizar recursos de inversión a un mercado, y determina que todas sus inversiones internacionales se realicen bajo los esquemas de joint ventures. Este tipo de política suele ser frecuente en ciertos sectores productivos.

Ahora bien, entrando en un análisis mas pormenorizado, podemos decir que las empresas entran en una joint venture por diferentes razones.

Para una compañía que se encuentra en un proceso de expansión de sus operaciones internacionales, el comienzo de un proceso productivo en un determinado país puede ser la manera mas efectiva de penetrarlo. Pero puede ocurrir que el permiso de inversión solamente le sea otorgado si se participa a una empresa local. En ese caso, la joint venture será la forma más adecuada de operación.

La unificación de fuerzas con un socio local puede ser un medio para asegurar que el socio extranjero adquiera suficiente know how acerca del mercado local, y eventualmente, de otros mercados —por ejemplo regionales— en donde el socio local ya tiene presencia.

Una joint venture con un socio local, a menudo implica incentivos y concesiones fiscales. Los costos de mano de obra y otros insumos de producción pueden ser más baratos que en el propio país del inversor extranjero, lo cual hace atractiva la inversión en forma de joint venture, no solo para atender el mercado del país sede, sino también los mercados externos.

Para un socio local, un joint venture con una empresa extranjera, es una importante motivación para la obtención de tecnología, tanto para el proceso productivo, como el know how de management que puede ostentar el socio foráneo.

El hecho de compartir costos de inversión, costos operativos o los riesgos asociados, motiva a muchas empresas a entrar en joint ventures.

Otra motivación para entrar en joint ventures —por ejemplo las de tipo contractual—, radica en el hecho de que, muchas veces, los proyectos a desarrollar son tan grandes que una sola empresa por sí misma no puede asumir o afrontar el riesgo financiero que ello implica.

En otros casos, las habilidades de ambos socios —tanto técnicas como comerciales— sólo pueden ser aprovechadas en conjunto, ya que cada una por separado, no podría tener éxito en un negocio. Así, cada una tiene elementos que motivan o justifican la constitución de una joint venture.

Ultimamente, en los procesos de ajuste estructural, saneamiento económico, liberalización del comercio y apertura económica que han emprendido varias naciones de América Latina, se ha priorizado la privatización de empresas estatales, para disminuir la presencia del estado en las actividades económicas y en consecuencia el déficit fiscal. Muchos de esos procesos de privatización, han motivado a inversores foráneos a conformar joint ventures con socios locales, para operar las nuevas empresas privatizadas, tanto de producción de bienes como de prestación de servicios públicos, tales como distribución de energía, agua, gas, exploración y extracción de petróleo, y sistemas de comunicaciones y telecomunicaciones, entre otros.

La revista estadounidense «Management Review» en su edición de febrero de 1987, presentaba un cuadro de motivaciones para las empresas que desean entrar en una joint venture, el que presentamos en el cuadro 8.1.

Por su parte, las joint ventures de tipo industrial, pueden tener diversas razones, ya sea la producción; la producción y la comercialización; la investigación y desarrollo (I&D); la I&D más producción; la racionalización; la especialización; la expansión y otros factores. En el cuadro 8.2. podemos apreciar un análisis de las motivaciones industriales de unas 70 joint ventures constituídos en la Comunidad Europea en los períodos 1984/85 y 1985/86, donde claramente se distingue que la mayoría de las empresas conjuntas en dicha área, son para I&D y para racionalización.

Un estudio del Instituto para la Integración de América Latina (INTAL), dependiente del Banco Interamericano de Desarrollo, sobre la cooperación empresarial argentino-brasileña, detectaba las siguientes motivaciones para la formación de empresas conjuntas entre la Argentina y Brasil:

Razones para la actuación en el exterior:

* Diversificación de riesgos.

* Preservación de mercados de exportación.

* Ampliación de mercados.

* Explotación de recursos naturales.

* Capitalización de tecnología y marcas.

* Aprovechamiento de ventajas fiscales, tarifarias o de promoción industrial.

* Participación en proyectos estatales binacionales.

Razones de las empresas locales:

* Integración hacia atrás.

* Ampliar las líneas de producción.

* Adquirir tecnología.

8,7. VENTAJAS Y DESVENTAJAS DE UNA JOINT VENTURE DESDE EL PUNTO DE VISTA DEL SOCIO LOCAL Y EL SOCIO EXTRANJERO

El hecho de considerar a la joint venture como una estrategia apta para incursionar en mercados externos, o para captar socios extranjeros en un proyecto de inversión a desarrollar dentro de un país, implica una serie de aspectos ventajosos y desventajosos para las empresas que habrán de formar parte del mismo.

En términos generales, las ventajas que pueden obtener las empresas locales y extranjeras en una joint venture, son las siguientes:

Para el socio local:

* Acceso al capital extranjero.

* Acceso al financiamiento extranjero.

* Acceso a la tecnología y marcas extranjeras.

* Acceso a mercados de exportación.

* Acceso a experiencia de management.

Para el socio extranjero:

* Acceso al capital local.

* Acceso al financiamiento local.

* Acceso al management local.

* Acceso a mano de obra de bajo costo.

* Acceso a infraestructura de planta ya construida.

* Acceso a contactos e influencias del socio local.

* Facilidades en las aprobaciones gubernamentales.

En un detalle más pormenorizado de las ventajas y desventajas que acarrea una empresa conjunta, podemos distinguir las siguientes:

A) EN LOS ASPECTOS GENERALES Y DE ADMINISTRACION

1.   La joint venture es una estrategia que exige mayor dedicación, tiempo y esfuerzo para su puesta en marcha, frente a otras estrategias de inserción en mercados externos.

2.   Con la asociación, un socio extranjero puede aportarle al socio local, modernos métodos de administración.

3.   Para el socio local, puede ser el único método de evitar la creación de dos empresas con sus consecuentes efectos para un mercado interno.

4. El socio local puede aumentar la eficiencia de los canales de distribución y lograr una mayor eficiencia de los servicios.

5. Las diferencias en la filosofía de negocios entre el socio local y el socio extranjero pueden crear fricciones.

6. Un socio foráneo muy fuerte puede eliminar el rol futuro del socio local.

7. La asociación reduce o elimina la posibilidad de cooperar con otras compañías.

8. La asociación con un socio extranjero, puede crearle problemas al socio local con un gobierno fuertemente nacionalista.

9. Para el socio extranjero, una joint venture puede mejorarle sus relaciones con el gobierno y los círculos empresarios locales. Estos contactos pueden ser de suma importancia para eliminar problemas burocráticos.

10. Para el socio foráneo, la joint venture puede ser la única manera de penetrar un mercado.

11. El socio extranjero evita crear capacidad instalada en exceso.

12. El socio extranjero tiene un mayor nivel de riesgo asociado en una joint venture societaria que con otra estrategia de inserción. No hay duda que la inversión en un país extranjero usualmente significa trabajar en un ambiente atípico y desconocido. Puede haber dificultades en el control de la operación y en materia de remisión de utilidades y regalías, así como tipos de cambio fluctuantes y altas tasas de inflación, que disminuyan la rentabilidad estrepitosamente.

13. En los casos de países con programas de sustitución de importaciones, los socios extranjeros que realizan joint ventures se ven beneficiados frente a los competidores que exportan a dicho mercado.

14. El socio extranjero puede compartir inicialmente los riesgos de encarar un nuevo negocio, sea este la producción de un bien o la prestación de un servicio.

15. Para algunas empresas, la formación de una joint venture en el exterior, puede implicar una pérdida de control de las operaciones, si es que no se han acordado reglas claras de administración en la fase de negociación inicial.

16. Puede haber aspectos de administración que lleven a fricciones entre los socios, para lo cual deben proveerse mecanismos ágiles y razonables de solución de disputas y/o controversias y de solución de diferencias.

17. Los socios extranjeros se ven expuestos a cambios en la política gubernamental del país huésped, pudiendo cambiar la actitud con referencia a las inversiones extranjeras, los aspectos fiscales, comerciales, financieros o legales.

18. El socio extranjero puede aprovechar la capacidad de lobby y las relaciones institucionales que el socio local tiene desarrolladas dentro del gobierno, de las entidades gremiales empresarias y sindicatos del país huésped.

B) ASPECTOS DE MARKETING

1. La firma local puede preferir un esquema de asociación a uno de competencia, cuando toma conocimiento de que una firma extranjera está planeando instalarse en su país.

2. Para el socio local, puede ser más fácil a través de un socio extranjero, la obtención de insumos, partes, piezas y bienes de capital de origen foráneo.

3. El socio local puede aprovechar la experiencia internacional y el acceso a mercados del socio extranjero, para así insertarse en nuevos mercados internacionales.

4. Las marcas de fábrica pueden ser elementos de fricción entre las partes.

5. El socio local puede tener experiencias sobre el mercado local y organización de ventas, lo cual es de importancia para el socio extranjero.

6. El socio local puede estar en mejor posición para obtener materiales, partes y piezas en el mercado local, lo cual puede ser una ventaja para el socio extranjero.

7. Puede haber limitaciones y diferencias en la determinación de las políticas de comercialización.

8. El socio local puede verse beneficiado por menores costos de comercialización internacional, labor que desarrolla más competitivamente el socio extranjero.

9. El socio extranjero penetra un nuevo mercado, cuando alguna de las otras estrategias usuales de inserción en mercados externos —por caso la exportación o la transferencia de tecnología— se ven dificultadas, por ejemplo, por elevados derechos de importación o por limitaciones

en el pago de regalías, respectivamente. En algunos casos, esa penetración a través de la joint venture puede ir acompañada de exportación o transferencia de know how, licencia de patentes o servicios de ingeniería, como se daría en el caso de una joint venture contractual para la construcción de una planta completa entregada bajo condición llave en mano.

10. El socio extranjero tiene acceso a grandes compradores, acceso a canales de distribución ya desarrollados en el mercado del país huésped, contando a veces con protección arancelaria, y facilidades para la exportación, como es el caso del aprovechamiento de las zonas de procesamiento de exportación, o la exportación a otros mercados libre de gravámenes en virtud de acuerdos arancelarios tipo Sistema Generalizado de Preferencias —SGP, Acuerdo Africa Caribe Pacífico de la Comunidad Europea —ACP, Iniciativa de la Cuenca del Caribe —CBI, Iniciativa para la Región Andina, o bien los derivados de un acuerdo de integración regional o subregional, como es el caso de ALADI, MCCA, Comunidad del Caribe, Pacto Andino o MERCOSUR.

11. El socio extranjero que ha formado una joint venture con un socio local tiene un mejor acceso a las compras estatales (que en algunos países constituyen una porción significativa del mercado), ya que al ser considerado proveedor local, se beneficia frente a la competencia extranjera puesto que existen habitualmente márgenes de preferencia para los proveedores domésticos.

C) ASPECTOS FINANCIEROS

1. Para el socio local, la joint venture puede ser un mecanismo facilitante para la obtención de crédito interno y/o externo, sea en forma de crédito de proveedores o de bancos comerciales, de inversión o de organismos multilaterales o regionales. También le permite obtener incentivos financieros, siempre que su nivel de participación permita catalogar a la empresa local como de capital nacional.

2. Para el socio extranjero, el socio local puede tener habilidades en el manejo de las relaciones institucionales con la banca local.

3. El socio local puede obtener financiamiento en las compras de equipos del exterior, a través del apoyo de su socio foráneo.

4. El socio local puede perder cierta autonomía en la definición de la política financiera en materia de dividendos, beneficios retenidos, depreciación, estados financieros y fuentes de fondos.

5. El socio extranjero tiene menor necesidad de capital y en consecuencia, menor riesgo.

6. El socio extranjero recibe menos presiones gubernamentales para la generación de divisas cuando formaliza una joint venture, que cuando realiza una inversión 100% propia.

7. El socio extranjero tiene acceso al mercado financiero local a través de su socio en el país huésped.

8. En muchos casos, el socio local ya tiene montada una infraestructura física de planta y depósitos, lo cual beneficia en términos de cash flow al socio foráneo.

9. El socio extranjero puede ver afectado su margen de utilidad como consecuencia de altas tasas de inflación y movimientos bruscos de los tipos de cambio, o bien por dificultades en la transferencia al exterior de regalías y utilidades.

10. Para una empresa de una nación en desarrollo con ciertos problemas de balanza de pagos y sector externo (concretamente, escasez de divisas) que intente invertir en una empresa conjunta en otro país, es posible que encuentre dificultades para la transferencia de divisas al exterior para los fines de integración del capital. Menores dificultades existen cuando se trata de otros aportes, fundamentalmente los intangibles.

D) ASPECTOS DE PERSONAL

1. Si la contribución del socio extranjero consiste en suministrar conocimientos técnicos y administrativos, el socio local se puede beneficiar de un programa acelerado de formación de personal.

2. Puede haber diferencias en el tema salarial, producto de sistemas y culturas diferentes.

3. El socio extranjero puede aprovechar la experiencia del personal local, ya entrenado.

4. El socio extranjero ahorra gastos, al no tener que enviar personal de su sede, o en el caso que tuviera que hacerlo, le representa una menor cuantía.

5. Puede haber dificultades en la formación de cuadros directivos y técnicos.

6. La existencia de legislación laboral que obligue a incorporar un número creciente de técnicos y profesionales locales, puede ser una desventaja para el socio foráneo.

E) ASPECTOS TECNOLOGICOS Y DE PRODUCCION

1. El socio local puede aprovechar la tecnología, maquinarias y equipos desarrollados por la contraparte extranjera.

2. Puede haber desacuerdos entre los socios sobre el acceso a tecnología secreta, las formas de actualización de la tecnología, el acceso a nuevos perfeccionamientos y sobre las regalías o derechos a pagar por el uso de patentes, know how o asistencia técnica.

3. El socio extranjero puede asegurarse el suministro de insumos críticos a través del joint venture.

4. El socio foráneo encuentra un mercado para la colocación de sus insumos y maquinarias.

5. El socio extranjero puede fabricar bienes con un bajo valor de producción. Si la mano de obra tiene importancia en el costo del producto, y el mismo no tiene un alto contenido tecnológico que invalide el anterior supuesto, la producción de bienes en joint ventures en naciones en desarrollo, puede significar costos más bajos, mejor competitividad y eventualmente, mayores utilidades.

6. La producción puede verse complicada cuando existen requerimientos de contenido nacional, que se van incrementando con el correr de los años, ya que a veces los costos de los componentes locales son mayores, y en otros casos, no existen proveedores adecuados, por lo que hay que proceder a una tarea de desarrollo de los mismos. De todas maneras, ese desarrollo puede acarrear nuevos negocios de transferencia tecnológica a dichas empresas, como en muchos países latinoamericanos con industrias automotrices ocurrió entre las terminales y las fábricas de autopartes.

7. El socio local puede tener temores a quedar supeditado a una extrema dependencia de avances tecnológicos por parte del socio extranjero.

8.8. ASPECTOS FISCALES

1. El socio extranjero puede tener tratamiento fiscal favorable, dentro de la estructura tributaria del país huésped, al asociarse en una joint venture.

2. El socio extranjero puede sufrir retenciones elevadas en su remesa de utilidades, pago de intereses por préstamos del exterior, giro de regalías o repatriación de utilidades, más aun cuando no existen tratados de doble imposición fiscal.

8.9. LAS VENTAJAS Y DESVENTAJAS PARA EL PAIS RECEPTOR DE LA JOINT VENTURE

En el punto anterior nos hemos referido básicamente a la situación de ventajas y desventajas en relación a la empresa, cubriendo la óptica tanto del socio local como del socio extranjero.

Los países que reciben o captan inversiones extranjeras para la conformación de joint ventures, también tienen algunas ventajas y desventajas.

En grandes lineamientos, serían las siguientes:

Ventajas:

*   Aumento del proceso productivo y la consecuente generación de empleo.

*   Acceso a nuevas tecnologías, conocimientos, patentes y marcas, con la consecuente mejora en las formas y procesos de producción.

*   Mejoramiento de las capacidades de administración, gracias al acceso al management de los socios internacionales.

*   Acceso al capital internacional.

*   Acceso al mercado internacional, a través de los socios extranjeros;

*   Aumento de las exportaciones, generadas por las joint ventures, con su consecuente efecto multiplicador sobre la economía nacional.

*   Ingresos de divisas producidos por esas exportaciones, con sus efectos positivos sobre la balanza de pagos.

Desventajas:

- Necesidad de compartir los beneficios económicos, lo cual equivale a pagar en divisas las regalías y utilidades del negocio. De todas formas, si el resultado de la balanza de divisas es positivo para el país, como resultado de exportaciones adicionales, este aspecto resulta ventajoso.

- Dependencia de ciertos insumos, partes, piezas, bienes de capital extranjeros.

- Posibilidad de alta concentración de la producción en mercados de exportación, con riesgos de prácticas proteccionistas.

- Control y manejo de las exportaciones por parte de empresas extranjeras.

8,10. PRINCIPALES PROBLEMAS ENCONTRADOS POR INVERSORES EXTRANJEROS PARA LA FORMACION DE JOINT VENTURES EN PAISES EN DESARROLLO

La naturaleza y la escala de las dificultades encontradas por las empresas que desean conformar joint ventures en naciones en desarrollo, son de características disímiles según el país, la industria de que se trate o el tipo de joint venture que se intenta formar. A pesar de ello, las dificultades mayormente citadas para el desarrollo de operaciones de empresas conjuntas en tales países, son las siguientes:

- Ambigüedades resultantes de la falta de precisión en las reglamentaciones que legislan las inversiones extranjeras. Como consecuencia de ello, se generan vacíos legales que pueden implicar situaciones conflictivas o negativas en el futuro.

- Obstáculos, demoras burocráticas y engorrosos procesos de toma de decisión con respecto a empresas extranjeras. En algunos casos de América Latina, se han reportado demoras de hasta 2 años para la aprobación de una inversión, con constitución de empresas conjuntas. Por ejemplo, el sector petroquímico y el petrolero se ven afectados por esas demoras en ciertos países de la región.

- Infraestructura inadecuada, tanto en lo referido a transporte y comunicaciones (especialmente telecomunicaciones), como a facilidades de oficinas, terrenos, plantas industriales. En algunos países de la región latinoamericana ello es extensivo a hoteles y acomodaciones para viajeros del exterior.

- En algunos países con economías dirigistas o con planificación central, falta de personal administrativo y staff local experimentado en métodos comerciales de economías de mercado.

- Calidad inadecuada y/o provisión irregular o insuficiente de materias primas, componentes, partes y piezas. En los casos que se deben importar, la tramitación de las importaciones es lenta, complicada y burocrática.

- Problemas en la obtención de financiamiento local, y sistemas bancarios y financieros inadecuados.

- Sistemas contables inadecuados o incompatibles.

- Requerimientos de performance excesivos, sea en materia de componente nacional, como de exportaciones, o aspectos financieros o laborales.

- Dificultades de adaptación de la mano de obra local para procesos productivos y conflictos con los sindicatos y gremios.

- Alta presión tributaria o política fiscal inadecuada para la instalación de empresas extranjeras.

- Leyes de competencia que limitan notablemente el accionar de firmas foráneas.

- Inconvertibilidad de las monedas locales, y riesgos de cambio, debido a la volatilidad de los mercados. En muchos países de América Latina los mercados cambiarios se ven notablemente influenciados por las demandas de moneda extranjera por parte de empresas y particulares, quienes se refugian en las divisas —particularmente el dólar estadounidense—, frente a procesos inflacionarios y economías inestables.

- Como consecuencia del punto anterior, y de posibles dificultades en las balanzas de pagos, suelen existir obstáculos para la repatriación de inversiones, remisión de utilidades y giro de regalías al exterior.

- Inexistencia, estrechez o falta de transparencia de los mercados de capitales locales.

8,11. ¿POR QUE FALLAN ALGUNAS JOINT VENTURES?

Muchos de los estudios sobre joint ventures, localizados tanto en naciones industrializadas como en países en desarrollo, se han preocupado de analizar las razones de la sobrevivencia o el fracaso de dichos emprendimientos.

A pesar de las notables ventajas que generalmente se presentan en el análisis de la formación de empresas conjuntas, la investigación empírica demuestra que también existen variados factores que hacen que muchas empresas se desanimen de formar joint ventures, o que, una vez formadas, terminen prematuramente sus acuerdos, tanto sea por la vía de la liquidación, el pase del control al otro socio, o por medio de la asunción completa de la propiedad y el control por parte de uno de los miembros.

Una buena parte de los estudios que demuestran o tratan de explicar porqué fallan las joint ventures, señalan ciertos elementos en común, a saber:

— productos, tecnologías o plantas obsoletas;

— interpretación errónea de las necesidades del mercado;

— elevación de costos;

— depresión de los precios;

— cambios imprevistos en la economía;

— acciones gubernamentales;

— problemas internos entre los socios de la empresa.

El último aspecto merece una ampliación por su variedad de posibles causas.

Para muchas empresas, que pueden contar con los recursos necesarios, ya sean humanos, financieros, tecnológicos, naturales o empresariales, la instalación de una filial propia en el exterior tiende a ser más fácil de administrar que una joint venture, ya que esta última es una forma organizativa más difícil de manejar.

El directorio de una joint venture, por ejemplo, contiene representantes de ambas empresas socias, con diferentes prioridades, directivas y valores, inclusive culturales. Si su conformación no es la adecuada, la confusión, la frustración y las posibles confrontaciones, influirán negativamente sobre los procesos de toma de decisiones, afectando notoriamente a la performance de la empresa conjunta.

La conformación de sus cuadros gerenciales también suele ser causal de deterioro de las relaciones internas entre los socios, máxime en el caso de que los gerentes provengan de dichas compañías, y sean «prestados» a la empresa conjunta.

Como corolario, es claro entonces que la confianza, la autonomía y el respeto mutuo de los socios, juegan un papel preponderante para lograr la armonía de las relaciones entre los socios, y así evitar las fricciones y el posible fracaso del emprendimiento conjunto.

8.12. LA DECISION DE ASOCIACION EN EL EXTERIOR

El proceso de decisión respecto de la asociación en el exterior, parte de un proceso de evaluación de las estrategias que una empresa dispone para penetrar un mercado externo. Como hemos explicado anteriormente, la empresa debe analizar las posibles opciones de otras formas de inserción internacional, tales como la transferencia tecnológica, la inversión en una subsidiaria 100% propia en el exterior, la exportación, y otros modelos complementarios, como el countertrade o la subcontratación.

En cada nivel del análisis de todas estas posibilidades, las empresas comparan alternativas, evaluando costos relativos, ganancias y riesgos.

Si bien una empresa desea insertarse en el mercado externo por la vía de la inversión o la asociación porque obtiene acceso a un nuevo mercado, protege los mercados ya establecidos, obtiene materias primas o bien fija puntos de producción con un potencial económico atractivo, siempre deberá realizar un análisis de esta estrategia frente a las demás, tal como se explicitó anteriormente en esta obra.

De todos modos, la decisión de efectuar una inversión en forma asociativa, presenta algunas determinaciones relacionadas entre sí, que es menester analizar:

1. Decisión de insertarse en mercados externos.

2. Selección de la forma de penetración.

3. Elección de la ubicación de la inversión.

4. Determinación del volumen de la inversión.

5. Elección de la oportunidad de inversión y asociación.

6. Elección del socio adecuado.

8,13. COMO COMENZAR

Algunas empresas de las naciones desarrolladas que desean incursionar en mercados externos, tienen determinado por política empresarial, la inversión en el exterior o bien, la asociación con empresas en emprendimientos conjuntos para desarrollar procesos de producción o prestación de servicios.

Para las empresas de naciones en desarrollo, y en particular, las de América Latina, la opción de una joint venture, generalmente viene como consecuencia o corolario de una actividad previa en uno o varios mercados de una región, ya sea por la exportación de bienes o servicios o por actividades de transferencia de tecnología.

Sin embargo, a veces hay que elegir un país dentro de una cierta área económica donde la empresa desea establecer su base de operaciones para desde allí, servir a los mercados vecinos, a los mercados de la región, o a los países miembros de un mismo acuerdo o bloque de integración al que pertenece el país seleccionado.

En ese sentido, existen ciertos requerimientos críticos para comenzar a analizar la posibilidad de establecer una joint venture:

1. Determinación de las capacidades de la empresa, y la determinación de que existen atributos o activos que pueden ser capitalizables como aportes a un emprendimiento conjunto.

2. Buena información, actualizada, suficiente, confiable y objetiva, sin la cual, cualquier intento de inversión sería meramente especulativo.

3. Disponibilidad de tiempo, y deseo de utilizar recursos en la investigación y prospección general respecto de la futura asociación en el exterior.

4. Asesoramiento de profesionales con experiencia en los negocios con el país o la región donde se desea radicar la joint venture.

8,14. LA ELECCION DEL PAIS

En ciertas situaciones, no hay motivos para dudar en la elección del país donde se habrá de desarrollar el emprendimiento conjunto. Las joint ventures que se van desarrollando entre Argentina y Brasil, son usualmente una consecuencia de un proceso de integración que avanza día a día, donde las empresas de un país comenzaron exportando al otro, aumentando su participación en el mercado y su relacionamiento con los canales de distribución, para finalmente decidir que es conveniente la formación de un emprendimiento conjunto.

Pero si una empresa mexicana que está exportando a las naciones del Grupo Andino, desea aumentar su participación, a través de la inversión en uno de esos países, en conjunción con un socio local, deberá tomar ciertos recaudos y analizar abundante información para decidir si la joint venture la habrá de realizar en Bolivia, Perú, Ecuador, Colombia o Venezuela. De la misma manera, esto le puede suceder a una empresa europea que desea radicar una inversión en forma de joint venture en alguno de los cuatro países que conforman el MERCOSUR.

Siempre es importante tomar en consideración cuales son las políticas de los países en donde la empresa ya tiene presencia a través de exportaciones, puesto que muchos países en desarrollo, que necesitan generar empleo y divisas, suelen aplicar políticas que a mediano o largo plazo, determinan la conveniencia de producir en dichos mercados en lugar de atenderlos por la vía de las exportaciones.

Adicionalmente, conviene tener en claro cual es el objetivo de llevar adelante un emprendimiento conjunto, lo cual tendrá influencia en la selección del país.

Así, una empresa puede desear penetrar y establecerse en un mercado local o un bloque de integración comercial, o bien producir una materia prima para asegurarse su posterior importación, o bien producir para exportar a terceros mercados de ultramar. En cada caso, el país seleccionado no necesariamente tiene por qué ser el mismo.

Antes de determinar las condiciones específicas de los mercados, se pueden consultar publicaciones, investigación o reportes sobre los países, que informan la situación general en materia política, económica, financiera, productiva, tecnológica, demográfica, de infraestructura, de recursos naturales, y de recursos humanos, entre otros aspectos.

Sin embargo, habrá luego que recurrir a informes o publicaciones más profundos, que analicen fundamentalmente las leyes, normas y políticas del país donde se intenta desarrollar un emprendimiento conjunto, así como también, los reportes que evalúan el clima de inversión en dicho país. Más adelante en esta obra, analizamos dichos temas con mayor profundidad.

De todas formas, los elementos claves de estudio de un país para el análisis de la radicación de una inversión en el exterior a través de una empresa conjunta, son los siguientes:

A. Políticas, regulaciones, normas y leyes del país anfitrión.

1. Política sobre las legislaciones extranjeras y garantías de inversiones.

2. Política y normas sobre transferencia de tecnología y marcas.

3. Normativa sobre el régimen de sociedades.

4. Política de comercio exterior, tanto de importaciones, exportaciones como de integración económica o vinculación a bloques regionales de comercio y pagos.

5. Política monetaria y fiscal y su relación sobre la inflación, la tasa de interés, los precios, el crecimiento económico y la estabilidad.

6. Normativa impositiva en relación a los inversores extranjeros.

7. Política, normativas y funcionamiento del mercado financiero y de capitales.

8. Política de comercio interior, incluyendo leyes sobre competencia y antimonopólicas.

9. Política industrial y zonas de promoción industrial regional.

10. Política laboral y organización de la mano de obra.

11. Normas sobre adquisiciones estatales, tanto de la Nación, como de las provincias, estados, regiones o municipios.

12. Otros cambios de la política gubernamental que atañen a los negocios internacionales.

B. Parámetros políticos y legales claves en el país y su proyección.

1. Características del sistema político y económico; principios políticos e ideología nacional.

2. Principales partidos políticos, su ideología y pautas de acción.

3. Estabilidad de los gobiernos: cambios en los partidos políticos o cambios de gobiernos.

4. Valoración del nacionalismo y su relacionamiento sobre el ambiente político y la legislación.

5. Valoración de la vulnerabilidad política: posibilidades de expropiación, legislación nacional y leyes tributarias desfavorables y discriminatorias, leyes y políticas laborales.

6. Aspectos políticos favorables: concesiones impositivas o de otra índole para estimular las inversiones extranjeras, y créditos y otras garantías.

7. Diferencias en cuanto al sistema legal y el derecho comercial.

8. Jurisdicción de los litigios judiciales.

9. Cláusulas de arbitraje y su cumplimiento.

10. Protección de patentes y marcas registradas y otros derechos de propiedad industrial.

C. Parámetros económicos claves y proyección de los mismos.

1. Población y su distribución por edades; densidad demográfica y crecimiento demográfico anual; porcentaje de la población en edad de trabajar; niveles de desocupación y subocupación; población económicamente activa; porcentajes de población urbana y rural.

2. Nivel de desarrollo económico e industrialización del país.

3. Producto nacional bruto y producto bruto interno total y per cápita, de los últimos años y su proyección.

4. Distribución del ingreso.

5. Indices de evolución de los precios minoristas, mayoristas, agropecuarios, industriales, de servicios y de construcción.

6. Medidas de estabilización de precios y control de inflación.

7. Provisión de mano de obra e índices salariales.

8. Situación de superávit o déficit de la balanza de pagos y balanza comercial; nivel de reservas; volumen y grado de endeudamiento externo, con relación a variables económicas como PBI, exportaciones, etc.

9. Tendencias del mercado cambiario y los tipos de cambio; estabilidad de la moneda local; y eventuales restricciones sobre los movimientos de capital, repatriación de capitales y remisión de utilidades.

10. Nivel promedio de aranceles aduaneros de importación, niveles de protección efectiva; barreras no arancelarias; controles de cambio; impuestos a las exportaciones.

11. Políticas monetarias, fiscales e impositivas.

D. Estructura y sistema comercial.

1. Filosofía comercial prevaleciente: liberal, capitalismo mixto, economía planificada o socialismo estatal.

2. Principales tipos de actividades industriales, comerciales y económicas.

3. Características y magnitud de las empresas, y formas legales societarias prevalecientes.

4. Participación de la industria extranjera en las principales industrias y actividades económicas.

5. Disponibilidad de gerentes comerciales: su formación, capacitación, experiencia, actitudes y reputación.

6. Asociaciones comerciales, industriales y cámaras y su influencia en el país.

7. Códigos comerciales, oficiales y extraoficiales.

8. Características de los canales de distribución y las empresas de servicios de apoyo a la comercialización.

9. Instituciones financieras y comerciales de otra índole, tales como bancos, financieras, casas de cambio, aseguradoras, etc.

10. Prácticas gerenciales en cuanto a planificación, administración, operaciones, contabilidad, presupuestos, control, etc.

E. Parámetros sociales y culturales y sus proyecciones.

1. Niveles de alfabetismo y educación.

2. Educación disponible de índole comercial, económica y técnica.

3. Idioma y características culturales.

4. Estructura de clases y movilidad social.

5. Características religiosas, étnicas y nacionales.

6. Grado de urbanización y migración rural-urbana.

7. Intensidad del nacionalismo.

8. Indice de cambios sociales.

9. Impacto del nacionalismo sobre los cambios sociales e institucionales.

Habitualmente se suelen presentar cuadros resumidos que muestran el clima de inversión, tal como el siguiente:

Factor Según Orden De Importancia	Valor Asignado Al Factor	Puntaje Del Factor Desde 0 (Negativo) H/100 (Positivo)	Puntaje Balanceado
Posibilidad de expropiación	10	90	900
Riesgos de propiedad por daño o guerra	9	80	720
Remisión utilidades	8	70	560
Restricciones a firmas foráneas en comparación a firmas locales	8	70	560
Disponibilidad de capital a costo razonable	7	50	350
Estabilidad política	7	80	560
Repatriación capitales	7	80	560
Estabilidad de la moneda	6	70	420
Estabilidad de precios	5	40	200
Presión fiscal	4	80	320
Problemas gremiales	3	70	210
Incentivos de gobierno a las inversiones	2	0	0
Puntaje balanceado total del clima de inversiones			5.360
Porcentaje de máxima			7.600
Porcentual de clima favorable en país xx			70,53%

8,15. LA ELECCION DEL SOCIO

Establecer recomendaciones sobre el tipo de socio a elegir, es como asesorar a una hija sobre la clase de hombre con el que se debería casar.

En una joint venture, la búsqueda de un socio es similar a la búsqueda de una pareja en las relaciones humanas. El gusto de cada uno es diferente al del otro, y el socio ideal para una empresa puede resultar inconveniente para otra.

Uno de los principales problemas con la elección del socio, es que muchas de las características generalmente deseables en dicha contraparte, tales como honestidad, respeto y confianza mutua, habitualmente solo entran en evidencia cuando se presentan conflictos, como puede ser, por ejemplo, una crisis a los dos años de haberse formado la joint venture. Por ello, el hecho de hacer una lista de recomendaciones sobre los socios carece en cierta forma de sentido.

Sin embargo, hay algunas ideas que pueden tomarse en cuenta en forma general.

8,15,1. LA CULTURA

El aspecto de la cultura, es de suma importancia. Por una parte está la cultura nacional y por la otra, la cultura empresarial. A mayor similitud de cultura de las partes que forman parte de la joint venture, mayor facilidad de manejo del emprendimiento conjunto, y en consecuencia mayor posibilidad de éxito.

Para que una joint venture sea exitosa, sus gerentes de línea deberán desarrollar sus tareas dentro de un grupo efectivo, operativo y con cohesión. Así, el gerente de planta debe interpretar reportes del gerente comercial, y este a su vez, debe trabajar estrechamente con el gerente financiero. Decenas de posibilidades de interrelacionamiento existen dentro de una empresa, pero las dificultades empiezan a aparecer cuando los gerentes provienen de empresas con diferentes culturas empresarias y diferentes culturas nacionales.

Un ejemplo de la cultura empresaria se daría cuando una de las partes es empresa grande y pretende utilidades en el largo plazo, mientras que la otra es mediana y desea beneficios económicos en el corto plazo. En otro ejemplo, la cultura nacional de una empresa de origen peruano, acostumbrada a convivir con procesos administrativos muy burocráticos en los trámites ante el gobierno, puede chocar con la cultura de una empresa de Singapur, donde la inscripción de una empresa —por sólo citar un caso—, insume sólo una tarde.

En consecuencia, a mayor diferencia de las culturas, mayor dificultad para alcanzar un grado razonable de cohesión entre las partes.

8,15,2. EL TAMAÑO

El otro aspecto de importancia es el tamaño o la dimensión económica de las partes que pretenden formar la joint venture. Una cierta diferencia entre ellas, puede crear problemas complicados en el futuro.

Asimismo, la diferencia en el tamaño de las firmas implica diferencias en la cultura empresarial. Un aspecto donde esas diferencias se hacen presente, por ejemplo, es en el aporte monetario a la joint venture, sea al principio, o cuando en una etapa avanzada es necesario hacer una inyección de capital. Por lo general, el más pequeño espera que el más grande contribuya en mayor cuantía. Por otra parte, el tamaño de las firmas puede determinar diferentes grados de prioridad. En una joint venture entre un socio pequeño y un socio grande, la importancia en el contexto de las operaciones, puede ser muy significativa para el primero, y de baja trascendencia para el segundo, dificultando o entorpeciendo la toma de decisiones.

Este es un elemento de fundamental importancia en el proceso de selección de un socio adecuado en joint ventures entre empresas de países del MERCOSUR. Por ejemplo, una empresa mediana para los parámetros uruguayos puede diferir frente a una empresa brasileña del mismo rubro dadas las diferencias de mercado entre ambas naciones. En consecuencia, cuanto más similares son en su dimensión las partes, más fácil de administrar será el emprendimiento conjunto.

8,15,3. LA PERFORMANCE ECONOMICA DEL SOCIO

Independientemente que la firma sea diferentre en su dimensión o tamaño, importa también conocer cual es el estado y la evolución patrimonial, financiera y comercial del potencial socio, ya que es preferible asociarse a una empresa chica pero rentable y sin dificultades financieras o comerciales, más que a una grande y con dificultades cotidianas de flujo de caja y un alto nivel de endeudamiento. En este último caso, tal vez la adquisición de dicha firma —transformándola en subsidiaria propia—, y su posterior saneamiento e inyección de capital, sea una forma más rentable que la asociación, para lograr entrar a un mercado externo.

En consecuencia, es importante localizar las empresas de consultoría, de auditoría o aquellas que elaboran reportes comerciales, para que realicen una evaluación económica del potencial socio. Una radiografía completa del socio puede informarnos claramente respecto de su salud económica.

8,15,4. LAS RAZONES

Son variadas las razones por las cuales las empresas eligen a sus socios, las que usualmente tienen relación con las motivaciones para la constitución de joint ventures, que hemos explicado anteriormente.

Algunas firmas seleccionan socios en función de relaciones previas de orden comercial o tecnológico, como es el caso de la empresa que constituye una joint venture en el mercado que antes atendía vía exportaciones, y su socio es el anterior representante, distribuidor o agente comercial; o quien se asocia con quien fuera anteriormente su proveedor tecnológico.

Otras firmas encuentran su potencial socio a través de la participación en foros empresariales. En América Latina, algunas instituciones como la ONUDI, ALIDE, INTAL o ALADI organizan cierto tipo de encuentros empresariales con el objetivo de que las empresas encuentren potenciales interesados para sus proyectos, los que a la postre, podrán convertirse en los socios del emprendimiento conjunto.

Existen casos en que las visitas recíprocas y las relaciones de competencia, confluyen al proceso de identificación de socios para futuros proyectos conjuntos. También se suelen reportar casos donde la identidad cultural —por ejemplo, las empresas de dos países diferentes pero cuyos propietarios son inmigrantes de idéntico origen—, facilita el relacionamiento de los futuros socios.

En otros casos, el contacto surge por el hecho de ser clientes o proveedores de una misma empresa multinacional, como se han dado casos de joint venture entre firmas argentinas y brasileñas en la industria de autopartes.

En algunos países, las joint ventures se conforman a través de la intervención de servicios gubernamentales o de organismos internacionales que facilitan la localización de socios para la constitución de joint ventures. Sobre este particular, más adelante se explican los pormenores con mayor detalle.

8,15,5. LOS TIPOS DE SOCIOS

En este sentido existen varias alternativas que se pueden utilizar:

1. Una firma connacional, que ya está operando exitosamente en un mercado. Por ejemplo, una empresa colombiana, se asocia junto a otra empresa colombiana que ya opera en Canadá para la distribución de flores frescas en ese mercado. Ello puede ser atractivo si las empresas pueden lograr una complementación de capital, habilidades, conocimientos de mercado, recursos humanos y tecnología.

2. Otra firma extranjera. Ejemplo: una empresa mexicana que se asocia con una firma alemana en Holanda para formar una joint venture de distribución de miel pura de abejas en el mercado de la Comunidad Europea.

3. Una firma privada local. Esta es la posibilidad más frecuente en el caso de las naciones en vías de desarrollo, donde generalmente las leyes inducen —u obligan, según los casos— a asociarse con una empresa nacional o bien con individuos con residencia en el país (algunas legislaciones más flexibles, no exigen la residencia sino el domicilio dentro de un país, como es el caso de las sociedades binacionales entre Argentina y Brasil).

   Encontrar una firma privada local, no necesariamente significa que hay que asociarse con una empresa productiva de bienes iguales, complementarios o similares a los de la empresa que desea invertir en dicho país. A veces las instituciones financieras, las entidades de fomento al desarrollo privado, las empresas de seguros, o las empresas de servicios pueden perfectamente constituirse en socios locales de un emprendimiento conjunto, motivadas por una diversificación de su negocio.

4. Un socio público local. En algunos países, ciertas áreas de la actividad económica solamente están reservadas al Estado nacional, provincial, regional o municipal, o bien a empresas o corporaciones estatales, pero también hay casos en donde se permite la inversión del exterior, siempre que exista la asociación con un ente estatal.

   En otros casos, particularmente en las naciones en desarrollo pequeñas, las empresas estatales son quizá las únicas con las que se puede encarar una asociación, ya que cuentan con capitales financieros o recursos para aportar a un emprendimiento conjunto de cierta magnitud.

5. Una institución financiera internacional. Tenemos los casos típicos de organizaciones que invierten en joint ventures como socios, y que al cabo de un tiempo, cuando la joint venture comienza a ser rentable, venden sus acciones al resto de los socios. Es el caso de organizaciones como la Corporación Financiera Internacional del Banco Mundial, la Corporación Interamericana de Inversiones del BID, o los organismos de países desarrollados como la DEG en Alemania, el IFU en Dinamarca, el FMO en Holanda o el SWEDECORP en Suecia.

6. Una combinación de las alternativas antes descriptas.

8,15,6. LA EMPRESA TRANSNACIONAL COMO SOCIA

Las grandes empresas transnacionales, por ejemplo, suelen encontrar conflictos cuando deben formar joint ventures, en lo que a sus objetivos se refiere. En primer lugar, el hecho de que hayan llegado a transformarse en transnacionales, implica por definición que en el pasado han preferido tener un completo control de sus operaciones, y ello lo han logrado gracias a tener subsidiarias completamente propias, en lugar de joint ventures societarias u otros emprendimientos conjuntos de tipo contractual, tales como esquemas de complementación o cooperación comercial, industrial o tecnológicos.

Las razones de esta preferencia usualmente radican en que estas empresas son renuentes a compartir el control de los activos intangibles o invisibles, tales como la tecnología o la I&D, además de que cuidan celosamente la calidad y la presentación del producto.

Sin embargo, cuando la legislación de un país busca asegurar el control por parte de empresas o individuos nacionales, no existe alternativa para estas corporaciones, sino el camino de la empresa conjunta.

Para las empresas transnacionales, las posibilidades de formar una joint venture con socios locales en naciones en desarrollo está interrelacionado con la estructura internacional de sus industrias y mercados, sus estrategias globales, sus experiencias pasadas y su identidad nacional.

Pero en realidad, las empresas de este tipo que manufacturan productos en serie, diversifican constantemente sus líneas de productos y se comprometen en la integración vertical, a menudo están dispuestas a formar parte de joint ventures. Por dicha estrategia, muchas veces obtienen seguridad y continuidad en sus aprovisionamientos de materias primas y bienes intermedios.

Aun así, existen variedad de comportamiento según sea el origen de estas firmas. Las transnacionales estadounidenses han tendido a evitar las joint ventures:

1) en industrias de altas tecnologías;

2) en negocios con operaciones intensivas de marketing —alta diferenciación de producto, y esfuerzos de promoción y penetración de marcas— y,

3) en operaciones que requieran racionalización regional y global.

Las corporaciones transnacionales de Europa Occidental generalmente han mostrado mayor predisposición para la realización de joint ventures, aún con propiedad minoritaria del tipo 50-50 en naciones en desarrollo. Sin embargo, las que son líderes en sus industrias y con alto desarrollo tecnológico, se han comportado casi de manera similar a las estadounidenses, es decir, con renuncia a la formación de joint ventures.

Por su parte, las grandes corporaciones japonesas han mostrado una marcada preferencia a operar con joint ventures en naciones asiáticas y —en menor cuantía— latinoamericanas.

Lo que ha aumentado considerablemente en la década del '80 son las joint ventures formalizadas entre las grandes corporaciones de países en vías de desarrollo, especializándose en productos estandarizados, de baja tecnología y con alto componente de mano de obra, la cual se encuentra en condiciones ventajosas en la mayoría de los países en desarrollo.

En lo que respecta a la contribución de la empresa transnacional, ello depende de la industria o el sector involucrado, el producto o línea de productos, y la orientación comercial entre otros factores, pero habitualmente comprende:

— tecnología de fabricación;

— know how del producto;

— patentes;

— experiencia comercial y red de comercialización;

— entrenamiento técnico;

— desarrollo gerencial;

Por su parte, la empresa transnacional generalmente espera que el socio local aporte:

— parte del capital;

— dirección;

— conocimiento del entorno del país;

— conocimiento del mercado;

— acceso a fuentes de financiamiento;

— contactos con el gobierno y sindicatos;

— red de proveedores;

— capacidad de comercialización y canales de distribución;

— plantas, instalaciones y terreno.

8.15.7. RECOMENDACIONES FINALES

Algunas recomendaciones finales para la elección del socio serían las siguientes:

— Analizar la experiencia y el conocimiento del potencial socio en el campo de la producción o la prestación de servicios similares a los productos que se desean fabricar y comercializar o los servicios que se desean prestar.

— Estudiar su posición financiera.

— Informarse de la reputación y la red comercial del potencial socio.

— Chequear la competencia de los servicios que presta y de la red de asistencia técnica que posee.

— Analizar la posibilidad de compartir sus instalaciones productivas.

— Analizar si la fuerza de ventas y los recursos humanos técnicos del potencial socio son efectivos y eficientes.

— Verificar sus niveles de acceso y contactos con el gobierno local.

8.16. LOS RECURSOS PARA APORTAR A UNA JOINT VENTURE

A la hora de clasificar los recursos que se aportan a un emprendimiento conjunto entre dos o más socios, generalmente se hace la distinción entre los aportes que pueden hacer los socios extranjeros y los socios locales.

Así, en el caso de América Latina, es frecuente que, al hablar de socios extranjeros, se piense que sus aportes pueden ser en términos de:

— créditos;

— equipos;

— tecnología;

— management;

— mercados;

mientras que la contribución del socio local estaría limitada a:

— recursos naturales;

— mano de obra y profesionales capacitados con bajo costo;

— plantas industriales montadas (a veces con capacidad ociosa);

— influencia y contactos en gobierno y medios empresarios.

Sin embargo, conviene tener presente que los aportes pueden ser de diverso tipo, pero su capitalización puede ser diferente según se trate del tipo de joint venture y del país recipiente. Un aporte como divisas de libre convertibilidad, es válido como aporte y capitalización de una sociedad en cualquier lugar del mundo. Pero no es así con respecto a ciertas tecnologías o know how, donde las reglamentaciones pueden establecer limitaciones o bien no contemplarlo como aporte capitalizable a una sociedad entre un inversor local y un inversor extranjero.

En la mayoría de las legislaciones sobre inversiones extranjeras de América Latina, se consideran aportes capitalizables de los socios foráneos a las divisas, maquinarias y equipos, otros bienes físicos (repuestos, partes, piezas, componentes, materias primas y bienes intermedios o semielaborados), los bienes intangibles (patentes, marcas, know how), los créditos y la reinversión de utilidades.

Cuando hablamos de capacidad de comercialización o acceso a mercados, es difícil medir o valorar en términos monetarios cual será esa capacidad, que además, se verá en la capacidad del socio (usualmente el extranjero), lo cual implica una performance futura. Generalmente, este tipo de aportes, se valorizan no como aporte capitalizable a la conformación de la sociedad, sino como una actividad remunerada que la empresa conjunta pagará como una retribución a su socio extranjero por dicha actividad. Por ejemplo, el socio extranjero le cobrará a la joint venture un porcentual xx por cada operación de exportación que realice. De la misma manera puede ocurrir con la capacidad gerencial que aporta el socio foráneo. En ese caso, la empresa conjunta realiza un contrato de management con el socio extranjero, donde establece la remuneración por dicho concepto.

Diferente es el caso de una licencia de propiedad industrial, que bien puede aportarse y constituir un elemento capitalizable a la sociedad conjunta, siempre bajo los términos de la legislación pertinente del país recipiente.

Adicionalmente, cabe distinguir entre los recursos que se aportan al comienzo de las operaciones y los que se aportan cuando una empresa está en funcionamiento. Una marca se puede aportar al inicio, mientras que la reinversión de utilidades puede ser un aporte que se realiza cuando la empresa está en marcha y con algún tiempo de operaciones, ya que las utilidades solo se reconocen una vez que han terminado los períodos contables o fiscales que marca la ley en el país huésped, es decir donde reside el emprendimiento conjunto.

Por otra parte, los aportes pueden tener diversos objetivos, es decir, a que tipo de actividad se van a destinar. Pueden utilizarse para la suscripción e integración del capital accionario inicial de una empresa conjunta; para lograr una compra de una parte del paquete accionario a otros accionistas; para formalizar un aumento de capital, o bien para canjearlos por títulos de deuda externa, muy frecuente esto último cuando se dan casos de inversiones vía capitalización de deudas (*debt swapping*).

Esos recursos servirán para integrar el capital social, o se destinarán como capital de trabajo, o para la compra de terrenos, edificios y construcciones, bienes de capital, equipos, aparatos, partes, piezas, componentes, insumos y materias primas no elaboradas.

A pesar de que algunas legislaciones o tipos de joint ventures permitidos en ciertos países, puedan no convalidar los diferentes tipos de aportes que pueden hacer tanto los socios extranjeros como los locales a una joint venture, una lista frecuente de los mismos es la siguiente:

1. Divisas de libre convertibilidad: por lo general, es un aporte monetario provisto por el socio extranjero de una joint venture.

2. Moneda local: por lo general, es un aporte reservado al socio local, aunque en los casos de capitalización de deuda, el socio extranjero aporta moneda local, que es lo que el banco central o autoridad monetaria le entrega en canje de los títulos de deuda que aquel ha adquirido, aun cuando se contabilice y se registre en su contravalor en divisas.

3. Créditos: la capitalización de créditos como aportes a una joint venture por parte del socio extranjero es frecuente y aceptada en muchos países. Otra contribución, aunque no capitalizable al principio, es el financiamiento, que puede ser facilitado por el socio local, cuando es de fuentes del propio país donde reside la joint venture, o bien por el socio extranjero, cuando proviene de la banca privada del exterior, orga-

nismos de créditos de exportación o entes del exterior que otorgan créditos de tipo concesional. Otro aspecto de análisis es el requerido a si el tomador del crédito será el socio extranjero, el socio local, o bien ambas partes como un todo dentro de la joint venture.

4. Capitalización de deuda: esta práctica no solo ha sido habitual en los últimos años en América Latina, sino en otras partes del mundo, y en países con altos niveles de endeudamiento. El sistema de *debt swapping*, permite a los socios foráneos —tras una serie de tramitaciones y aprobaciones de diversas autoridades del país recipiente—, comprar deuda pública de dicho país en los mercados secundarios internacionales de deuda, al valor de mercado, y presentarlas para su canje por moneda local en los países donde radicarán la inversión para una joint venture. Si bien la mayoría de los países toman una tasa de descuento o "corte" —cuyo porcentual varía—, la compra de los títulos de deuda en el mercado secundario se hace en condiciones muy ventajosas —dado el desagio que dichos papeles tienen, con lo cual, la inversión real en divisas tiende a ser más baja. No obstante, en algunos países esta modalidad ha perdido atractivo, ya que los papeles de deuda tienen una alta paridad en el mercado secundario.

5. Bienes de capital y equipos: por lo general, es un aporte que usualmente proviene del socio extranjero —el cual fabrica o bien tiene acceso a equipos de mayor avance tecnológico—, aunque el socio local también puede aportarlos, sean ellos bienes de capital nuevos o con un cierto uso.

6. Terreno, edificios y construcciones: por lo general, es un aporte que puede ser brindado por el socio local. A veces, por ejemplo, el aporte es una fábrica ya montada que tiene capacidad ociosa.

7. Repuestos, partes, piezas, componentes, materias primas y bienes semielaborados: pueden constituir una porción del aporte inicial a la joint venture, y con frecuencia proviene del socio foráneo.

8. Bienes terminados: en algunos casos de joint ventures contractuales para la comercialización y distribución de mercaderías, los socios foráneos envían bienes terminados como aporte inicial, para conformar el primer stock que será comercializado. Es más común en bienes de consumo que en bienes industriales.

9. Recursos naturales: habitualmente es un aporte o contribución del socio local, propietario del factor tierra.

10. Mano de obra: en este caso, el socio local puede contribuir con mano de obra y profesionales calificados de bajo costo, aunque no es un aporte capitalizable, sino más bien una ventaja que atrae al socio foráneo.

11. Capacidad gerencial: El management del socio extranjero generalmente es un aporte típico a las empresas conjuntas. Puede remunerarse con un contrato de management por separado, o bien tomarse como aporte, a través de un contrato de asistencia técnica, que incluya management, capacitación y asistencia técnica, y donde el socio extranjero contribuye con dicha capacidad a la empresa conjunta. Algunas legislaciones lo consideran dentro del rubro de bienes invisibles, intangibles o bajo la calificación "otros aportes".

12. Tecnología: típicamente es un aporte que se origina en el socio extranjero, si bien en contados casos, el socio local, aporta algo al respecto. Las tecnologías, por lo general son capitalizables como aporte inicial a una joint venture y pueden comprender licencias de propiedad industrial, propiedad intelectual, marcas, diseños industriales, ingeniería básica o de detalle, know how, y asistencia técnica.

13. Reinversión de utilidades: la casi totalidad de los regímenes que regulan la inversión extranjera en el mundo, aceptan la reinversión de utilidades como aporte a una joint venture por parte del socio extranjero, ya que obviamente, implica un aumento de capital extranjero en el país. No obstante, el socio local, también puede aumentar su participación en la joint venture, siendo que si la misma es en idéntica proporción que el socio extranjero con respecto al capital, la composición del capital de la joint venture (50-50, 49-51, 33-33-33, 60-40 u otras) tampoco sufrirá variación.

14. Acceso a mercados externos: habitualmente es una contribución del socio extranjero, quien tiene una probada capacidad de inserción en el mercado internacional, o bien posee una adecuada red de comercialización y distribución internacional. Este aporte usualmente se valoriza a través de un contrato entre la joint venture y el socio foráneo, ya que es de performance futura. Es decir, el socio foráneo, mientras más vende, mayor es su remuneración, asumiendo que la misma es a nivel porcentual sobre las exportaciones facturadas y cobradas. Sin embargo, podría ser capitalizable como aporte inicial, a través de una forma jurídica tal como un contrato de asistencia técnica, por el cual el socio extranjero le "enseña" a la joint venture como colocar sus productos en el mercado internacional.

15. Acceso al mercado interno: si el socio extranjero de la joint venture pretende aumentar su inserción en el mercado del país huésped, y el socio local tiene una alta capacidad, experiencia comercial y red de comercialización propia o controlada, puede hacer valorizar esos factores en la empresa conjunta.

16. Conocimiento del entorno del país: si bien es una contribución del socio local para hacer más atractiva la posibilidad de asociación, por lo general no constituye un aporte a la constitución de un joint venture.

17. Influencia y contactos con gobierno, cámaras y sindicatos: usualmente son atributos que maneja el socio local y constituyen un factor positivo, lo cual es motivante para el socio extranjero, pero ello no constituye habitualmente un aporte capitalizable.

18. Red de proveedores: idéntica explicación que el punto 17.

8,17. LOS ELEMENTOS DE NEGOCIACION EN UNA JOINT VENTURE

Dentro de todo el proceso de constitución y puesta en marcha de una joint venture, el proceso o la fase de negociación quizá sea el aspecto más difícil de todos.

Si bien el proceso de negociación se realiza una vez que los socios ya se conocen, existen varios aspectos que condicionan, favorecen o perjudican a las partes, ya sea la extranjera o la local.

La cultura nacional y la cultura empresarial —a la que nos hemos referido con anterioridad— pueden dificultar ese proceso negociador, ya que los valores o el entorno a que está acostumbrada una empresa de un país desarrollado suele diferir notablemente frente a los de su contraparte local. Por ejemplo, la visión respecto de los riesgos —cualquiera fueran ellos— puede ser diferente entre ambas partes. Asimismo, la planificación general de las actividades de la empresa conjunta puede acarrear divergencias entre las partes, ya que por ejemplo, la firma extranjera puede tener visión de largo plazo respecto de utilidades, mientras que la local, tiene objetivos de rentabilidad inmediata.

El poder negociador de una empresa foránea, puede ser mayor que el del socio local, y torcer la negociación según sus metas, más aún, si el socio extranjero es una corporación transnacional de gran envergadura.

La información comercial es otra capacidad para el proceso negociador, en donde la empresa extranjera usualmente tiene niveles de desarrollo y acceso a información mucho más fáciles y sofisticados que la empresa local.

Sobre estos aspectos, puede ampliarse en las obras *Comercio Exterior y Negociaciones Comerciales Internacionales* de JUAN LUIS COLAIÁCOVO, Editorial Cabicieri, Río de Janeiro, 1988, *Técnicas de Negociaciones. Texto y Aplicaciones*

Prácticas en el Campo Internacional, de JUAN LUIS COLAIÁCOVO, Ed. Cabicieri, Río de Janeiro, 1987, y *Negociación y Contratación Internacional*, de JUAN LUIS CO-LAIÁCOVO, Edic. Macchi, Buenos Aires, 1991.

Adicionalmente a lo enunciado, el proceso de negociación se ve influenciado por las leyes, políticas, regulaciones y costumbres locales, que pueden implicar situaciones positivas o negativas para lo que cada socio espera del proceso en cuestión.

El proceso de negociación tiene estrecha relación con la firma del acuerdo o contrato futuro. Después de las conversaciones iniciales entre las partes, donde se establecen en un memorandum de entendimiento los principales aspectos a negociar, viene la fase propiamente dicha de la negociación. Una vez concluida ésta, se tienen los elementos principales para firmar un acuerdo o estatuto societario, aplicable a los casos de equity joint venture, o bien un contrato entre las partes, si es una joint venture contractual o non-equity.

Seguidamente, analizamos los principales aspectos de negociación entre las partes que desean constituir una joint venture.

8,17,1. OBJETIVOS BASICOS Y DE MEDIANO Y LARGO PLAZO

Se deben determinar cuales son los objetivos básicos de la asociación, y cuales habrán de ser los objetivos en el mediano y largo plazo, siendo que pudieran diferir de los básicos.

Los principales objetivos, metas y estrategias de la parte extranjera pueden diferir de los de la parte local. Esta puede tener como objetivo principal la captación de mercados externos, mientras que el objetivo principal de aquella puede ser la racionalización de un proceso productivo.

De todas formas, se deben detallar los objetivos y el alcance de las operaciones de la empresa o el emprendimiento conjunto (ya sea una equity o non equity joint venture), tales como fabricación, comercialización local y en el exterior, investigación y desarrollo, productos y servicios, capacidad prevista, lugar, razón social y condición jurídica, tecnología y mercados destinatarios. Obviamente que los objetivos básicos, o de mediano/largo plazo deben contar con un calendario, para así monitorear la perfomance de las actividades, y en caso de que no se cumplan debidamente, chequear las posibles fallas o errores para corregirlos.

8,17,2. FORMACION DE LA EMPRESA, COMPOSICION DEL CAPITAL Y TIPOS DE APORTES

Se negocian los procesos vinculados a la formación de la empresa, tales como el nombre, naturaleza societaria, capital social inicial, tipos de acciones, forma de integración de los aportes, y su medición y valoración por una parte. Esto es fundamentalmente aplicable a las joint ventures societarias más que a las contractuales.

Por otra parte se negocian los porcentajes de participación entre los socios, que pueden oscilar entre 1% y 99%, con una participación mayoritaria, minoritaria o de igualdad, tal como un 50-50. No es tarea sencilla determinar las proporciones correspondientes a cada uno de los socios, ya que, dependiendo del tipo de joint venture que se formalice, puede basarse en la tasación de los aportes, la proporción que les corresponda a cada socio de los beneficios de las operaciones o en sus activos al quedar disuelta, otros beneficios financieros o en la legislación vigente en el país sobre inversiones extranjeras.

Interesa también negociar las formas de aumento del capital —sea por inyección de nuevos recursos o bien por reinversión de utilidades—, los procesos de compraventa y transferencia de acciones (incluyendo las reglas de consentimiento o primera negativa) y las reglas de preferencias para los socios en tales casos, así como también la forma en que se puede producir la liquidación de la joint venture.

La estructura del capital es motivo de otro aspecto de negociación, ya que podrá haber una porción que se considere como aporte bajo alguna de las formas que permita la legislación, mientras que la proporción restante del capital puede consistir en préstamos canalizados a través de instituciones financieras privadas o públicas, tanto locales como internacionales, o bien en la emisión de acciones y obligaciones financieras —es decir bonos o empréstitos a mediano o largo plazo, que no implican que sus tenedores ostenten parte del capital. Además debe negociarse las proporciones de la estructura de capital que se destinarán como capital de trabajo o como activo fijo.

Los aportes pueden ser de recursos monetarios (capital) o financiamiento, recursos naturales, recursos humanos (mano de obra calificada o no calificada), recursos tecnológicos, bienes de capital o equipos, bienes de consumo (utilizado en joint ventures de distribución) o partes, piezas y componentes, tierra, edificios, infraestructura, acceso al gobierno, management y acceso a mercados. Claro está que algunos de esos aportes, al tener características intangibles, —como el de acceso a mercados—, son de más difícil medición y valoración, como lo explicamos anteriormente, lo que suele acarrear diferencias de criterio en la negociación entre las partes. Adicionalmente a ello, las formas de aportes pueden implicar diferentes proporciones de participación en un emprendimiento conjunto de tipo contractual, donde no hay una conformación societaria ni una nueva empresa.

8,17,3. TECNICAS DE CONTROL

Un aspecto fuertemente relacionado con el punto anterior es el relativo al control. Nos referiremos al control como forma de ejercitar el poder y no al control en el sentido de auditoría para detectar posibles fallas en los aspectos tácticos o logísticos de una estrategia implementada. Si bien muchos creen que el control se ejerce tomando en consideración el valor de los aportes de los socios y su proporción correspondiente en el capital social, también hay otros modos de concederlo y/o ejercerlo, como por ejemplo, la influencia y los derechos de voto, el control de los derechos de propiedad industrial y el nivel de financiación. En consecuencia, hay que tener en cuenta todos esos factores al establecer una fórmula aceptable de participación del capital.

8,17,4. OBLIGACIONES DE LAS PARTES

Adicionalmente a los aportes que los socios realizan, tanto una como la otra deben cumplir con ciertas responsabilidades y obligaciones tanto en la fase de constitución y puesta en marcha de la joint venture como en sus operaciones iniciales y su posterior gestión, lo cual implica que habrá que discutirlas y negociarlas.

En particular, este punto se refiere a aspectos tales como controles de calidad, incorporación y capacitación de mano de obra, relaciones con los proveedores, sindicatos y gobierno, y programas de investigación y desarrollo, entre otros.

En las joint ventures contractuales, estas obligaciones y responsabilidades de las partes son más frondosas en lo que a ítems se refiere, como es el caso de un consorcio de obra para la construcción de una planta a ser entregada bajo condición llave en mano.

8,17,5. MERCADOS A SERVIR

Se negocia sobre el/los mercados que serán destinatarios de la producción, tanto locales como extranjeros, y la forma en que se encararán los programas de comercialización, y qué socio se hará responsable de ello.

Puede haber limitaciones respecto de los países o las regiones por parte del socio extranjero, debido a que posee una joint venture en un mercado que es de interés del socio local, y en consecuencia trata de restringir su acceso.

Se negocia la forma de alcanzar esos mercados, es decir las estrategias para insertarse en el mismo, que pueden variar según la óptica de las partes. Asimismo, se negocia quién es la parte responsable de la comercialización doméstica y la internacional. En algunos casos, el socio extranjero aporta su red de distribución internacional como contribución a la joint venture, valorizándose como contribución al capital. En otros casos, la joint venture utiliza los servicios de comercialización del socio extranjero a cambio de una suma fija o una comisión.

En estos casos, interesa sobremanera conocer las ventajas arancelarias y para-arancelarias que el país recipiente puede tener en otros mercados en virtud de acuerdos de integración regional o regímenes de preferencias, tales como el SGP, la CBI o el Acuerdo ACP, por citar algunos ejemplos.

8,17,6. LINEAS DE PRODUCTOS

Se negocia el tipo de producto o la línea de productos que se va a fabricar o se va a comercializar, la que puede ser complementaria de las líneas de productos que ya tenían cada uno de los socios antes de llegar a la formación de la joint venture.

Adicionalmente se negocian las fases de planeamiento y ejecución de las operaciones de producción, distribuyéndose responsabilidades entre las partes.

8,17,7. FUENTES DE INSUMOS Y ADQUISICION DE EQUIPOS

Los insumos básicos son elementos claves en el proceso de fabricación industrial de un producto. En las joint ventures, puede ser que el socio foráneo busque un acceso a los insumos locales, o bien intente proveer de esos insumos a través de su propia planta o de otra subsidiaria o asociada en otro país.

De la misma manera, las partes deben negociar los procesos de compra e instalación de maquinarias, sean locales o extranjeras. Aquí se presentan varias situaciones. No siempre el socio extranjero es un fabricante de equipos, por lo que hay que decidir en forma conjunta con el socio local, dónde adquirirlos. Si el socio extranjero no fabrica equipos pero tiene un desarrollo tecnológico, puede ser que esa tecnología no sea costosa, pero sí lo sean los equipos o los insumos que requiere.

A la inversa, puede ocurrir que la tecnología sea muy cara, pero tanto los equipos como las materias primas, insumos, partes, piezas y/o componentes que deben utilizarse, son de bajo precio en el mercado local o internacional. Adicionalmente, puede ocurrir que el socio foráneo sea fabricante de equipos de probada reputación —directamente o a través de una subsidiaria—, con lo cual, realiza su aporte a la sociedad con la entrega de esos bienes de capital.

8,17,8. FUENTES DE FINANCIAMIENTO

Una joint venture puede satisfacer sus necesidades financieras en base a recursos propios de capital, crédito de proveedores, financiamiento bancario local o externo o emisión de títulos.

Una vez decidido cual será el aporte de los socios, se deberá negociar cuáles serán las fuentes de financiamiento para las necesidades financieras restantes. En materia de préstamos comerciales o financieros, se puede recurrir a la banca privada o pública local, a los bancos internacionales, organismos multilaterales y regionales, organismos o bancos de comercio exterior que otorgan créditos tipo comprador o tipo proveedor, o bien financiación directa de los proveedores, leasing, factoring y fortaiting, entre otras. En consecuencia, se deberá negociar que tipo de garantías aportan los socios en conjunto o individualmente.

En algunos casos de capitalización de deuda pública, el socio extranjero pide financiamiento a uno o varios bancos en el exterior para poder adquirir los títulos de deuda en los mercados secundarios internacionales.

Conviene tener en claro si existe posibilidad de emitir acciones o títulos, analizando la legislación respectiva.

Todo financiamiento está sujeto a las relaciones técnico bancarias entre capital y endeudamiento (debt/equity ratio) que rijan en el país donde se realice el emprendimiento conjunto. En los casos de naciones en desarrollo, donde no existen adecuados métodos de cobertura o hedging, los préstamos en moneda extranjera —tanto de créditos para capital de trabajo o créditos de proveedores— se minimiza usualmente cuando una empresa tiene un buen nivel de exportaciones y facturación en moneda convertible, salvo en los casos en que el mercado cambiario establezca tipos de cambio diferenciales para las exportaciones, las importaciones y los pagos de capital e intereses por préstamos del exterior. Por ejemplo en Argentina las empresas que emiten obligaciones negociables y obtienen financiamiento a través de su colocación en el mercado de valores local o internacional pueden cancelar el capital e intereses de dichas obligaciones con divisas obtenidas de exportaciones.

8,17,9. ADQUISICION DE TECNOLOGIA, MANAGEMENT Y ASISTENCIA TECNICA

Por una parte se negocia cual es el origen de la tecnología necesaria para el proceso de fabricación, la cual puede venir en forma de derechos de propiedad industrial, derechos de marca, know how, asistencia técnica, consultoría o servicios de ingeniería básica y de detalle. Puede ocurrir que el socio extranjero quiera capitalizar esos aportes, o bien entregar esa tecnología a la joint venture pero bajo contratos separados, donde habrá que negociar los términos de esa provisión, que incluyen los productos bajo licencia, el territorio, la confidencialidad, el acceso a perfeccionamientos, las normas y el control de la calidad, las infracciones, las multas y sanciones, la auditoría, la duración, el vencimiento y las fórmulas de pago y las bases de cálculo, entre otros aspectos.

A veces el socio extranjero, que detenta tecnología ya desarrollada y experimentada, puede insistir en que la joint venture adquiera esta tecnología, lo cual no siempre significa que deba ser la menos costosa, tal como lo explicáramos anteriormente. Este suele ser un aspecto de controversias en la negociación de una joint venture.

Por otra parte, se negocia la contribución de management que un socio —usualmente el foráneo— pueda dar al emprendimiento conjunto, o bien la asistencia técnica en materia de comercialización y distribución internacional, y si ella forma parte de los aportes capitalizables al inicio, o si se paga por contrato separado, como es más frecuente en los casos de las joint ventures contractuales.

En todos los casos, hay que tener siempre presente las limitaciones que pudiera ejercer la legislación del país recipiente sobre la materia.

8,17,10. LOCALIZACION Y TAMAÑO DEL PROYECTO

En las joint ventures societarios, la localización del proyecto está en función de los mercados y de los costos operativos, y dependiendo del tipo de proyecto, puede estar cercana a las fuentes de insumos, o bien cercana a los centros de consumo, o a los centros de distribución. También, la existencia de leyes o normas de promoción industrial o comercial en diversas áreas de un país, pueden modificar el emplazamiento del proyecto. El tamaño del proyecto, tendrá estrecha relación con el tipo de producto a fabricar y con los mercados que serán atendidos, por lo cual, su negociación es de vital importancia.

Este punto está íntimamente ligado al tipo de tecnología que se habrá de utilizar, ya que su absorción puede ser difícil en ciertos países en desarrollo. A veces, un proyecto de planta, puede ser importante para el proceso productivo según la óptica del socio extranjero, pero no calzar adecuadamente con los intereses del socio local, que quiere contribuir con una parte de su terreno, planta o infraestructura ya desarrollada, pero de menor nivel tecnológico. En otro ejemplo, un socio extranjero pretende instalar una planta altamente tecnificada, mientras que el socio local —por presión de su gobierno o a cambio de mayores incentivos— pugna por establecer una planta con menor sofisticación tecnológica, para así generar mayor empleo, punto focal de interés para el gobierno regional o estatal.

8,17,11. COMPOSICION DEL CUADRO DIRECTIVO Y GERENCIAL

El cuadro directivo (junta de directores o consejo de administración) de la empresa es la pieza fundamental para la formulación de las políticas básicas de la firma. En ese sentido se debe negociar como será su conformación, particularmente en lo que atañe a su tamaño, composición, procedimientos de nombramiento, procedimientos de veto y atribuciones. Por lo general, las legislaciones societarias de cada país dan normativas precisas sobre este aspecto.

En relación al presidente de la empresa conjunta, caben algunas posibilidades:

— un presidente nominado por una de las firmas con el acuerdo de la otra. Este es el escenario más simple y el que mejor funciona;

— presidentes que se alternan —de cada socio— durante un período previamente estipulado de tiempo. Esto puede trabajar bien con una dupla —uno por cada socio— que se alterne entre presidente y vicepresidente;

— presidencia compartida. La mayoría de las experiencias en este sentido han fracasado por su engorrosidad paralizante de las actividades de
la empresa conjunta;

— ejecutivos funcionales con cargos de directores, donde se reparten las
tareas de producción y calidad, administración y personal, finanzas y
comercialización.

En esta negociación, también se debe definir de donde provienen los gerentes que se encargarán de manejar los aspectos de producción, comercialización, finanzas, administración, y la gerencia general, si es que no se han nom-
brado directores al efecto.

Esto se puede encarar de varias formas. Por ejemplo, las funciones administrativas y técnicas pueden estar a cargo del socio extranjero, así como también la comercialización internacional, reservándose el socio local la comercialización dentro de su propio país o mercados vecinos. Otras posibilidad es que
el socio extranjero tome la administración, pero tenga un plan de capacitación
a personal local, para que luego de su formación pueda ir tomando mayores responsabilidades. Muchas veces el personal local, tiene una mejor comprensión
de los problemas y del entorno local que el personal extranjero, además de que
es menos oneroso. También conviene negociar la posibilidad de transferencias
de personal entre las partes.

Los gerentes de ambas partes pueden no conformar un grupo homogéneo
y con cohesión, pero facilitan las transferencias de informaciones y la comunicación de ambos socios al joint venture, mientras que si los gerentes son de un
solo socio, como en los joint ventures dominantes, el desarrollo de un grupo sólido es posible, pero se dificulta la relación comunicacional con el otro socio.

Finalmente, es posible citar que, a veces, es conveniente la contratación de
personal extracompañía, es decir, gerentes que provengan de terceras empresas en el país donde se realiza la joint venture. Este personal puede tener mayor objetividad que un gerente de línea que provenga de uno de los socios, pero no está involucrado con la cultura de ninguna de las empresas madres. En
el lado opuesto, los gerentes provenientes de los socios, tienen esa cultura, pero a veces prestan más atención a los movimientos de la firma madre que a los
de la joint venture, ya que esta última puede ser sólo un paso para un salto mayor en aquella, que es realmente donde desean desarrollar su carrera.

El otro aspecto a negociación en este terreno, es la forma y frecuencia con
que se van a realizar las auditorías en todos esos sectores mencionados, y las
formas en que se tomarán las decisiones de política empresarial, ya sea a nivel
de directorio o a nivel de gerente general o gerentes de línea.

En los casos de joint ventures contractuales, las nominaciones de directorio no tienen lugar, por lo que generalmente se elige un team leader (spon-

sor, capo-fila, chef de fil) que coordina las actividades del grupo, y cada parte aporta uno o varios gerentes para el manejo de la producción, construcción o prestación del servicio.

8.17.12. MECANISMOS DE RETRIBUCIONES A LAS PARTES

Este aspecto se refiere a que los socios deben negociar cuales serán las formas de retribuir sus actividades, las que pueden tomar varias formas. Habitualmente, consisten en la distribución de utilidades, o el pago de honorarios por administración, honorarios técnicos, o regalías, entre otros.

Si un socio foráneo aporta tecnología como capital, luego recibirá dividendos, en lugar de pagos de regalías. A la inversa, si aporta tecnología pero ello no es capitalizable en la estructura de participación societaria, recibirá pagos por regalías con cierta frecuencia preestablecida.

Más adelante se analizan las principales formas de retribución a las partes.

8.17.13. REPARTICION DE LOS RESULTADOS

Aquí se trata de establecer ciertas líneas de acción para los casos de obtención de resultados positivos, pero también debe contarse con reglas de juego para los casos en que haya resultados negativos.

En los casos de joint ventures societarias, las utilidades de la empresa pueden mantenerse en reservas y capitalizarse, pueden distribuirse en forma de dividendos a los asociados, o bien utilizarse una combinación de ambas formas. También la legislación del país huésped puede influir en ese aspecto.

La política a seguirse en ese sentido debe negociarse al principio, ya que con el tiempo, las partes podrían tener intereses diferentes.

En cambio en las joint ventures contractuales, puede haber otras posibilidades. En las joint ventures de operaciones extractivas como minería o petróleo, cada socio obtiene una parte proporcional del bien obtenido. En los consorcios de empresas destinados a la construcción de obras o proyectos de infraestructura, el resultado puede diferir según la empresa, ya que como se reparten trabajos sobre la base de un plan de ingeniería y un presupuesto previamente conocido, un socio puede tener resultados positivos, mientras que otro puede tener resultados negativos.

8,17,14. REGLAS PARA LA SOLUCION DE CONTROVERSIAS

Debido a que pueden aparecer conflictos entre las partes en el futuro, es importante que los socios negocien —para incluir en el contrato o en actas constitutivas— las reglas para la solución de sus controversias, los tribunales que competirán y las leyes aplicables, así como también, la determinación de organismos que pudieran servir para situaciones de arbitraje.

8,18. COMO EJERCER EL CONTROL SOBRE UNA JOINT VENTURE

En la parte correspondiente a los elementos de negociación, hemos citado (punto 4) el aspecto relativo al control.

Quién controla las operaciones, es un interrogante inevitable en cualquier joint venture.

Decíamos anteriormente que muchos empresarios y profesionales creen que el control se ejerce tomando en consideración el valor de los aportes de los socios y su proporción correspondiente en el capital social. Sin embargo, hay otros modos de concederlo y/o ejercerlo.

En lo que respecta a las acciones con derecho a voto, caben pocas alternativas (que pueden variar según la legislación de cada país), a saber:

— Minoría extranjera. Por ejemplo 51% o más para el socio local.

— Mayoría extranjera. 51% o más del capital.

— 50%-50%

— 49%-49% con un 2% acordado a una tercera parte, o variaciones de este modelo.

Pero las acciones con derecho a voto no indican necesariamente quién tiene el control efectivo. Si por ejemplo, una parte es el único proveedor de tecnología o posee una marca registrada a ser utilizada por la empresa conjunta, entonces el control efectivo puede ser ejercido con mucho menos del 50% de participación accionaria. Más aún, las regalías por esa transferencia tecnológica pueden ser más atractivas que los resultados futuros de la joint venture, aun cuando sea un caso de 50-50.

La influencia con el gobierno puede ser un factor trascendental, si el emprendimiento conjunto apunta a proveerle servicios o bienes al Estado. De idéntica forma, el acceso al financiamiento puede ejercitar otra forma de presión y control.

Algunos factores a tomar en consideración al respecto serían los siguientes:

— Participación relativa de cada socio en las utilidades de la empresa conjunta.

— Proporción relativa de los socios en los activos de la joint venture.

— Derechos de voto sobre:

  · nombramiento de directores;

  · distribución de utilidades;

  · cambios en la estructura u objetivos;

  · patentes y marcas;

  · calidad del producto;

  · estrategia global de la empresa.

— Poderes de veto.

— Pagos de regalías, sumas fijas u honorarios por:

  · licencias;

  · management;

  · directores;

  · servicios especiales como marketing, auditoría, etc.

— Leyes sobre inversiones extranjeras del país huésped, que pueden limitar la participación extranjera y gravar con altos impuestos la remisión de utilidades.

Según PETER KILLING, en la obra que ya hemos citado, existen tres grandes formas de controlar las operaciones de un joint venture, aún sin tener la mayoría en el capital.

8,18,1. LOS ACUERDOS FORMALES

KILLING menciona que hay una variedad de documentos que usualmente acompañan el proceso de creación de una joint venture, tales como el acuerdo de accionistas, contratos paralelos o normas de comportamiento, que establecen las grandes directrices del emprendimiento conjunto y no están alcanzadas por los poderes de veto.

Adicionalmente hay una serie de acuerdos entre la joint venture y su socio extranjero, fundamentalmente en aspectos tecnológicos, comercialización internacional y aspectos de procesos de producción y diseño, los cuales confieren parte del control a los socios foráneos, además de obtener una remuneración por tales servicios.

Por ejemplo, si la tecnología no es obtenible en otra fuente, su proveedor —la parte extranjera— tendrá directo control sobre el proceso de diseño y fabricación del producto, y las alteraciones o modificaciones al mismo. De la misma manera puede ocurrir cuando el socio extranjero provee partes, piezas, componentes, insumos o bienes semielaborados. Asimismo, un acuerdo de comercialización internacional cuyo responsable es el socio extranjero obviamente dará control sobre las ventas de exportación, y consecuentemente involucrará al socio foráneo en las discusiones sobre precio, producto, promoción y publicidad y canales de distribución, con lo cual su control será mayor, aun cuando su participación en la joint venture sea menor que la del socio local.

8,18,2. EL PERSONAL GERENCIAL Y TECNICO

Los acuerdos entre las partes para el nombramiento de gerentes y/o personal técnico, suelen considerarse como un punto más del proceso de negociación. Sin embargo, son muy importantes desde el punto de vista del control.

Hay varias ventajas para un socio interesado en controlar una joint venture, en tener su personal dentro de la empresa conjunta.

Las comunicaciones y el proceso de transferencia de información desde la joint venture al socio se ven optimizadas. Por otra parte, el personal técnico o gerencial que actúa en la joint venture lo hace de la misma forma en que lo haría en su empresa madre, lo cual torna más controlables las operaciones de la joint venture, ya que se pueden minimizar —al menos en ese sentido— ciertas diferencias en la cultura empresaria, que de existir, suelen acarrear complicaciones a la empresa conjunta.

8,18,3. TECNICAS DE INFLUENCIA

Se refieren a las formas de influenciar los procesos de toma de decisiones. Algunas empresas aplican estas técnicas a través de la exigencia de reportes de actividades, o de planes de revisiones de resultados y estrategias, cuya frecuencia (trimestral, semestral, anual) permite controlar de cerca las operaciones de la empresa conjunta.

En cualquiera de las formas de control, siempre existe lo que podemos denominar como "control positivo" y "control negativo".

Bajo control positivo se incluyen aquellas técnicas o mecanismos por el cual uno de los socios puede llevar u orientar al joint venture en una cierta dirección. El control negativo, implica la habilidad de un socio para frenar o parar por completo alguna acción por parte de la joint venture.

8,19. LAS RETRIBUCIONES ECONOMICAS DE LAS PARTES

Uno de los primeros planteos que se hacen quienes van a participar en una joint venture, se refiere al cálculo de los probables beneficios o retribuciones que habrán de tener en el futuro, las cuales se verán influenciadas por ciertos factores o riesgos.

El profesor Richard Robinson, en un artículo publicado por la revista Industrial Management Review, propone un cálculo de beneficios y costos de los socios, para la valoración de las empresas conjuntas, a fin de que se cercioren de que van a satisfacer sus propios objetivos.

Según dicho cálculo, la estrategia de inversión en la propiedad de una empresa conjunta está al servicio del valor marginal de los beneficios que habrá de percibir la empresa en ganancias y otras retribuciones (considerando no obstante las incertidumbres, la dificultad de medir esas futuras ventajas y la confianza que merezcan las proyecciones), en relación con el valor marginal de la contribución del socio a los recursos de la empresa conjunta.

Los beneficios que el socio puede recibir serían honorarios gerenciales y de comercialización, regalías, sumas fijas y honorarios tecnológicos, cierta absorción de los costos administrativos generales, precios de insumos más bajos, alquileres, intereses y participación en las ganancias. Mientras que sus contribuciones serían de tipo tecnológico, experiencia comercial, gerencia, capital, capacidad y redes de comercialización y distribución, producción y recursos afines.

Los beneficios y contribuciones tienen una dimensión temporal, ya que muchos de ellos se perciben durante toda la existencia de la joint venture. Ciertos aportes se hacen una sola vez, generalmente al principio, mientras que otros perduran a través de la vida de la empresa conjunta.

Esa valoración entre beneficios y retribuciones por un lado, y los costos de los recursos que se aportan, por la otra, implica sus riesgos e incertidumbres. De hecho, esa valoración se ve influenciada o puede sufrir variaciones, inclusive dentro de un mismo país, dependiendo del socio que se elija, la contribución relativa de las partes, los acuerdos contractuales, el grado de participación en la estructura del capital, y los factores jurídicos y tributarios, entre otros aspectos.

Cada una de las variantes de retribución tiene su forma de percepción. Por ejemplo, los pagos por derechos de propiedad industrial, de una joint venture a un socio, se pueden hacer sobre la base de regalías porcentuales sobre precios brutos o netos, o sobre una base fija por cada unidad producida o vendida, según se negocie. La asistencia técnica en management puede cobrarse sobre la base de honorarios, mientras que la comercialización internacional puede retribuirse por medio de una comisión. Además de cobrarse por separado, todo ello puede también, recibirse junto con una proporción de utilidades, pudiendo existir diversos tipos de combinaciones, —ya que esa tecnología o conocimientos pueden aportarse como capital— considerarse por separado o buscando una fórmula mixta, dependiendo también de la legislación del país donde reside la joint venture.

Con respecto a las utilidades, las mismas no son recibidas hasta tanto la joint venture no demuestre resultados positivos, lo que a veces no ocurre en los primeros años de un emprendimiento productivo o de prestación de servicios. Ello es una desventaja frente a los honorarios o las regalías, que se van recibiendo casi desde el inicio. Además, estas últimas suelen ser deducibles del impuesto a la renta en algunos países, mientras que las utilidades pagan dicho impuesto en cualquier país en que se invierta.

Cuando se decide distribuir utilidades, es conveniente tener presente las necesidades y requerimientos futuros de la joint venture en materia de capital de trabajo, planes de expansión, amortización de préstamos y reposición de activos, tales como bienes de capital.

En los casos de joint ventures dominantes, la casi totalidad de los casos revela que el socio dominante percibe los honorarios y regalías por propiedad industrial, asistencia técnica, management y marketing.

En los casos de joint ventures con management compartido, se dan casos en que el socio foráneo de un país desarrollado recibe honorarios y regalías por aspectos tecnológicos, mientras que el socio local, cobra honorarios por administración. Muchas veces, esos pagos se hacen como una forma de distribuir utilidades, ya que, dependiendo de las legislaciones de cada país, los impuestos para dichos honorarios pueden ser menores que los impuestos a la renta y el impuesto a la remisión de utilidades, que afectan al socio extranjero.

Las bases de cálculo de esos honorarios pueden diferir, ocasionando conflictos entre las partes. En un ejemplo de una joint venture domiciliada en Argentina entre una empresa nacional y una brasileña, en el campo de los derivados del petróleo, se estableció un honorario o fee por administración para el socio argentino sobre las utilidades, y un honorario por asistencia técnica pagadero sobre las ventas, al socio brasilero. Cuando la empresa conjunta sufrió la segunda crisis petrolera de la década del 70, en el año 1979, sus márgenes se vieron afectados, y la retribución del socio argentino se vió severamente afectada, por lo que hubo que renegociar el esquema de retribuciones de las partes.

La otra forma de obtener beneficios económicos viene dada cuando una de las partes o socios, compra o vende insumos, sean ellos partes, piezas, componentes, materias primas o semielaboradas, o bien productos finales manufacturados por la joint venture. Si bien es una adecuada forma de obtener cierto beneficio económico —por ejemplo, la joint venture le vende a uno de sus socios, por caso el extranjero, a un precio diferenciado, de menor valor— esta posibilidad, puede acarrear complejos procedimientos y conflictos entre las partes, si no es manejada claramente, especialmente en los casos en que los productos suben de precio, como consecuencia de políticas económicas inestables en naciones en desarrollo, por sólo citar un caso.

Finalmente, ejemplificando el concepto de las retribuciones, incluimos el cuadro 8.3. donde se detallan las retribuciones entre los socios de una J.V. entre una empresa brasileña y una empresa peruana, con sede en el Perú, dedicada a la metalmecánica.

8.20. VALORACION DE LOS RIESGOS Y SUS POSIBLES FORMAS DE COBERTURA

Queda claro que cualquier emprendimiento productivo, comercial, financiero o tecnológico, está sujeto a riesgos e incertidumbres, y que, en la medida que su proceso de medición y valuación sea el correcto, se pueden tomar medidas adecuadas para minimizarlos.

Lo que aquí deseamos analizar, fundamentalmente, no son los riesgos normales a cualquier empresa —políticos, económicos, financieros, comerciales, jurídicos, climáticos o ambientales—, sino particularmente aquellos que afectan al socio extranjero dentro de una joint venture en otro país.

Así, la valoración de los riesgos e incertidumbres a que están expuestas las empresas que tienen emprendimientos conjuntos en el exterior, plantea problemas sumamente complicados y difíciles.

Uno de ellos es como identificar y ponderar los factores clave de los futuros riesgos. Otro es el de determinar en cual de esos riesgos puede protegerse o buscar una cobertura, y cuanto le costará esa protección. El tercero es como medir el grado de riesgo en función de las oportunidades de un retorno lucrativo del proyecto de inversión, a los fines de decidir sobre su conveniencia o desestimiento.

Cuando se evalúa el clima de inversión de un país, así como sus elementos claves a los fines de una potencial inversión, ya se detectan ciertos riesgos típicos, tales como la posibilidad de expropiación, dificultades para remesar utilidades o regalías, desvalorización de la moneda, inestabilidad política, leyes o impuestos discriminatorios, la inflación, el nacionalismo exagerado, los problemas sindicales o las posibilidades de sublevaciones o guerras.

Varias de las empresas que habitualmente preparan esos informes tienen amplia cobertura informativa y de primer nivel, como para poder detectar esos riesgos, ya que lo importante no es sólo los riesgos en el momento de realizar la inversión o emprender la joint venture, sino los que pueden venir más adelante.

Obviamente que existen otras incertidumbres, tales como las dificultades para pronosticar ventas, costos, precios, demanda, competencia y utilidades en proyectos en ciertas naciones en desarrollo. Además, existe incertidumbre en referencia al ciclo de vida útil de la tecnología y los cambios rápidos que la pueden afectar, o con relación a los problemas de sector externo de las economías, que significan la aplicación de trabas arancelarias o paraarancelarias. El sector laboral o la productividad pueden sufrir alteraciones, con riesgos para el proceso productivo, y así muchos otros casos que se podrían enumerar en una larga lista.

Lo importante, es que la compañía que formaliza un joint venture en el exterior, pueda tener un adecuado sistema de información, para que pueda detectar rápida y eficazmente esos riesgos, y así poder protegerse o asegurarse.

Por lo general, algunos riesgos son asegurables o tienen cobertura. La mayoría de los riesgos políticos o de expropiación en una inversión en el exterior, están cubiertos por una garantía de inversiones, como las que otorga la OPIC a las empresas estadounidenses que realizan joint ventures en el exterior. En muchos países se ofrecen garantías de seguro de crédito para riesgos políticos —incluyendo las catástrofes—, riesgos comerciales, riesgos de fabricación o riesgos cambiarios. En algunos casos el hedging en el mercado de futuros de monedas proporciona una adecuada cobertura contra riesgos de fluctuación de los tipos de cambio.

Adicionalmente, muchos países firman convenios bilaterales de garantía de inversiones, a los fines de minimizar ciertos riesgos a las empresas inversoras extranjeras. Asimismo, desde algunos años atrás, existe el M.I.G.A. (Multilateral Investment Guarantee Agreement) o Acuerdo Multilateral de Garantía de las Inversiones, al cual muchos países han suscripto y que opera en la órbita del Banco Mundial. A diferencia de los acuerdos bilaterales, el país que se adhiere al MIGA, ofrece garantía a las inversiones provenientes de cualquier país.

En consecuencia, es aconsejable chequear dentro del propio país del inversor (que desea desarrollar una joint venture en el extranjero) o también en el exterior, las posibles formas de cobertura y seguros para los riesgos típicos que se presentan en las operaciones con el exterior.

8,21. LAS JOINT VENTURES COMO FORMA DE ADQUISICION TECNOLOGICA

Siempre se ha prestado gran atención a la comparación de las estrategias posibles para una empresa que desea incursionar en mercados internacionales. De hecho, en esta obra, hacemos esa comparación.

Sin embargo, conviene evaluar ahora cual es la mejor opción para una firma que desea adquirir tecnología: la joint venture o la licencia de fabricación. En el caso de joint venture, nos estamos refiriendo particularmente al modelo societario o equity.

Al evaluar ambas opciones, debemos tomar en cuenta primeramente dos variables: una es el costo, para el adquirente de tecnología, de adquirir dicho factor intangible en una u otra opción (joint venture frente a licencias); la otra es la efectividad del proceso de transferencia de información en cada una de las opciones.

La principal diferencia entre una licencia de fabricación y una joint venture de tipo societario, es que en el primer caso, no hay participación accionaria por parte de las firmas. Toda la inversión de capital la realiza el adquirente de tecnología, mientras que el proveedor sólo acuerda entregar dicha tecnología, a cambio de una remuneración.

Cuando un socio aporta como capital su tecnología, luego no recibe regalías sino dividendos, pero si el proveedor tecnológico, aporta otros recursos —monetarios o de otra clase—, tiene derecho a cobrar una regalía en el futuro.

Por ejemplo, si un socio extranjero aporta su tecnología y se valúa como el 20% del capital de la empresa conjunta, la retribución sólo será después de algún tiempo en que la empresa conjunta tenga una situación estable y sea lucrativa. Suponiendo una utilidad —después de impuestos— del 5% sobre ventas, y un 50% de los dividendos a distribuir, al socio extranjero le correspondería un 0,5% sobre las ventas en concepto de utilidad.

Mientras que si dicho socio, transfiere tecnología pero como un contrato separado, puede cobrar un 3% o un 5% sobre las ventas. Allí radica entonces, otro punto importante en la negociación entre ambos socios.

La relación contractual tecnológica implica un menor compromiso y una menor dependencia de la empresa foránea. Pero también significa una seguridad menor. Para la empresa local, la tecnología comprada puede resultar no del todo adecuada, o bien surgir otro tipo de problemas, como dificultades en la provisión de insumos. Todo esto requiere que exista seguridad de que el proveedor tecnológico asumirá la plena responsabilidad por estos problemas. Un aporte de capital y la formación de una joint venture implica un compromiso mucho mayor y se percibe como una garantía de mayor responsabilidad y dedicación.

CUADRO 8,1.

Motivaciones para formar una joint venture

A. Usos internos (Dentro del país)

1. Compartir un costo y un riesgo (reducir la incertidumbre).

2. Obtener sólo recursos naturales (donde no hay mercado interno).

3. Obtener financiamiento para suplementar la capacidad de endeudamiento de la empresa.

4. Compartir producciones de grandes plantas subocupadas.

   a. Evitar inútil duplicación de capacidad de fábricas.

   b. Utilizar subproductos, procesos.

   c. Compartir marcas, canales de distribución, ampliar líneas de productos.

5. Inteligencia: obtener nuevas posibilidades relativas a nuevas tecnologías y clientes.

   a. Mejorar el intercambio de información.

   b. Mejorar la interacción tecnológica y del personal.

6. Crear prácticas innovativas de dirección y administración.

   a. Lograr mejores sistemas de dirección y administración.

   b. Mejorar las comunicaciones entre pequeñas unidades de negocios.

7. Retener gerentes-empresarios.

B.   Usos competitivos: reforzar la posición estratégica corriente

1.   Influenciar la evolución de la estructura industrial.

    a.   Iniciar el desarrollo de nuevas industrias.

    b.   Reducir la competencia potencial.

    c.   Racionalizar industrias maduras.

2.   Comprar empresas competidoras.

    a.   Ganar rápido acceso a mejores clientes.

    b.   Expandir la capacidad o integrarse verticalmente.

    c.   Adquirir términos ventajosos, incluido recursos.

    d.   Formar coaliciones con los mejores socios posibles.

3.   Responder defensivamente a la posible competencia proveniente de industrias fronterizas.

    a.   Suavizar tensiones políticas (hacer frente a barreras comerciales).

    b.   Ganar acceso a redes globales.

4.   Crear más efectivos competidores (vinculados a la empresa).

    a.   Desarrollar empresas híbridas que posean los puntos fuertes de la empresa madre propietaria.

    b.   Tener menos y más eficientes firmas (en el grupo).

    c.   Amortiguar a socios diferentes.

C.   Usos estratégicos: aumentar la posición estratégica

1.   Crear y explotar sinergías.

2.   Desarrollar la transferencia de tecnología o experiencia.

3.   Diversificar.

    a.   Racionalizar (o desinvertir) la inversión ya realizada.

    b.   Potenciar conocimientos y experiencia de los propietarios para nuevos usos.

Fuente: Revista Management review, febrero 1987.

CUADRO 8,2.

Principales motivos de joint ventures industriales en la Comunidad Europea en los períodos 1984/85 y 1985/86.

Motivo	Número		% del total
	1984/85	1985/86	1984/85
Producción	8	12	11,9
Producción y Comercialización	5		7,5
I & D	10	10	14,9
I & D y Producción	3	6	4,5
Racionalización	14	10	20,8
Especialización	7		10,4
Expansión	4	7	6,0
Otras	4	5	6,0
No especificado	12	19	17,9
	67	69	100,0%

Fuente: Comp. Rec Ec 1985, Bruselas, pág. 217 y document trade/R. 528/ add.2 de la Comisión Económica para Europa de las Naciones Unidas.

Nota: I & D significa Investigación y Desarrollo.

CUADRO 8,3.

Retribuciones para una empresa brasileña y una empresa peruana, en una Joint Venture metalmecánico radicado en Perú.

Retribuciones para la firma BB de Brasil	Retribuciones para la firma PP de Perú
1. 50% de los dividendos. 2. Un honorario de ingeniería del 7% sobre los precios de venta de la joint venture. 3. Pago de sobrecostos en las partes que BB debe fabricar.	1. 50% de los dividendos. 2. 3 % del costo de las mercaderías vendidas, por esfuerzos comerciales. 3. Un honorario por uso del depósito para almacenaje de mercaderías de la joint venture. 4. Un honorario por servicios administrativos prestados por PP a la joint venture. 5. Pago de sobrecostos en las partes que PP debe fabricar.

Capítulo 9

LEGISLACIONES, POLITICAS Y NORMAS DEL PAIS RECIPIENTE QUE INFLUYEN EN LA CREACION DE UNA JOINT VENTURE

9,1. INTRODUCCION

Para tomar la decisión de constituir joint ventures en países extranjeros, se requiere de un cuidadoso análisis de ciertas legislaciones, políticas y normas de procedimiento que influyen, tanto en forma positiva, negativa o neutra, dicho proceso decisorio.

En ese sentido, existen legislaciones que son de extrema importancia para una joint venture societaria, pero tal vez no lo sean tanto a la hora de conformar una joint venture de tipo contractual, o un consorcio de obra para construir una planta llave en mano, ya que sus características difieren entre sí.

Usualmente, la información que a continuación detallamos, se obtiene por estudios particulares o bien de empresas que realizan perfiles de inversión sobre países. Cabe aclarar que, en el proceso de formación del MERCOSUR, la mayoría de las legislaciones o políticas aquí analizadas, serán objeto de transformación o bien de armonización, a efectos de no constituir un elemento de asimetría.

Para el caso de una joint venture societaria, las principales legislaciones, políicas o normas de procedimiento a tener en cuenta son las siguientes:

9.2. LEGISLACION SOBRE INVERSIONES EXTRANJERAS

Sobre esta área, conviene detallar los puntos más importantes de análisis.

Existencia de regulación

En primer lugar, cabe analizar si el país en donde se planea una asociación con una firma local, ha desarrollado un estatuto legal específico sobre las inversiones extranjeras. Existen casos, en donde las normas que regulan el ingreso de capitales foráneos son muy simples y es en esos casos en donde mayor atracción ha tenido el capital del exterior para fines productivos.

Tipo de Legislación

Se debe analizar si la legislación es controlada, en el sentido de que sea demasiado burocrática y regulatoria, o si es una legislación ágil y flexible, que permite el ingreso de capitales foráneos y les otorga un tratamiento igualitario frente a las empresas nacionales. También conviene saber si la legislación o las normativas aplicables, promueven el ingreso de capitales extranjeros.

En algunas naciones, la autorización previa es otorgada por un órgano de tipo administrativo, tal como una Subsecretaría o Dirección Nacional, o por varios organismos públicos. A veces se crean Institutos especiales o Superintendencias de Inversiones Extranjeras, mientras que en ciertos casos, la autorización le compete al banco central como máxima autoridad monetaria y financiera de una país.

Las funciones típicas de estos organismos son las siguientes:

— Recibir, estudiar y evaluar las solicitudes o respuestas de inversiones extranjeras.

— Aprobar o denegar las solicitudes de inversiones extranjeras, o bien elevarlas a los poderes y órganos superiores, cuando corresponda.

— Tomar conocimiento y efectuar el seguimiento de las compras de participaciones accionarias de empresas locales por parte de empresas extranjeras.

— Cumplir funciones de información, registro y estadística respecto de las inversiones extranjeras.

— Dictar normas complementarias sobre la materia.

— Centralizar la información y el control sobre las inversiones extranjeras y denunciar los delitos e infracciones de las empresas extranjeras, cuando corresponda.

— Atender las consultas que efectúen los inversores extranjeros potenciales o existentes sobre las disposiciones vigentes, trámites y demás cuestiones vinculados al régimen de inversiones extranjeras.

— Investigar sobre la idoneidad y seriedad de los peticionantes extranjeros.

— Difundir internacionalmente el régimen de inversiones extranjeras del país.

Suele suceder que el sistema de autorización previa, requiera de ciertos criterios de evaluación, cuya aplicación determina si la aprobación será positiva o negativa. Algunos de los criterios frecuentemente evaluados son los siguientes:

— Complementariedad de la inversión extranjera con la local, evitando el desplazamiento de estas últimas.

— Efectos positivos sobre la balanza de pagos.

— Sustitución de importaciones o bien incremento y diversificación de las exportaciones y de sus mercados, que pueden aumentar si el país requiere "performance requirements".

— Efectos sobre el empleo, nivel de ocupación que genera la inversión y remuneración de la mano de obra.

— La ocupación y capacitación de profesionales, técnicos y obreros del país.

— El porcentaje de utilización de insumos y componentes nacionales, los que suelen aumentar con el tiempo si el país tiene una política de incremento en el contenido nacional.

— El nivel y la cuantía de financiamiento del exterior.

— Contribución al desarrollo de zonas de menor desarrollo económico relativo.

— No ocupar posiciones monopolísticas en el mercado nacional.

— La estructura del capital.

— El aporte tecnológico y su contribución a la investigación y desarrollo de tecnología en el país.

— Efectos sobre el medio ambiente.

— El grado de competencia de la empresa extranjera en el mercado.

— El aporte a los procesos de integración regional o subregional.

En algunos casos, el registro da acceso posterior a ciertos beneficios, incentivos o prebendas especiales, o bien es una condición necesaria para la repatriación de capitales y el giro de utilidades, mientras que en algunos países, la inscripción de una inversión tiene fines de información y control estadístico de los movimientos internacionales de capitales. En algunos países el registro lo llevan órganos administrativos y en otros, directamente los bancos centrales.

Areas de Actividad

Importa saber también, si la legislación permite a las empresas extranjeras invertir en todas las áreas de la actividad económica, o si reserva para los nacionales algunas áreas. Frecuentemente, se dan casos en que las legislaciones reservan ciertas áreas para los inversores nacionales, tales como la defensa y la seguridad nacional, la educación, la energía, las telecomunicaciones, la petroquímica, la energía nuclear, la minería, las telecomunicaciones básicas, el transporte aéreo y marítimo doméstico, el transporte automotor urbano y suburbano, los ferrocarriles, la explotación forestal, y la distribución de gas y electricidad, entre otros. También a veces, las zonas fronterizas suelen estar vedadas para el capital extranjero, y algunas áreas solamente están reservadas para el Estado.

Tipos de aportes

Conviene chequear cuales son los tipos de aportes que un socio extranjero puede hacer a una joint venture en un país extranjero. Por lo general las legislaciones permiten divisas, maquinarias y equipos, partes y piezas, componentes, materias primas, bienes intermedios, bienes intangibles —patentes, marcas, know how, etc— además de créditos y reinversión de utilidades. Aunque las legislaciones no lo contemplan, en acuerdos contractuales de cierto tipo de joint ventures —como los comerciales o de distribución—, se suele incluir la capacidad de acceso a mercados como un know how que el socio extranjero pretende valorizar en el acuerdo.

Legislaciones sectoriales

Puede darse el caso de que las normas de inversiones extranjeras sufran ciertas variaciones en relación a alguna actividad económica específica, tal como energía, entidades bancarias y de seguros, transporte, telecomunicaciones, etc., para lo cual habrá que obtener la información pertinente.

Inversiones en empresas existentes

Como la inversión extranjera puede realizarse a través de la creación de nuevas empresas o mediante la adquisición de participaciones en empresas ya constituidas, las legislaciones suelen establecer recaudos, objeciones o limitaciones para esa forma de inversión.

Conceptualización de inversor extranjero

La mayoría de las legislaciones define qué se entiende por inversor extranjero, o por empresa extranjera y empresa nacional, a los fines de la legislación y ciertos aspectos societarios, fiscales y financieros.

Participación obligatoria de empresas locales

Algunas legislaciones establecen como carácter general o según el tipo de industria, un porcentaje mínimo de participación de las empresas locales, lo cual es de suma importancia conocer para saber cual será el grado de asociación permitido. Esta normativa establece habitualmente porcentajes, pero en algunos casos, no sólo se refiere al capital social, sino que limita la participación extranjera en los órganos de fiscalización y control, para evitar por todas las formas que el socio extranjero ostente el poder o el control de la empresa.

En algunos casos se establecen formas de gradualismo, en donde el porcentaje de participación nacional debe ser alcanzado dentro de un determinado período.

Reinversiones, transferencia de acciones o participaciones

Las legislaciones suelen contener normativa respecto de los procesos de reinversión de utilidades, así como de las transferencias de acciones o participaciones dentro de una empresa por parte de inversores foráneos.

Derecho a las transferencias al exterior

Este aspecto tiene que ver con la repatriación del capital, las remesas de utilidades y los pagos por intereses al exterior, los que son contemplados por la ley de inversiones extranjeras. A veces se considera el aspecto de los pagos por regalías de tecnologías adquiridas en el exterior, pero es más frecuente que ese aspecto esté contemplado en la legislación sobre transferencia de tecnología.

Habitualmente, los países establecen limitaciones tanto de monto como temporales en este tema, como modo de frenar en cierta medida, el drenaje o la salida rápida de divisas al exterior.

Acceso al crédito interno

Algunos países tienen limitaciones sobre esta materia, por lo cual impiden el acceso de los inversores extranjeros al crédito interno de fomento, o promocional, o sectorial, o bien de mediano o largo plazo. En otros casos se establecen limitaciones de porcentajes.

Crédito externo

En concomitancia con el punto anterior, muchas legislaciones establecen normas referidas a la forma de contratación e ingreso de créditos externos. En algunas naciones, esas normas no están establecidas en la misma legislación de inversiones extranjeras sino en posteriores resoluciones o comunicados de sus bancos centrales.

Transferencia de Tecnología

Independientemente de la legislación sobre esta materia, algunas leyes o decretos sobre inversiones extranjeras tienen disposiciones que alcanzan a los contratos de transferencia de tecnología cuando una empresa local tiene inversión extranjera —típico caso de joint venture— y el proveedor de la tecnología en el exterior, es a su vez socio de la empresa local, es decir que hay un relacionamiento económico entre proveedor y tomador.

Contrataciones del Estado

Interesa verificar si la ley contempla algún tipo de restricción para los inversores extranjeros en las contrataciones y compras del Estado. Valga mencionar que cuando existen, los inversores foráneos, buscan en los acuerdos de joint venture con un socio local, una vía de escape a dichas limitaciones.

Aspectos fiscales

Por lo general, las legislaciones de inversiones extranjeras convalidan y garantizan a las empresas del exterior el mismo tratamiento fiscal que a las empresas nacionales, aunque es natural que al momento de girar utilidades al exterior, se aplican retenciones sobre aquellas, y a veces, dicha tasa aumenta en la medida que aumentan las utilidades como porcentaje del capital invertido. Es importante chequear también, la existencia de convenios de doble imposición entre el país sede del inversor y el país donde radica su joint venture, para evitar un doble pago de impuestos.

Ley aplicable en litigios y controversias

Conviene conocer cual será la ley aplicable, los foros admisibles y la posibilidad de protección diplomática del país de origen del inversor, en los casos de litigios y controversias entre el inversor extranjero y el país.

Expropiación y nacionalización

En este caso interesa saber las razones por las cuales un país podría proceder a nacionalizar o expropiar una empresa que cuente con participación extranjera, las que pueden ser por interés social, nacional o económico o por razones de utilidad, necesidad o interés público.

Acceso a beneficios promocionales

Se debe analizar si las legislaciones de inversiones extranjeras impiden el acceso a beneficios promocionales, de tipo nacional, sectorial, regional o de una industria en particular. Si bien ello puede ocurrir en casos puntuales, la constitución de joint ventures habitualmente garantiza a los socios externos el acceso a esos beneficios. Por lo general, en materia de exportaciones, no suele haber ninguna restricción para los beneficios, ya que las empresas extranjeras o las joint ventures con socios foráneos tienen una alta capacidad de generar divisas por la vía de la exportación.

Garantías

En varios países, las legislaciones de inversiones extranjeras, conceden garantías de no discriminación, es decir, igualdad para los inversores extranjeros del trato otorgado a los nacionales. En algunos casos, los extranjeros no pueden recibir mayores beneficios que los nacionales. En ciertas legislaciones, también se dan garantías cambiarias de repatriación de capitales y remesas de utilidades, aun en casos de dificultades en la balanza de pagos, y ocasionalmente, existen garantías fiscales, por medio de las cuales se congela el tratamiento fiscal de una inversión extranjera al momento de su aprobación y/o puesta en marcha del proyecto de manera que no sufra variaciones durante un cierto tiempo.

Por otra parte, existen garantías bilaterales en la forma de convenios entre países, por los cuales se definen y aceptan cláusulas sobre inversiones, pago de utilidades, repatriación de capitales, requisitos de contenido nacional, compensaciones en caso de expropiaciones o nacionalizaciones y recursos de arbitraje. Desde hace unos años a esta parte, muchos países están adhiriendo al Acuerdo de Garantía de Inversiones Multilaterales MIGA —Multilateral Investment Guarantee Agreement, que ha sido promovido por iniciativa del Banco Mundial.

9.3. LEGISLACION SOBRE TRANSFERENCIA DE TECNOLOGIA

En esta legislación, conviene tener en cuenta los siguientes aspectos:

Ambito de aplicación

Debe determinarse que tipo de contratos cubre la legislación del país a donde la empresa está interesada en radicar una joint venture e intenta proveer tecnología. Es decir, si la legislación cubre las licencias de propiedad industrial, al know how, la asistencia técnica y alguna otra forma de conocimientos o bienes intangibles.

Alcance de la intervención gubernamental

Se deberá conocer si existe obligatoriedad de evaluación y autorización del contrato de transferencia tecnológica por parte de una autoridad gubernamental, o si la legislación obliga a desagregar el componente tecnológico, como por ejemplo el caso de una planta llave en mano. Puede darse el caso de que la falta de autorización o registro, produzca la invalidez del contrato o no de acceso al mercado de cambios para el pago de regalías. En algunos casos, los contratos entre un proveedor y una empresa local en donde ese proveedor conforma parte de su paquete accionario —tal como en una joint venture—, pueden ser objeto de autorización especial o contralor.

Usualmente las dependencias oficiales controlan el precio y las fórmulas de pago, las cláusulas restrictivas, la duración y otras características esenciales del contrato.

Criterios de evaluación

Algunas normas nacionales de transferencia de tecnología, consideran su aceptación en base a ciertos factores, tales como:

— Utilidad del contrato para el desarrollo económico y social del país y su relación con los montos en divisas a pagar.

— Efectos sobre la balanza de pagos.

— Efectos sobre la generación de exportaciones o la sustitución de importaciones.

— Estimación de las utilidades posibles del contrato.

— Precio de los bienes que incorporan la nueva tecnología.

— Políticas de empleo de recursos humanos.

— Vinculaciones económicas, financieras y/o empresarias entre el proveedor y el tomador.

— Efectos sobre el medio ambiente.

Cláusulas restrictivas

La presencia de ciertas cláusulas restrictivas en un contrato de transferencia de tecnología puede acarrear la denegatoria de aprobación de un contrato en su totalidad, y no solamente en cuanto a dicha cláusula. Esas cláusulas restrictivas pueden referirse a compras atadas de insumos y/o bienes de capital, obligación de transferir mejoras tecnológicas al proveedor, fijación de precios de venta o reventa, restricciones a la exportación, restricciones sobre el uso de personal, restricciones sobre investigación y desarrollo por parte del receptor, restricciones a la obtención de tecnologías competitivas o complementarias, restricciones sobre el volumen de producción, y obligaciones de uso de marca, entre otras.

Como obviamente alguno de esos tópicos puede complicar la decisión de una joint venture o la forma en que se desea una asociación de empresas, conviene analizar previamente la legislación respectiva del país donde la joint venture se desea constituir.

Precio

La mayoría de las legislaciones contienen observaciones sobre las modalidades de remuneración aplicables a la tecnología, así como también respecto de las formas de pago.

Giro de regalías

Algunas legislaciones fijan limitaciones respecto del pago de regalías (royalties) a los proveedores de tecnología del exterior, las que obviamente se deben tomar en consideración.

Aspectos fiscales

Usualmente las legislaciones o normas secundarias, suelen fijar el impuesto o la tasa que se percibe como retención al momento del giro de las regalías al exterior.

Ley aplicable y jurisdicción

Define la ley y los foros aplicables en los casos de litigios y controversias.

Duración del contrato

Las reglas específicas sobre la materia ubican la duración máxima de los acuerdos, las que difieren segun el país receptor de que se trate.

Garantías, responsabilidad y confidencialidad

Las legislaciones o normas de cada país suelen establecer criterios respecto de las garantías de asistencia de parte de los proveedores a los tomadores y la obligatoriedad de que la transmisión tecnológica sea total y completa, así como la responsabilidad sobre la calidad y los resultados de la tecnología provista. En relación a la confidencialidad, ciertas legislaciones invalidan las cláusulas de confidencialidad una vez que los contratos han expirado. En varias legislaciones, también se detallan las formas en que la tecnología deberá ser absorbida por los tomadores locales.

Adicionalmente, conviene tomar en cuenta, los alcances de las legislaciones nacionales en materia de patentes y marcas, así como también de las leyes de propiedad intelectual, aspecto este último de suma importancia, en aquellas joint ventures que involucren sectores de servicios, en actividades tales como obras literarias, obras musicales, dramáticas, coreográficas, publicitarias, de arte, de software, bases de datos o transmisión de información, entre otras.

En ese sentido, interesa conocer las particularidades de las legislaciones, su adhesión a tratados internacionales, las formalidades para la concesión, la transmisión y la caducidad.

9,4. LEGISLACION SOCIETARIA

En esta materia conviene informarse respecto de cuáles son los tipos de sociedades que se permiten constituir en el país donde se concretará la joint venture, y en qué casos se admiten sociedades controladas, controlantes, vinculadas o vinculantes. En algunos casos, se permiten las uniones transitorias de empresas o bien los contratos de colaboración o cooperación económica, con fines industriales o comerciales, sin la necesidad de constituir un nuevo ente societario. Esas figuras, como lo mencionamos, suelen estar integradas a la legislación societaria de un país, y generalmente, son el marco legal adecuado para la constitución de joint ventures de tipo contractual, también conocidos como non-equity joint ventures.

Adicionalmente, debería conocerse cuales son los tipos de socios que define la legislación; cuales son y como se conforman los órganos de administración, representación y control; cuales son los métodos o las formas de transformación, fusión o escisión, y las de resolución parcial, disolución y liquidación; cual es la documentación requerida para funcionar y la contabilidad que deben llevar; las formas de aportes de capital; los tipos de acciones (preferenciales, nominativas, al portador, con derecho a voto, sin derecho a voto, etc.); las formalidades de la asamblea de accionistas; los tipos de bonos y obligaciones que puede emitir para obtener financiamiento; las formalidades de inscripción y registro; el instrumento de constitución; las responsabilidades de los socios y la fiscalización estatal, entre otros aspectos.

Dentro de este terreno, conviene también informarse de cual es la legislación vigente en materia de concursos preventivos y de quiebras. Respecto de la primera interesa en particular lo referente a sus requisitos sustanciales, la apertura de un concurso, el proceso de formación de la junta de acreedores, y con respecto a la segunda, su declaración, trámite y proceso de liquidación de la empresa fallida.

9.5. LEGISLACION Y NORMAS SOBRE COMERCIO EXTERIOR

En términos generales o específicos, según sea el caso, debemos considerar varias legislaciones o subpolíticas dentro de este campo.

Por una parte, interesa conocer cual es la política del país respecto de sus exportaciones. En primer lugar, si la empresa que radica la joint venture va a producir exportaciones, debemos analizar si el producto a exportar, está considerado como de tipo tradicional o en una lista de bienes promocionados, lo cual implica diferente tratamiento en la mayoría de los casos, ya que los primeros, suelen no recibir incentivos para la promoción de sus colocaciones en el exterior.

Debemos analizar si el producto a exportar debe pagar aranceles o impuestos para su exportación, o si por el contrario, recibe algún incentivo de los siguientes:

— Incentivos impositivos, por el cual, se reintegran los impuestos de importación o los impuestos pagados durante el proceso productivo a los bienes de exportación; si no se computan o se eximen algunos o todos los impuestos cuando se exporta; si existe un régimen de importación temporaria sin pago de derechos en la importación de insumos, piezas y componentes que luego forman parte del bien a exportar; si existe algún incentivo o subsidio para la exportación (y si ello no contraviene normas internacionales o nos puede acarrear problemas de derechos compensatorios en algunos mercados externos); si existe algún incentivo impositivo para programas de aumentos de exportaciones; si existen programas de importaciones y exportaciones combinadas con tratamiento especial; si existen programas de incentivos fiscales para formación de consorcios o cooperativas de exportación, o para la exportación de plantas llave en mano, etc.

— Incentivos cambiarios, es decir, si existe algún tratamiento cambiario diferencial para las ventas al exterior o para cierta categoría de bienes exportados.

— Incentivos financieros, para la obtención de créditos preferenciales para financiar la producción con destino a la exportación; para financiar las ventas al exterior; para financiar programas de marketing internacional o acciones de comercialización, tales como la instalación de oficinas en el exterior, la adaptación de productos, la investigación de mercados, la participación en ferias internacionales, la edición de folletería o material de publicidad, o bien la constitución de trading companies, consorcios de exportación y/o cooperativas de exportación.

Por otra parte debemos conocer someramente cuales son las facilidades administrativas y promocionales para la exportación que ofrece el gobierno del país donde deseamos radicar la joint venture, tales como los servicios de información que dispone el país, y otros aspectos tales como la posibilidad de operar con intercambio compensado, la existencia de tradings internacionales en el país, la injerencia del Estado en el comercio exterior o bien la existencia de zonas francas libres para la industrialización y posterior exportación.

Un segundo aspecto de la política de comercio exterior, lo es la política de importaciones. En ese sentido, cabe analizar cual es la estructura arancelaria del país, es decir, cuales son los derechos de importación, tanto para la importación de equipos y bienes de capital, como para la importación de insumos, partes, piezas y componentes que serán necesarios en la operación de la joint venture.

Deberá tomarse en cuenta, el nivel de derechos y demás recargos y gravámenes para nacionalizar los bienes, el nivel de dispersión arancelaria y la tasa de protección efectiva para la industria, así como también, los diferentes regímenes especiales que pudieran haber, los trámites para obtención de permisos y los trámites bancarios, administrativos y cambiarios para la nacionalización de las mercaderías, y los regímenes para pago de derechos (contado, financiado y otros).

Es importante saber también el tipo de legislación existente en materia de tratamiento aduanero para operaciones de importación cuyos derechos deban garantizarse, o en los casos en que se apliquen derechos antidumping o compensatorios.

Finalmente, y en lo que respecta a la política de comercio exterior, deberán conocerse cuáles son los programas, acuerdos o tratados de integración en los cuales el país está involucrado para así saber que clase de preferencias o prebendas de tipo aduanero, industrial, comercial, tecnológico, fiscal, cambiario o financiero pudiera llegar a tener una empresa, al mantener relaciones económicas con países miembros de dichos acuerdos.

En el caso particular de América Latina, todos los acuerdos de la ALADI, el Pacto Andino, el Mercado Común del Cono Sur o el Mercado Común Centro Americano, tienen programas de preferencias arancelarias, con liberación de gravámenes en la importación, lo cual torna más competitivos los productos intercambiados entre sus países miembros. Inclusive algunos acuerdos o tratados de integración, contemplan particularidades especiales y/o ventajosas para el comercio desarrollado en base a acuerdos de complementación industrial o comercial, los que generalmente toman la forma de joint ventures. Dentro del Pacto Andino y de los acuerdos entre Argentina y Brasil, existen disposiciones favorables para la constitución y operación de empresas conjuntas.

Interesa conocer también, cuáles son los acuerdos o tratados en los cuales las exportaciones a ciertos mercados se ven favorecidas por preferencias arancelarias unilaterales, es decir, no negociadas en el marco de acuerdos de integración, tal como el caso del Sistema Generalizado de Preferencias, la Iniciativa de la Cuenca del Caribe, la Iniciativa para los Países Andinos, o el Acuerdo A.C.P. de la C.E., ya que son un incentivo adicional a la hora de constituir joint ventures.

9.6. LEGISLACION Y NORMATIVA LABORAL

En este aspecto, interesa conocer cuál es la legislación vigente que afecta la contratación y el empleo de personal profesional, administrativo y de los obreros calificados y no calificados; si existen políticas de salario mínimo, vital y móvil; si existen convenciones colectivas de trabajo; sistemas de salud y seguridad social y sistemas aplicables a casos de enfermedad, parto, franco, licencias especiales, vacaciones, escolaridad, accidentes de trabajo, asignaciones familiares; afiliación compulsiva u opcional a los gremios; niveles de salarios pagados en la industria; beneficios o cargas sociales y su implementación; régimen de incorporación de mano de obra extranjera; regímenes laborales especiales de zonas industriales, zonas francas o de ciertos sectores industriales; flexibilidad laboral y regímenes de despido e indemnización.

Adicionalmente, es de suma importancia conocer el nivel de salarios promedio de la industria, así como la experiencia gremial de la industria, en el sentido de saber el nivel de productividad promedio, frecuencia de paros, protestas, huelgas o conflictos de otro tipo.

9.7. LEGISLACION Y NORMAS FISCALES

En este campo, interesa conocer la estructura impositiva y de tasas, tanto a nivel nacional, como provincial y municipal, en lo que concierne al capital, el patrimonio, a los activos fijos, a los inmuebles, a los aportes, a las transferencias de divisas y operaciones cambiarias, a las operaciones de venta, de ingresos y de utilidades de la empresa, a las operaciones financieras, de seguros, de bolsa, de nuevas inversiones, de distribución, de publicidad y de distribución de dividendos, entre tantas otras.

De particular importancia para un socio extranjero en la constitución de una joint venture, es la información respecto del impuesto a la renta o el impuesto a la transferencia de las utilidades, que se percibe a la hora de girárselo a su país de origen, así como la posible existencia de convenios existentes para evitar la doble imposición entre su país sede y el país donde intenta desarrollar la joint venture.

A la vez interesa conocer los posibles regímenes de liberación o desgravación impositiva, y los sectores o actividades que se encuentran liberados o reducidos en la imposición fiscal, para así obtener un detalle de la carga fiscal que debería soportar el emprendimiento conjunto en un determinado país.

9,8. LEGISLACION Y NORMAS FINANCIERAS

Aquí se trata de analizar la legislación y las principales normas que rigen las operaciones financieras, para poder conocer las limitaciones o posibilidades de financiamiento que tiene un socio foráneo o una empresa conjunta en el mercado financiero local, y la viabilidad de acceso de fondos del exterior.

En ese sentido, interesa conocer el régimen de ingreso de préstamos financieros del exterior, el régimen de ingreso de divisas de exportaciones, el régimen de pago de las importaciones, regalías, utilidades y repatriaciones de capital, como así también los mecanismos de crédito comercial en bancos locales —o filiales de bancos extranjeros—, la posible existencia de créditos especiales de fomento para capital de trabajo, compra de maquinaria, compra de insumos, créditos para financiar importaciones o exportaciones, financiamiento a través de emisión de obligaciones o bonos de empresa, sistema bursátil para financiamiento a través de emisión de acciones, financiamientos por descuentos de documentos, factoring, forfaiting, leasing, sistemas de capitalización de deuda (debt swaps), créditos prendarios e hipotecarios, sistemas de venture capital, más las características del mercado cambiario.

9,9. LEGISLACION SOBRE COMERCIO INTERIOR Y COMPETENCIA

En este terreno, y siempre y cuando que la joint venture a radicar en un país tenga dentro de sus objetivos, la comercialización en el mercado doméstico en uno o varios bienes, interesa saber cuáles son las normas que afectan la comercialización local de los bienes, como aquellas normas sobre regímenes de precios (libertad o control), pesos y medidas, códigos industriales o alimentarios, normalización exigible, y las reglas o legislaciones que afectan la distribución local de los productos, la publicidad o la promoción, y las características de los productos, entre otros.

Respecto de la competencia, suelen existir legislaciones sobre la competencia de los mercados, para casos de desabastecimiento, deslealtad comercial, situaciones monopólicas, monopsónicas, y oligopólicas. En muchos países, las normas sobre competencia, se complementan con los regímenes vinculados al establecimiento de derechos compensatorios o antidumping, —cuando existen situaciones de prácticas desleales del comercio internacional—, lo cual es importante tomarlos en cuenta, para posibles acciones de protección contra la competencia subsidiada o desleal del exterior. En estos casos, conviene conocer los alcances de las legislaciones, sus procedimientos, los tipos de trámites, las autoridades que lo administran, el tiempo que insumen los procedimientos, los tipos de consulta y las informaciones que requieren, así como también, la forma y el plazo en que se establecen los derechos antidumping o compensatorios, o cuando es el momento en que la autoridad aduanera solicita la garantía por la diferencia entre el derecho ad valorem (o específico o mixto) y el nivel de derecho que se solicita, lo que de hecho, en muchos casos, ya se convierte en una barrera a la importación, por cuanto el importador está comprando un producto, cuyo precio final todavía desconoce.

Las legislaciones de derechos antidumping y compensatorios deben ser consideradas en todos sus alcances, porque a veces, se pueden constituir en un freno a las importaciones de insumos, partes, piezas o componentes sobre los que se evaluó o decidió la creación de una empresa conjunta.

9.10. LEGISLACION Y NORMAS DE POLITICA INDUSTRIAL

En este caso, se debe tomar en cuenta cual es la legislación o el régimen industrial existente aplicable al sector en el cual se desea desarrollar una joint venture. En un país se pueden encontrar regímenes de promoción nacional, provincial, municipal, sectorial o regional aplicable a una o diferentes industrias, con incentivos fiscales, financieros o de tipo aduanero para la importación de equipos y bienes de capital e insumos, partes, piezas y componentes. Algunos regímenes en ciertos países, otorgan mayores beneficios a las exportaciones, si las industrias son de determinado sector o si se encuentran radicadas en una determinada región.

También interesa conocer cuáles son los pasos, permisos, trámites y autorizaciones a la hora de radicar una industria, cuáles son los requerimientos y obligaciones en materia de seguridad industrial, higiene, medio ambiente y desechos industriales, como también los organismos públicos que fiscalizan o controlan la aplicabilidad de los regímenes de promoción industrial. En algunos casos, se encuentran interesantes beneficios por parte de parques industriales o tecnológicos pertenecientes a municipios o provincias.

Asimismo, será de utilidad la información respecto de la existencia en el país donde se desea radicar la joint venture, de zonas industriales libres o francas donde sólo se produce para la exportación, en las que se reciben incentivos cambiarios, financieros, laborales, fiscales y aduaneros.

En varios países de América Latina encontramos zonas francas o zonas de exportación donde se han registrado numerosas joint ventures para la producción de bienes que luego se exportan. Valgan como ejemplo las experiencias en la materia de Uruguay, Chile, Colombia, Costa Rica y la República Dominicana.

Algunos países también tienen políticas respecto de la investigación y desarrollo tecnológico, donde otorgan incentivos o beneficios especiales a las empresas que desarrollan nuevos productos o tecnologías. Esto es importante, ya que en muchos casos, se constituyen joint ventures para esos fines en aquellas naciones que fomentan tales desarrollos.

En resumidas cuentas, muchas joint ventures que se establecen, implican la ventaja para los socios extranjeros de que, con la asociación a través de un socio local, pueden acceder a esos incentivos o beneficios de los programas de promoción industrial.

9,11. LEGISLACION SOBRE COMPRAS ESTATALES

Siempre y cuando la joint venture a radicar en un país, implique la posibilidad de venderle bienes o servicios al estado nacional, provincial o municipal, ya sea a la administración pública o sus dependencias, entidades descentralizadas, o sus empresas públicas, conviene tomar en cuenta los principales aspectos de la legislación o normativa respectiva. En algunos casos, esta legislación, es causante de la constitución de joint ventures. Por ejemplo, en ciertos países, las obras y contrataciones de los servicios de ingeniería que contrata el Estado, permiten la participación de empresas foráneas, siempre y cuando se asocien con una empresa de ingeniería o construcción local, lo que de hecho, da lugar a una joint venture.

9,12. TRATADOS ESPECIALES

Aun cuando a veces no constituyen acuerdos de integración en el sentido que otorguen preferencias arancelarias o eliminación de barreras arancelarias o no arancelarias, suelen existir tratados especiales entre países, orientados a favorecer su comercio, industria, transferencia de tecnología y la formación de empresas conjuntas.

Conviene tomar conocimiento de dichos casos en los países donde una empresa piensa radicar una inversión en forma asociativa con una empresa local, ya que puede implicar algunos beneficios o ventajas.

Por ejemplo, en el caso de Argentina, que mantiene un acuerdo de estas características con Italia, conocido como "Acuerdo de Relación Asociativa Particular entre Argentina e Italia", se pueden importar bienes de capital con un financiamiento de largo plazo y tasas de interés sumamente bajas, ya que son fondos concesionales de Italia, y dicho equipamiento no paga derechos ni otros gravámenes habituales de importación, ni el Impuesto al Valor Agregado, que aunque en condiciones normales luego se devuelve, siempre implica un cierto costo fiscal.

Para el otorgamiento de las facilidades crediticias a que nos referimos, el gobierno argentino valoriza la existencia de una joint venture o alguna forma de esfuerzo asociativo. Dentro de los criterios de elegibilidad de las empresas que presentan proyectos para obtener financiamiento, el esfuerzo asociativo tiene una asignación de 14 puntos sobre un total de cien,.

Pero la contribución italiana va mas allá de maquinarias, y consiste también de tecnología, management y acceso a mercados.

Aquellos inversores italianos que conformen joint ventures en la Argentina, tienen un crédito en condiciones ventajosas para la inversión inicial, amparado por la Ley 49 de Italia. En virtud de este acuerdo, el 20% de los fondos italianos para la cooperación empresarial de empresas italianas con países en desarrollo está reservado sólo para la nación del Cono Sur.

Capítulo 10

EL FINANCIAMIENTO DE LAS JOINT VENTURES

10.1. INTRODUCCION

Hemos mencionado que una empresa puede aportar diferentes tipos de recursos a una joint venture. Entre los más habituales encontramos monedas convertibles, moneda local, bienes de capital, terrenos, recursos naturales, tecnología, y management, los que pueden aportarse al principio o luego de un cierto período, tal como es el caso de la reinversión de utilidades, en los casos de joint ventures societarias.

Sin embargo, para las firmas con recursos limitados que desean entrar en una joint venture, el aporte en efectivo o en especie puede ser un elemento dificultoso. En el primer caso porque el flujo de caja que muchas empresas disponen, no suele ser suficiente para encarar la nueva empresa conjunta. En el segundo caso, los aportes como tecnología, management o terrenos, suelen traer disparidades de criterio respecto a su valoración, tanto de las contrapartes como también de las autoridades gubernamentales que deben aprobar el ingreso como inversión de dichos recursos.

Dado que indudablemente siempre habrá necesidad de contar con fondos líquidos —ya sea que se destinen a la compra de activos fijos o se utilicen como capital de trabajo—, la realidad es que a tales recursos hay que ubicarlos en alguna parte, puesto que suele ocurrir que los socios de la empresa conjunta no los poseen, o les falta una parte sustancial de los mismos.

En consecuencia, hay que volcarse a la obtención de financiamiento, pero siempre bajo las reglamentaciones existentes en el país sede de la joint venture, tanto para créditos locales como para el ingreso y cancelación de préstamos del exterior. Esto es así, ya que las normas financieras, fiscales y cambiarias pueden favorecer o desalentar la captación de fondos internos o externos.

10.2. PRINCIPALES FUENTES DE FINANCIAMIENTO PARA LAS JOINT VENTURES

La obtención de financiamiento para la constitución o puesta en marcha de una joint venture —sea societaria o de tipo contractual— puede canalizarse a través de bancos, instituciones financieras, instituciones y organismos de desarrollo o de fomento sectorial, cajas de crédito y ahorro, del propio país o del exterior, incluyendo los organismos internacionales, así como de bolsas y mercados de valores, tanto locales como de otros países.

La situación general en los países de América Latina, es que los problemas del endeudamiento, la falta de ahorro nacional, la fuga de divisas y la virtual inexistencia de mercados de capitales —salvo algunas excepciones—, problematizan la obtención de financiamiento, tanto local como internacional, y por lo tanto, se dificultan los procesos de inversión. En ciertas naciones latinoamericanas el riesgo país es muy alto, con lo cual, la obtención de financiamiento se ha vuelto extremadamente complicada.

Ampliando sobre el concepto del endeudamiento externo de las naciones latinoamericanas, el problema radica en que, los magros excedentes fiscales que se generan, usualmente van destinados al pago de las obligaciones externas, limitando así la disponibilidad de recursos para financiar actividades productivas o comerciales en el propio país. Por otra parte, y en relación a la fuga de capitales, es un hecho que una mínima porción de ellos vuelve a sus países de origen, pero como préstamo y no como capital para la inversión en actividades productivas, si bien esta situación se está revirtiendo en algunos países en los últimos años. En muchas naciones de la región, no es correcta la apreciación de que los recursos no existen. En realidad existen, pero se canalizan en mercados marginales y de corto plazo, en lugar de los mercados institucionales y de más largo plazo.

En ese contexto, los mercados de capitales son una herramienta necesaria en cualquier proceso de inversión, mas aún en los casos de joint ventures, puesto que proporcionan no sólo créditos sino tambien capital de riesgo para proyectos. Por ello, en los países que no disponen de un adecuado mercado de capitales, el atractivo para los inversores extranjeros también es menor. En los últimos años, las experiencias de algunos países de la región en materia de mercados de capitales —por ejemplo Chile, con sus sistemas de fondos de seguros de retiro— ha sido realmente importante, a la vez que ha atraído nuevos inversores y nuevos proyectos.

A continuación, explicamos brevemente las características salientes de los principales tipos de financiamiento para la constitución, puesta en marcha y operaciones de una joint venture. No siempre estos financiamientos se obtienen indistintamente uno de otro, sino que, dependiendo de la capacidad de armar una ingeniería financiera que tenga la entidad bancaria con que opera la empresa, se puede lograr un mix de diferentes tipos de facilidades crediticias y recursos financieros.

10,2,1. CREDITOS DE LA BANCA COMERCIAL

Son los créditos convencionales que se obtienen en los bancos, cajas de ahorro y préstamo o instituciones financieras, en condiciones, tasas y plazos de mercado. Pueden destinarse a la puesta en marcha de una joint venture, o utilizarse cuando éste ya está en funcionamiento. En el corto plazo, se otorgan para capital de trabajo o giro comercial/industrial —compra de insumos, pago de salarios, pago de servicios (agua, energía)—, y en el mediano o largo plazo, sirven para capital de trabajo, incorporación de equipos, construcción de plantas, e infraestructura, entre otros aspectos. En algunos países existen los llamados préstamos overnight, que sirven para solucionar dificultades transitorias de iliquidez.

Estos préstamos pueden ser en moneda local, o bien en moneda extranjera, en cuyo caso los bancos se fondean en fuentes externas —vía corresponsales— o a través de depósitos en divisas en el propio país. Estos préstamos en divisas, pueden ingresar por necesidades puramente financieras o de cash flow, como los swaps en monedas convertibles, o para cualquier otro uso, como por ejemplo, prefinanciación de la producción con destino a la exportación o la apertura de una carta de crédito de importación pagadera a plazos.

Los préstamos en moneda local son a tasas del mercado doméstico, y los préstamos en divisas tienen una base de tasa PRIME o LIBOR, más el spread del banco foráneo, el spread del banco local y los impuestos, si existieran.

10,2,2. DESCUENTO DE DOCUMENTOS COMERCIALES. FACTORING. FORFAITING

Generalmente los bancos o las empresas de factores, descuentan documentos como letras de cambio o pagarés que son librados o girados a favor de empresas que han vendido bienes o servicios a determinados plazos, como 30, 45, 60, 90, 120 y hasta 180 días.

El servicio de las empresas de factoring es más bien de corto plazo, mientras que el forfaiting, suele ser de más largo plazo. El factoring tiene bastante aceptación en el mercado doméstico, mientras que el forfaiting se utiliza mucho en transacciones internacionales, como por ejemplo, para financiar exportaciones o importaciones. La particularidad del factoring y del forfaiting, principalmente, es que la entidad financista no tiene acción de recurso contra el exportador o el emisor de las letras de cambio o el beneficiario del pagaré, que lo presentan para su descuento.

10,2,3. CREDITOS ESPECIALES SECTORIALES

Son líneas crediticias especiales que se destinan a un sector específico como la agricultura, la agroindustria, la pesca, la minería, la industria, la pequeña y mediana industria, el artesanato, etc., y tienen ciertas condiciones que lo hacen más favorables que los créditos convencionales. Habitualmente, las entidades oficiales —bancos nacionales para el agro, la minería o la industria o bancos de inversión y desarrollo— son quienes los otorgan, operando como banca mayorista, pero pueden obtenerse a través de la banca minorista o de empresa, quienes agregan un pequeño spread. Las condiciones son muy diferentes según los países. También, estos créditos pueden originarse en organismos multilaterales o regionales.

10,2,4. ORGANISMOS INTERNACIONALES

Los organismos financieros multilaterales, como el BIRF —y sus entidades dependientes—, o regionales como el BID, otorgan diversos tipos de financiamiento. En el pasado se han dedicado mucho a los préstamos para sectores específicos (industria, agro, energía, transporte) o infraestructura, y generalmente han sido destinados al sector público, aunque en algunos casos, luego las entidades bancarias públicas los canalizan al sector privado.

En ciertos casos, existen sistemas subregionales como la Corporación Andina de Fomento, que administra el Sistema Andino de Financiamiento al Comercio (SAFICO), o el Fondo de Inversiones Argentino-Brasileño, para buscar financiar emprendimientos binacionales de integración entre ambas naciones.

Por lo general, estos créditos se circunscriben a una región o un país, son de tasa fija e incluyen los estudios de factibilidad, aunque su procedimiento es de alto tecnicismo.

Algunos organismos regionales financian actividades específicas, como por ejemplo el BLADEX, Banco Latinoamericano de Exportación, que financia operaciones de comercio exterior, con preferencia a las exportaciones de bienes no tradicionales de América Latina.

De todas maneras, también existen otros organismos financieros internacionales, como el Banco Africano de Desarrollo o el Banco Asiático de Desarrollo, que financian operaciones —entre las cuales existen joint ventures— en sus respectivas regiones, o bien en otras, como es el caso del Banco Europeo de Inversiones que financia proyectos para países miembros de la Convención de Lomé-Acuerdo ACP. Dentro de la región latinoamericana y del Caribe, Haití, la Rep. Dominicana y la mayoría de naciones angloparlantes del Caribe, pueden obtener este tipo de financiamiento.

Cuando los fondos de organizaciones internacionales se asocian a fondos de otras fuentes externas, estamos en presencia de lo que se llama cofinanciamiento.

10,2,5. CREDITOS DE EXPORTACION

Dentro de este concepto tenemos varias formas. Dentro de un país, existen los que se llaman líneas especiales de prefinanciación de exportaciones, para financiar la producción de bienes y servicios con destino a la exportación, con recursos locales. Algunos países también cuentan con los llamados créditos de post-embarque, que financian el giro comercial de las empresas exportadoras.

Pero adicionalmente a ello, existe el financiamiento de exportaciones, es decir el crédito a los clientes del exterior, que puede ser para bienes comunes, bienes de capital, servicios o plantas llave en mano y obras completas vendidas al exterior.

Aquí se distinguen:

— los créditos de tipo proveedor (supplier credits) que se otorgan directamente al provedor exportador y éste luego lo extiende al cliente externo, pero la entidad otorgante tiene acción de recurso contra el librador de la letra de cambio, aun cuando exista un aval o seguro de crédito de exportación de riesgo comercial;

— los créditos de tipo comprador (buyer credits) que se otorgan directamente al comprador del exterior.

Estas líneas son a tasas fijas sobre PRIME o LIBOR, aunque algunos países tienen algún nivel de subsidio, y están atados a la compra de bienes del país otorgante.

Este crédito puede existir en el país donde radica la empresa conjunta, en cuyo caso le sirve si exporta, o puede utilizar crédito de proveedores de otros países (por ejemplo del EXIMBANK de USA o Japón) para financiar la importación de bienes de capital con destino a la empresa conjunta.

10,2,6. FINANCIAMIENTO DE LA BANCA COMERCIAL INTERNACIONAL

La banca internacional otorga financiamiento no sólo a gobiernos sino también a empresas, o proyectos que se desarrollan en cualquier país, siempre que el riesgo asociado no sea elevado. En algunos casos, se requieren de garantías o de avales de bancos locales de primera línea, de bancos nacionales o de organismos financieros del exterior.

Estos bancos, que suelen tener sucursales o subsidiarias en centros off-shore, usualmente se fondean en diversas fuentes, entre ellas el mercado de eurodivisas, o a través de emisiones de títulos. Cuando un banco no puede afrontar un financiamiento por sí mismo, realiza como agente la búsqueda de fondos de otras entidades financieras, en cuyo caso se otorga un préstamo sindicado.

10,2,7. CREDITOS GUBERNAMENTALES

Por lo general son créditos que se concretan a través de protocolos negociados por intermedio de las cancillerías y tienen un fondo político, ya que son de tipo concesional o de ayuda al desarrollo, con tasas fijas, reducidas y a largo plazo. Son créditos que se destinan para proyectos de desarrollo, pequeñas y medianas empresas, salud, educación, emprendimientos conjuntos, y van asociados a la compra de equipos y servicios del país que concede el crédito, es decir, son atados.

10,2,8. FINANCIACION DE PROYECTOS

Habitualmente, se encuentran bancos de inversión y desarrollo, tanto privados como públicos que otorgan líneas para financiamiento de proyectos de inversión. Estas son líneas interesantes para la constitución y puesta en marcha de joint ventures basados en un proyecto de inversión con una tasa de retorno atractiva. En la mayoría de los casos, los bancos toman una cierta participación en las posibles ganancias del negocio o bien se cobran con el producido en divisas de las exportaciones generadas por el proyecto.

En este terreno, merece destacarse la función que cumplen los investment banks y los merchant banks, muy importantes para la constitución, puesta en marcha y funcionamiento de joint ventures. Los merchant banks buscan nuevo capital, y junto a los bancos de inversión se han especializado en el manejo de fondos de inversión, fondos de pensiones, fondos inmobiliarios, privatizaciones, capitalización de deuda, títulos públicos y privados, eurodivisas, mercados de moneda, opciones y futuros.

10,2,9. FINANCIAMIENTO CON PARTICIPACION ACCIONARIA

A nivel internacional, como en la mayoría de las naciones latinoamericanas, existen organismos públicos, y bancos e instituciones financieras privadas —tanto locales como extranjeras— que financian con capital de riesgo, las actividades de nuevas empresas o de empresas existentes, a través de la participación accionaria, es decir aportan parte del equity de una sociedad. Esto también es conocido como operaciones de "venture capital".

Adicionalmente, algunos organismos financieros internacionales, financian proyectos a través de la participación accionaria en empresas conjuntas. En el caso de América Latina, operan muy activamente en este terreno la Corporación Financiera Internacional, entidad dependiente del Banco Mundial y la Corporación Interamericana de Inversiones, que depende del Banco Interamericano de Desarrollo.

10,2,10. CREDITOS PARA CONSTITUCION Y PUESTA EN MARCHA DE JOINT VENTURES

Algunas organizaciones tienen implementado un mecanismo específico para la financiación de joint ventures. Usualmente, son entidades con sede en naciones desarrolladas que fomentan la inversión en proyectos industriales en naciones en desarrollo, a través de la formación de joint ventures. Mayores detalles se brindan más adelante en esta obra, en la parte correspondiente a las entidades que fomentan la creación de joint ventures.

Por lo general, y específicamente en lo financiero, estas organizaciones proveen:

— capital social, es decir, participación accionaria en los joint ventures, hasta un cierto porcentaje del total de la inversión;

— préstamos con una duración de mediano a largo plazo, basado en las tasas LIBOR o PRIME;

— garantías para la obtención de préstamos de otras fuentes.

Habitualmente prestan este tipo de asistencia financiera atada a compras de tecnología, equipos o ciertos porcentajes de participación en la joint venture de empresas de su país.

10,2,11. FINANCIAMIENTO A TRAVES DE BOLSAS Y MERCADOS DE VALORES

Las bolsas y mercados de valores son un instrumento realmente apropiado para el financiamiento de joint ventures en naciones en desarrollo. Así, las empresas pueden emitir acciones y venderlas entre el público en general a través de bancos colocadores y agentes, según las características de la legislación local sobre bolsas de comercio, mercados de valores y sociedades comerciales.

Esos nuevos tenedores de acciones son por lo general, inversores de cartera o de portafolio, quienes entran y salen de una acción con relativa frecuencia, y no ejercen control sobre las actividades de la empresa emisora. Sin embargo, cuando uno o varios accionistas, toman una porción significativa del paquete accionario —dependiendo claro está, del tipo de acciones emitidas—, puede llegar a suceder un takeover o compra hostil de la empresa. Este esquema es muy frecuente en naciones desarrolladas, pero pocos casos se presentan en naciones en desarrollo por el momento.

Los mercados de valores de varias naciones latinoamericanas, también colocan bonos de empresas privadas (llamados también obligaciones negociables), con respaldo (aval o garantía) de un banco de primera línea, los cuales ofrecen una atractiva rentabilidad para los inversionistas, quienes en definitiva, están financiando a la empresa emisora.

En algunas experiencias de la región, también se observa un importante mercado de títulos públicos, donde sus tenedores, los alquilan a empresas, para que éstas los utilicen —en el corto plazo— como garantía para obtención de otros financiamientos. Un sinnúmero de posibilidades existe en este sentido, dependiendo de la ingeniería financiera que se realice en cada caso o sobre un proyecto en particular.

Ya sea a través de una acción o de un empréstito o bono, las empresas socias de una joint venture —particularmente el socio foráneo— disminuyen su exposición y riesgo asociado en el país, en comparación al financiamiento convencional, ya que transfieren parte de los riesgos a los inversores institucionales de cartera, ya sean personas físicas o jurídicas como bancos, compañías de seguros, fondos de pensiones, etc.

10,2,12. FONDOS MUTUOS DE INVERSION Y FONDOS DE PENSIONES

Usualmente, y dependiendo de las reglamentaciones de cada país, las compañías aseguradoras de retiro —fondos de pensiones— y los fondos de inversión, fiduciarios o de fideicomiso, suelen invertir como venture capital a través de la compra de acciones de empresas que cotizan en las bolsas de comercio y mercados de valores del país.

10,2,13. FONDOS DE INVERSION DE PAISES

En los últimos años, se están conformando fondos de inversión destinados a invertir en determinados países —llamados country funds—, como por ejemplo, los existentes en Londres y Nueva York para Argentina, Brasil y México. Estos fondos están constituidos por inversores institucionales, aunque también hay personas físicas o sociedades comerciales o financieras. Si bien su objetivo básico es la inversión en las bolsas de los países para los cuales se han formado, en muchos casos, aprovechan las ventajas de adquirir títulos de deuda de esos países en mercados secundarios, como el de Nueva York, para luego invertir en privatizaciones y otros proyectos rentables, entre ellos, las joint ventures orientadas a la exportación.

10,2,14. FINANCIAMIENTO DE ACTIVIDADES DE MARKETING INTERNACIONAL

En muchos países existen líneas especiales para financiar actividades tales como viajes de negocios, misiones comerciales, participación en ferias internacionales, desarrollo de productos, desarrollo de canales de distribución, actividades de promoción y publicidad, investigaciones de mercado, inventarios y conformación de stocks en el exterior, e instalación en zonas francas o zonas de procesamiento de exportación, entre otras.

10,2,15. FINANCIAMIENTO PARA INVESTIGACION, INNOVACION Y DESARROLLO TECNOLOGICO

Son préstamos domésticos dentro de una país, con condiciones ventajosas respecto de las líneas comerciales normales, y se destinan a la financiación de emprendimientos que buscan investigar, innovar o desarrollar nuevas tecnologías. Este es un excelente apoyo para aquellos casos de joint ventures tecnológicas, o de empresas conjuntas donde el componente de desarrollo tecnológico tiene vital importancia.

10,2,16. LEASING

El leasing internacional es una operación de financiamiento, donde una entidad financiera adquiere un bien de capital o equipo, que luego arrienda al usuario, a cambio del pago de una suma o canon con cierta periodicidad, con la posibilidad de que el usuario final ejecute la opción de compra una vez vencido el contrato de leasing, y a cambio del pago de un valor residual del bien, tome la titularidad del mismo.

En consecuencia, ya que es un financiamiento no convencional en el sentido que se arrienda un bien con opción a su compra, el usuario —en este caso la empresa conjunta— puede utilizar su capacidad financiera para otros fines, a la vez que en la mayoría de los países, el pago de dicho arrendamiento es deducible del impuesto a la renta, lo cual lo torna ventajoso, aun cuando esta forma de financiamiento resulte algo más costosa.

El leasing —tanto operativo como financiero— puede desarrollarse en el propio país o bien a nivel internacional, a través de varios modelos diferentes.

10,2,17. OPERACIONES DE COUNTERTRADE

Algunas operaciones de countertrade facilitan la financiación de exportaciones o importaciones, a través de sus diferentes formas, tales como el buyback, los acuerdos de clearing, las cuentas de fideicomiso o los acuerdos de switch.

10,2,18. CAPITALIZACION DE DEUDA

En los últimos tiempos, muchas joint ventures constituidas en diversas naciones de América Latina, han tomado ventaja de los mecanismos de capitalización de deuda externa, ya que compran —a través de un banco comercial, investment bank, merchant bank o broker—, títulos de deuda en el mercado secundario, con un valor real muy inferior al valor nominal, que canjean por moneda local para aplicar a un proyecto de inversión, al valor nominal menos un descuento. Aún contabilizando la tasa de descuento que toman los bancos centrales de los países, la capitalización resulta ser un excelente negocio, puesto que en otros términos, se obtiene un tipo de cambio mayor al del mercado cambiario normal, y en consecuencia se invierten menores divisas que las que realmente se necesitarían en una inversión normal.

Capítulo 11

LAS JOINT VENTURES EN EL MARCO DE LOS ACUERDOS DE INTEGRACION REGIONAL

11.1. INTRODUCCION

Los acuerdos de integración existentes en América Latina y del Caribe, suelen presentar ciertas características atractivas para la conformación de joint ventures, y a pesar de no contar con estadísticas completas, sino fragmentarias sobre la materia, se puede asegurar que una buena proporción de joint ventures formalizadas en la región, se debe a esa causa.

Los acuerdos vigentes en la región, independientemente de los organismos o esquemas que los administran o generan, son de diferentes tipos, aunque los acuerdos de desgravación arancelaria son los de mayor utilización. Sin embargo, en la década pasada, algunos países o bloques regionales —como el del Cono Sur— han ido avanzando en la negociación de acuerdos más profundos, que involucran la transferencia de tecnología, la complementación comercial e industrial, la generación de inversiones y la constitución de joint ventures, en algunos casos, en la forma de empresas binacionales.

Estos acuerdos no sólo tienen un atractivo para las empresas radicadas en los propios países donde se dan los procesos de integración, como sería el caso de Colombia y Perú o cualquier combinación dentro de los países que integran el Pacto Andino, sino que a su vez, favorecen el establecimiento de joint ventures de terceros orígenes, es decir, por ejemplo, empresas estadounidenses, europeas o asiáticas que invierten en una nación andina bajo el esquema de una empresa conjunta, para así lograr el origen andino y en consecuencia atender a los restantes países del Acuerdo de Cartagena a través de la exportación, ya que bajo esa forma, el nivel de restricciones para arancelarias se reduce a su mínima expresión y el producto goza de importantes desgravaciones arancelarias en los restantes países hacia donde es exportado.

Por ejemplo, las empresas italianas o españolas que están desarrollando joint ventures en la Argentina, en función de sendos tratados bilaterales de amplio alcance y con indudables beneficios, no sólo conforman joint ventures en dicho país del Cono Sur para atender su mercado doméstico, sino que a la vez, exportan desde allí al mercado brasileño, dado el alto nivel de preferencias arancelarias existentes entre ambos países en función de sus acuerdos de integración.

Los acuerdos de integración entre países de la región, no necesariamente implican la realización de joint ventures societarias (equity joint ventures) en donde existe movilización de capital y la creación de una sociedad. También permiten la conformación de joint ventures contractuales (contractual o non-equity joint ventures). Dentro de los acuerdos de complementación económica o los acuerdos de alcance parcial comercial vigentes en el marco de la ALADI, existen mecanismos que favorecen la conformación de joint ventures contractuales. Por ejemplo, dentro del Acuerdo de Complementación Económica entre Argentina y Perú, existe una lista de productos con desgravaciones arancelarias, cuyas preferencias porcentuales tienen diversos rangos entre 0% y 100%.

Sin embargo, cuando una empresa argentina constituye una joint venture contractual bajo la forma de un convenio de complementación industrial con una firma peruana y en territorio de este país, los insumos, partes, piezas y/o componentes argentinos necesarios para fabricar o ensamblar el producto final en el Perú, se desgravan al 100%, con lo cual, el incentivo para la conformación de joint ventures es muy interesante. Si por ejemplo, un bien de capital paga un 50% de derechos en el Perú, la posibilidad de ingresar al cero por ciento los principales insumos, partes, piezas o componentes para ensamblar el producto localmente, torna ventajoso en términos de costo la constitución de una joint venture con fines productivos en dicho mercado, a pesar de que se deben tomar en cuenta otras variables controlables e incontrolables que afectarían ese proceso productivo en el país andino.

Otro ejemplo puede resultar ilustrativo. El acuerdo de complementación económica de bienes de capital entre Argentina y Brasil, incorporado al Acuerdo de Complementación Económica Argentino Brasileño a partir del 1º de enero de 1991, contempla que los productos argentinos o brasileños negociados en una lista común existente al efecto, se califican como producto nacional en cualquiera de los dos Estados, lo cual facilita la conformación de joint ventures contractuales para la venta, comercialización y/o distribución de bienes de capital en ambos países, o bien la conformación de consorcios de obra para empresas proveedoras de ambos países que se presenten a licitaciones internacionales ante cualquiera de los dos Estados. En caso contrario se aplicaría un margen de preferencia en Brasil a los fabricantes de bienes de capital locales, que desfavorecería a los fabricantes de Argentina.

Algunos acuerdos dentro de la ALADI, también permiten la combinación de la estrategia de joint ventures con otras herramientas usuales en el comercio internacional. Dentro del Acuerdo de Complementación Económica N° 1 entre Argentina y Uruguay, existe el llamado Acuerdo 104 del Acta de Colonia —firmada en 1985— la cual permite la subcontratación industrial por parte de empresas argentinas en Uruguay, sin pago de gravámenes de importación en ninguno de los dos países. En ese contexto, se han reportado varias experiencias de joint ventures contractuales para operar bajo ese esquema. El acuerdo entre Argentina y Perú antes mencionado, también permite las operaciones de intercambio compensado entre empresas de ambos países, obteniendo desgravaciones arancelarias adicionales.

La existencia en ALADI de los acuerdos de alcance parcial de renegociación y la Preferencia Arancelaria Regional - PAR, cuyas desgravaciones se han venido profundizando con el correr de los años, ha permitido también a muchas empresas de la región, la conformación de joint ventures de comercialización y de distribución en los mercados a donde destinan sus exportaciones, para así poder lograr mayores beneficios y utilidades económicas derivadas de un menor costo de importación en los mercados de destino, participando además, de la distribución física de los productos en el propio mercado importador. Una joint venture con fines comerciales que apunta a tomar ventaja de los acuerdos de integración existentes en la región, es la creación —ya hace algunos años— de la comercializadora y consultora LATINEQUIP, empresa creada por el Banco de la Provincia de Buenos Aires (Argentina), el Banco del Estado de San Pablo (Brasil) y Nacional Financiera (México) que opera en la exportación, importación de bienes de capital y la construcción de obras y plantas completas llave en mano en América Latina.

Otro ejemplo sería el de MULTIFERT, joint venture de varios países de la región, cuyo objetivo es la comercialización y distribución de fertilizantes. También existe una abundante variedad de experiencias —tanto positivas como negativas— de joint ventures o empresas multinacionales andinas, creadas al amparo de las legislaciones y los acuerdos suscriptos por las naciones integrantes del Acuerdo de la Junta de Cartagena, o los casos de industrias de integración centroamericanas o las empresas conjuntas de la Comunidad del Caribe - CARICOM.

En concordancia con todo lo señalado, es de esperar que la formación y puesta en marcha de joint ventures se vea incrementada dentro del proceso de conformación del MERCOSUR, previsto para 1995.

Finalmente, deberíamos señalar que la posibilidad de que entre en vigencia en el futuro la Iniciativa para las Américas, lanzada por el Presidente Bush en junio de 1990, como una propuesta de integración hemisférica que pretende formar un área de libre comercio desde Alaska a Tierra del Fuego, —entre otros aspectos como el tratamiento de la deuda o la inversión—, puede acarrear la constitución de joint ventures entre empresas norteamericanas y nacionales de la región.

11.2. LAS SOCIEDADES BINACIONALES O MULTINACIONALES EN LOS PROCESOS DE INTEGRACION

En otra parte de este libro, ya hemos analizado y definido este tipo de empresas. No obstante, conviene aquí destacar que en muchos organismos o acuerdos de integración, se ha dado especial énfasis a la conformación de empresas binacionales o multinacionales como instrumentos idóneos para alcanzar mayores niveles de integración regional.

Antes de entrar de lleno en la situación latinoamericana, es interesante analizar el esquema de la Comunidad Europea, que fue instrumentado como una forma de cooperación transnacional dentro del proceso tendiente a la conformación de un Mercado Interior Unificado en la CE, objetivo que se espera completar para fines de 1992.

A partir del 1º de julio de 1989, las empresas de la Comunidad Europea disponen de un nuevo instrumento jurídico conocido como la Agrupación Europea de Interés Económico - AEIE, que las habilita para ejercer en común algunas actividades, tales como la investigación y el desarrollo, la compra, la producción, la venta, el tratamiento de datos por computadora, la formación de consorcios con vistas a la participación en licitaciones de contratos públicos o privados, etc.

Este esquema jurídico fue creado el 25 de julio de 1985 por el reglamento comunitario Nro. 2137/85 del Consejo de Ministros de la Comunidad Europea, y responde a las necesidades de las empresas europeas deseosas de colaborar a escala transnacional y cuyos esfuerzos habían resultado en vano, en ausencia de un instrumento jurídico apropiado.

La importancia jurídica y económica del texto comunitario merece subrayarse.

•   Es la primera vez en Europa que un instrumento jurídico de naturaleza comunitaria está a disposición directa de las empresas, quienes todavía chocan, en sus gestiones clásicas de cooperación transfronteriza, con los sistemas jurídicos nacionales territorialmente limitados.

- Las AEIE facilitan la cooperación transnacional. El objeto y la razón de ser de tales agrupaciones es permitir a los socios la superposición de una parte de sus actividades económicas, desarrollando funciones nuevas y complementarias para las cuales es posible reagruparse. Cuando esta cooperación se limita a empresas situadas en un mismo Estado miembro de la Comunidad, su organización corresponde, evidentemente, a las legislaciones nacionales, mientras que el objetivo del nuevo instrumento es favorecer la cooperación comercial, industrial y tecnológica entre empresas que tengan su sede en diversos Estados miembros de la CE.

- Los agentes económicos de cualquier envergadura y de cualquier sector de actividad pueden proyectar la creación de una AEIE. En particular, las pequeñas y medianas empresas, que resultan grandemente incentivadas para desarrollar la cooperación con los socios de otros Estados miembros, encontrarán en las AEIE las ventajas de un marco jurídico preestablecido, de modalidades de funcionamiento muy flexibles y de una estructura que respeta el equilibrio entre los miembros.

En lo que a América Latina en particular concierne, deberíamos tratar el tema, según los enfoques o las legislaciones dadas por los diferentes acuerdos de integración regional o subregional.

En el caso de la Asociación Latinoamericana de Integración - ALADI, encontramos una situación muy particular. En un gran número de acuerdos de complementación económica suscriptos entre diferentes países miembros de la Asociación se encuentra la referencia hacia las empresas binacionales. Aún así, si bien dichos acuerdos establecen que los gobiernos de las partes contratantes, favorecerán, impulsarán, incentivarán o verán con beneplácito la creación de empresas binacionales, en ninguno de los casos, salvo en los acuerdos entre Argentina y Brasil, se han creado figuras especiales por ley, o se han otorgado incentivos especiales, más allá de los meramente arancelarios (preferencias porcentuales sobre el arancel general de importación) que involucran este tipo de acuerdos, y que en definitiva, cualquier empresa puede aprovechar, salvo los casos especiales de distribución de cupos a importadores, como ocurre en ciertos acuerdos.

De hecho, los 11 países miembros de ALADI no cuentan con un instrumento jurídico específico para la creación de empresas binacionales o multinacionales entre firmas de sus países miembros, si bien este tipo de figura se encuentra con frecuencia en los textos de los acuerdos. Ello no necesariamente implica que no se constituyan empresas conjuntas al amparo de dichos acuerdos —en particular los de complementación económica—, ya que hay variada experiencia en ese sentido.

Sin embargo, en materia de acuerdos subregionales, sí ya contamos con alguna experiencia. En el Grupo Andino, la adopción —en la década del 70— de un controvertido régimen común de tratamiento a los capitales extranjeros y sobre marcas, patentes, licencias y regalías, conocido como la Decisión 24, influenció en cierta medida, la creación de empresas multinacionales andinas.

Dicho régimen partía de la base de que la inversión foránea era importante para el desarrollo de las naciones andinas, pero que en realidad, debía ser muy selectiva, ya que el objetivo era que las empresas de capital nacional de los países andinos tomaran las ventajas de un mercado ampliado, como consecuencia de la vigencia de un arancel externo común y la desgravación y liberalización de los mercados domésticos de cada país.

En consecuencia se adoptó un régimen que favorecía la conformación de empresas con mayoría de inversionistas nacionales (empresas mixtas), donde el management local ostentara el control de las políticas adminstrativas y comerciales de la empresa, limitando notablemente la repatriación de utilidades al exterior.

Como en esos años se pensaba que era mejor obtener el capital extranjero por la vía del crédito antes que las inversiones directas, y que eran las empresas nacionales de los propios países andinos las que debían tomar ventaja del mercado ampliado que les ofrecía la integración, se fomentó la creación de empresas multinacionales andinas, cuyos resultados fueron dispares según los sectores. Los Acuerdos de Complementación Industrial dentro del Pacto Andino, a la vez de servir de base para la conformación de joint ventures, también crearon un terreno propicio —en algunas áreas de la actividad industrial— para la formación de empresas multinacionales andinas.

De la famosa Decisión 24 a la Decisión 292, el nuevo régimen de inversiones extranjeras, ha habido notables cambios. En consecuencia, la participación extranjera se ve más beneficiada ahora con el nuevo régimen, y las empresas con sede en naciones andinas, tienen mejores oportunidades para lograr joint ventures con firmas de países de extrazona.

Dentro de los países que constituyen el MERCOSUR, existe un régimen de empresas binacionales entre Argentina y Brasil, firmado en el marco de los acuerdos de integración que ambas naciones vienen desarrollando desde 1985.

En ese contexto, y como un estímulo a la complementación industrial y en el área de servicios entre ambos países, dicho programa de integración estableció un protocolo para la creación de empresas binacionales, para así eliminar algunos obstáculos que operaban en ambos países para este tipo de emprendimientos.

En 1986, se firmó el Protocolo Nº 5 dentro del proceso de integración de Argentina y Brasil, donde se definieron los alcances de estas empresas binacionales. Cuatro conceptos básicos debían constatarse: 1) que se tratare de emprendimientos y no de formas contractuales de cooperación, con lo cual el objetivo sería el de conformar joint ventures societarias en lugar de joint ventures contractuales non-equity; 2) que los inversores sean individuos de empresas de capital nacional; 3) que las inversiones sean binacionales y no de origen argentino en Brasil o viceversa; 4) que la participación equilibrada de estas inversiones sea real y no sólo simbólica o nominal.

La creciente situación de inestabilidad de los años que siguieron, sumado al cuadro de desinversión que se observaba en ambos países, más las nuevas situaciones jurídicas derivadas del cambio de la Constitución del Brasil en 1988, implicaron que la marcha de este proceso se demorara cuatro años.

En efecto, el 6 de julio de 1990, los mandatarios de los dos países firmaron el estatuto de empresas binacionales, estableciendo las pautas para la creación de estas empresas. La creación de este régimen estatutario debe encuadrarse en el ordenamiento jurídico referido a la formación de empresas preexistentes en ambos países. En el caso de Brasil, este ordenamiento está subordinado a la nueva Constitución, en tanto que en Argentina se trata de un capítulo dentro de su legislación ordinaria. Dadas las características de la Constitución del Brasil, el estatuto le extiende a una empresa binacional de capital mayoritariamente argentino, los beneficios y el tratamiento preferencial otorgados a la empresa brasileña de capital nacional, si bien las últimas enmiendas a la Carta Magna brasileña han minimizado este beneficio. El estatuto remite a los derechos nacionales la regulación de los aspectos instrumentales y operativos de las empresas binacionales, prescribiendo que deben constituirse y funcionar a través de cualquiea de las formas jurídicas previstas por las legislaciones de ambos países.

El estatuto establece un régimen específico que no suplanta a los sistemas jurídicos nacionales —ni crea un nuevo tipo societario— sino que equipara, en ciertos aspectos, las empresas binacionales a las de capital mayoritariamente nacional, creando así un tratamiento diferenciado respecto de las inversiones provenientes de terceros países.

El anexo resume las principales características del estatuto de empresas binacionales entre Argentina y Brasil.

Por su parte, las joint ventures de capitales centroamericanos formados al amparo del régimen centroamericano de industrias de integración dentro del MCCA, más el concepto de "empresas económicas" dispuesto por el tratado que estableció la Comunidad del Caribe - CARICOM, entrarían en la esfera de las empresas bi o multinacionales que han operado en ambos acuerdos, aunque el primero, que suele ser mencionado con frecuencia, tuvo poco éxito debido a que las circunstancias políticas que vivió la región de Centroamérica en la pasada década, relegaron el objetivo de integración a un plano de escasa prioridad.

11.3. LA FORMACION DE JOINT VENTURES EN AMERICA LATINA Y EL CARIBE PARA FACILITAR EL ACCESO A MERCADOS DE PAISES DESARROLLADOS

Anteriormente hemos mencionado que los sistemas de integración sirven como elementos facilitantes para el ingreso o penetración de un producto en uno o varios mercados de una región, y en consecuencia, las empresas desarrollan joint ventures para servir a esos mercados.

Desde una óptica muy similar, interesa también el análisis de las joint ventures que se forman en naciones latinoamericanas o del Caribe, para obtener un ingreso más accesible a los mercados externos, en este caso, de las naciones desarrolladas.

Este camino, sigue la ruta de las preferencias arancelarias que las naciones industrializadas han otorgado a algunos países en desarrollo.

En nuestra región, la mayoría de los países, salvo algunas excepciones, tiene acceso preferencial a naciones desarrolladas de América del Norte, Europa, Asia y Oceanía, en virtud de los Sistemas Generalizados de Preferencias - SGP, que dichas naciones otorgan a una serie de países elegibles, todos ellos en desarrollo, siempre que el origen del producto sea de estos últimos, bajo diferentes reglas establecidas. Si bien todos los sistemas contemplan los productos industriales casi sin exclusiones, sólo unos pocos involucran a los productos agropecuarios y los textiles, o bien los limitan con prelievos, cuotas u otras medidas paraarancelarias.

Habitualmente, existen inversores que desarrollan joint ventures en países que tienen capacidades inutilizadas para aprovechar tales acuerdos, es decir, que tienen posibilidad de exportar un cierto volumen de bienes sin pago de gravámenes de importación en las economías industrializadas, y no lo aprovechan, bien porque no tienen tal o cual tipo de industria, o porque su industria no logra utilizar ese volumen que se le permite exportar con preferencia arancelaria. Debemos dejar en claro que los regímenes del SGP tienen diferencias según sea el país que lo aplique, pero en algunos casos incluyen cupos o la preferencia es temporal, mientras que otros establecen límites en función del PBI o del total de las importaciones de un producto, los cuales, una vez superados dichos márgenes, una mercadería de un país puede quedar excluida del sistema durante un cierto período, generalmente un año.

En algunos sistemas, como el SGP de la Comunidad Europea, se permite un origen regional, como es el caso del Grupo Andino, donde el origen de un producto colombiano de exportación por ejemplo, no está determinado sólo por los insumos, partes, piezas, componentes o bienes semielaborados de esa nación, sino que también incluye a Bolivia, Ecuador, Perú y Venezuela.

Los inversores en estas joint ventures provienen tanto de países a donde luego se exportarán los bienes producidos (inclusive hasta a veces serán ellos mismos los compradores), como de otros países desarrollados, o bien de aquellas naciones que anteriormente gozaban de SGP, y que por razones de cláusulas de necesidad de competencia o de salvaguardia sus industrias quedan excluidas temporalmente de las ventajas del sistema, o porque sus naciones dejaron de ser elegibles (los casos de Corea, Singapur, Taiwan y Hong Kong en el SGP de los Estados Unidos).

Además del SGP, los países de América Central y del Caribe, se presentan como lugares interesantes para la constitución de plataformas exportadoras para acceder al mercado estadounidense, canadiense o europeo comunitario.

Una serie de países del Caribe y de América Central, tienen —además del SGP—, un mecanismo de acceso preferencial (con menores restricciones o trabas que el SGP) a Estados Unidos y Canadá. Los productos fabricados y exportados desde esas naciones caribeñas o centroamericanas, gozan de preferencias arancelarias —con pocas excepciones tipo la carne, el azúcar, ciertos textiles— en el acceso al mercado estadounidense, en virtud de la Ley de la Recuperación Económica del Caribe, más conocida como la Iniciativa de la Cuenca del Caribe (Caribbean Basin Initiative— CBI). Del mismo modo ocurre con el programa CARIBCAN, para su acceso al mercado canadiense, y con la Iniciativa para Países Andinos, que otorga libre ingreso a los Estados Unidos a ciertos bienes de Bolivia, Colombia, Ecuador y Perú.

Por su parte, una serie de países anglófonos del Caribe, mas Haití y la República Dominicana, forman parte del Acuerdo ACP (derivado de Africa, Caribe y Pacífico) —también conocido como Convención de Lomé—, con acceso sumamente preferencial a los países miembros de la Comunidad Europea. Este tratamiento preferencial, lo gozan en virtud de su condición de ex-colonias de bajo nivel de desarrollo económico, de alguno de los 12 países que hoy conforman la Comunidad Europea.

Estos países de América Central y del Caribe son los que más han captado joint ventures para aprovechar estos sistemas de facilitación en el aceso a mercados desarrollados.

En consecuencia, este esquema tiene una doble opción. Por un lado, las naciones receptoras de estos beneficios pueden promover la creación de joint ventures en sus territorios, con la participación de socios extranjeros, con lo cual desarrollan industrias inexistentes, mejoran la tecnología, reciben inversiones y divisas y generan empleo. Por el otro, los países latinoamericanos de mayor industrialización, como es el caso de Argentina, Brasil o México, que exportan habitualmente en gran escala a esos mercados, por ejemplo el estadounidense, tienen una posibilidad de constituir joint ventures en aquellos países que no hayan hecho un uso intensivo del SGP con el gran mercado de América del Norte, para ingresar a dicho país sin derechos aduaneros y así lograr un mayor nivel de competitividad.

El mismo esquema se puede aplicr en el caso del Acuerdo ACP —Convención de Lomé para exportar a la Comunidad Europea desde un país caribeño elegible de este sistema comunitario.

Finalmente, merece destacarse que no siempre es posible que alguno de estos esquemas garantice una mayor competitividad, puesto que hay que analizar qué incentivos —también arancelarios— reciben nuestros competidores. A modo de ejemplo, en Canadá la estructura arancelaria contempla seis variantes para cada producto, a saber, el arancel general, el arancel negociado en el GATT, el arancel del Acuerdo de Libre Comercio con Estados Unidos, el arancel de la Commonwealth, el arancel del SGP y el arancel del CARIBCAN. Queda claro entonces, que otros competidores pueden estar recibiendo mejor tratamiento arancelario.

11,4. LA FORMACION DE JOINT VENTURES EN ZONAS FRANCAS O ZONAS DE PROCESAMIENTO PARA EXPORTACION

Entre las diferentes formas en que algunos gobiernos tratan de atraer a los inversores extranjeros —tanto en forma directa como asociados a firmas locales a través de joint ventures— se encuentran las zonas económicas especiales, las cuales, a pesar de encontrar un sinnúmero de denominaciones pueden ser definidas en amplios términos como áreas autorizadas por el gobierno, en donde existen exenciones a los regímenes legales, fiscales y aduaneros, y los inversores allí localizados se benefician con una variedad de incentivos fiscales, financieros y no financieros.

Las zonas económicas especiales no son nuevas en el amplio sentido de la expresión, ya que los puertos libres, zonas de libre comercio y las zonas francas existieron desde varios siglos atrás. En la era antigua y en la edad media, esas zonas fueron creadas para ayudar a los comerciantes.

Desde el punto de vista en que encaramos esta obra, las zonas económicas especiales tienen una doble importancia. Por un lado, las empresas que desean incursionar en mercados externos a través de las joint ventures, encuentran condiciones favorables para el establecimiento de empresas conjuntas en las zonas de procesamiento de exportación, los parques industriales, las zonas de promoción industrial y las llamadas ciudades o áreas tecnológicas.

En ese sentido, frecuentemente se reportan casos o experiencias de empresas latinoamericanas que forman joint ventures con socios locales —o inclusive de terceras naciones—, en ciertos países que cuentan con ese tipo de zonas especiales, particularmente las zonas francas o las zonas de procesamiento de exportación, y cuyo objetivo es atender el mercado local o mercados de una región, más aún en los casos en que se encuentran dentro de acuerdos de integración que garantizan acceso preferencial a esos mercados vecinos.

Por otra parte, y analizado desde la óptica de un país o una región que desea atraer inversiones directas o en la forma de joint ventures, todas estas zonas económicas especiales, se constituyen en un elemento atractivo para la captación de potenciales inversores foráneos. Algunas experiencias de zonas de este tipo en América Latina, como Iquique en Chile, Colonia en Uruguay, Manaos en Brasil, San Andrés en Colombia o Tierra del Fuego en Argentina, así lo demuestran.

No obstante, en nuestra región debemos distinguir entre diferentes tipos de zonas, ya que algunas solamente desgravan tarifas, otras son de procesamiento para exportación, otras son de almacenaje y otras sólo permiten importar libre de derechos y ensamblar para el mercado local.

Según un estudio publicado en 1988 por la Organización Internacional del Trabajo, que analizó la composición del capital en 1.269 empresas radicadas en zonas de procesamiento para exportación situadas en 13 naciones en desarrollo, un 38,3% del total, es decir 486 empresas estaban conformadas como joint ventures internacionales.

De la diversa variedad de zonas existentes, la Zona de Procesamiento para Exportación —también llamadas zonas industriales libres de exportación— es la de mayor utilización, siendo frecuente su existencia en las naciones en desarrollo que desean captar inversiones extranjeras, para la fabricación de productos de media o baja tecnología, y en donde el bajo costo de la mano de obra tiene alta ponderación en el costo de fabricación del producto.

Aunque algunos gobiernos de naciones desarrolladas también lo han instrumentado, su uso es de menor aceptación, siendo que los principales tipos de zonas que estos países ofrecen son las llamadas zonas tecnológicas o parques científicos, y en algunos países, las zonas empresarias, que se instalan en zonas o áreas deprimidas de una ciudad o región —que necesitan generar empleo—, con ciertas exenciones y facilidades crediticias para los inversores.

Las Zonas de Procesamiento para Exportación se caracterizan porque en ellas se desarrollan procesos de producción simples (y a menudo, producción parcial, es decir, partes, piezas, componentes o semielaborados); se utiliza mano de obra de bajo costo y baja calificación y el total producido solamente se destina a mercados de exportación. Otras características típicas es la frecuente utilización de mano de obra juvenil de sexo femenino y la concentración de ciertas industrias, como es el caso de electrónicos o textiles.

La casi totalidad de estas zonas proveen incentivos financieros, tales como la inexistencia de restricciones cambiarias o en relación a la repatriación del capital, giro de utilidades o regalías, y condiciones crediticias favorables. Los de tipo fiscal básicamente son de exención total de derechos, tasas y gravámenes de importación y exportación y de barreras no arancelarias, como las cuotas por ejemplo, más todo otro tipo de impuestos que gravan la actividad productiva y comercial. En aquellos casos en que subsisten algunos impuestos, se utilizan desgravaciones especiales más favorables que en el resto del territorio donde se encuentra enclavada la Zona de Procesamiento para Exportación.

Algunos países fijan regímenes laborales especiales para estas zonas, con mayor flexibilidad que los sistemas generales que rigen en sus territorios nacionales. Adicionalmente, se proveen servicios públicos —agua, gas, energía— sin componente fiscal, infraestructura y comunicaciones, más los servicios inherentes al comercio exterior. Es frecuente que estas zonas se encuentren cercanas a puertos o aeropuertos con rápida salida o conexión al exterior.

El concepto contemporáneo de la Zona de Procesamiento para Exportación se originó en 1959 en Irlanda, cuando las autoridades locales deseaban revigorizar la industria y el comercio en la región del Aeropuerto de Shannon, a consecuencia de la declinación de actividades de dicha estación aérea. En consecuencia, establecieron una zona franca para atraer a firmas extranjeras cuyo objetivo sería de producción y posterior exportación, recreando nuevos puestos de trabajo en la región.

En menos de 10 años de operación, numerosas empresas invirtieron en Shannon, creando más de 4.000 puestos de trabajo. En vista de dicho éxito, varios países en desarrollo usaron ese modelo en los años 60 y 70 para promover sus estrategias de crecimiento orientadas a la exportación.

La última estimación respecto del impacto y la importancia de estas zonas, la realizó el Centro de Empresas Transnacionales de las Naciones Unidas (UNCTC) en 1989. Se calculan que existen más de 200 de estas zonas en naciones en desarrollo, 100 más en construcción y al menos 50 en etapa de planeamiento. Estas zonas emplean aproximadamente 1.500.000 empleos, o lo que es igual al 20% de la mano de obra empleada por empresas transnacionales en los países en desarrollo.

Una nación latinoamericana con buena performance en este aspecto es la República Dominicana. En 1990 las 18 Zonas de Procesamiento para Exportación de este país dieron trabajo a 114.000 personas. En lo que respecta a sus exportaciones, en 1988 las exportaciones de estas zonas representaron un 35% del total del país, frente a sólo un 5% en 1980, lo que da una idea clara de su crecimiento.

En lo que respecta al Tratado de Asunción que crea el MERCOSUR, convalida la existencia de las zonas francas dentro del espacio económico creado, ya que el Anexo II de dicho Tratado establece que los productos provenientes de las zonas francas de los estados partes deberán cumplir con los requisitos de origen del régimen general establecido. Es decir que no se establece una diferencia en el tratamiento que se dá a los bienes provenientes de zonas francas del que se aplica a los provenientes de los territorios aduaneros de los estados miembros. Es decir que cuando no se cumplan las normas de origen, un bien proveniente de una zona franca —como por caso desde Uruguay—, será pasible del tratamiento tributario aplicable a terceros países.

Dentro del MERCOSUR, es Uruguay quien tiene mayor desarrollo comparado en materia de zonas industriales libres de procesamiento para exportación, ya que son disímiles los casos de las leyes 3.173/57 que regula la zona franca de Manaos, Brasil y de la 19.640 que regula el Area Aduanera Especial de Tierra del Fuego en Argentina.

Durante el tiempo en que vayan armonizando las políticas macroeconómicas y sectoriales dentro del MERCOSUR, y permanezcan ciertas asimetrías, las zonas francas serán de interés para los operadores económicos, tanto industriales como comerciantes. Posteriormente, en un mercado con movimiento de bienes liberados y con un arancel externo común de bajo nivel, las zonas francas sólo presentarían beneficios para aquellas empresas extranjeras que deseen manufacturar o ensamblar bienes destinados al mercado de los cuatro países, y eventualmente, con destino a otros países.

Por su parte, la idea de las zonas tecnológicas o los parques científicos, se originó hace unos 30 años en los Estados Unidos, cuando se establecieron algunos parques como el Standford Research Park (la base de Sillicon Valley) en California, la Ruta 128 en Massachusets y el Research Triangle Park en Carolina del Norte. La idea de esos parques es que, al ser centros de experiencia académica, las empresas pueden obtener beneficios en sus programas de Investigación y Desarrollo —I y D (Research and Development— R & D), aunque en los últimos tiempos las empresas de orientación tecnológica no sólo investigan sino que producen bienes de alta tecnología en dichos parques.

En América Latina, a pesar de las limitaciones tecnológicas de los países de la región, se está comenzando a difundir este concepto. Argentina y Brasil, no sólo tienen este tipo de esquemas, sino que a la vez, cuentan con acuerdos especiales en la materia, y tienen instrumentos jurídicos dentro de su proceso de integración, para poder constituir empresas conjuntas en este terreno de la investigación y desarrollo.

ANEXO

EMPRESA BINACIONAL ARGENTINO-BRASILEÑA (EBAB O EBBA)

1	**LUGAR DE CONSTITUCION**	Argentina o Brasil
2	**SEDE SOCIAL**	Argentina o Brasil
3	**FORMA JURIDICA** (SOCIEDAD ANONIMA)	— Todo tipo de sociedad comercial de acuerdo a la legislación del país de la sede (En adelante: ley sede) — (Acciones nominativas no transferibles por endoso)
4	**REGISTRO Y FORMALIDAD DE CONSTITUCION**	Ley sede
5	**DENOMINACION O RAZON SOCIAL**	Ley sede, más el agregado: "Empresa Binacional Argentino-Brasileña o EBAB (Argentina) o EBBA (Brasil)".
6	**OBJETO**	Toda actividad económica admitida por la ley sede, excepto limitaciones constitucionales.
7	**DURACION**	Ley sede.

8	**INVERSOR NACIONAL**	1) Personas físicas:
		 Deben estar domiciliadas en el Brasil o en la Argentina;
		2) Personas Jurídicas:
		 a) de derecho público del Brasil o de la Argentina.
		 b) de derecho privado del Brasil o de la Argentina en las que las personas indicadas precedentemente en 1) y en 2a), tengan directa o indirectamente:
		  — Mayoría del capital y de los votos.
		  — Control efectivo administrativo y tecnológico.

9	**CAPITAL MINIMO**	Ley sede.
10	**CAPITAL: INTEGRACION**	Modalidades: 1) Inversores de la Argentina y del Brasil: — 30% (mínimo) y 70 % (máximo); — además, sumados, 80% como mínimo. 2) Otros inversores: — no más del 20%.

11 CAPITAL: APORTES	Modalidades: 1) Moneda: — local del país de la inversión; — de libre convertibilidad. 2) Bienes de capital y de equipamiento. Tratamiento distinto cuando son de: — la Argentina o Brasil en determinados casos; — de terceros países. 3) Los otros aportes que permita la legislación de la Argentina o del Brasil.
12 CONTROL REAL Y EFECTIVO	— Por los inversores nacionales del Brasil y de la Argentina. Para ello: 1) Debe pertenecerles como mínimo el 80% del capital y de los votos. 2) Organo de Administración: como mínimo, un miembro será designado por los inversores de la Argentina y otro miembro por los del Brasil, cualquiera fuera su parte de capital. 3) Organo de fiscalización interna: ídem.
13 SUCURSALES	Las sucursales, filiales o subsidiarias se regirán de acuerdo a la ley sede y tendrán el tratamiento de la Empresa Binacional.
14 TRATAMIENTO DIFERENCIAL	a) en el país de su actuación (Argentina o Brasil) la Empresa Binacional tendrá el mismo tratamiento que las empresas de capital nacional en materia de: a) tributación interna; b) acceso al crédito interno; c) acceso a incentivos o ventajas de promoción industrial, nacional, regional o sectorial; d) acceso a las compras y contratos del sector público; b) libre transferencia de utilidades (art.6º); c) libre repatriación del capital (art.6º).

Capítulo 12

FUENTES DE INFORMACION SOBRE JOINT VENTURES

12.1. INTRODUCCION

Indudablemente que la obtención de información en esta materia, es un factor clave para lograr el éxito en un emprendimiento conjunto con una empresa en un país extranjero.

Tenemos diversas categorías de informaciones para la constitución de una joint venture, como aquellas relacionadas con el clima de inversión, que considera entre otros, los aspectos legislativos, normativos o de las políticas existentes en el país donde intentamos concretar la empresa conjunta, o las relacionadas estrictamente con los aspectos de producción o comercialización, o bien aquellas que apuntan a conocer en profundidad el perfil de la empresa con que deseamos asociarnos, tanto en los aspectos cualitativos como cuantitativos.

En relación a las fuentes, las mismas pueden ser de diversos orígenes, aunque habitualmente hay que hacer un trabajo de codificación y clasificación para poder tomar como valederas aquellas que sean inobjetables y objetivas. Por ejemplo, hay empresas que desean invertir en un país en la forma de joint venture y confían más en las informaciones provistas por organismos internacionales que las que proveen las fuentes del país donde desean radicar la inversión.

Asimismo, hay que considerar la mayor amplitud posible de la información, lo cual no equivale a decir que haya que analizar información en exceso.

Seguidamente, detallamos las principales fuentes de información tanto a nivel internacional, como regional o nacional, que pueden ser de utilidad a la hora de analizar las posibilidades de insertarse en los mercados externos a través de las joint ventures, o cuando se quiere captar un socio foráneo para un proyecto local que necesita capital o financiamiento, recursos humanos, tecnológicos, equipamiento o acceso a mercados externos.

1. Organismos internacionales, tales como Naciones Unidas (y dentro de sus sistemas, al ITC, UNCTAD, FAO, ONUDI, GATT, OMPI, Centro de Empresas Transnacionales, Comisiones Económicas —Para Europa, América Latina, Africa, Asia, etc.—, entre otras.

2. Organismos regionales en América Latina, tales como la OEA y sus dependencias, el BID y sus agencias, el Sistema Económico Latinoamericano-SELA, la Asociación Latinoamericana de Instituciones Financieras de Desarrollo -ALIDE, y los organismos de integración, tal como ALADI, MERCOSUR, MCCA, CARICOM, y Pacto Andino entre otros.

3. Oficinas Nacionales o provinciales de estadísticas, organismos o dependencias de comercio exterior, de industria, de tecnología y de inversiones extranjeras.

4. Cámaras de comercio, industria, comercio exterior o cámaras binacionales, las que elaboran informes o reportes sectoriales o catálogos, anuarios, guías de productores, estadísticas, etc.

5. Consultores privados en materia de inversiones, tecnología y comercio exterior.

6. Bases de datos específicas o sobre comercio e inversiones.

7. Newsletters o publicaciones especializadas sobre inversiones, joint ventures, tecnología o comercio exterior.

8. Universidades, las que suelen elaborar estudios o trabajos de investigación vinculados a proyectos o bien a las inversiones, la transferencia de tecnología, la política laboral, industrial, financiera, fiscal y de comercio exterior.

9. Fundaciones o institutos de investigación privados, públicos o mixtos que elaboran estudios económicos o políticos, que interesan a los fines de inversión.

12,2. ORGANISMOS INTERNACIONALES DE PROMOCION DE JOINT VENTURES

Desde hace algunos años, varios organismos internacionales prestan servicios en la materia, con el objeto de facilitar la generación y concreción de acuerdos de joint venture. En algunos casos, se han creado departamentos o programas específicos de promoción de joint ventures, mientras que en otros, se establecieron instituciones ad-hoc a este efecto.

Por lo general, el común denominador de estos servicios, incluye las siguientes funciones:

— Proporcionan contactos, incluyendo socios potenciales de los países industrializados para constituir joint ventures.

— Proporcionan información sobre proyectos seleccionados a potenciales inversores.

— Evacúan consultas relacionadas con las oportunidades relacionadas con el comercio y las inversiones.

— Informan acerca de los recursos financieros para proyectos industriales en países en desarrollo.

Entre los varios organismos internacionales que cumplen estas funciones, los más importantes son los siguientes:

12,2,1. EL PROGRAMA DE INVERSION COOPERATIVA DE LA ONUDI

Este programa de la Organización de las Naciones Unidas para el Desarrollo Industrial -ONUDI, conocido como ICP (Investment Cooperative Program) y creado en 1975 tiene como propósito acelerar el flujo de recursos industriales a las naciones en desarrollo en términos equitativos, orientándose a la constitución de joint ventures.

Los servicios del ICP están organizados geográficamente —en forma nacional, subregional o regional— y de acuerdo a diversas ramas industriales, y su focalización es operacional, ya que el ICP promueve proyectos de inversión industrial específicos para plantas nuevas, rehabilitación o reorganización de empresas existentes, proyectos de diversificación de productos o acceso a mercados, y adquisición de tecnología, management o experiencia especial, entre otros.

El ICP trabaja con una red global de instituciones como agencias de promoción industrial, oficinas de inversión, ministerios y banca de inversión. La red del ICP tiene oficinas en Bruselas, Colonia, New York, París, Tokio, Viena, Varsovia y Zurich. Otras oficinas ligadas se encuentran en San Pablo, Buenos Aires, Nueva Delhi y Seúl. Todas ellas sirven como canales promocionales y de facilitación de posibles proyectos de joint ventures.

Por otra parte, este programa cuenta con cuatro bases de datos, dentro del Sistema de Información de Promoción de Inversiones INPRIS (Investment Promotion Information System). Las mismas cuentan con archivos sobre los proyectos, los inversores, los bancos y las instituciones.

El archivo sobre proyectos informa sobre los proyectos existentes —de nuevos emprendimientos o modernización y/o rehabilitación de empresas o sectores— y las necesidades en materia de inversiones, socios, tipos de aportes, etc.

El archivo sobre inversores incluye información sobre aquellas empresas o particulares que buscan oportunidades de inversión, clasificándolos por áreas geográficas, tipos de industrias, modos preferidos de participación y líneas de productos.

El ICP utiliza la información de estas dos bases para publicitar ofertas y demandas, y a la vez unir los recursos con las necesidades.

El archivo de bancos registra información sobre las instituciones financieras de desarrollo nacionales, regionales e internacionales, tanto en países desarrollados como en naciones en desarrollo, que ofrecen préstamos o capital para proyectos industriales en países en vías de desarrollo.

Por último, el archivo de instituciones contiene un directorio de ministerios gubernamentales, corporaciones de desarrollo, cámaras de comercio, asociaciones de fabricantes y otras instituciones semejantes en países en desarrollo que están vinculados con la generación de proyectos de inversión.

Otro de los servicios del ICP es en el terreno financiero, ya que invita a los organismos financieros de desarrollo —tanto internacionales, regionales como nacionales— a participar en el financiamiento de los proyectos que el ICP promueve y que han sido analizados previamente. Para esos fines, el ICP prepara resúmenes de proyectos que demuestran cierta viabilidad y rentabilidad y los envía a las instituciones financieras antes mencionadas.

Una relación especial se mantiene entre el ICP y la Corporación Financiera Internacional -CFI, entidad dependiente del Banco Mundial, donde el ICP procura el financiamiento de proyectos a través de dicha organización. El financiamiento puede ser buscado para un sólo proyecto en particular, o bien se trata de obtener una línea crediticia que cubra varios proyectos de ciertos sectores de la actividad económica para un país determinado.

Otros servicios que proporciona el ICP en la promoción de joint ventures, incluyen los siguientes:

— Encuentros de promoción de inversiones con participantes tanto de naciones en desarrollo como desarrolladas, en donde se organizan encuentros privados para discutir posibles propuestas de joint ventures y otro tipos de convenios de cooperación y complementación comercial, tecnológica o industrial.

— Seminarios sobre técnicas para preparar proyectos de inversión, esquemas de cooperación industrial, formación y puesta en marcha de joint ventures, desarrollo industrial y sobre banca de desarrollo.

— Distribución y promoción de perfiles de proyectos, ya sea para nuevas unidades productivas o rehabilitación de unidades existentes, a través de la red global de la ONUDI.

— Asistencia sobre la preparación, contenido y presentación de perfiles de proyectos de inversión.

— Análisis de proyectos para mejorar su diseño y presentación a entidades financieras.

— Asistencia para la negociación de acuerdos de joint venture.

— Estudios de preinversión y sistemas de administración de proyectos de varias clases, ofrecido con otras áreas de la ONUDI.

12,2,2. LA OFICINA DE PROMOCION DE JOINT VENTURES DE EXPORTACION DEL CENTRO DE COMERCIO INTERNACIONAL UNCTAD/GATT

El Centro de Comercio Internacional -ITC, es un organismo que depende de la UNCTAD y del GATT, cuyos objetivos son la asistencia y cooperación técnica a países en desarrollo para la promoción del comercio.

El ITC ha establecido una oficina para la promoción de joint ventures de exportación con el apoyo del gobierno suizo y es conocida como la oficina ITC-Zurich, ya que su sede se halla en esa ciudad.

La oficina ha sido concebida dentro del espíritu de fortalecer la cooperación Norte-Sur a nivel de empresas y define sus tareas como una contribución al desarrollo económico de los países en desarrollo mediante la diversificación e incremento de sus exportaciones, la mejora de la calidad de sus productos y el acceso a los mercados externos a través del establecimiento de joint ventures entre empresas de naciones en desarrollo y firmas de países industrializados.

Los servicios, que son gratuitos para las empresas de países en desarrollo, son los siguientes:

— Presentación de propuestas de cooperación de patrocinantes de los países en desarrollo ante empresas europeas —con énfasis en las empresas suizas— que tengan la capacidad para proporcionar la asistencia requerida.

— Establecer los contactos directos entre los patrocinantes de los proyectos de países en desarrollo y las empresas europeas, organizando encuentros entre los potenciales socios de una joint venture.

— Asistencia y consejo a los empresarios de naciones en desarrollo en la presentación de sus proyectos para interesar a socios europeos, incluyendo informaciones de mercado, reglamentaciones, etc.

— Búsqueda de financiamiento relacionado con el tipo de proyecto que se presente y cofinanciamiento de un viaje de la empresa proponente a Suiza a fin de presentar su propuesta y de negociar con uno o más socios potenciales.

12,2,3. LA CORPORACION FINANCIERA INTERNACIONAL

La Corporación Financiera Internacional -CFI, es una institución afiliada al grupo del Banco Mundial. Esta organización ofrece una amplia gama de actividades de asistencia técnica en conjunción con sus operaciones de financiamiento de proyectos. Si bien la asistencia a la formación de joint ventures no es un servicio específico, dicha actividad se encuentra comprendida dentro de las funciones que presta la institución. De hecho, la CFI necesita asesorar convenientemente sobre las joint ventures ya que su forma de financiamiento generalmente la transforma en un socio temporal de empresas conjuntas.

12,3. ORGANISMOS REGIONALES DE PROMOCION DE JOINT VENTURES

Siguiendo los mismos lineamientos que en el caso anterior —en lo que se refiere a características de los organismos y los tipos de servicios que prestan— encontramos organismos regionales de promoción de joint ventures, los que, independientemente de su localización, promueven empresas conjuntas en América Latina.

12,3,1. LA ORGANIZACION DE ESTADOS AMERICANOS

Dentro de la Organización de Estados Americanos, el Departamento de Asuntos Económicos ofrece un servicio a empresas del continente que deseen localizar y establecer contacto con posibles asociados en los Estados Unidos. El Servicio de Información para el Comercio Exterior -SICE, dependiente del mencionado departamento, ofrece una base de datos que, además de proporcionar los contactos respectivos para la localización de potenciales socios, brinda otras informaciones de tipo comercial como precios de mercado, canales de distribución, análisis y reportes de mercado, estadísticas, reglamentaciones industriales y gubernamentales, aranceles, cuotas, información financiera, y toda otra legislación e información que afecta al comercio internacional de los Estados Unidos.

De manera tal que este servicio, básicamente está limitado a la búsqueda de potenciales socios estadounidenses para la formación de joint ventures.

Adicionalmente a ello, el Centro Interamericano de Comercialización, dependiente de la OEA, brinda capacitación sobre la constitución y puesta en marcha de joint ventures a cámaras de comercio, asociaciones industriales, instituciones académicas y de promoción del comercio exterior —tanto públicas como privadas— en los países de la región.

12.3.2. EL BANCO INTERAMERICANO DE DESARROLLO Y LA CORPORACION INTERAMERICANA DE INVERSIONES

De la misma forma en que comentamos el caso de la Corporación Financiera Internacional, dependiente del Banco Mundial, tanto el BID como la Corporación Interamericana de Inversiones -CII, su institución afiliada, no disponen de oficinas o dependencias específicas para la formación de joint ventures, aunque su actividad en el terreno financiero las involucra usualmente en el terreno de las empresas conjuntas, ya que muchos emprendimientos de este tipo se financian con sus recursos, para lo cual, tienen capacidad de asistencia técnica en la materia.

El caso de la CII es idéntico al de la CFI, aunque limitado al terreno de América Latina y el Caribe, ya que participa temporalmente con inversión de capital en un sinnúmero de empresas conjuntas en la región.

12.3.3. LA ASOCIACION LATINOAMERICANA DE INSTITUCIONES FINANCIERAS DE DESARROLLO - ALIDE

Una de las instituciones que merece destacarse por su activa y permanente labor en el terreno de la promoción de joint ventures en el área latinoamericana es ALIDE.

Su principal tarea en este sentido es la identificación y selección de proyectos de inversión de los países de la región que requieren de coparticipación extranjera.

En ese sentido, ALIDE identifica propuestas y las publica en forma de catálogos. Los mismos constituyen una importante fuente de información de proyectos de inversión existentes en los países de la región, seleccionados por instituciones financieras de desarrollo y organismos públicos y privados de países latinoamericanos, que cuentan con promotores e inversionistas locales y que demandan la participación de socios foráneos en relación a financiamiento, capitales, tecnología, maquinaria y mercados para su implementación. Dicha información se utiliza para interesar a inversionistas, empresas, instituciones de financiamiento y otros agentes económicos interesados en invertir en proyectos en la región bajo la forma de empresas conjuntas.

Los catálogos contienen informaciones resumidas sobre proyectos de inversión en empresas nuevas, en empresas que desean ampliarse o rehabilitarse, proyectos de privatizaciones y programas de promoción y financiación de actividades productivas. Básicamente contienen la siguiente información:

— Nombre, país, código, sector y Clasificación Industrial CIIU.

— Descripción y localización del proyecto.

— Capacidad de producción y mercados a servir.

— Inversión total y fuentes de financiamiento previstas.

— Distribución de la propiedad y participación extranjera requeridas.

— Nivel de estudios del proyecto e información sobre el proponente ejecutor del proyecto.

Los proyectos en su mayoría corresponden a los sectores industriales manufactureros —textiles, metalmecánicos, químicos y farmacéuticos—, a la agroindustria, la minería y el turismo, y por lo general interesan aquellos proyectos orientados a la exportación, siendo su rango de inversión de entre U$S 1 millón y U$S 5 millones.

Adicionalmente, ALIDE realiza habitualmente reuniones de promoción de inversiones y de cooperación empresarial, en donde se encuentran los proponentes de los proyectos con representantes de instituciones financieras de desarrollo o instituciones de inversión internacionales de Estados Unidos, Europa y Asia, en donde los primeros exponen acerca de las características, alcances y requerimientos financieros y tecnológicos para viabilizar sus proyectos de inversión. Estas reuniones también se realizan a nivel subregional, como es el caso de las actividades de promoción de proyectos a nivel andino que ya ha desarrollado la ALIDE.

Finalmente, y en relación a la promoción de joint ventures, ALIDE cuenta con un servicio de base de datos denominado SIFT, que es un servicio de información financiera y tecnológica sobre proyectos e inversiones, más un servicio de gestión de proyectos que canaliza y gestiona vía acuerdos específicos con operadores privados y públicos, información detallada acerca de los proyectos que promueve como de las fuentes internacionales de financiamiento existentes para tales proyectos de inversión.

12.3.4. LOS ORGANISMOS DE INTEGRACION REGIONAL

Todos los organismos de integración regional, como es el caso de ALADI, el Pacto Andino, SIECA/MCCA, y CARICOM cuentan con dependencias específicas o bien brindan asistencia técnica y capacitación a sus países miembros en la formación de joint ventures o empresas conjuntas. Los países del Caribe, cuentan además con el Caribbean Investment Promotion Service (Servicio de Promoción de Inversiones en el Caribe). Por su parte, el Mercado Común Centroamericano -MCCA promueve la constitución de empresas de integración centroamericanas, mientras que el Pacto Andino ofrece asistencia propia como a través de la Corporación Andina de Fomento, institución financiera de dicho subacuerdo regional de integración.

12.4. ORGANISMOS NACIONALES, PROVINCIALES Y MUNICIPALES DE PROMOCION DE INVERSIONES EXTRANJERAS

En la mayoría de los países de América Latina y el Caribe, existen organismos nacionales que promueven la captación de inversiones de riesgo, y que en los últimos años han dado especial atención a la promoción de joint ventures. Dichos organismos, suelen funcionar en los Ministerios, Secretarías o Direcciones de Economía, Relaciones Exteriores, Planeamiento o Industria y Comercio, y en algunos casos, se encuentran bajo la órbita de la dependencia o agencia pública que está encargada de autorizar las inversiones extranjeras en el país.

Recientemente, se nota también un especial auge en la creación de este tipo de organismos de promoción de inversiones de riesgo en las provincias o ciertas municipalidades, cuyos servicios ya hemos mencionado anteriormente en esta obra. En estos casos, los propios estados provinciales ofrecen incentivos adicionales a los existentes en el plano nacional, con lo cual compiten entre sí para la captación de inversores foráneos que desean establecerse en actividades productivas en un país, habitualmente en la forma de joint venture con un socio local. Es importante destacar que algunas provincias o estados de países desarrollados tienen oficinas de promoción de inversiones montadas en el exterior, por lo general en los Estados Unidos, Japón o alguna ciudad clave dentro de la Comunidad Europea. Respecto de los incentivos que ofrecen, los mismos se detallan más adelante.

12.5. OTRAS ORGANIZACIONES QUE FOMENTAN Y APOYAN LA CREACION DE JOINT VENTURES

Si bien existen un buen número de organizaciones que prestan servicios de apoyo a la formación y puesta en marcha de joint ventures, en esta sección nos referimos exclusivamente a aquellas organizaciones o instituciones que son de importancia para América Latina y el Caribe.

12.5.1. EL PROGRAMA DE SOCIOS PARA LA INVERSION INTERNACIONAL DE LA COMUNIDAD EUROPEA (EC - INTERNATIONAL INVESTMENT PARTNERS)

Dentro de la Comunidad Europea existe un programa de asistencia técnica y financiera destinado a fomentar la constitución de joint ventures entre empresas de países miembros de la Comunidad y naciones en vías de desarrollo. Al presente, en América Latina los países elegibles para este programa son Argentina, Brasil, Uruguay, México, los miembros del Pacto Andino (Bolivia, Colombia, Ecuador, Perú y Venezuela) y Costa Rica, El Salvador, Guatemala, Honduras, Nicaragua y Panamá. Este programa puede resultar de interés para el desarrollo de empresas conjuntas con miras al mercado ampliado del MERCOSUR.

El EC International Investment Partners (ECIIP) ofrece una contribución financiera para algunas de las operaciones que pueden realizarse con motivo de un proyecto de inversión en un país elegible de los antes mencionados. Dichas operaciones son las siguientes:

A) IDENTIFICACION DE PROYECTOS Y SOCIOS POTENCIALES

Se identifican a países y sectores con potencial de inversión, empresas de la CE con la tecnología y los recursos financieros necesarios para encarar una joint venture y las empresas locales que puedan resultar posibles socios de los inversores europeos en las empresas conjuntas.

Los beneficiarios de este programa son únicamente las instituciones financieras, cámaras de comercio, asociaciones profesionales y organismos públicos con el objeto de llevar a cabo estudios generales. Esta ayuda no se concede a las empresas individuales que proyecten invertir en una empresa conjunta concreta.

La financiación se realiza mediante una subvención a fondo perdido, alcanza hasta un 50% del costo del estudio y el límite es de 100.000 ECUs, la unidad monetaria europea.

B) OPERACIONES PREVIAS A LA CREACION DE EMPRESAS CONJUNTAS

Se buscan socios para un proyecto de inversión individual, y la facilitación de la toma de decisiones previa al establecimiento de una empresa conjunta: estudios de viabilidad y de mercado, construcción de unidades de producción piloto y fabricación de prototipos.

Los beneficiarios pueden ser tanto las empresas de los países elegibles latinoamericanos como las empresas europeas, en forma individual o conjunta, que proyecten invertir y formar una joint venture.

La forma de ayuda es mediante un anticipo sin intereses, concedido al patrocinador o patrocinadores del proyecto de inversión, a través de una institución financiera autorizada —de la cual existe un listado especial con dicha nómina—. Este anticipo no debe restituirse si el patrocinador abandona el proyecto. Si la inversión se lleva a cabo, y la propia institución financiera decide financiar el proyecto resultante del estudio, el anticipo debe restituirse a la CE. No obstante, el patrocinador puede solicitar a la CE, a través de la institución financiera, que convierta dicho anticipo en un préstamo en forma de participación (*equity loan*) o que suscriba parte del capital social de la empresa conjunta.

La cantidad disponible es hasta un 50% del costo de dichas operaciones previas, y el límite es de 350.000 ECUs. Sin embargo, el límite superior de esta ayuda, sumado al de las ayudas tipo c y d no debe exceder de 500.000 ECUs por proyecto de inversión.

C) FINANCIACION DE LAS NECESIDADES DE CAPITAL

Se intenta favorecer la creación de una nueva empresa conjunta, o la renovación y ampliación de una ya existente, mediante el aporte de un porcentaje del capital necesario. Los beneficiarios son las empresas conjuntas establecidas entres socios de la CE y de cualquiera de los países elegibles, aunque el patrocinador europeo debe participar al menos en un 10% del capital de la empresa conjunta.

Se financia mediante la suscripción por la CE de una parte del capital social de la empresa conjunta, o mediante un préstamo en forma de participación concedido por la CE a la empresa conjunta, a través de una institución financiera autorizada.

La cantidad disponible es del 20% del capital de la empresa conjunta, y el límite es de 500.000 ECUs, aunque si se toman las ayudas b) y d) el límite superior de ayuda es de 500.000 ECUs por proyecto de inversión.

D) FORMACION Y ASESORAMIENTO DE CUADROS

Se trata de favorecer la creación de una nueva empresa conjunta o la renovación y ampliación de una ya existente, prestando apoyo a su personal y dirigentes, a través de la formación de técnicos y directivos in situ, el envío de ejecutivos europeos para formar parte del equipo directivo de la empresa conjunta y la contratación temporal de asesores.

Los beneficiarios son las empresas conjuntas establecidas entre socios de la CE y de cualquiera de los países elegibles, y la ayuda —que es de un 50% del costo de la asistencia técnica— se otorga mediante un préstamo en forma de participación concedido por la CE a la empresa conjunta a través de la institución financiera autorizada, cuyo límite es de 250.000 ECUs, el que sumado a las ayudas b y c no puede superar los 500.000 ECUs.

Las instituciones financieras son por lo general bancos de fomento oficiales o privados de la CE o de los países elegibles y los organismos multilaterales de financiamiento.

12.5.2. ORGANISMOS DE PAISES DESARROLLADOS QUE PROMUEVEN JOINT VENTURES EN NACIONES EN DESARROLLO

En la mayoría de las naciones desarrolladas existen organizaciones cuya tarea específica es la promoción y concreción de joint ventures en países en desarrollo.

En términos generales, prestan servicios de información legal, asesoramiento sobre proyectos, planeamiento financiero y cálculos de inversión, búsqueda y localización de socios nacionales para joint ventures, participación en el capital accionario de la empresa conjunta a formarse, subsidios para la preparación de estudios de factibilidad, financiamiento propio, búsqueda de financiamiento de organizaciones internacionales, cofinanciamiento y emisión de garantías. Habitualmente prestan asistencia financiera atada a compras de tecnología, equipos o ciertos porcentajes de participación en el joint venture de empresas de su país.

Las organizaciones de este tipo coordinan sus esfuerzos en un grupo informal llamado INTERACT, y las que principalmente actúan en América Latina son las siguientes:

— Agency for International Development — AID (Agencia para el Desarrollo Internacional) de los Estados Unidos.

— The Industrialization Fund for Developing Countries — IFU (Fondo Industrial para Naciones en Desarrollo) en Dinamarca.

— Deutsche Entwicklungs Gesellschaft — DEG (Sociedad Financiera Alemana para Inversiones en Países en Desarrollo), de Alemania.

— Societe Belge D'Investissement International — SBI (Sociedad Belga de Inversión Internacional), organismo mixto de Bélgica.

— Finnish Fund for Industrial Development Cooperation Ltd — FINNFUND (Fondo Finlandés para la Cooperación del Desarrollo Industrial), organismo semi público de Finlandia.

— Swedish Fund for Industrial Cooperation with Developing Countries — SWEDFUND (Fondo Sueco para la Cooperación Industrial con Países en Desarrollo), de Suecia (Swedecorp desde 1991).

— Banque Française du Commerce Exterieur — BFCE (Banco Francés de Comercio Exterior) y Caisse Centrale, en Francia.

— Commonwealth Development Corporation — (Corporación para el Desarrollo del Commonwealth), en Gran Bretaña.

— Norwegian Agency for International Development —NORAD, (Agencia Noruega para el Desarrollo Internacional) de Noruega.

— The Overseas Economic Cooperation Fund of Japan —OECF (Fondo de Cooperación Económica de Ultramar) y el Japan Consulting Institute, ambos de Japón.

— Netherlands Development Finance Company —FMO (Compañía Financiera de Desarrollo de Holanda) organización semi pública de dicho país.

— INTERBANCA y MEDIOBANCA, en Italia.

Existen otras organizaciones de naciones desarrolladas, con características diferentes a las antes mencionadas, cuya función es la de promover las importaciones y los negocios con naciones en desarrollo, como es el caso del CBI en Holanda, el IMPOD en Suecia, el NORIMPOD en Noruega, el ICE en Italia, el BFAI en Alemania y el PRODEC-IMPORT en Finlandia. Estos organismos suelen brindar servicios respecto de las joint ventures, fundamentalmente en lo que concierne a la localización de potenciales socios de sus países para empresas conjuntas en naciones en desarrollo, aunque a veces, esta tarea la hacen en conjunción con las instituciones antes mencionadas, como es el caso de la CBI con la FMO en Holanda.

12.5.3. LOS BANCOS DE FOMENTO O DESARROLLO

Habitualmente, la banca denominada de inversión, de fomento o de desarrollo, cumple funciones diferentes a la banca comercial, ya que su orientación es de más largo plazo y porque su objetivo se concentra en la financiación de actividades productivas, fundamentalmente proyectos de inversión o de desarrollo de mediano y largo plazo.

En consecuencia, los bancos de inversión, ya sean internacionales, nacionales o regionales, son un importante catalizador de proyectos para la conformación de futuras joint ventures, puesto que no sólo brindan asistencia en las diversas fases de captación de socios, negociación y puesta en marcha de empresas conjuntas, sino que también participan en el financiamiento.

12.5.4. LAS CAMARAS Y ASOCIACIONES INDUSTRIALES Y DE SERVICIOS

Tanto las cámaras de comercio, como las asociaciones industriales y de servicios que representan a ciertos sectores de la actividad económica, son fuentes importantes para la vinculación con empresas de un país, potenciales socios de una joint venture.

Adicionalmente, estas cámaras o asociaciones tratan de promover todo tipo de joint ventures y acuerdos de complementación comercial e industrial a favor de sus empresas asociadas.

En algunos casos, las cámaras llevan registros de las empresas que tienen intereses en asociarse —por diferentes motivos— y tratan de circular esa información.

Habitualmente, las cámaras organizan misiones al exterior, en donde suele haber presencia de asociados que intentan desarrollar joint ventures en el extranjero o buscan socios para una empresa conjunta en su país.

Tambien las cámaras de comercio exterior brindan diferentes servicios o asistencia técnica en el proceso de conformación de una joint venture tanto en el país como en el extranjero, como también es el caso de las cámaras binacionales de comercio, que participan activamente en la promoción de inversiones y formación de empresas conjuntas en los dos países involucrados.

12.5.5. CONSULTORAS PRIVADAS

En la mayoría de las naciones latinoamericanas existen consultoras privadas de dirección y/o administración de empresas o bien de comercio exterior, que entre otros servicios, localizan potenciales socios para joint ventures y además, participan con asistencia técnica y asesoramiento en el proceso de negociación, formación, obtención de la pertinente autorización y puesta en marcha de las mismas.

12.6. INCENTIVOS QUE OTORGAN LOS PAISES PARA PROMOVER LA CAPTACION DE INVERSORES DE RIESGO EN PROYECTOS DE JOINT VENTURE

Como una regla general, las empresas que desean invertir en un proyecto esperan la mayor tasa de retorno posible, la cual depende en cierta medida de los costos de inversión, tales como la compra o alquiler del terreno, la construcción, el equipamiento, y una vez en operación, de los costos de mano de obra, servicios, impuestos, necesidades financieras, etc.

En consecuencia, los países que desean captar inversores foráneos para proyectos —de joint venture en nuestro análisis—, tratan en mayor o menor medida de limitar tales costos, o bien de otorgar incentivos para tentar al inversor externo.

Los incentivos a las inversiones para empresas extranjeras que puede otorgar un país, varían según se trate de naciones desarrolladas o en desarrollo, o bien de ciertas regiones dentro de un país, o también del tipo de industria de que se trate, pero suelen incluir ciertas franquicias, subsidios, exenciones de impuestos y/o derechos de aduana, etc. Por lo general, son medidas que intentan influenciar una decisión de inversión, logrando minimizar sus costos y potenciando una mayor utilidad.

Dichas medidas pueden estar administradas y financiadas por los gobiernos nacionales, provinciales, municipales o bien por organismos regionales.

Estos incentivos, exclusivamente orientados a la inversión, entran bajo tres grandes categorías: los incentivos fiscales, los financieros y los no financieros.

A) INCENTIVOS FISCALES

Entre los principales incentivos fiscales encontramos los esquemas de créditos fiscales; las deducciones impositivas de ciertos impuestos fundamentalmente el impuesto a las ganancias o la renta; los sistemas de depreciación impositiva; las eximiciones por 10 o 15 años para el pago de ciertos impuestos; los incentivos fiscales especiales o ciertos programas fiscales en la exportación; las exenciones de derechos de importación para maquinaria, equipos, aparatos, materias primas, componentes y partes (que son automáticas en los casos de producción dentro de zonas libres de procesamiento industrial, o bien pueden estar negociadas en el marco de acuerdos de integración regional); y en algunos países, el propio sistema fiscal general se considera como promocional para la radicación de inversiones. En algunos casos, la protección aduanera del mercado local es considerado un incentivo a la inversión, siempre y cuando el nivel de protección efectiva sea adecuado, aunque la mayoría de los países de la región de América Latina se encaminan en procesos tendientes a liberalizar sus políticas arancelarias de importación.

Muchas veces los incentivos fiscales, están vinculados con el cumplimiento de ciertas performance (performance requirements), tales como un aumento paulatino del componente local a través de los años, niveles mínimos o crecientes de exportaciones, niveles de equilibrio de la balanza de divisas o restricciones para los trabajadores extranjeros.

Respecto del otro aspecto señalado, el riesgo de estar sujeto a impuestos en más de un país sobre el mismo ingreso, se constituye en un desincentivo para la inversión en el exterior. En consecuencia, los países que tratan de captar inversiones extranjeras, sea por vía directa o por vía de joint ventures con inversión de capital, concluyen acuerdos bilaterales para evitar la doble imposición fiscal.

B) INCENTIVOS FINANCIEROS

En algunas naciones en desarrollo, el crédito está restringido a los inversores extranjeros, pero por lo general, en los casos de empresas conjuntas, el acceso se facilita.

Aun así, existen países en desarrollo que otorgan algunos incentivos financieros a las joint ventures con socios del exterior, tales como subsidios, préstamos o garantías. En ciertos países de América Latina, es frecuente encontrar subsidios, préstamos subsidiados o franquicias para la compra del terreno o el proceso de construcción de la planta.

En varios países de la región, existen incentivos financieros sumamente interesantes para la producción con destino a la exportación y para las ventas al exterior.

Valga mencionar que en la mayoría de los casos, las empresas ven con mayor atractivo los incentivos financieros que los fiscales, ya que los primeros involucran un menor desembolso para la inversión, mientras que los segundos suelen estar vinculados a una performance futura exitosa, como sería el caso de la eximición del pago del impuesto a la renta durante 10 años. El incentivo fiscal que tiene buena aceptación y despierta interés por parte de los inversores es el relacionado con la eximición de derechos aduaneros para la importación de equipos, maquinarias, partes, piezas y componentes, ya que es de corto plazo.

Aun así, los países en desarrollo, debido a sus problemas financieros, suelen optar por el camino de los incentivos fiscales, que en la práctica implican una quita futura en la recaudación fiscal, mientras evitan una asignación financiera en el corto plazo.

C) INCENTIVOS NO FINANCIEROS

Dentro de una variada gama que se puede hallar aquí —y que está determinada por las legislaciones del país o la región que intenta captar socios foráneos para proyectos de inversión de riesgo—, es frecuente encontrar incentivos para la provisión del terreno o el sitio de emplazamiento industrial, así como también la provisión de ciertos servicios como cooperación en la preparación de estudios de factibilidad o en la selección de lugares de radicación apropiados.

Otro tema importante es la existencia de protección a las inversiones. Por lo general los principios jurídicos internacionales admiten que las personas o empresas establecidas en un territorio extranjero están sujetas a las mismas condiciones que los nacionales de ese país, en lo que se refiere a la legislación para la protección de las personas y de los bienes.

Aun cuando ese trato brindado a los extranjeros sea equitativo respecto de los nacionales, los estados tienen el derecho soberano de expropiar propiedades, inclusive las extranjeras, siempre que la expropiación sea para un propósito público, no sea de forma discriminatoria, se realice bajo el debido proceso legal, y esté acompañada de una compensación rápida, efectiva y adecuada.

En consecuencia, algunos países firman tratados bilaterales o multilaterales de garantía de las inversiones, para así brindar un incentivo —o tal vez, una mayor tranquilidad y seguridad jurídica— a los inversores foráneos. En América Latina, varias naciones han firmado convenios bilaterales de esta clase con los Estados Unidos, países de Europa y el Japón, y desde hace algún tiempo, se observa que las naciones de la región, van adhiriendo y ratificando parlamentariamente al Acuerdo Multilateral de Garantía de Inversiones (Multilateral Investment Guarantee Agreement —MIGA), acuerdo que fue impulsado por los países miembros del Banco Mundial.

Otro aspecto muy importante en nuestros días, que incentiva al capital extranjero es la existencia de zonas aduaneras libres o zonas de procesamiento industrial para exportación —o parques industriales o tecnológicos—, aspecto que ya tratamos en profundidad anteriormente, así como el acceso preferencial en materia arancelaria de un país a otros mercados, sea por la vigencia de regímenes unilaterales (como el Sistema Generalizado de Preferencias o la Iniciativa de la Cuenca del Caribe-CBI) o bien por la pertenencia de un país a un blo-que de integración económica. Por ejemplo, el acceso preferencial al mercado norteamericano que brinda la CBI ha sido un factor de importancia para la ra-dicación de joint ventures en Centroamérica y el Caribe por parte de inversores coreanos, ya que el tratamiento preferencial en las exportaciones a Estados Uni-dos desde aquel país asiático perdió vigencia.

Otras variables importantes que incentivan a las empresas se refiere al en-torno de negocios y a la infraestructura con que cuenta un país o una región en particular, tal el caso de carreteras, puertos, vías navegables, aeropuertos, co-municaciones y servicios. A veces también los gobiernos otorgan subsidios o préstamos en condiciones blandas para la capacitación y el entrenamiento de la mano de obra en nuevas tecnologías.

Un aspecto de importancia para las organizaciones provinciales o estatales de las naciones de América Latina que desean promover la captación de empre-sas extranjeras en inversiones de riesgo, es el análisis de los tipos de incenti-vos que brindan a los inversores extranjeros algunos estados norteamericanos, los cuales, salvando las diferencias que obviamente existen entre ambos casos, pueden ser de utilidad.

En los Estados Unidos, los principales tipos de incentivos que los estados otorgan a los inversores foráneos son los siguientes:

— Asistencia financiera a través de las corporaciones de crédito al desa-rrollo estatal y otras instituciones financieras públicas, en la forma de garantías para préstamos.

— Bonos de desarrollo industrial, con los cuales proveen a las firmas con capital, a tasas de interés casi un 40% más bajas que las que prevale-cen en el mercado financiero.

— Subvenciones directas, en ciertos casos, y que cubren hasta el 50% de algunos costos de un proyecto.

— Asistencia a las empresas localizadas en una zona empresarial o parque industrial. Tales zonas son áreas especialmente delimitadas, usual-mente localizadas en regiones económicamente deprimidas, en donde las autoridades estaduales y locales otorgan concesiones fiscales, sub-sidios laborales y otros incentivos a las empresas que allí se radican. Al-gunos estados son particularmente generosos en la provisión de sus in-centivos. Por ejemplo, el estado de Missouri exime el 50% del ingreso neto del impuesto estadual a los ingresos, además de que provee de U$S 400 a U$S 600 por cada puesto de trabajo que se crea. Connec-ticut provee U$S 1.000 por cada puesto de trabajo que se genera, mien-tras que Louisiana exime completamente de los impuestos estaduales por 10 años a las firmas que están en sus zonas industriales urbanas.

— Entrenamiento: algunos estados pagan casi la totalidad de los costos de entrenamiento y capacitación de una empresa, bajo ciertas limitaciones, mientras que otros cubren los costos de programas especiales de reentrenamiento de trabajadores de industrias en declinación para nuevos trabajos en industrias de tecnologías avanzadas.

— Leyes de compra estadual. Muchos estados tienen leyes que favorecen la compra de bienes producidos en su territorio, frente a bienes de otros estados o de otros países, aunque no discriminan respecto de los inversores externos.

— Mantienen oficinas en el exterior para atraer inversores. A modo de ejemplo, un tercio de las 100 oficinas de este tipo que existen en Tokio y casi el 90% de las oficinas montadas en el World Trade Center de Taipei corresponden a estados norteamericanos.

12.6. BIBLIOGRAFIA. CAPS. 6 A 12

— **Alide,** Boletín de Fuentes de Financiamiento y Oportunidades de Inversión, Varios números, Lima. 1986, 1987, 1988, 1989, 1990, 1991.

— Arni Venkata, *Guidelines for the Establishment of Industrial Joint Ventures in Developing Countries,* UNIDO, Vienna, 1982.

— Astro Update, *International Association of State Trading Organizationes of Developing Countries,* Newsletters 1990, Ljubljana, 1990.

— **Banco de la Provincia de Córdoba,** *Financiamiento de Inversiones de Riesgo,* en colaboración con el Comité de Promoción de Inversiones de Riesgo de Córdoba, Córdoba, 1988.

— Cabanellas Guillermo, *Joint Business Ventures in the United States and Latin America: A Comparative Study,* Tesis de Grado, University of Illinois, 1977.

— **CBI News Bulletin,** Varios Números, Rotterdam, 1989, 1990.

— **Comisión de las Comunidades Europeas,** Documento COM (85) 310 final, El Libro Blanco de la Comisión para el Consejo Europeo, Bruselas, Junio de 1985.

— Diamand, Marcelo, *Las Empresas Conjuntas Latinoamericanas: Coincidencias y Conflictos de Intereses,* INTAL, Buenos Aires.

— Dymsza William, *Estrategia de las Empresas Multinacionales,* Editorial Americana, Buenos Aires, 1975.

— Killing Peter, *Strategies for Joint Venture Success*, Crom Helm Ltd., Kent, 1983, pp 132.

— Killing Peter, *How to Make a Global Venture Work*, Harvard Business Review, Massachusets, May-June, 1982.

— Friedman W.G. y Begiun J.P., *Joint International Business Ventures in Developing Countries*, Columbia University Press, New York, 1971.

— Meeker G.B., *Fade Out Joint Ventures: Can it work for Latin America?*, Inter Amercian Economic Affairs, vol XXIV, N°4, Spring. 1971.

— Franko L.G., *Joint Venture Survival in Multinational Corporations*, Praeger Publishers, New York, 1971.

— **Instituto para la Integración de América Latina,** INTAL-BID, Manual para la Transferencia de Tecnología entre Empresas Latinoamericanas, INTAL-Cooperación Empresarial, Buenos Aires, 1986.

— Villiers L. y Dekieffer D., *Doing Business in the USA*, Business Books International, New Canaan, CT, 1984.

— **United Nations Industrial Development Organization, Unido,** *Manual for the Preparation of Industrial Feasibility Studies*, Doc. E. 78.II.B.5, New York, 1978.

— Sourrouille J.V., Gatto F. y Kosacoff B., *Inversiones Extranjeras en América Latina*, INTAL-BID, INTAL-Cooperación Empresarial, Buenos Aires, 1984.

— **Junta del Acuerdo de Cartagena,** *Mecanismos de Integración Andina*, Publicaciones de la Junta, Lima, 1984.

— Treverton Gregory, *Europe and América Beyond 2000*, Series Europe/América n°8, Council on Foreign Relations Press, New York, 1990.

— Hufbauer Gary, *Europe 1992: An American Perspective*, The Brookings Institution, Washington, 1990.

— Zalduendo S., Correa C. y Cherol R., *Regulación de la Inversión Extranjera en América Latina y el Caribe*, INTAL, Sector Jurídico Institucional, Buenos Aires, 1984.

— **Instituto para la Integración de América Latina,** INTAL-BID, *Régimen Jurídico de las Inversiones Extranjeras en los Países de la ALADI*, 11 volúmenes, Sector Jurídico Institucional, INTAL, Buenos Aires, 1985.

— Robinson, Richard, *Administración de Empresas Internacionales*, CECSA Editores, México, 1980.

— **Organización de Estados Americanos,** Boletines Comerciales de OEA-CECON, varios números, Washington, 1989, 1990, 1991.

— **Organización de Estados Americanos,** *Sources of Joint Ventures Information and Assistance in the United States and Europe,* OAS General Secretariat, Washington, 1984.

— **The CTC Reporter,** *Centro de Empresas Transnacionales,* United Nations, New York, 1987, 1989, 1990, 1991.

— **UNCTC,** *United Nations Centre on Transnational Corporations,* Advisory Studies Nº 2, Arrangement Between Joint Ventures Partners in Developing Countries, New York, 1987.

— **Unido, United Nations Industrial Development Organization,** Guidelines for Evaluation of Transfer of Technology Agreements, New York, 1979.

— **Unido, United Nations Industrial Development Organization,** *Investment Promotion Facilities Available,* Investment Cooperative Programe, Vienna, 1984 y 1989.

— **Industrialization Fund for Developing Countries**, Annual Report, Copenhagen, 1989.

— Le Pera, *Joint Venture y Sociedad,* Editorial Astrea, Buenos Aires, 1989.

— **European Community,** *The E.C. International Investment Partner,* Information and Procedures, Brussels, 1989.

— Onida F., *Technology Transfer to Developing Countries by Italian Small and Medium Sized Enterprises,* UNCTAD/TT/81, Geneve, 1985.

— **United Nations**, *Economic Commission for Europe,* Guide on Drawing Up International Contracts on Industrial Cooperation, New York, 1987.

— **United Nations**, Document ECE/TRADE/131, *Guide for Drawing Up International Contracts Between Parties Associated for the Purpose of Executing a Specific Proyect.,* New York, 1979.

— **United Nations**, Document TRADE/R 564, *Statiscal Survey of Recent Trends* in Foreign Investment in East European Countries, Geneve, 1990.

— **United Nations**, Document TRADE/R 558, *Recent Trends in Foreign Direct Investment,* Geneve 1990.

— **United Nations**, Document TRADE/AC 21, *Prospects for the Expansion of East-West Industrial Cooperation,* Geneve, 1985.

— **United Nations**, Document TRADE/R 528, Economic, *Financial and Practical Aspects of East-West Joint Ventures*, Geneve, 1987.

— Porter, Michael, *The Competitive Advantage of Nations*, Free Press, New York, 1990.

— White, Eduardo, *Joint Ventures among Developing Countries and Industrial Development*, Unido, Vienna, 1982.

— Vukmir, Branco, *Joint Venture Agreements*, Unido, Vienna, 1988.

— Uckmar, Victor, *Las Joint Ventures como Instrumento Internacional*, Intercom, Cámara Argentino Italiana de Comercio, Buenos Aires, 1989.

— Emmerij L., *La unificación del mercado Europeo y los países en desarrollo*, Revista de Integración Latinoamericana, INTAL, Buenos Aires, Nº 158, julio 1990.

— European Investment Bank, *Financing*, Luxemburg, 1985.

— Instituto para la Integración de América Latina, INTAL-BID, *El Acuerdo de Cartagena*, Buenos Aires, 1983.

— Ministerio Degli Affari Esteri d'Italia, *Nuova disciplina della coperazione dell'Italia con I paesi in via di sviluppo*, Legge 49, Roma, 1988.

— Stapleton John, *Elements of Export Marketing*, Woodhead-Faulkner Ltd., London, 1984, págs. 61-119.

Capítulo 13

EXPERIENCIAS CHILENAS EN JOINT VENTURES EN EL EXTERIOR

INTRODUCCION

El proceso de apertura económica, desregulación, atracción de capitales foráneos y aumento de las exportaciones que ha experimentado Chile durante la década pasada, es bien conocido por los analistas económicos y los operadores de comercio y negocios internacionales.

En consecuencia, resulta positivo reservar algunas experiencias chilenas en materia de joint ventures orientadas a la exportación, que pueden servir como marco de referencia para futuras experiencias de internacionalización dentro del sistema MERCOSUR.

En la investigación realizada pudimos relevar las siguientes experiencias de joint ventures en el extranjero:

a) En Alemania Codelco participa en un 40% en la empresa Deudsche-giessdraht, que produce anualmente 160.000 toneladas de alambrón de cobre por fundición continua.

b) En Francia Codelco se ha asociado con Cables Lyon, con una producción de 120.000 toneladas de alambrón al año.

c) Codelco junto a la empresa privada Manufacturas de Cobre Madeco, se asocian en China con la empresa Beijing Non Ferrous Metals, una compañía regional china de propiedad estatal. El objeto de esta joint venture es la producción de tubos de cobre.

d) Actualmente Codelco negocia una joint venture con la firma finlandesa de cobre Outokumpu. La intención de esta asociación es potenciar la comercialización de tecnología minera que ha desarrollado Codelco y que ha significado innovaciones a nivel internacional en la materia.

e)   Otra experiencia reciente es la adquisición que realizó la Compañía Manufacturera de Papeles y Cartones del 51% de la fábrica argentina de pañales y toallas desechables Química Estrella San Luis, pagando la suma de 14.5 millones de dólares. Esta experiencia se ha concretado en el primer trimestre del año 1991.

f)   La Editorial Lord Cochrane perteneciente al grupo económico chileno de la familia Edwards, es en la actualidad la mayor empresa de servicio de impresión de América Latina, especializada en revistas y libros, donde más del 50% de su facturación proviene de las exportaciones. En este momento, la más reciente aventura de Lord Cochrane es imprimir en el extranjero y acaba de instalar una empresa en Brasil cuya propiedad comparte con el grupo O Globo para construir y poner en marcha una imprenta de 20 millones de dólares.

g)   Otra experiencia importante, esta vez en el ámbito de los servicios marítimos corresponden a las joint ventures que ha encarado la Compañía Sudamericana de Vapores y que se han traducido fundamentalmente en la participación de la empresa en diversos pools navieros a nivel internacional.

h)   Una experiencia importante es la desarrollada por la Empresa Nacional de Petróleo (ENAP) que ha encaminado una joint venture con Yacimientos Petrolíferos Fiscales de Argentina para la prospección conjunta del territorio marítimo ubicado al Sur del Estrecho de Magallanes que fuera denominado en el acuerdo de Paz perpetua como El Mar de la Paz. Es en ese ámbito geográfico en donde esas dos empresas públicas están encaminando una activa cooperación tecnológica y operacional de los recursos energéticos que guarda ese espacio oceánico.

i)   Otras experiencias incipientes han sido las desarrolladas en el campo de la computación. Desde hace ya un tiempo una serie de empresas chilenas que están actualmente agrupadas en el Comité de Exportación de Software trabaja afanosamente por exportar conocimiento. El desarrollo comercial de estas empresas está traduciéndose en alianzas para la distribución del software en los principales mercados. Es así como Empresa Ericca ha logrado vender su Software de Administración Hospitales y Clínicas Adho y Pro-Clínica en Méjico, Venezuela, Colombia y Perú. Para poder encarar el mercado norteamericano la firma Ericca mantiene una relación comercial con Unisys que distribuye el software elaborado por Ericca. En esta estrategia de marketing la empresa chilena Erica se asoció con Dan Mapes, consultor de compañías de alta tecnología, formando una empresa en California denominada World One Software. Esta empresa viene a representar un emprendimiento conjunto para captar proyectos de software y derivar su preparación en una empresa como Ericca en Chile, cuyo costo hora de programación es evidentemente mucho más bajo que en Estados Unidos. Este es un caso puntual que ejemplifica como en el caso de los servicios se está globalizando el software para poder llegar a mercados mucho más atractivos, y esto está pasando por la creación de empresas subsidiarias o joint ventures en los mercados más importantes. En el caso de Ericca destacamos también que ha creado su propia empresa en Estados Unidos, ARS Innovandi, para la preparación de software innovador para el mercado norteamericano. Es así como la firma Ericca trabaja con dos estrategias paralelas en donde, por un lado, busca los joint ventures para la exportación de software, en tanto en la otra, busca fortalecer su presencia directa y su marca en el mercado.

De las experiencias que hemos enunciado se desarrollan como casos específicos los siguientes:

— Codelco en Europa.

— Codelco / Madeco en China.

— Empresa Nacional de Petroleos con YPF.

— Sudamericana de Vapores: Eurosal.

13,1. CODELCO CHILE DESARROLLA JOINT VENTURES EN EUROPA

ORIGEN DE CODELCO CHILE

La Corporación Nacional del Cobre de Chile se creó mediante Decreto Ley Nº 1350 del 1º de abril de 1976, asumiendo el lugar de las ex sociedades colectivas del Estado, Compañía de Cobre Chuquicamata, Compañía Minera La Exótica, Compañía de Cobre El Salvador, Compañía Minera Andina y Sociedad Minera El Teniente, las cuales fueron disueltas en esa misma fecha. Codelco se define como empresa del estado, minera, industrial y comercial con personalidad jurídica y patrimonio propio.

IMPORTANCIA DEL COBRE PARA CHILE

A) DESDE UN PUNTO DE VISTA DEL COMERCIO EXTERIOR Y DE LA GENERACION DE DIVISAS

Del total de las exportaciones de Chile durante el año 1990, ascendentes de US$ 8.310 millones, la minería tuvo una participación de U$S 4.590 millones (55%). De esta participación, U$S 3.795 millones correspondieron a exportaciones de cobre, de las cuales U$S 2.769 millones representan lo exportado por Codelco-Chile. En términos de porcentaje, las exportaciones de la Corporación significaron un 33.3% del total de divisas ingresadas al país.

B) DESDE EL PUNTO DE VISTA DEL
PRESUPUESTO NACIONAL

Las utilidades de Codelco, en el mismo período, antes de impuestos, fueron de U$S 1.537 millones. Y, sobre la base de esos resultados, los aportes efectuados al Fisco, por concepto de tributación a la renta, otros impuestos y excedentes, alcanzó a U$S 1.505 millones. Este nivel de transferencias de Codelco al Fisco, representó durante 1990 un 25% de los Ingresos Generales de la Nación recaudados ese año por concepto de ingresos propios y tributarios.

C) DESDE EL PUNTO DE VISTA DE LA INVERSION

La industria del cobre en Chile presenta condiciones que la hacen especialmente atractiva para los inversionistas privados, nacionales y extranjeros. Es decir, la generosidad de la naturaleza que alberga grandes riquezas; la particular disposición geográfica del país, que permite tener cercanía a puertos de embarque, prácticamente desde todas las regiones; el clima templado que asegura que las operaciones no se verán afectadas por factores climáticos; la existencia de recursos humanos calificados; la existencia de un régimen que otorga garantía de estabilidad y seguridad a las inversiones, y el proceso ordenado y pacífico de transición del anterior régimen político a un proceso plenamente democrático.

D) DESDE EL PUNTO DE VISTA TECNOLOGICO

La industria del cobre ha demostrado ser particularmente apta para recibir tecnología y para crearla. Ejemplos pueden encontrarse en los desarrollos en materia de procesos nuevos en la "Minera Pudahuel"; el perfeccionamiento de los sistemas de convertidores llevado a cabo en El Teniente; el sistema de transporte del concentrado utilizado en "La Escondida".

E) DESDE EL PUNTO DE VISTA INTERNACIONAL

El cobre ha sido, también, pionero en la presencia de Chile en el extranjero. Ha representado, y lo sigue haciendo, una forma de internacionalización del país.

F) DESDE EL PUNTO DE VISTA DE LA REGIONALIZACION

Por último, la industria del cobre es clave para impulsar el desarrollo de las regiones, creando fuentes directas e indirectas de trabajo y contribuyendo al progreso de la vida de las respectivas comunidades.

G) DESDE EL PUNTO DE VISTA DE LA PRODUCCION

La producción anual de cobre del país fue de 1.589.000 toneladas de cobre en el año 1990, distribuidas como sigue:

Codelco-Chile	:	1.195.000 toneladas
ENAMI	:	142.000 toneladas
Productores privados	:	252.000 toneladas

Lo anterior significa que el aporte de Codelco-Chile a la producción de cobre del año 1990 representó algo más de un 75%.

ORGANIZACION DE LA CORPORACION NACIONAL DEL COBRE DE CHILE

La dirección y administración superior de Codelco corresponde al directorio integrado por el Ministro de Minería, como Presidente, y seis Directores:

El Ministro de Economía, Fomento y de Construcción, el Presidente Ejecutivo de la Empresa, dos representantes del Presidente de la República, un representante de la Confederación de Trabajadores del Cobre y un representante de la Asociación Nacional de Supervisores del Cobre. .

El representante del Directorio es el Presidente Ejecutivo, del cual dependen directamente tres vicepresidencias: Vicepresidente Ejecutivo de Operaciones, Vicepresidente de Comercialización y Vicepresidente de Finanzas y Administración. Como organismos asesores del poder ejecutivo están: el Servicio Jurídico, Auditoría General, Secretaría General y el Staff de la Presidencia. Del Vicepresidente Ejecutivo de Operaciones dependen las cuatro divisiones que corresponden a las antiguas sociedades colectivas mencionadas. Estas son: División Chuquicamata, División Salvador, División Andina, División El Teniente. En carácter asesor, el Vicepresidente Ejecutivo de Operaciones cuenta con la asesoría de la Vicepresidencia, con el Director de Geología y Minas y el Gerente Técnico.

La Vicepresidencia de Comercialización se divide en dos Gerencias: Ventas y Abastecimientos. La Gerencia de Ventas tiene por finalidad aumentar la proporción que representan ventas a consumidores finales respecto del total de ventas, como también aumentar su presencia en los diferentes mercados. La Gerencia de Abastecimiento es la encargada de asegurar que los bienes o insumos se adquieran, recepcionen, almacenen y distribuyan en la cantidad necesaria, calidad requerida y debida oportunidad. Estas adquisiciones deben obtenerse en las condiciones que reporten las mayores ventajas y garantías considerando los principios de eficiencia técnica y económica.

La Vicepresidencia de Finanzas y Administración tiene a su cargo la gestión financiera y administrativa de la Corporación. Sus actividades se encuentran divididas en dos Gerencias: Gerencia de Servicios y Gerencia de Finanzas.

La Gerencia de Servicios es la encargada de proveer los servicios de informática y computación, servicios administrativos y tiene a su cargo las relaciones industriales y laborales de la organización.

La Gerencia de Finanzas tiene por finalidad adoptar y desarrollar los sistemas y operaciones financieros necesarios para lograr una alta rentabilidad sobre los recursos en el corto y/o largo plazo. Estos sistemas son uniformes, compatibles y aplicados consistentemente en todas las divisiones.

Por otra parte, mantiene un alto grado de credibilidad financiera mediante el cumplimiento oportuno de sus compromisos y obligaciones. La Gerencia de Finanzas está dividida en dos subgerencias: Subgerencia de Tesorería y Subgerencia de Contraloría.

En la política de atracción de inversión extranjera, Chile ha establecido dos tipos de mecanismos: el primero es el Decreto Ley Nº 600 que tiene por objeto fijar normas y condiciones estables para que potenciales inversionistas puedan invertir en Chile.

El Estatuto de la Inversión Extranjera proporciona estabilidad y seguridad al no poder modificarse el contrato de inversión, sino por acuerdo de voluntad del propio inversionista y del Estado de Chile. El principio básico del régimen de inversiones extranjeras es que el inversionista puede realizar su inversión en cualquier sector económico del país y es precisamente el inversionista quien arriesga su dinero por lo que le corresponde adoptar decisiones tales como dónde, cuánto y con quién invertir. La no discriminación es otro principio fundamental que inspira al Decreto Ley Nº 600 y bajo este principio se otorga al inversionista extranjero y al nacional las mismas condiciones. La excepción existe en

cuanto a tratamiento tributario ya que el inversionista extranjero al no estar sujeto a las normas generales de la Ley de Renta puede optar entre un impuesto
adicional dentro del esquema de esa Ley o a una tasa fija de tributación por un
mínimo de 10 años.

El Estatuto del Inversionista Extranjero ha incorporado a la normativa chilena el concepto de Project Financing para permitir la negociación y el financiamiento de proyectos de gran envergadura, los cuales están garantizados con el
producto que generarán. En la legislación nacional se permite que las inversiones superiores a 50 millones de dólares puedan actuar con la modalidad de
"cuenta externa", lo cual permite al inversionista depositar en el exterior los re-
tornos de sus exportaciones y pagar los créditos que hayan posibilitado la ejecución de su proyecto. Al incorporar esta fórmula que minimiza el riesgo país,
se ha seguido en Chile el modelo de países del Sudeste Asiático.

En cuanto al Capítulo XIX del Compendio de Normas de Cambios Internacionales, este sistema se aplica a partir de 1985 y hasta 1990 se utilizó en forma indiscriminada en cualquier tipo de sectores. El sistema de conversión de
deuda externa que señala este Capítulo XIX estimuló que muchos intereses extranjeros vinieran a Chile dentro de un programa irrestricto de conversión, que
posibilitó la adquisición de paquetes accionarios de empresas públicas en procesos de privatización. Esto se ha traducido en la participación extranjera en
sectores como telecomunicaciones, energía eléctrica y Administradoras de Fondos de Pensiones. En 1990 el sistema del Capítulo XIX es restringido a través
de la fijación de criterios por parte del Banco Central para la eligibilidad de los
proyectos por esta vía. Además de limitar su aplicación a ciertos sectores de bienes transables vale decir exportaciones, turismo, energía se agrega el tema "recuperación del medio ambiente" y como límite se fija el mínimo de 5 millones
de dólares para la utilización de los pagarés de deuda externa a través del Capítulo XIX.

PRODUCCION DE CODELCO

La producción de Codelco está constituida por los siguientes productos:

a)   Cobre: en barras, cátodos y concentrados;

b)   Subproductos: concentrado de molibdeno, trióxido de molibdeno, me-
     tal doré.

Las barras (*wire-bars*) son lingotes alargados de cobre que corresponden a
cobre electrolítico, porque es moldeado en un proceso de fundición y alcanza
leyes del orden de un 99.95%. El mercado de las barras está constituido fundamentalmente por la industria de alambrón para trefilación posterior.

Los cátodos son láminas rectangulares con una ley del orden del 99.96% de cobre. Los cátodos son obtenidos tanto en el mineral oxidado o sulfurado y son el resultado de los procesos de electro obtención o electro refinación respectivamente. La demanda de los cátodos corresponde fundamentalmente a la industria de alambrón por proceso de colada contínua.

El concentrado de cobre corresponde al producto medio refinado con leyes del orden del 40% de cobre, proviene de minerales sulfurados en que se encuentra mezclado con metales preciosos y estériles. Su obtención es a través del proceso de concentración (flotación).

En el exterior Codelco Chile cuenta con empresas subsidiarias en Nueva York, donde funciona la Corporación del Cobre USA Inc., y la Chile Minning Supplies Ltd.

Además, Codelco mantiene agentes de ventas de cobre en:

— Gran Bretaña y Escandinavia, Chile Copper Ltda.

— En Alemania Federal, Austria y Holanda, Wio Berman.

— Francia y Bélgica, Francomet S.A.

— Italia y Grecia, Importazione Metallis Srl.

— España, Sociedad Española del Cobre (Sodeco).

— Suiza, Otto Kofmehl Ltd.

— Estados Unidos y Canadá, Cerro Sales Corporation.

— Brasil, Phibro S.A.

PROCESOS DE PRODUCCION Y PROMOCION DE NUEVOS USOS DEL COBRE

La explotación de los yacimientos cupríferos se realiza a tajo abierto y en minería subterránea, encontrándose el cobre contenido en dos tipos de minerales: los llamados óxidos de cobre y los llamados sulfuros de cobre. Ambos tipos de minerales presentan diferentes características mineralógicas y requieren por tanto diferentes procesos de transformación de donde es posible distinguir dos líneas de producción: línea óxidos y línea sulfuros.

Ambas se caracterizan porque sus procesos son continuos y dan como resultado productos homogéneos.

Una vez extraído el mineral, las fases que siguen están determinadas por el tipo de mineral, es decir, óxido o sulfuro.

Esta explicación sobre los procesos de producción de cobre ayudará a entender las políticas que ha fijado Codelco y que se han traducido en sus joint ventures en Europa y China.

En la estrategia de marketing para las manufacturas de cobre y la promoción de nuevos usos de cobre, están funcionando en Chile Pro-Cobre que es una Corporación de derecho privado fundada en 1989 y el Centro de Investigaciones Minero Metalúrgicas (CIMM) que ha desarrollado un proyecto para fabricar baterías de cobre para automóviles. Pro-cobre está trabajando con la International Copper Association con sede en Nueva York, para obtener financiamiento para proyectos tecnológicos que permitan promover el uso de cañerías de cobre, techumbre y otros usos en la construcción, tanto en el mercado nacional como en el exterior.

CODELCO: PROYECTOS DE EXPANSION

Se ha programado para los próximos años un gran número de proyectos de inversión de elevada rentabilidad económica y social. Esto, a su vez, exigirá movilizar cuantiosos montos de inversión, lo que virtualmente comprometerá la capacidad de financiamiento de que puede disponer la Corporación.

Entre estas inversiones se incluyen los siguientes proyectos principales a nivel de las divisiones operativas:

— **Chuquicamata:** Expansión tratamiento de ripios, lixiviación sulfuros de baja ley, y exploración avanzada y proyecto de pre-factibilidad del nuevo yacimiento, llamado M.M..

— **El Teniente:** Desarrollo de un nuevo sector de la mina y ampliación de la capacidad de beneficio de minerales oxidados.

— **Andina:** Expansión de la capacidad del complejo mina-concentradora, que permite una mayor capacidad de beneficio de mineral y, consecuentemente, una mayor producción.

— **Salvador:** Ampliación de la capacidad de beneficio de minerales oxidados.

La materialización y puesta en marcha de estos proyectos, demanda esfuerzos de inversión por un monto global superior a los U$S 600 millones, y significan un aporte productivo del orden de 350 mil toneladas métricas de cobre fino al año.

Los proyectos señalados anteriormente, son necesarios para mantener un nivel de producción que asegure la posición de liderazgo que ejerce Codelco en la industria del cobre y, más importante aún, para mantener e incluso incrementar los aportes al erario nacional.

A estos proyectos deben agregarse las inversiones orientadas al control de la contaminación ambiental, las que forman parte también de una línea de acción prioritaria de la Corporación, en el sentido que su operación esté regida por principios claros y definidos de responsabilidad ecológica.

En este contexto se sitúan, entre las más relevantes, las inversiones en plantas adicionales de ácido sulfúrico, captadoras de parte importante de las emanaciones de anhídrido sulfuroso generado en el área de fundición, que se están programando en las divisiones El Teniente y Chuquicamata y que demandan inversiones como mínimo de U$S 200 millones. En el caso de Chuquicamata también se desarrollan iniciativas para superar el problema de la contaminación por arsénico.

Los montos de inversión asociados a los proyectos antes referidos, necesarios para mantener los niveles de producción y proteger el medio ambiente, además de constituir una garantía para la estabilidad laboral del sector, implican exceder los niveles anuales aprobados por la autoridad económica para el presupuesto de Codelco-Chile.

LIMITACIONES PRESUPUESTARIAS PARA OTROS PROYECTOS

No obstante, la empresa sólo puede, con los recursos presupuestarios disponibles, fortalecer y desarrollar sus actuales explotaciones. No dispone de recursos adicionales para evaluar, explorar o explotar nuevos yacimientos que contribuyan a maximizar los beneficios corporativos para su posterior aporte a su dueño: la comunidad nacional representada por el Estado. Dichos recursos sólo podrían sustraerse de los aportes que hace la empresa al erario nacional, lo que significaría impedir su utilización en destinos alternativos, tales como vivienda, educación, salud, obras públicas y otras de atención preferente y urgente.

CONVENIENCIA DE EXPANDIR LAS ACTIVIDADES DE CODELCO-CHILE

Del total de la propiedad minera inscripta en Chile, Chile-Codelco contaba al 31 de Diciembre de 1990 con cerca de un 30%. De este porcentaje solamente alrededor de un 4% corresponde a los grandes yacimientos que hoy se explotan: "Chuquicamata", "El Salvador", "El Teniente" y "Andina". Un porcentaje similar ampara prospectos evaluados. En consecuencia, la mayor parte de la propiedad minera de Codelco-Chile se encuentra con evaluaciones muy preliminares y sin desarrollar proyectos mineros en ellas.

FACTORES LIMITANTES EN EL DESARROLLO MINERO DE CODELCO Y CONVENIENCIA NACIONAL DE SUPERARLOS

La acumulación de propiedad minera no explotada o no adecuadamente evaluada se explica, en parte, por una decisión política del gobierno anterior de limitar las labores de exploración en Codelco; y, en gran medida, por las limitaciones de recursos económicos para llevar a cabo tales trabajos.

Actualmente existe una política definida en materia de exploración y desarrollo minero de Codelco, pero éste se topa con restricciones legales que impiden que la empresa pueda disponer de dicha propiedad. Estas restricciones no permiten incorporar —en la medida que ello resulte conveniente para la empresa y el país— como socios a terceros, para llevar a cabo exploraciones, compartir riesgos y emprender nuevos negocios mineros.

Sin embargo los cuantiosos recursos económicos necesarios para impulsar la expansión, no están disponibles.

La posición de Codelco-Chile hoy día es vulnerable. A pesar de ser la más grande de las empresas productivas de cobre y de haber gozado de una situación privilegiada en la competencia, por sus bajos costos, su situación, en la actualidad ha variado dramáticamente.

Codelco-Chile enfrenta una competencia, particularmente de la industria canadiense y norteamericana que, de persistir las condiciones actuales, puede desplazarla de segmentos significativos del mercado. Basta mencionar que una comparación de los costos del cobre refinado de Codelco-Chile con los productores norteamericanos indica que en 1982, el monto en centavos de dólar por libra producida era de 39.53 para Codelco-Chile y de 84.35 para los productores norteamericanos, en tanto que en 1989 estas cifras eran de 40.30 y de 49.30, respectivamente. Es decir, en un lapso de 7 años la diferencia en favor de Codelco-Chile había descendido de casi 45 a 9 centavos de dólar por libra.

Codelco-Chile se ha fijado como misión "desarrollar y administrar eficientemente negocios mineros y relacionados con el propósito de maximizar en una perspectiva de largo plazo la generación de excedentes económicos y su aporte al Estado de Chile".

Sus objetivos estratégicos se han resumido en las siguientes tres proposiciones básicas:

— Ser un productor a nivel mundial de bajo costo y alta calidad, actuando con responsabilidad ecológica.

— Desarrollar relaciones de trabajo y cooperación y compromiso mutuo.

— Incorporar nuevas reservas mineras económicamente rentables, especialmente para reemplazar el agotamiento paulatino de los actuales yacimientos.

Frente a la situación descripta anteriormente, el Gobierno quiere encarar la expansión de Codelco-Chile y del sector minero en general, en dos formas:

a) Respecto de la pequeña y mediana propiedad minera, que no se presta para la explotación económica en la escala que corresponde a Codelco-Chile, propone que pueda ser transferida a ENAMI. Esta última podría desarrollar proyectos para la mediana y pequeña minería con todos los beneficios que ello traería para las zonas en que se encuentren.

Aparte de la voluntad de ambas empresas, debería en este caso concurrir la opinión técnica de la Comisión Chilena del Cobre, respecto de la no factibilidad de la explotación de esos yacimientos por Codelco.

b) En los casos en que sea necesario el aporte de capital de riesgo para hacer exploraciones mayores y/o de capital para inciar explotaciones de proyectos de envergadura, se postula la asociación con terceros, nacionales o extranjeros, que estén en condiciones de aportar capital, tecnología, acceso a mercados, oportunidades de integración vertical y otras ventajas que faciliten los planes de desarrollo y expansión de Codelco-Chile.

Es indispensable considerar que la necesidad de contar con aportes privados de capital y esfuerzo, tanto nacionales como extranjeros, debe ser encuadrada dentro de la naturaleza especial de los proyectos de inversión minera. Estos, aparte de tener plazos de desarrollo y maduración largos, deben ser cuidadosamente estudiados y resueltos, teniendo en cuenta el comportamiento previsible del mercado que, en el caso del cobre, es particularmente sensible. La evaluación que se haga de las condiciones del mercado deberá tomarse en cuenta para resolver qué proyectos y en qué plazos y condiciones será conveniente abordar.

Las asociaciones que se proponen representan la tendencia predominante en todo el mundo.

Conviene señalar que la asociación con terceros, como mecanismos para potenciar y flexibilizar la gestión empresarial, es, hoy en día, un elemento central dentro de las estrategias corporativas de todas las compañías líderes de industrias de metales básicos. En especial, las grandes empresas mineras se asocian en exploraciones e inversiones mineras para compartir riesgos, incrementar recursos y complementar fortalezas mutuas.

En el caso chileno, tenemos los ejemplos de "Escondida", en que participan las compañías B.H.P., R.T.Z., Mitsubishi y el I.F.C., del Banco Mundial; "Collahuasi", en que participan Shell, Chevron y Falconbridge; "Lince" y "Amolanas", en que Outokumpo Oy participa en asociación con Carolina de Michilla y el Chemical Bank, y con Cardoen, respectivamente; "Choquelimpie" en que actúan Shell-Billiton, Westfield y el Citibank; la "Coipa", en que están asociadas Placer — Dome y T.V.X.

Conviene destacar, especialmente, el caso de Outokumpu que, siendo una empresa estatal, dio cuenta de que para incrementar su competividad y lograr una posición de liderazgo en el mercado, era necesario reestructurarse y aprovechar la flexibilidad que ofrecía la asociación con terceros como mecanismo para afianzar esa posición.

Más aún, este tipo de asociación es un mecanismo que también está presente en el caso de otras empresas estatales nacionales. Tal es la situación de ENAP, que ha recurrido a formas de asociación con terceros para compartir esfuerzos financieros y riesgos en actividades petroleras de exploración o de explotación.

CODELCO: POLITICAS DE INTERNACIONALIZACION

La Dirección de Planificación y Dirección de Codelco tiene tres objetivos para ampliar sus negocios entrando en emprendimientos conjuntos con otras empresas:

— aumentar recursos de inversión;

— minimizar los riesgos de exploración;

— integrarse mejor a la economía mundial.

La participación de Codelco en joint ventures con otras grandes empresas mineras le ayuda a Codelco a globalizarse. La idea es que Codelco haga negocios como si fuera una empresa privada. Negocios que le den el máximo de utilidad y de esta forma beneficiar a todo el país como empresa líder del comercio exportador chileno.

Codelco actualmente está planteando estrategias de mayor internacionalización y de diversificación de sus productos exportables. En este sentido, Codelco incursionará en nuevos proyectos asociados, si así lo exige el crecimiento de la empresa. A la fecha de la preparación de esta obra, Codelco registraba tres experiencias concretas de joint ventures en el exterior. Dos de ellas con una finalidad similar: entrar en el campo de los semielaborados aportando una materia prima —cátodos de cobre— de excelente calidad, y manufacturando alambrón para el mercado francés y alemán. La tercera experiencia corresponde a una asociación con una empresa china en donde Codelco primero se une con una empresa privada chilena, Madeco, para producir en China, con materia prima chilena, tubos de cobre. La pretensión era desarrollar fuertes exportaciones en el mercado asiático.

Actualmente dentro de las políticas de diversificación de la empresa, se ha evaluado como fortaleza la tecnología en minería a tajo abierto y minería subterránea que Codelco ha ido desarrollando.

En este mismo marco, Codelco ha vendido servicios de asistencia técnica internacional a otros países productores de cobre, por ejemplo a Zambia en Africa.

Otra señal que Codelco ha enviado en este sentido es la reunión que organizó con sus contratistas internacionales a los que compra anualmente alrededor de 340 millones de dólares para poder "Hacer más transparente el proceso de licitaciones y tener una política de puertas abiertas a nuestros proveedores de modo de ayudarlos a mejorar la calidad de los insumos que compramos". Codelco señala que no se trata de una política de "Compre nacional" sino que una forma de desarrollar industrias locales con tecnología competitiva, que le permita participar competitivamente con equipamiento minero a nivel mundial. Recientemente, la empresa entró en conversaciones con la firma finlandesa de cobre autocumpu, que ayudaría a Codelco a invertir juntos en el exterior. Esta empresa finlandesa tiene tecnología en fabricaciones de cobre y se ofrecen a Codelco como una "Ventana a los mercados". Nuevamente en este caso Codelco tiene su gran fortaleza en un mineral de alta calidad que la empresa finlandesa necesita para sus refinerías; además, está en la agenda de este acercamiento chileno-finlandés la posibilidad de que Codelco comience a exportar tecnología minera.

El tema de la sensibilidad del cobre frente a sustitutos como el aluminio o la fibra óptica es también un aspecto que ha barajado la plana directiva de Codelco para enfrentar este proceso de internacionalización de la compañía.

El marketing del cobre considera importante reconocer que los materiales sustitutos han arrebatado una parte considerable del mercado que tenía el cobre en la industria electrónica. Sin embargo es grande todavía la utilización del metal. En la promoción de los usos del cobre se destaca el ámbito de la construcción, por ejemplo, con techumbres de cobre o cañerías o instalaciones de cobre. Codelco ha señalado que necesita desarrollar una presencia aun más activa en el área de las semi-manufacturas. Los semi-fabricantes están comprometidos con diversos metales, pero ellos no tienen una ligazón con determinada materia prima ya que el producto final puede ser ofrecido en aluminio, cobre o fibra óptica según lo que señale el mercado. Por lo tanto, si Codelco y los demás productores quieren mantener sus mercados tienen que invertir más recursos para entregar más barato sus productos al consumidor final. Como la distancia a los mercados de consumo es un factor crucial en cualquier estructura de costos de exportación eso significa la necesidad de invertir más para fabricar fuera de Chile.

INVERSIONES CONJUNTAS DE CODELCO EN EUROPA

A principio de los años '80 Codelco encara en forma casi simultánea dos emprendimientos conjuntos en Alemania Federal y en Francia.

En Alemania, en Emmerich, cerca de Dusseldorf, Codelco participa en un 40% en la firma Deutschegiessdraht, que es una compañía conjunta con dos socios alemanes: Norddeutsche Affinerie y Huttenwerke Kaiser. Esta empresa conjunta produce anualmente 160 mil toneladas de alambrón por fundición continua.

La asociación es de tipo de responsabilidad limitada. Utiliza en la comercialización del producto la marca Dk.

La participación de Codelco es de un 40%. El incremento de clientes captados a través de esta asociación ha sido bastante significativo, la empresa aumentó su cartera de 100 a 300 clientes en el mercado alemán.

Los criterios utilizados para establecer la elección de socios fue el conocimiento previo que se tenía de ellos como compradores de materia prima. La empresa observó una expansión de la demanda y quiso cautelar el mercado uniéndose con un productor de alambrón interno de modo de poder aumentar su participación en esa plaza. Codelco tenía temor de que en vista de la presión de demanda pudieran entrar otras firmas al mercado y de esta forma Codelco consolidó su presencia a través de esta empresa asociada.

También Codelco tuvo presente al realizar esta asociación, la necesidad de aumentar la capacidad de planta. La exportación de cátodos de cobre es de alta calidad y esto es lo que le asegura un producto final competitivo en el mercado.

En la administración de la nueva empresa Codelco mantiene un funcionario chileno en la parte administrativa.

En el desarrollo de esta joint venture se trabaja con la marca alemana, serán captados como señaláramos nuevos clientes y no ha habido modificaciones al contrato inicial que tiene la figura de una sociedad de responsabilidad limitada.

En Francia Codelco se asocia en Lens —al norte de Francia— con la empresa Cables Lyon de Francia, que produce alambrón y cables eléctricos. En esta joint venture Codelco obtiene una participación del 26%. La asociación es también del tipo de sociedad limitada.

Los criterios utilizados para la selección del socio fueron, al igual que en el caso alemán, el conocimiento que se tenía de la contraparte antes de asociación.

Los criterios que llevaron a Codelco a incursionar en el mercado francés fue entrar a participar de la nueva tecnología en la nueva fundición contínua de alambrón y subir un peldaño del semi-elaborado hacia la semi manufactura.

Para el socio francés era importante aumentar la capacidad de planta a las 120 mil toneladas de alambrón anual y de esta forma entrar a una atención de la demanda en crecimiento que se estaba observando en el mercado europeo.

Al igual que en el caso alemán las exportaciones de cátodos de cobre de alta calidad son transformados en alambrón. El contrato de responsabilidad limitada no ha tenido modificaciones hasta la fecha. Codelco mantiene un funcionario chileno en la parte administrativa. En Francia se trabaja con la marca Lance.

13,2. <u>CODELCO CHILE DESARROLLA JOINT VENTURE EN CHINA</u>

Para preparar el mercado chino, Codelco Chile se ha asociado con Madeco, Manufacturas de Cobre, que se especializa en producción de tubos de cobre y aleaciones. Madeco contacta y conoce el interés de la firma China Beijing Non Ferrous Metals Industry Corporation, perteneciente a la Compañía Nacional China de Industria de Metales no Ferrosos, China National Non Ferrous Metals Industry Corporation.

La negociación plantea la creación de una empresa conjunta entre Elaboradora de Cobre Chilena Limitada y la Compañía China que da nacimiento con una participación igualitaria a la Beijing Santiago Copper Tube Company Limited, como Sociedad Mixta Chileno-China, con domicilio en Pekin, China, cuyo objeto es producir y comercializar tubos y otros productos de cobre.

Esta sociedad mixta inicia sus actividades con un capital propio de 4 millones de dólares y el financiamiento adicional para cubrir la inversión, en un principio se consideró a través de un crédito del Banco de China refinanciado por el Midland Bank y un segundo crédito del propio Banco de China en moneda local.

En la estructura de administración de la empresa conjunta se contempló un directorio compuesto por dos representantes del socio chino y dos del socio chileno. El Gerente General y el Ingeniero Jefe son también nominados por la parte chilena mientras que el Subgerente General y los demás miembros del staff son nombrados por la parte china.

La sociedad mixta se ha dedicado a la fabricación de tubos de cobre en una planta instalada en Beijing. Los equipos de la planta fueron adquiridos de segunda mano por la sociedad a una firma inglesa. La producción inicial fue de 4.000 toneladas métricas por año con una proyección a las 10.000 toneladas métricas anuales. La pretensión era exportar alrededor del 50% de la producción.

Según las declaraciones de autoridades de Codelco esta operación no tuvo el resultado esperado del '84 a la fecha. La evaluación es negativa ya que no se habría obtenido el desarrollo de mercado pretendido inicialmente. Una de las ventajas que ha dejado esta experiencia, es la de acercarse en forma directa al mercado asiático estableciendo una negociación con un país de tanta potencialidad como lo es China.

En la puesta en marcha de la Joint Ventures las etapas que se siguieron fueron las siguientes:

1. En 1984 los principales accionistas de Madeco analizaron en Beijing la posibilidad de crear la sociedad mixta en China. Contactaron a la Beijing Non Ferrous Methals Industry Corporation y suscribieron con ella una carta de intención a fin de constituir una sociedad mixta para la producción de tubos de cobre y aleaciones. Madeco en esta carta de intención tomó la responsabilidad de ubicar el equipamiento para la futura empresa e invitó a Codelco Chile a participar en ella.

2. Se crea en Chile, la Chile Wrought Cooper Ltd., el acuerdo para formar la sociedad entre Codelco y Madeco que contempló una participación de ambas firmas chilenas en partes iguales. La Elaboradora de Cobre Chilena Ltda., tomó a su cargo la búsqueda del equipamiento para la nueva sociedad.

3. Se contactó a la firma Delta Tubes en Birmingham, Inglaterra. Luego en Santiago se suscribe un documento inicial para la adquisición de equipamiento usado de propiedad de Delta Tubes. Los términos finales de los contratos constitutivos son acordados en Beijing a comienzos de 1987 y el 11 de abril de ese año se firma también en Beijing el convenio de la sociedad mixta creando la Beijing Santiago Cooper Tube Company. Con el acto de la firma al cual asistieron autoridades chinas y los ejecutivos principales de Codelco y Madeco culminó un largo período de negociaciones que involucró a las partes chilenas-chinas, y a la empresa inglesa que vendía los equipos para las plantas.

    La joint venture establecida en China debió ser aprobada por las autoridades chinas con posterioridad a la firma del convenio. Este es un trámite que normalmente demora tres o cuatro meses pero que en este caso se demoró tan sólo un mes después de la firma.

4. La ingeniería de montaje y puesta en marcha de la planta en donde se incluye la finalización de la estructura total, instalación de los equipos mayores y pruebas de producción, se completaron en 1988.

5. El entrenamiento de personal ingenieros y técnicos de la planta se cumplió en Santiago en la firma Madeco. El inicio de la producción comercial se cumplió en enero de 1989.

6. La puesta en marcha ha debido encarar una serie de dificultades derivadas de los distintos puntos de vista que tienen los socios. Ha sido necesario un alto grado de flexibilidad por parte de los socios chilenos para adaptarse a la mentalidad diferente de los socios chinos.

La producción de esta planta en términos comerciales no se ha cumplido fundamentalmente por problemas de la economía china cuya evolución ha enfrentado un contexto económico diferente de aquel en que se iniciaron las negociaciones, por lo tanto, no se han cumplido las metas comerciales previstas.

En los fundamentos de esta joint venture con la República Popular China se consideró que el consumo de cobre por habitante en China es apenas de medio kilo. Considerando que el consumo de cobre en los mercados finales según la Asociación de Desarrollo del Cobre de los Estados Unidos de América es el siguiente: Construcción 41%, Productos Eléctricos-Electrónicos 23%, Transporte 13%, Maquinaria y Equipos Industriales 14%, Productos Generales de Consumo 9%, el consumo de cobre por habitante de la República Popular China ofrece una increíble potencialidad. Las tasas de crecimiento del producto geográfico bruto chino alcanzaron en los últimos años de la década anterior cifras entre 9 y 10% anual. El consumo de cobre en China se sitúa en un orden de 500 mil toneladas métricas anuales y las tasas de crecimiento referidas implican un incremento de estos volúmenes a tasas muy elevadas. Las proyecciones de consumo de cobre en construcción son particularmente interesantes ya que China consume anualmente aproximadamente 2 millones de toneladas de cañerías de hierro en construcción y ello equivale en términos de tonelaje a 500 mil toneladas si se enviaran tuberías de cobre.

El volumen de producción que se proyectó inicialmente para la planta elaboradora de tubos de cobre fue de 4 mil toneladas métricas al año, lo que representaría una fracción muy pequeña del consumo chino. Esta planta ha querido constituir el primer paso en la introducción de nuevas tecnologías y en el desarrollo del consumo de nuevos productos en este mercado. La ubicación de la planta en Beijing asegura físicamente el acceso a un importante mercado representado por las industrias de la construcción y las manufacturas. En la actualidad la utilización de tubos de cobre en el campo de la construcción es muy baja en China, al igual que en casi todos los países asiáticos que utilizan tubos de acero galvanizados o plásticos.

La experiencia pionera de esta joint venture de Madeco y Codelco con China ha traído un conocimiento de las leyes y reglamentos de este país para la recepción de socios extranjeros. Las reglas de juego en China se encuentran traducidas al inglés en todo lo necesario para una joint venture. Se pueden distinguir dos tipos de Joint Venture: Equity Joint Venture y la Non Equity Joint Venture.

Una Equity Joint Venture es una entidad legal en donde las utilidades se distribuyen de acuerdo a la proporción de aporte de capital de los socios y es un ente societario diferente de la forma de sociedad de Responsabilidad Limitada incorporada en la República Popular China. Los impuestos se determinan de acuerdo al nivel de la Compañía y existe una ley especial para sociedades mixtas, esta es "The Income Tax Law of the People's Republic of China Concerning Chinese Foreign Joint Ventures".

La repatriación de utilidades está gravada por un impuesto de retención del 10%.

Las Non Equity Joint Venture son sociedades que no están específicamente reguladas en la obligación general. Son similares en la sociedad occidental, en que los socios son tratados como contribuyentes separados, a diferencia de una Equity Joint Venture donde los impuestos se determinan al nivel de la compañía. Tampoco es obligación repartir las utilidades de acuerdo a la proporción de participaciones de inversión y dicha razón de distribución es establecida en el contrato. La Ley Tributaria que afecta a una Non Equity Joint Venture y es la "Income Tax Law of de People's Republic of China Concerning Foreign Enterprise". Los impuestos son establecidos al nivel de los socios y no existen impuestos de retención por las utilidades repatriadas. Sin embargo un tipo de Non Equit Joint Ventures denominado una cooperative Venture ha sido motivo de una legislación especial promulgada en 1988 por el Congreso Nacional del Pueblo. Esta nueva Ley en general proporciona a las compañías una mayor seguridad con respecto a sus derechos legales al disponer que una Cooperative Venture pagará sus impuestos con las leyes pertinentes del Estado y tendrá derecho a tratamientos preferenciales tales como reducción o exención de pagos de impuestos.

Las joint ventures en China en cualquiera de sus tipos implica normalmente las siguientes etapas:

1. Carta de intención entre el inversionista extranjero y la eventual contraparte China.

2. Estudio de prefactibilidad, proposición de proyecto y aprobación de la autoridad pertinente.

3. Estudio de factibilidad.

4. Negociaciones, preparación y firma de los acuerdos de sociedad, contrato de sociedad y artículos de asociación.

5. Presentación por parte de los socios chinos de la documentación requerida para la revisión y aprobación por parte de las autoridades pertinentes de ese país.

6. Emisión de certificado de aprobación de la sociedad.

7. Registro de la sociedad y licencia de negocios.

El contrato de joint venture en China se debe escribir en chino y en un idioma extranjero que debe ser acordado por las partes, ambas versiones se consideran igualmente auténticas.

El acuerdo de sociedad Joint Venture Agreement es un documento acordado y suscripto entre las partes con indicación de algunos puntos y principios básicos para el establecimiento de la Joint Venture y puede ser omitido por acuerdo de las partes. El contrato de sociedad, Joint Venture Contract es un documento acordado y suscripto entre las partes que contiene los derechos y obligaciones recíprocas y debe incluir 14 ítems principales.

Los artículos de asociación (Articles of Association) son un documento suscripto por las partes que indica el propósito los principios organizacionales y el método de administración de la joint venture, en concordancia con los principios establecidos en los contratos de sociedad, y debe incluir nueve ítems principales.

El establecimiento de joint ventures en empresas y otras organizaciones económicas o individuos extranjeros y compañías, empresas y otras organizaciones económicas chinas es permitido en la República Popular China de acuerdo con los principios de la equidad y beneficio mutuos y está sujeto a la aprobación del Gobierno Chino. Este protege, de acuerdo con la Ley, la inversión extranjera de una Joint Venture. Las utilidades obtenidas y todos los derechos legales derivados del contrato y artículos de mención aprobados por dicho gobierno, gozan también de una protección.

Las Equity Joint Ventures con capitales chinos y extranjeros establecidas en territorio chino de acuerdo con la ley de la República Popular China sobre sociedades mixtas chinas -extranjeras son personas legales chinas y sujetas a la jurisdicción y protección de las leyes chinas; las joint ventures tienen el derecho legal a realizar negocios independientemente dentro de los marcos previstos por las leyes, y decretos chinos, el acuerdo de sociedad y contrato de sociedad y los artículos de asociación o estatutos.

A fin de estimular el desarrollo de las joint ventures existen algunos incentivos tributarios tales como: una joint venture cuya duración pactada en el contrato de sociedad sea de más de 10 años tiene derecho a no pago del impuesto a la renta por los primeros dos años en que se produzcan utilidades y un 50% de reducción del impuesto a la renta por los tres años siguientes en que se produzcan utilidades. Si la joint venture es declarada tecnológicamente avanzada, tiene derecho a una reducción del 50% del impuesto a la renta por tres años adicionales y las utilidades repatriadas no pagan el 10% de impuesto de retención.

Si la joint venture exporta más del 70% de su producción es considerada orientada a la exportación. La reducción del 50% del impuesto a la renta se mantiene mientras dure la condición de exportar más del 70% de la producción, y las utilidades repatriadas no pagan el 10% de impuesto de retención.

13,3. <u>EMPRESA NACIONAL DE PETROLEO — YACIMIENTOS PETROLIFEROS FISCALES</u>

La Empresa Nacional de Petróleo es una empresa pública organizada con el propósito de adquirir, vender, refinar, procesar, transportar combustibles, hidrocarburos y en especial petróleo crudo y sus derivados, con el objeto de abastecer con sus productos la mayor fracción del mercado posible.

El año 1981 la Empresa Nacional de Petróleo se convierte en Sociedad Anónima, dándose una nueva estructura jurídica. La firma comienza a funcionar con un criterio de empresa privada y la ENAP se organiza como un holding con una empresa matriz —la propia ENAP— y tres empresas subsidiarias: Petrox S.A., Empresa Almacenadora de Combustibles Ltda. y Refinería de Petróleo Concón S.A.

Este proceso forma parte de la política de gobierno destinada a disminuir la centralización de la administración del Estado, aunque en esencia no signifique una reducción de la empresa, sino más bien, un cambio en la gestión de cada una de las subsidiarias. ENAP ha encarado actividades asociativas en el extranjero a través de otra filial: Sipetrol S.A.

Recientemente la Empresa Nacional de Petróleo ha avanzado en actividades de prospección petrolera en sociedad con Yacimientos Petrolíferos Fiscales (Y.P.F.) de Argentina.

La Empresa Nacional de Petróleo ha celebrado numerosos contratos de asociación del tipo joint ventures tanto para las operaciones que acomete directamente en el país, como para aquellas que emprende en el extranjero. La política que orienta esta actividad es adecuar en la mejor forma posible a la empresa a la tendencia moderna de globalización de los mercados, y al mismo tiempo distribuir los riesgos inherentes a este tipo de actividad.

En materia petrolera los llamados joint ventures revisten una forma especial bajo un formato con patrones standard muy definidos conocidos como Joint Operating Agreement (acuerdo de operación conjunta), ya analizados en el capítulo 4. Este esquema tipo está en constante evolución, pero mantiene invariables sus características básicas que son la flexibilidad para la toma de decisiones operativas y financieras y para la entrada y salida de los partícipes en un entendimiento conjunto. Se trata entonces de asociaciones con un fin determinado, que cubren precisamente la exploración y explotación de yacimientos.

En el caso de la actividad petrolera, las políticas de la Enap han perseguido, siendo Chile un importador neto de petróleo, abaratar los abastecimientos de este rubro a través de una vinculación más directa con la producción de hidrocarburos en mercados relativamente cercanos. Por su parte, cuando la actividad de exploración y producción la realiza dentro del país se buscan sustituir importaciones.

Los Joint Operating Agreements pueden dar cabida a múltiples empresas y existe una movilidad relativamente alta entre los partícipes, siendo ésta la esencia de este tipo de contrato. Sin embargo, Sipetrol se preocupa muy especialmente porque sus asociados cumplan con los requisitos de capacidad técnica y financiera que los habiliten para participar en estas actividades. Es con este criterio que la ENAP ha encontrado como contraparte natural a Y.P.F. de Argentina para iniciar en conjunto la exploración y explotación de yacimientos submarinos en el Mar Austral.

En la elección de la contraparte para un negocio de este tipo ENAP se relaciona sólo con aquellas empresas que cumplan con las calificaciones normales de carácter técnico y financiero y que representan como alternativa la más eficiente en cuanto a aporte específico que puedan hacer para el éxito del negocio. La forma jurídica de la asociación es por tanto una asociación temporal en donde la asociación en sí no adquiere una personalidad jurídica propia que sea distinta a la de las participantes. Estos emprendimientos no constituyen sociedades sino que son formas jurídicas más bien equivalentes a lo que en Chile se conoce como "cuentas de participación".

Para un emprendimiento en un acuerdo de operación conjunta la Empresa Nacional de Petróleo, a través de Sipetrol, cuenta con todas las capacidades jurídicas para poder operar.

Dado el riesgo inherente a las actividades petroleras, especialmente cuando se encuentran en su fase de prospección, una de las premisas básicas que la Empresa Nacional de Petróleo aplica es distribuir el riesgo a través de la participación minoritaria en una cartera numerosa de proyectos. De modo que, salvo excepciones, la participación de ENAP y Sipetrol en los emprendimientos con Argentina se sitúan en el rango de 2 a 35% de participación.

La empresa pública ENAP en consecuencia, ha realizado acuerdos de operación conjunta con Yacimientos Petrolíferos Fiscales de Argentina para la exploración y explotación de posibles yacimientos de petróleo ubicados fuera de Chile. El tratamiento jurídico nacional habilita plenamente a esta empresa pública para desarrollar esta estrategia de diversificación de proveedores en una integración vertical hacia la materia prima que vendría a complementar con un costo más bajo la importación normal de petróleo que Chile realiza para su abastecimiento interno.

ANEXO

JOINT VENTURES DE ENAP Y FILIALES EN PROYECTOS DEL AREA DE EXPLORACION-EXPLOTACION

Proyecto	Pais	Región o Cuenca	Actividad	Estado del Contrato	Participación	Socios
Lago Blanco	Chile	Magallanes	Exploración	Por firmar	ENAP 30%	Andermann/Smith, USA
Lago Mercedes			Exploración	Firmado	ENAP 50%	Andermann/Smith, USA; Argerado, USA; Texaco, USA
Depresión Intermedia de Arica		I Región	Exploración	Por firmar	ENAP 30%	Petresearch, Inglaterra
Altiplano de Iquique			Exploración	Firmado	ENAP 20%	Hunt Oil Co., USA
Salar de Pedernales		III Región	Exploración	Firmado	ENAP 50%	Eurocan, Canadá, Norcen, USA
Salar de Punta Negra			Exploración	Firmado	ENAP 30%	Maxus Energy, USA
Piedrabuena	Argentina	Cuenca Austral	Exploración	Ratificado	SIPETROL 50%	ASTRA, Argentina
Laguna Grande & Mata Amarilla			Exploración	Ratificado	SIPETROL 30%	Bridas, Argentina; Santa Fé Minerals Inc., USA
Los Chorrillos			Explotación	Por ratificar	SIPETROL 20%	Andermann/Smith, USA
Area Magallanes			Desarrollo	Ratificado	SIPETROL 50%	YPF, Argentina
Cerro Manzano		Cuenca de Neuquén	Exploración	Por ratificar	SIPETROL 50%	Bridas, Argentina
Río Barrancas			Exploración	Ratificado	SIPETROL 40%	Bridas, Argentina
Chihuidos			Exploración	Por ratificar	SIPETROL 12%	Trend Argentina, Panamá; Santa Fe Energy, Delaware, USA; Oliver Resourses, Inglaterra; International Finance Corp. (IFC); Compañía General de Combustibles, Arg.
LLanos Este	Colombia	Los Llanos	Exploración	Por ratificar	SIPETROL 50%	Repsol, España
Baraya		Magdalena Superior	Exploración	Por ratificar	SIPETROL 50%	Braspetro, Brasil

13,4. <u>COMPAÑIA SUDAMERICANA</u> <u>DE VAPORES</u>

ANTECEDENTES GENERALES

Es la empresa naviera más antigua y más importante de Chile. Esto último en razón de las rutas que sirve, del volumen de sus ventas y de su capital social. Nació Sudamericana de Vapores de la fusión de las Compañías Chilenas de Vapores y Nacional de Vapores, dispuesta por Decreto de fecha 09 de octubre de 1872.

La Compañía Sudamericana de Vapores es una sociedad anónima abierta con domicilio legal en las ciudades de Valparaíso y Santiago.

En la memoria correspondiente a 1989 se señala que las ventas consolidadas de la Compañía alcanzaron a 395 millones de dólares superando en un 35.7% las de 1988. Se anota igualmente que desde 1985 las ventas se han venido expandiendo en forma sostenida, primordialmente por el crecimiento del comercio exterior chileno.

La utilidad total del ejercicio 1989 alcanzó a 41.6 millones de dólares, lo que representó una rentabilidad del 33.4% sobre el patrimonio contable inicial. Aunque esta cifra parece alta, si se considera el valor de mercado, o el costo de reposición de la flota, la rentabilidad sería sustancialmente menor. La actividad promedio de la década del '80 fue de 12.7 millones de dólares en moneda de 1989.

Al momento de efectuarse la fusión de las empresas que le dieron origen, el cabotaje era su actividad principal. Sin embargo, al año siguiente de su creación, Sudamericana de Vapores inició el tráfico exterior con el establecimiento de un servicio al puerto de Callao lo que luego se extendió aunque temporalmente a Panamá.

En 1893 adquirió carácter permanente este servicio a Panamá, mediante un convenio con la Pacific Steam Navigation Company. Paralelamente, mediante acuerdos con otras empresas extranjeras, se establecieron conexiones con otros lugares del mundo.

El desarrollo de la Compañía Sudamericana de Vapores no tuvo el estímulo de una política gubernamental adecuada a las circunstancias y a la necesidad de contar con una marina mercante vigorosa. La apertura del Canal de Panamá tuvo una serie de influencias en las rutas comerciales. Estas sufrieron sustanciales modificaciones en los tráficos hacia y desde el Hemisferio Sur. No obstante, en 1922, se hicieron más frecuentes los viajes hacia y desde Estados Unidos y Europa, al mismo tiempo que se estableció un servicio de cabotaje en el litoral peruano aprovechando la ausencia de naves de terceros países.

Durante la Segunda Guerra Mundial, las operaciones de la Compañía se vieron naturalmente dificultadas a pesar de que Chile mantuvo una prolongada neutralidad. No obstante y apenas concluído el conflicto, los servicios de la Compañía Sudamericana de Vapores (CSAV) experimentaron un vigoroso desarrollo incorporándose a los puntos de recalada de las naves de la empresa, puertos en Alemania, Bélgica, Holanda, e Inglaterra.

Posteriormente, en 1979 se establecían los servicios a Escandinavia, incluyendo Finlandia, Suecia, Dinamarca y Noruega.

En 1981 en convenio con Barber Blue Sea, comenzó a atender el tráfico con países asiáticos, reemplazado por el actualmente vigente, bajo el nombre de Transpacífico (Gran Andes). En el mismo año se creó el servicio al Mediterráneo, el cual atiende los puertos de España, Italia y opcionalmente Francia.

Pararelamente, se produjeron expansiones en otros espacios. Es oportuno recordar la creación de la empresa subsidiaria: Sudamericana Agencias Marítimas y Aéreas (SAAM) en 1961; Corvina Shipping Co. en 1978 y Transporte Combinado Multimodal Ltda., en 1982. Todo lo anterior con el objeto de adecuarse a las circunstancias y prestar el mejor servicio a sus usuarios. Multimodal, creado específicamente para atender el servicio regular de carga desde y hacia el extranjero entre Valparaíso y Punta Arenas, fue el inicio de la participación integral de la Compañía en el tráfico de contenedores. Luego, Sudamericana se asoció con un grupo de importantes empresas extranjeras para establecer el servicio Eurosal inaugurado en 1984, el cual une los puertos del norte de Europa con los de la costa Oeste de Sudamérica, caracterizado por el transporte de carga en contenedores.

CONSIDERACIONES ESTRATEGICAS PARA EXPANSION INTERNACIONAL

La participación en Eurosal, motivó la construcción en astilleros japoneses de la motonave Maipo, la nave más moderna de la marina mercante nacional con capacidad para 1900 contenedores y carga surtida. Asimismo, se construyó para SAAM una grúa Hitachi especial para la carga y descarga de contenedores, instalada en el puerto de Valparaíso.

El amplio abanico de líneas regulares y especiales permite a Sudamericana cubrir los cinco continentes en viajes directos con transbordos. Para ello cuenta con una moderna flota de naves porta—contenedores, multi—propósito, graneleras y frigoríficas, las cuales suman aproximadamente, 280 mil toneladas de peso muerto (dead-weight) distribuidas en ocho servicios de líneas regulares y especiales que constituyen divisiones con relativa autonomía:

— **Servicio Norteamérica** (Costa este de Estados Unidos y Golfo de México, Panamá, costa oeste de Sudamérica y viceversa).

— **Servicio Eurosal** (norte de Europa y costa oeste de Sudamérica y viceversa).

— **Servicio Mediterráneo** (Costa mediterránea de Italia, Francia y España, costa oeste de Sudamérica y viceversa).

— **Servicio Gran Andes** (lejano oriente, Japón a costa oeste de Sudamérica y viceversa).

— **Servicio transporte de vehículos** (desde Japón y Corea).

— **Servicio Seaspac** (Sudeste de Asia, Islas del Pacífico Sur, Chile, Tahití, Fiji, Papua, Nueva Guinea, Indonesia, Singapur y viceversa).

— **Servicio Conosur** (Chile-Brasil-Chile).

— **Servicio Colombia**

— **Servicio de cabotaje multimodal** (Valparaíso-Punta Arenas y puertos intermedios).

Otras divisiones son:

— División Ventas.

— División Graneles.

— División Frigoríficos.

— División Planificación y Desarrollo.

— División Armatorial.

Las compañías navieras han aprendido a pensar y a operar a nivel mundial y por esto están desarrollando, cada vez más, la capacidad para competir agresivamente en los mercados mundiales. En el futuro no lejano el mercado será cada vez más global. La innovación tecnológica en el transporte marítimo internacional ha sido acelerada. El sistema de contenedores y los transbordos internacionales que estos hacen posible incidió en una profunda modificación de los sistemas portuarios y de los buques, que han ido en rápida evolución, hasta llegar actualmente a buques que pueden dar una vuelta alrededor del mundo y transportar 8 mil contenedores por viaje. El desafío de la dirección de la empresa naviera es utilizar eficientemente las economías de escala y los costos de oportunidad que pueden presentarse.

Ya en el año 1985 el profesor A. Stromme Svendsen anticipaba que el modelo comercial para el transporte marítimo puede agruparse en tres formas:

1. consorcios internacionales para operación de buques contenedores;

2. "Pools" y consorcios internacionales para operaciones de buques graneleros y;

3. empresas navieras multinacionales comprendiendo operaciones conjuntas de intereses marítimos en países en desarrollo, con intereses en países desarrollados.

El experto de UNCTAD señor Sgsturmey ha señalado que en el futuro la propiedad, la operación y la bandera de buques pueden estar completamente divorciadas entre sí y cuando los consorcios comprendan varias banderas nacionales diferentes, trabajando juntas en una unidad operacional, la cuestión de bandera probablemente no tendrá otra importancia que la de fines estadísticos.

El experto internacional, profesor de la Escuela de Ingeniería de Transporte de la Universidad Católica de Valparaíso, Alejandro Pattillo, ha señalado que los pools navieros se inician en un intento de coordinar la operación comercial de una flota, tan numerosa como la que se requiera para enfrentar la competencia mundializada actual y que pertenece esta flota a diversos propietarios. A medida que avanza la relación conjunta inevitablemente se van coordinando otras decisiones, tales como inversión, construcción en serie de buques hasta llegar a la adopción formal de una nueva entidad en la cual los antiguos propietarios pasan a ser socios de la misma. Vale decir, en opinión de este experto se da una evolución casi natural desde una coordinación operativa, una concertación comercial de distintas navieras hasta llegar a una joint venture con identidad propia.

PARTICIPACION DE C.S.V.A. EN CONSORCIO EUROSAL

Ha sido en este ámbito que Compañía Sudamericana de Vapores ha desarrollado su estrategia de internacionalización, y su principal experiencia, que a continuación desarrollamos como caso puntual, ha sido el incorporarse a Eurosal. Además, acompañamos detalles de las filiales extranjeras de la Compañía Sudamericana de Vapores.

Eurosal es la sigla de European South American Line. Eurosal es un consorcio integrado por varias compañías, una chilena y otras extranjeras.

Además de la Compañía Sudamericana de Vapores forman parte de él:

— Líneas Navieras Bolivianas (Linabol).

— Transportes Navieros Ecuatorianos (Trasnave de Ecuador).

— Compañía Naviera Marasia S.A. de España.

— Pacific Steam Navigation Company (PSNC) de Inglaterra.

— Hapag Lloyd de Alemania.

— Nedlloyd Line de Holanda.

— Johnson Line de Suecia.

— Armement Depp de Bélgica.

Eurosal es un servicio que une con buques multipropósitos containeros, con capacidad para 1900 contenedores de 20 pies, y naves convencionales, los principales puertos de Europa del Norte, con los más importantes terminales portuarios de la costa oeste de América del Sur.

El servicio Eurosal es la continuación del INES que significaba Integrate Express Service y es competencia de otros consorcios que actúan dentro de la European South Pacific and Magellan Conference (Conferencia de Europa, Pacifico Sur y Magallanes).

La idea de Eurosal nació en 1974, cuando todas las líneas iniciaron una serie de discusiones que se arrastraron por cerca de siete años, hasta que, a fines de 1981, llegó el tiempo de decisión. No se trataba sólo de una cuestión de inversión y de oportunidad, había también un lento debate respecto al tamaño y al tipo de barco más adecuados.

Para Sudamericana su incorporación en el consorcio Eurosal significó invertir 40 millones de dólares en la construcción de un nuevo buque, El Maipo. Continuando una larga tradición de dicha empresa este buque lleva el nombre de un río. Fue construido por los astilleros de la Mitsubishi Heavy Industries, con un costo de 40 millones de dólares. Corresponde a un portacontenedor de tercera generación, aunque también puede llevar carga no contenedorizada, como mineral por ejemplo.

Es operado por la Welinton Ocean Shipping Corporation S.A., filial de la Corvina Shipping Company, que es a su vez filial de Sudamericana.

El consorcio Eurosal significó también para Sudamericana incorporar al puerto de Valparaíso una poderosa grúa Hitachi, que permitiera atender el servicio de carga y descarga de estos modernos buques.

Eurosal es la experiencia más concreta de joint venture en que ha participado la Compañía Sudamericana de Vapores. Sin embargo, en su estrategia de internacionalización tiene una experiencia mayor. Cuenta con tres filiales en el extranjero: Corvina Shipping Company S.A., en Panamá, Chilean Line Inc., en Nueva York y Tollo Shipping Company S.A., en Panamá.

Como se puede apreciar la Compañía Sudamericana de Vapores está desarrollando una estrategia de internacionalización. En cuanto a joint ventures el caso más destacable es de Eurosal ya que para efectos del trabajo ha significado una concertación con otras empresas, lo cual ha sentado un importante precedente en el transporte marítimo chileno. Sin embargo, a nivel de los otros servicios continúan realizándose experiencias conjuntas, por ejemplo, el servicio Sispac que se presta hacia la costa del Pacífico, es una experiencia conjunta con la Compañía Chilena de Navegación Interoceánica S.A., (CCNI) que se ha extendido hasta Singapur, Indonesia e Islas del Pacífico Sur. Para este servicio el grupo Sudamericana ha asignado tres naves multipropósito arrendadas. El servicio de transporte de vehículos desde Japón y Corea también se realizó mediante servicio conjunto de empresas chilenas y japonesas.

También en el servicio mediterráneo las líneas que forman la conferencia que cubre este tráfico salvo la Compañía Peruana de Vapores, negociaron un acuerdo de operación conjunta que ha entrado en operaciones a partir de enero de 1990, con el objetivo de crear una economía de escala que redunde en mayor eficiencia y servicio a los clientes. Finalmente, en el servicio a Norteamérica también se está operando en asociación con Líneas Navieras Bolivianas S.A., (Linabol) y Naviera Neptuno S.A., (Nanepsa) del Perú.

La compañía Sudamericana de Vapores muestra por tanto una gran decisión estratégica para establecer emprendimientos conjuntos y para aumentar su competitividad.

13,5. EXPERIENCIAS CHILENAS DE INVERSION EXTRANJERA EN EL PAIS, PARA PROYECTOS DE PERFIL EXPORTADOR

A continuación haremos el relevamiento de aquellas operaciones de Joint Ventures en donde la participación de un socio extranjero y donde el objeto del proyecto es dinamizar la exportación de bienes o facilitar servicios vinculados con el sector externo del país.

a) **Emprendimientos Conjuntos de la Empresa Nacional de Minería ENAMI.**

1. **ENAMI** participa en un 10% en la Sociedad Anónima Quebrada Blanca, con el consorcio canadiense COMINCO, para la explotación del yacimiento del mismo nombre, ubicado en la I Región. Es un proyecto con una inversión de U$S 287.000.000, que reducirá 75.000 ton/año de cátodos electrolíticos, obtenidos por medio de un proceso de lixiviación bacterial en pilas, extracción por solventes y electrodeposición. Las reservas son estimadas en 80 millones de toneladas. El proyecto se encuentra con su estudio de factibilidad terminado y en fase de obtención de financiamiento. Se estima que la entrada en producción sería en el año 1994.

2. **ENAMI** ha licitado su proyecto minero Andacollo, ubicado en la IV Región, con reservas estimadas de 250 millones de toneladas de sulfuros de 0.62% cobre y contenidos de oro y molibdeno de baja ley.

   Se adjudicó el proyecto, a la multinacional canadiense Placer Dome Inc., a nombre de su filial en Chile. ENAMI participa con el 20% de esa Sociedad que tiene por objeto explotar el yacimiento por el método más apropiado, que definirá un estudio de factibilidad, que se ha iniciado junto con el término del proceso de constitución de la Sociedad Contractual Minera "Carmen de Andacollo", en el mes de Julio de 1991.

La inversión estimada en el proyecto, es de alrededor de 350 millones de dólares con una producción anual de 270.000 toneladas de concentrados de 27% de ley en cobre y gr/ton de oro.

3. Con participación conjunta e igualitaria de un 20%, ENAMI y las empresas privadas Sudmetal, Arbi Participações de Brasil, Acec Unión Minera de Bélgica y Compañía Minera El Indio (subsidiaria de LAC Minerals de Canadá), han constituido una Sociedad Anónima denominada Fundición y Refinería del Pacífico, con el objeto de proyectar una nueva fundición en el país para procesar 600.000 ton/año de concentrados, produciendo 200.000 ton. de cobre fino al año. La inversión se estima en U$S 500.000.000

4. Ultimamente se han iniciado conversaciones entre ENAMI y Codelco que tienen por objeto una asociación de ambas empresas para llevar adelante el proyecto de modernización de la Fundición y Refinería Ventanas y en que CODELCO aportaría el financiamiento, que inicialmente se estima en U$S 150.000.000

Este proyecto permitiría ampliar la capacidad de fusión hasta unas 780.000 ton/año, pero contemplará la limpieza total de los humos actuales y futuros, velando de ese modo por el medio ambiente de la zona aledaña.

b) **La Empresa Nacional de Aeronáutica ENAER** ha establecido sociedad con una empresa española en 1989 para la fabricación de piezas aeronáuticas metal mecánicas y en esta coinversión ENAER participa con un 45%. Al asociarse con empresas extranjeras que ya están operando en el mercado ENAER pretende acceder a terceros clientes como también obtener conocimientos y tecnologías más avanzadas.

Entre los proyectos también se encuentra la creación de una empresa en el área electrónica con una firma electrónica israelí. Cada una de ellas tendrá un 45% de la propiedad, mientras el 10% restante pertenecerá a un tercer socio el cual aún no ha sido definido. ENAER está negociando a través de estas asociaciones una expansión de sus exportaciones, fundamentalmente contratos de venta de aviones Pillán. Actualmente cerca de un 80% de los aviones que fabrica ENAER son comprados por la Fuerza Aérea de Chile y en este intento asociativo junto con aumentar su capacidad tecnológica ENAER busca la posibilidad de diversificar su cartera de clientes.

c) **Execom, promoción de proyectos de inversión extranjera en Chile.** A fines de 1989 se creó la firma Execom S.A., en donde las empresas asociadas son Cade Consultores Ltda., firma de ingeniería, DMC S.A., y Nordic Consultores S.A., empresas dedicadas a la identificación de sectores de inversión en Chile, Exemin S.A., orientada a búsqueda de interesados en Chile y en el exterior en el área metálica y no metálica, y Correa Barros S.A.. Execom ofrece un servicio integral a inversionistas y agentes de comercio a través de estudios de pre-inversión y factibilidad, ingeniería de proyectos civil e industrial, gestión de capitales y recursos financieros, asesorías legales y tributarias; orientación y puesta en marcha de empresas y representaciones. El lanzamiento de Execom se realizó presentando alrededor de veinte proyectos a inversionistas europeos a través de una misión comercial que se realizó en enero de 1990 para generar y promover la formación de empresas mixtas chileno-europeas. La cartera de estos proyectos involucró 1.500 millones de dólares y se sitúan en las áreas pesqueras, minera, forestal y financiera.

d) En el mes de enero de 1990 el grupo Royal Dutch Shell y Citibank, se asociaron para desarrollar en joint venture la explotación del yacimiento Las Luces ubicado a 35 km., al Sudeste de Taltal de la Segunda Región, que entraría en funcionamiento a partir de 1992. Este proyecto cuprífero tendrá una vida útil de diez años a un ritmo de producción de 900 toneladas métricas por día, de mineral de cobre, tratadas en una planta de explotación convencional. El proyecto contempla un sistema de explotación subterránea a través de diferentes métodos convencionales. La puesta en marcha de la mina se realizará en el segundo semestre de 1992, y el proyecto contempla volumen de ventas proyectados de más de 10 millones de dólares. Estas mismas partes ya son socios en minería de oro, en la mina Choque Limpie.

e) **Sector Celulosa**

En enero de 1990 el Comité de Inversiones Extranjeras aprobó un proyecto de inversión por 800 millones de dólares que realiza en Chile el grupo sueco Stora quien tiene un plazo de 8 años para aportarlos como capital al proyecto de celulosa que llevará a cabo en sociedad con Pedro de Valdivia que es una firma filial de Celulosa Arauco del grupo Copec.

Este proyecto que contempla aproximadamente 15 años en total, contempla la instalación de una planta industrial en Valdivia con capacidad anual de 500 mil toneladas de celulosa blanca de fibra larga. Para estos efectos, el grupo Copec —el socio chileno— estaría aportando los bosques de Forestal Valdivia, y Stora la empresa más antigua del mundo con siete siglos en producción contribuiría con el diseño, la construcción y financiamiento. Este complejo industrial alcanza un costo total de 1.200 millones de dólares y contaría con su propia central hidroeléctrica dando empleo en total a unas 1.200 personas en forma permanente.

Un verdadero boom está viviendo la industria de la celulosa en Chile. Esta expansión se ve reflejada en las cifras de producción. Chile produce actualmente cerca de 950 mil toneladas de celulosa anuales y los proyectos en marcha suman 1.800.000 toneladas. Una de las ventajas comparativas del sector celulosa es que un árbol de fibra larga que en los países escandinavos alcanza su tamaño en 80 años en Chile lo hace en 18 años. La utilización de esta materia prima para el papel periódico y productos de uso doméstico como servilletas, pañales y otros, es a costos mucho más bajos que en el mercado internacional.

A continuación, señalamos los proyectos en celulosa subrayando aquellos que corresponde a coinversión.

Proyecto Amco, ampliación de la planta de Constitución; propietario Celulosa Arauco; inversión 61 millones de dólares; producción anual 35 mil toneladas; puesta en marcha agosto de 1990.

Arauco II segunda línea de la Planta Cela Alaraoco; inversión 600 millones de dólares; producción anual 350 mil toneladas; puesta en marcha a fines de 1991.

Proyecto Celpac, nueva planta de celulosa; joint venture entre Compañia Manufacturera de Papeles y Cartones un 50%, Simpson Paper 50%; inversión 587 millones de dólares; producción anual 315 mil toneladas; puesta en marcha fin de 1991.

Proyecto de Licanten, planta de celulosa; propietario Atis Hall; inversión 102 millones de dólares; producción anual 70 mil toneladas; puesta en marcha noviembre de 1992.

Proyecto Santa Fe, planta de celulosa de fibra corta; joint venture: Shell 60%, Scott Paper 20%, Citibank 20%. Total de inversión 420 millones de dólares; producción anual 230 mil toneladas; puesta en marcha fines de 1990.

Proyecto Stora Arauco; planta de celulosa; Celarauco 50%, Stora 50%; inversión total 1.200 millones de dólares; producción anual entre 450 a 550 mil toneladas; puesta en marcha entre 1995 a 1997.

Forestal and Chile; aserradero, planta de celulosa y de papel periódico; propietarios en joint venture: Daio Paper 84%, C. Itoh 16%; inversión 520 millones de dólares; producción anual 350 mil toneladas. No hay información de la puesta en marcha.

f) **Sector Forestal:**

Proyecto Bomasa, planta de tableros terciados, grupo Boer 60%, Arrieta y Coops 40%. Inversión 13 millones de dólares. Producción 30 mil metros cúbicos. Puesta en marcha julio de 1990.

Forestal San José, aserradero, planta de chips, puerto de carga, exportación de madera aserrada, socios en joint ventures: First National Bank of Maryland 40%, C. Itoh 35 %, Inversión y Desarrollo Hartwig 25%, Compañía Chilena de Astillas 10%. Inversión total 19 millones de dólares. Producción anual 40 mil metros cúbicos de madera aserrada, 200 mil rumas de troncos.

Proyecto Socur aserradero, planta elaboradora de madera aserrada, Grupo Baniesto 60% y la firma Indus 40% que pertenece al mismo grupo Banesto, inversión 14 millones de dólares, producción anual 25 mil metros cúbicos, puesta en marcha enero de 1991.

Sector Forestal: En el proyecto de explotación y procesamiento de madera proveniente de 60 mil hectáreas de bosque nativo en LLanquihue, que implica la instalación de equipos de secado y maquinarias, se han asociado: Banesto Baking Co. con un aporte de U$S 10 millones, e INDUS, con un aporte de U$S 5 millones.

Han creado la empresa Sociedad Industrial del Sur S.A., con un capital de U$S 15 millones, en donde las acciones de la empresa corresponden: 60.19% al grupo español; 32.5% a la Compañía Industrial S.A. (subsidiaria de INDUS); 7.28% a Viña San Pedro y el resto a otros propietarios.

Este proyecto está claramente orientado a la exportación.

g) **Sector Minero**

Proyecto El Refugio: Oro.

En marzo de 1992 se iniciará la construcción del yacimiento de oro. Refugio, ubicado a 80 km., de Copiapó y en la III Región de Chile. Este proyecto está siendo desarrollado por la firma canadiense minera Bema Gold, en sociedad con un grupo de inversionistas nacionales, involucrando un valor total de 130 millones de dólares, incluyendo costos de capital fijo iniciales por 101 millones de capital de trabajo y costo financiero.

Uno de los aspectos más novedosos de este proyecto es su modalidad de financiamiento que involucra un crédito por U$S 75 millones a un plazo de 7 años y con tasas equivalentes al precio del oro más un 2.5 o un 2%. Para esto Bema Gold, el socio extranjero, obtuvo un compromiso de financiamiento de Sharps Pixley Incorporated (filial de Kleinwort Benson) por el monto de 75 millones de dólares. El acuerdo entre Bema Gold y Sharps Pixley establece que esta última entidad actuará como cabeza del grupo financiero, aportando directamente un 20% de los 75 millones.

Los términos bajo los cuales se otorgará este crédito considerarán un plazo de 7 años, que cubre los 18 meses del período de construcción y los 5 1/2 años de explotación del yacimiento. Las tasas de interés serán equivalentes al costo del oro más 2,5% durante el período de construcción y más 2% en el lapso restante.

El resto de los recursos requeridos para materializar el proyecto se complementarían con aportes de Bema Gold y sus socios y emisión de acciones.

De acuerdo a los antecedentes aportados por el estudio de factibilidad que realizó Mineral Resources Development Inc., la explotación al yacimiento sería a tajo abierto, con una capacidad de procesamiento de 33 mil toneladas por día, lo que equivale a una producción anual de 333 mil onzas de oro a un costo operativo promedio de 189 dólares por onza. En su primer año de operación Refugio produciría 256 mil onzas de oro a un costo promedio de 148 dólares por onzas. Las reservas ascenderían a 1.3 millones de toneladas de mineral, con una ley promedio de 0.03 onzas por tonelada.

El yacimiento de oro Refugio está ubicado en la zona del salar de Maricunga en la III Región y se indicó que este yacimiento, a 4500 metros de altura al sudeste de Copiapó tiene reservas probadas de 112 millones de toneladas de mineral y una proporción de un gramo de ley por tonelada. Esto estaría significando que la Minera El Refugio estaría aportando 1/3 de la producción de oro del país. La producción anual oro del país según estadísticas a setiembre de 1989 llegó a 15.5 mil toneladas cifra que se elevó en el ejercicio de 1990.

La explotación de esta riqueza será realizada en partes iguales entre Bema Gold que ha colocado el financiamiento y el mercado, y la firma dueña de la pertenencia, la Compañía Minera Refugio de origen nacional. El producto final será metal Doré 75% de oro, 20% de plata y el resto impurezas destinado en su totalidad a la exportación. En régimen normal la planta dará empleo a unos 200 trabajadores y en el período de construcción a 800 personas.

h) **Sector Minero. Resumen**

A continuación presentamos un resumen del sector de la minería chilena destacando la participación de inversores extranjeros y nacionales. Los proyectos mineros de gran envergadura en que están participando inversionistas foráneos, son los siguientes:

1. Ampliación de Los Bronces llevada a cabo por la Compañía Minera Disputada de Las Condes, filial de Exón con una inversión total de 400 millones de dólares.

2. Lince, proyecto emprendido por las empresas Carolina, Outokumpu y Chemical Bank con un capital de 60 millones de dólares.

3. Los Pelambres operando por Anaconda Chile, Midland Bank y Lucky Gold Star. Su producción será de 20 mil toneladas métricas de cobre fino al año en forma de concentrado.

4. La Ciopa en explotación por Placer Dome y Tucs con una explotación total calculada en 400 millones de dólares.

Entre los proyectos que se encuentran próximos a iniciarse se destacan los siguientes:

a) Cerro Colorado, que tendrá un costo total de 200 millones de dólares y será financiado en 50 millones de dólares por la empresa japonesa Mitsubishi.

b) Quebrada Blanca, proyecto en desarrollo por las empresas Cominco, Enami y Pudahuel, con una inversión total de 300 millones de dólares.

c) Ivan Zahr cuyos estudios finales de factibilidad está iniciando la empresa Rayrock. La inversión esperada bordea los 40 millones de dólares.

d) Zaldívar, proyecto de estudio por la firma Outokumpu, con una inversión estimada en unos 120 millones de dólares.

e) La Candelaria, en la que la empresa norteamericana Phell Dogde espera invertir 1.500 millones de dólares de los cuales 538 serán destinados a desarrollar el yacimiento La Candelaria de la III Región.

f) El Refugio, ya mencionado, proyecto aurífero también en la III Región, que impulsa la empresa canadiense Bema Gold Corporation, con una inversión del orden de los 130 millones de dólares.

g)   Andacollo, en la que la empresa Dayton Developments coloca-
     rá unos 30 millones de dólares.

h)   Chagres: Exón construirá una nueva fundición con una inver-
     sión aproximada de 176 millones de dólares.

Además de lo señalado se pueden mencionar otros proyectos
en marcha entre ellos Collahuasi en el que están vinculadas las
empresas Shell, Chevron y Falcan Bridge. La adjudicación por
parte de la empresa Placer Dome del yacimiento de Enami Andacollo, con una inversión calculada en 200 millones de dólares y el desarrollo por parte de Cdkap Resourse de Canadá, del
proyecto de nitrato y yodo Yolanda.

La inversión pública el año 1991 ha crecido en un 20% respecto al período anterior y en este incremento se destacan las inversiones que realizará Codelco por un total de 144 millones
de dólares para ampliar su actual capacidad y otros 216 millones para mantener los niveles de producción actual. Enami,
por su parte, y sólo en sus plantas de beneficio, invirtió en
1991 cerca de 7 millones de dólares.

Los recursos externos que han sido autorizados para operar en
Chile a setiembre de 1991 se acercan a 2.300 millones de dólares. La participación de los empresarios chilenos en los proyectos de desarrollo, particularmente en el sector minero es
marginal y se reduce a la participación en plantas pequeñas y
a proyectos de hasta dos millones de dólares. Inquieta la escasa participación privada en el sector de la minería chilena toda vez que Codelco está planeando un proyecto de ley modi-
ficatorio que le permita asociarse con terceros para explotar
sus yacimientos ociosos. En este sentido se está procurando
motivar la constitución de comunidades de inversionistas nacionales para poder emprender proyectos medianos que requieran entre 5 y 10 millones de dólares y que puedan en la su-
matoria de aportes, participar como socios de los capitales extranjeros.

i)   **Sector Mediana Empresa**

La Corporación de Fomento de la Producción ha fundado su Centro de
Promoción de Inversiones (C.P.I.) cuyo objetivo es el de fomentar el desarrollo del empresariado productivo nacional y además de recoger
ideas del país. Se dedica también a la búsqueda de socios, principalmente europeos, interesados en invertir en Chile promoviendo la creación de joint ventures.

A agosto del '91 los joint ventures comprometidos representan una inversión total de 33 millones de dólares. Son la primera muestra del trabajo que está realizando CPI en Europa. Estos cinco proyectos están recibiendo inversionistas de Holanda, Dinamarca y Suecia y son los primeros resultados que puede ofrecer este organismo.

Para cumplir tal finalidad se han establecido relaciones con entidades públicas y privadas chilenas e internacionales y suscripto convenios o contactos de cooperación con instituciones europeas de promoción de proyectos que incluso consideran el aporte parcial de capital para factibilizarlos y financiarlos. Entre ellos están el Swedfund de Suecia, IFU de Dinamarca, FMO de Holanda, ACTIM de Francia, CEDE de España, ONUDI de Naciones Unidas e International Investment Partners de la Comunidad Económica Europea.

De las cinco empresas, que totalizan 33 millones de dólares de inversión, una de ellas consiste en la asociación de un empresario de Olmué y dos empresas de Holanda, una abastecedora y la otra comercializadora para un proyecto exportador al continente americano, de bulbos y flores que alcanzará una inversión de 2.5 millones de dólares.

Los otros proyectos son una empresa de champiñones con un socio holandés por 1.5 millones de dólares; una fábrica de papel en sociedad con inversionistas suecos por 25 millones de dólares, una planta de producción de baterías con socios daneses por 4 millones de dólares y un convenio entre empresarios nacionales y suecos para la creación de una fábrica de ladrillos plumaxita o piedra pómez para viviendas económicas, por 1 millón de dólares.

Entre los criterios básicos que tiene el Centro de Promoción de Inversiones, para la selección de proyectos se cuentan: la adecuada rentabilidad económica, una orientación preferente hacia el mercado internacional y el monto total del proyecto que tendría un rango entre 500 mil dólares y 5 millones de dólares, para lo cual el aporte nacional debe ser desde el 30% total del proyecto.

Como orientación el Centro Promoción de Inversiones da asesorías en materias financieras e información actualizada de oportunidades de inversión. En Chile, para incentivar las inversiones otorga créditos hasta de un 20% del costo total de ellas por un plazo flexible de 5 a 10 años con período de gracia y tasas de mercado. El capital de riesgo se proyecta a través de participación de instituciones financieras nacionales y extranjeras, que aportan hasta un 30% de las inversiones.

En coordinación con este Centro de Promoción de Inversiones, Corfo está promoviendo también a la mediana empresa a través de un subsidio que se paga para el financiamiento de la Consultoría o Asistencia Técnica que necesite la empresa para poder potenciar sus capacidades y calificar para este tipo de proyectos de desarrollo. En este sentido, Corfo entrega un apoyo monetario para cancelar los honorarios del consultor que se integra a la empresa para promoverla en términos de gestión.

j) **Vinos y Licores**

La firma Mitjans estrecha lazos con Estados Unidos. En este sentido, Mitjans, Champagne Valdivieso S.A., recibió la misión comercial exploratoria de la firma norteamericana Billingston Distributors Inc.. Se estima que esta exploración busca complementar a ambas firmas para una venta de productos chilenos en el mercado norteamericano.

J.B. distribuidores de whisky en España, visitó también en Chile la Viña San Pedro para establecer acuerdos comerciales de exportación. La sociedad de los grupos Bemberg y Heineken, inscribieron una coinversión por 25 millones de dólares para crear una planta cervecera en nuestro país, la producción estará orientada en principio al mercado interno sin excluir la posibilidad de exportaciones.

k) **Sector Servicios**

En 1990 las importaciones por la vía de leasing tuvieron un incremento respecto a 1989 de un 28%, llegando a un monto de 180 millones de dólares en importación de bienes de capital. Para 1990 esta cifra se ubicó por encima de los 200 millones de dólares. La Joint Venture que deseamos destacar es la que realizó como acuerdo operativo Leasing Andino con la empresa C. Itoh de Japón, que montaron la firma Importadora Delconsur, por un valor de 14 millones de dólares, que importarán 450 mil aparatos telefónicos para entregarlos en Leasing a la Compañía de Teléfonos de Chile.

l) **Sector Financiero**

Los Fondos de Inversión de Capital Extranjero ingresan a Chile al amparo de la Ley 18.657 vigente desde 1987 y del Decreto Ley 600 sobre Inversión Extranjera. Hasta enero de 1991 hay siete fondos autorizados pero solamente tres de éstos están en operaciones. Estos fondos de inversión de capital extranjero son los siguientes:

Chile Fund Inc., que tiene aprobados 80 millones de dólares y que ha colocado en la Bolsa de Nueva York acciones de sociedades anónimas abiertas por 45 millones de dólares en Chile. Lo representa la Agencia de Valores Celsius.

Génesis Chile Fund., que tiene un capital autorizado de 100 millones de dólares y ha ingresado 24 y que opera con acciones en la Bolsa de Londres.

Equity Chile Fund., que opera en Luxemburgo y que ha ingresado 22.5 millones de dólares.

Otros fondos de inversión de capital extranjero son los siguientes: G.T. Chile Growth Fund Limited, que está inscripto en la Bolsa de Valores por 50 millones de dólares. En Chile sus socios son Inver Chile y Equimark.

Otro es el CDFC Trust LC donde están asociados el Banco BICE, Rostchild, y The Chile Trans Europe Limited. Opera este fondo en Gran Bretaña.

Joint Venture en un Fondo de Capital Extranjero entre el Banco Santander y el grupo Nomura de Japón.

La incorporación de este fondo de inversión de capital extranjero permite ofrecer una mayor sofisticación y desarrollo en las operaciones cada vez más complejas de los negocios internacionales.

m) **Sector Turismo**

Proyecto Valle Nevado, centro de turismo invernal consistente en un Hotel Internacional y un plan de desarrollo turístico-inmobiliario. El inversor mayoritario es la firma Spie Batignolles, y su aporte alcanza al monto de 35 millones de dólares. El proyecto total alcanza los U$S 350 millones en un plazo de 10 años. El mercado al cual está orientado el proyecto es Europa y USA.

n) **Sector Pesca**

Se creó en Noviembre de 1990 la firma KERCHAI S.A., integrada por las firmas chilenas SERPOR Ltda. (Servicios Portuarios), Coinco S.A. y la Unión Pesquera de Kerch, que está constituida por trece fábricas de la ex Unión Soviética, además de empresas de transporte y explotación marítima, con puertos en el Mar Negro, Odesa y Sebastopol.

Esta joint venture se ocupará de la producción, distribución, transporte, comercialización y elaboración de pescado congelado, fresco y procesado, cuyo destino será el abastecimiento de los mercados internacionales, principalmente Europa del Este.

El 51% de los capitales son chilenos. Tiene sede en Valparaíso y filiales en Santiago, San Antonio, Antofagasta, Talcahuano y Punta Arenas.

El gestor de este emprendimiento conjunto fue el Global Research Institute de Moscú que coordinó esta nueva sociedad.

Inversiones de Mitsubishi Ltda., en sector acuicultura: A través de Epe-
ric en sociedad con Nichiro, invierte 1 millón de dólares de un proyecto de 5 millones, para cultivo de salmón en la X Región.

ñ) **Sector Frutícola**

La firma holandesa Velleman Tas B.V. ha invertido U$S 5 millones a tra-
vés de su filial en Chile: Exportadora de Frutas Naturales de Chile, NAF-
SA Ltda.. El proyecto abarca la construcción de túnel de frío, cámaras
de atmósfera tradicional y controlada, y la primera máquina de alta productividad con calibrador electrónico para todo tipo de fruta. Con esta inversión la trading NAFSA buscará una importante participación en
la exportación frutícola de Chile. La planta estará instalada en Los Li-
rios, en la VI Región.

o) **Sector Alimentario**

En 1990 la firma chilena Alimentos Golondrina construye nueva planta de levadura en Chile, que es la segunda planta de esta empresa y por
su tecnología será líder en América Latina. La inversión total alcanza a
los 4 millones de dólares y le significará aumentar su capacidad de producción de 13 mil a 18 mil toneladas al año.

Esta firma pertenece a la familia Halcartegaray y tiene presencia en el
mercado hace 60 años. En 1982 la empresa dejó su tradicional administración familiar y se perfiló fuertemente a los mercados externos. Para ello establecieron un convenio tecnológico y de asistencia técnica
con la empresa norteamericana Universal Foods, una de las más grandes del mundo en el rubro levaduras. En 1986 empezaron a exportar
levaduras de panificación y en 1987 levadura de vinificación. En 1990
exportaron 800 toneladas de levadura para pan por un total de 1.5 millones de dólares. En la levadura para vinificación alcanzaron un monto de 700 mil dólares. Para la exportación de levadura para vinificación,
Alimentos Golondrina se asoció con los laboratorios enológicos de
Francia (Oeno Francia) para la distribución del producto, abasteciendo
al 40% del mercado francés. Oeno Francia tiene en su cartera clientes
como Martini, la Maison Moet et Chandon, el mayor productor de champagne del mundo, y Piper Heidsieck entre otros.

En estos momentos Alimentos Golondrina estudia una joint venture
con una empresa estatal china, en partes iguales, para instalar una fábrica de levadura de panificación y de alcohol, para llegar a los mercados asiáticos.

CONCLUSIONES

De los casos examinados, podemos inferir que Chile recién se asoma en forma incipiente a las acciones conjuntas fuera de sus fronteras. En la expresión política de las nuevas autoridades de gobierno, la internacionalización de la actividad económica es una necesidad para la consolidación de las exportaciones nacionales. En este sentido, la legislación existente en Chile es consecuente y su aplicación por parte del sector privado es aún bastante incipiente. Por lo demás, la experiencia en coinversiones y recepción de socios extranjeros es bastante amplia, y se recogen aquellos casos que han tenido perfil exportador.

Hemos seleccionado la experiencia de Codelco y Enap, en donde la inversión fuera de Chile toma las joint ventures como instrumentos estratégicos.

Finalmente, en el caso de Sudamericana de Vapores, encontramos una experiencia del sector servicios. En este sector terciario avanza en forma bastante rápida la internacionalización del Comité de Exportadores de Software y la de Servicios Gráficos y Editoriales. La competitividad de Chile en estas materias ha sido bastante elocuente a la luz de los contratos que están captando las empresas que pudimos incorporar en este catastro. La información secundaria disponible respecto a dichas empresas nos permite pensar que la joint venture más importantes de las detectadas es la que en este momento se está integrando entre Editorial Lord Cochrane y el grupo O Globo de Brasil, para la impresión gráfica de libros, diarios y revistas en este país.

Las limitaciones de esta investigación fueron fundamentalmente las siguientes:

a) El celo y hermetismo que mantenían los funcionarios públicos entrevistados.

b) La poca precisión conceptual que manifestaron los entrevistados en relación a la normativa aplicada y al detalle de la negociación sostenida con la respectiva contraparte. Esto nos exigió complementar la información otorgada con el manejo estadístico y análisis de las memorias de resultado de las empresas.

c) La extensa gama de casos de inversión extranjera en Chile, con perfil exportador, nos exigió seleccionar aquellos emprendimientos más relevantes por monto involucrado y sectores representativos de la economía nacional.

Salvando estas limitaciones, este trabajo, ha buscado describir la situación chilena en materia de joint ventures o inversiones conjuntas en el extranjero. La política oficial hasta la fecha, siempre ha puesto el acento en la captación de inversión extranjera y la normativa que rige las inversiones en el extranjero y que ya tiene un año y medio, todavía no es ampliamente difundida o conocida por sectores de pequeña y mediana empresa. Esto hace que sean sólo algunas empresas de vanguardia las que ya estén aplicando estos instrumentos.

BIBLIOGRAFIA

— *La Política Exterior del Gobierno de Chile y el Comercio Internacional*, Edmundo Vargas. Vice Canciller. Subsecretario del Ministerio R.R.E.E. Abril 1990, Universidad de Valparaíso.

— Chile, *Marketing and Financial Statistics: América Economía.*

— Separatas del Proyecto, *La Política Internacional de Chile en la década de los 90.* ILET/1989.

— Carlos Ominami y Roberto Madrid, *La inversión de Chile en los mercados Internacionales.* Dos Mundos Sociedad de Profesionales. 1981

— Colección, *Economía y Negocios Diario El Mercurio.*

— CLEPI: Informe sobre la Economía Mundial: *Grandes Maniobras Estratégicas.*

— H. Narbona y B. Orellana, *Relaciones Comerciales entre Chile y la CEE: elementos para un diseño estratégico.*

— El Diario, *Economía, Finanzas y Comercio*, Colección. Revista Estrategia 1990, colección.

Memoria Balance. Compañía Sudamericana de Vapores. Revista América Economía. Colección. Chile en la Cuenca del Pacífico. Editorial Jurídica Andrés Bello 1988, Sergio Valdivieso y Eduardo Gálvez.

Capítulo 14

14,1. MERCOSUR (A)

El Mercosur es un esquema de integración formalizado en 1991 entre 4 países latinoamericanos identificados como Argentina, Brasil, Paraguay y Uruguay. Estos países en conjunto contienen una población de 190 millones, un PIB de U$S 390.000 millones, un comercio exterior de U$S 68.000 millones y un ingreso per capita de U$S 2.500 en promedio. Brasil representa aproximadamente 50% de esos indicadores, Argentina un 30%.

El "Tratado de Asunción" contempla la formación de un mercado común para el 1/1/95, para lo cual se instituye un programa de desgravación arancelaria, general y lineal llegándose a un valor cero para todos los productos; también se establece un compromiso de eliminación de todo tipo de barreras no arancelarias.

El tratado prevé también para la fecha indicada libre tránsito de insumos, fundamentalmente mano de obra y capitales.

El esquema de integración cuatripartito tiene como antecedente, negociaciones y acuerdos bilaterales desarrollados por Argentina y Brasil desde 1984. Estos acuerdos bilaterales han servido de base al "Tratado de Asunción".

El tema de la integración y cooperación económica había cobrado plena vigencia en los últimos años tanto en América Latina como en el mundo entero. El Presidente de EUA, Bush, había propuesto la Iniciativa para las Américas, con el objetivo de crear una "zona de libre comercio" en las Américas (desde Alaska hasta Tierra del Fuego), paralelamente había firmado un Free Trade Agreement con Canadá, y habían comenzado negociaciones también con México, para junto con Canadá formar el North American Free Trade Agreement (NAFTA). Esquemas tradicionales de integración subregional como Pacto Andino, Mercado Común Centroamericano, y Caricom (Caribe) que pasaban por un período de estancamiento, habían recibido nuevos y fuertes apoyos políticos para su implementación.

Aladi seguía su curso natural y cobijaría el acuerdo del Mercosur en sus estatutos. EUA había proporcionado un reconocimiento explícito al Tratado de Asunción firmando recientemente el "Acuerdo 4 + 1" o Rose Garden.

Instituciones como SELA (Sistema Económico Latinoamericano) y CEPAL (Comisión Económica para América Latina) endosaban los esfuerzos de integración. Los presidentes de América Latina reunidos en Guadalajara, México, se habían comprometido a impulsar la integración y la cooperación regional.

Fuera de la región, la integración como concepto adquiría consolidación en la Comunidad Europea, que llegaría a un mercado común sin fronteras el 1/1/93. Numerosos países de Europa que conformaban la EFTA (European Free Trade Association) creada en fecha próxima del tratado de Roma (1958) estaban solicitando su incorporación a la CE (Austria, Suiza, Noruega, etc.); también algunos países que habían conformado el COMECON, recientemente disuelto, como Hungría, Checoslovaquia, y Polonia habían solicitado su ingreso a la CE.

La Unión Soviética que ha sufrido un proceso de desintegración, se va organizando en una unión de repúblicas soberanas en un esquema similar a la CE.

En el Sudeste Asiático se notan similares iniciativas, así, Australia y Nueva Zelandia firmaron un acuerdo de libre comercio, los miembros de la ASEAN (Filipinas, Tailandia, Indonesia, Singapur, Malasia y Brunei) decidieron viabilizar la asociación y propusieron una integración con Australia-Nueva Zelandia. Por otro lado existe un marco de cooperación comercial, tecnológico y de factores de producción muy fuerte entre Japón, y los Tigres Asiáticos (Singapur, Corea, Taiwan, y Hong Kong), sin que exista ningún tratado multilateral de libre comercio o similar.

La integración en América Latina ha tenido el impulso de todas estas iniciativas. Por otro lado las dificultades existentes con la Ronda Uruguay en el seno del GATT, y la posibilidad de un recrudecimiento del proteccionismo por fracaso de esa negociación, llevarían a la búsqueda de esquemas de autosuficiencia regional, e implementación del concepto de "fortaleza" con mayores aranceles externos comunes, subsidios y barreras tarifarias. Ante esta eventualidad poco deseada, la integración en la región pasaría a ser un mecanismo de defensa.

El deshielo de la llamada Guerra Fría, quitó importancia relativa a la "geopolítica" para colocar en primer lugar a la "geoeconomía".

Algunos foros han levantado la hipótesis de que todos los países desarrollados integrantes de la OCDE (Organización para la Cooperación y Desarrollo Económico) constituyan una gran zona de libre comercio. Esto tendría connotaciones para la integración del Sur y el Diálogo Norte-Sur.

El Tratado de Asunción prevé la incorporación de nuevos socios que sean miembros de ALADI, después de 5 años de entrada en vigor del Tratado; podrán ingresar inmediatamente aquellos países que siendo miembros de ALADI no hagan parte de otro esquema de integración.

El tratado prevé el funcionamiento de un "Grupo Mercado Común" que será el órgano ejecutivo y estará integrado por funcionarios de los gobiernos de cada país. Este grupo conducirá bajo la coordinación de las cancillerías los ajustes necesarios durante la transición.

El Tratado de Asunción cuenta con respaldo político del más alto nivel, y ha sido ratificado por los legislativos de los países miembros. A nivel oficial existe gran entusiasmo y grandes expectativas.

La clase empresarial ha demostrado una reacción diversa ante el MERCOSUR, oscilando desde una actitud de desinterés y descreencia, pasando por una actitud de preocupación, y una actitud de entusiasmo aunque no puede catalogarse como euforia.

Esta actitud obedece a percepciones e intereses diferentes, en un contexto donde 50% del parque industrial pertenece a empresas públicas, 22% a multinacionales y 28% a empresas nacionales (grupos económicos y pequeñas y medianas empresas).

Siendo el Tratado de Asunción un "hecho consumado", los dirigentes empresariales de los países incorporados reivindican una mayor participación para la implementación de la transición, principalmente para el análisis y negociación de las "asimetrías" globales y sectoriales.

Las nuevas "reglas del juego" que el Tratado determina requerirán necesariamente un ajuste de las *estructuras, políticas,* y *procedimientos* operacionales de los agentes económicos. Debe tenerse también en consideración que el contexto económico del Mercosur se ve afectado no solamente por el Tratado, sino también por una clara política de desprotección, descentralización, desburocratización, y privatización que llevan a cabo los países involucrados. Por otro lado, el retorno generalizado de la democracia a la región provoca un clima favorable para una aproximación, diálogo, y negociación regional.

Se supone que la integración al facilitar la interacción en un espacio ampliado permitirá:

a) obtención de escalas productivas óptimas;

b) acceso a mejor tecnología;

c) aumentos de productividad por mayor acceso a factores de producción, mejor combinación de los mismos; y mayor presión competitiva;

d) modernización empresarial y clima dinámico de negocios;

e)   mayor internacionalización de los agentes económicos;

f)   cooperación inter-empresarial diversa, dentro del marco del MERCO-
     SUR como fuera del mismo;

g)   una mayor estabilización económica y un mejor "horizonte" para nego-
     cios.

Los dirigentes de las centrales empresariales de los países involucrados han
comenzado un proceso de diálogo para institucionalizar su participación en las
negociaciones oficiales, diagnosticar los efectos de la integración, y propiciar
negociaciones sectoriales, para que el proceso sea conducido de manera lo menos traumática posible, y se capitalicen de una manera dinámica las oportunidades.

Por otro lado el Estado parece estar atento para evitar procesos de cartelización que reduzcan el beneficio de la integración solamente al beneficio privado. Se procura evitar también que lobbies organizados busquen compensaciones y protecciones necesarias, que significarían un retorno a un modelo paternalista. Finalmente se quiere evitar mediante rigurosas "normas de origen"
y legislación, antidumping y antisubsidios, que el sistema se vea afectado arti-
ficialmente.

El "ajuste" empresarial deberá operarse fundamentalmente a nivel sectorial, con desagregación a sectores específicos homogéneos, sectores que generalmente tienen como foro de discusión cámaras sectoriales (ej., cámaras del
cuero y calzados, cámaras industrias metalúrgicas, cámaras de la construcción,
etc.). Algunos grupos económicos tienen actividades multisectoriales.

Cada agente económico podrá asumir medidas internas (reestructuración,
cambios de políticas y procedimientos), como externos (pro-integración, retro-
integración, verticalización, y horizontalización).

Estas acciones externas podrán comprender tanto otros agentes económicos domésticos como agentes del espacio ampliado, o inclusive de fuera de la
región. Esta acción inter-empresarial podrá concretarse mediante mecanismos
de uniones transitorias, consorcios, fusiones, adquisiciones, incorporaciones,
joint ventures, subcontratación, etc.

A. INDUSTRIA VITIVINICOLA BRASILEÑA

La uva fue introducida por los portugueses a mediados del siglo XVI, pero el vino se tornó una realidad en Brasil a partir de 1970-75 con la intensificación de la colonización italiana en Río Grande do Sul (inmigración que vino del Veneto, Lombardía y Trento).

Brasil es el 17º productor mundial de vinos con 375 millones de litros, pero con un consumo per cápita inferior a 3 litros por habitante/año.

La producción de uvas es de 670 mil toneladas y se destinan a la producción de jugos, consumo in natura, y elaboración de vinos y derivados. 85% de las uvas plantadas son no viníferas, correspondiendo 50% a la variedad Isabel.

Hasta fines de la década del '60 la vitivinicultura evolucionó de una manera lenta.

A partir de aquella fecha, con la llegada de empresas multinacionales-Heublein, Martini & Rossi, Seagrams, Moet & Chandon, Almadén, etc. hubo un desarrollo cualitativo acentuado. Estas empresas contribuirán con una mayor agresividad de marketing, un mayor incentivo a la plantación de uvas europeas de mayor calidad, mayor sofisticación tecnológica, etc.

El Estado de Río Grande do Sul concentra la mayor parte de la producción (80% del total), principalmente en la micro región de Caxias do Sul que engloba los municipios de Bento Goncalves Flores de Cunha, Garibaldi, Caxias do Sul, Farropilha, etc.

En el correr de la década del '70 se comenzó a desarrollar la región de la Campanha Gaucha (Santana do Livramento, y Pinheiro Machado), donde ya se instalaron empresas como Almadén, Chateau Lacave, Companhia Rio Grandense, Heublein, y el grupo japonés Minami Kyushu.

Del total de la producción de vinos, actualmente un 20% pueden considerarse como vinos finos; siendo que 15 años atrás no llegaban al 10%.

Las mayores empresas del sector son cooperativas que representan cerca del 50% de la producción.

En materia de vinos finos, varias de las empresas han introducido "varietales" siguiendo la moda que se observa en el mundo.

PRODUCCION DE VINOS EN RIO GRANDE DO SUL

Empresa	Producción (millones litros)
1 - Cooperativa Aurora	40
2 - Cooperativa Garibaldi	17
3 - Companhia Rio Grandense	16
4 - Cooperativa Forqueta	11
5 - Cooperativa São João	11
6 - Martini & Rossi	10
7 - Cooperativa Pompeia	8
8 - Panizzon	7
9 - Cooperativa S. Antonio	6,5
10 - Quinta Dom Bosco	6
11 - União de Vinhos	6
12 - Cooperativa Tamandaré	5,5
13 - Cooperativa Pradense	5,5
14 - Cooperativa L. Jacinto	5,2
15 - Cooperativa São Victor	5,2
16 - Cooperativa Aliança	5
17 - Salton	4,5
18 - Otros	170
Fuente: UVIBRA.	

PRODUCCION DE VINOS FINOS EN RIO GRANDE DO SUL

Empresa	Producción (millones litros)
1 - Cooperativa Aurora	16,0
2 - Companhia Rio Grandense	5,0
3 - Martini & Rossi	4,3
4 - Cooperativa Garibaldi	3,9
5 - Maison Forrestier	3,0
6 - Cooperativa Pompeia	2,9
7 - Armando Peterlongo	2,7
8 - Cooperativa São João	2,4
9 - Cooperativa L. Jacinto	2,4
10 - Cooperativa Forqueta	2,0
11 - Mônaco	1,9
12 - Salton	1,7
13 - Moet & Chandon	1,6
14 - Cooperativa Aliança	1,25
15 - Maison Laroche	1,15
16 - Cooperativa Tamandaré	1,10
17 - Georges Aubert	1,03
18 - Château Lacave	1,00
19 - Almaden	0,80
20 - Irmãos Molon	0,80
	57,00
21 - Otros	11,00
Total	68,00

Fuente: UVIBRA.

A. EMPRESAS MULTINACIONALES

1. **Adegas Domecq**

   Subsidiaria de Pedro Domecq de España, localizada en Caxias do Sul, produce cognac desde la década del '70. Durante un período a partir de 1977 distribuyeron vinos de una determinada marca para la Cooperativa Aurora. Desde 1985 comenzaron a operar como estandarizadores de vinos finos adquiridos en la zona.

2. **Almadén**

   Empresa subsidiaria de la multinacional americana National Distillers propietaria de Almadén Vineyards, una de las mayores productoras de vinos de California. Inició sus actividades en Brasil en 1974. Entre ese año y 1979 trajeron 52 variedades de uvas europeas nobles originarias de California. En 1976 adquirió 1200 hectáreas en Palomas, municipio de Santana de Livramento. En 1980 iniciaron la construcción de una moderna bodega con capacidad para 8 millones de litros por año. Dispone de tinas de acero oxidable y refrigeración; posee también 32 toneles de 3300 litros de roble Chileno o rauli.

3. **Chateau Lacave**

   Con sede en Caxias do Sul desde 1968, perteneció a la familia Carrau del Uruguay, que posee también viñedos y bodegas en aquel país. A partir de 1983, la empresa francesa Remy Martin entró como socia con 40% de las acciones. Recientemente la empresa sindicada tomó el control total de la bodega.

   La producción se sitúa en los 700 mil litros/año. Posee una capacidad de stock de 166 mil litros en toneles de roble de Nancy.

   Al final de la década del '70 adquirieron 70 hs. de viñedos en Santana do Livramento y 500 hs. en la provincia de Rivera (Uruguay). Juan Carrau continuaba produciendo en la parte uruguaya.

4. **Cinzano**

   Empresa productora y distribuidora de bebidas con sede en São Paulo, propiedad de una multinacional italiana. En 1985 vendió su parte en la empresa PROVIFIN, donde tenía sociedad con Moet & Chandon. Continúa distribuyendo los vinos de esa empresa.

5. **Heublein**

   Multinacional americana, posee bodegas en California y en otros países, y opera en casi todos los segmentos de bebidas. En 1973 vendió para la Cooperativa Aurora la bodega localizada en Bento Gonçalves. Mantiene 90 hs. de viñedos en Pinheiro Machado, donde desde 1980 efectúan experiencias con viníferas.

A partir de la cosecha de 1984 sus vinos son producidos por la Cooperativa Aurora pero bajo la supervisión de técnicos de la propia Heublein.

Hay proyectos de comprar o instalar una moderna bodega exclusivamente para vinos finos.

En 1981 llegó a elaborar 25 millones de litros, pero luego cayó para 4,5 millones.

6. Maison Forrestier

Con sede en Garibaldi, pertenece a la multinacional canadiense Seagram, mayor productor mundial de bebidas.

Esta empresa inició sus actividades en Brasil en 1974 a través de la comercialización de vinos con marca propia pero producidos por la Cooperativa Aurora.

Posteriormente sus vinos pasaron a ser producidos por la Cooperativa Garibaldi y luego por la San Gabriel.

En 1981 inauguran una modernísima bodega.

La producción actual es de 2 millones de litros, pero con una capacidad de stock de 3,5 millones de litros.

Al final de la década del 70 comenzaron a implantar un viñedo experimental de 38 hs en Garibaldi. Como las uvas son adquiridas de terceros, el objetivo del viñedo experimental es proporcionar mudas a los colonos que tienen contrato de suministro de uvas con la bodega.

7. Adegas Vinícolas Reunidas Ltda.

Empresa instalada originalmente en Garibaldi en 1978, propiedad de empresarios franceses, y denominada Vinícola San Gabriel Ltda. En 1983 fue adquirida por un grupo español que posee bodegas en Europa, Chile, y Argentina.

La empresa posee una bodega con capacidad para 2,2 millones de litros.

No posee viñedos propios.

8. Martini & Rossi

Multinacional italiana, se instaló en Brasil en 1950. En 1968 comenzó a distribuir vinos de mesa finos. Estos vinos fueron producidos hasta

1981 por la Companhia Rio Grandense, y a partir de ahí por ellos mismos.

En 1976 adquirieron un viñedo con 60 hectáreas de uvas finas. Desde 1980 están haciendo experiencia con cepas nobles.

Produce aproximadamente 10 millones de litros de los cuales 3,5 millones son finos.

En los últimos años adquirieron equipos modernos como prensas Willmes, recipientes de acero inoxidable y equipos de refrigeración.

9. Moet & Chandon (PROVIFIN)

Empresa constituída en 1973, originariamente integrada por el grupo francés Moet & Chandon, la multinacional italiana Cinzano, y el grupo nacional Monteiro Aranha. Las instalaciones industriales fueron inauguradas en 1977. Produce 1,5 millón de litros de vinos.

La empresa trabaja solamente con variedades finas, obteniendo un 20% de sus necesidades con viñedos propios.

En 1985, Moet & Chandon adquirió el lote accionario de Cinzano, empresa que quedó encargada de la distribución.

10. Mônaco

Firma constituída en 1908, por los hermanos Mônaco. Comenzaron produciendo vinos comunes y solamente a fines de la década del 50 comenzaron con vinos finos, que hoy representan 77% de la producción.

En 1977 el grupo argentino Bodegas La Esmeralda asumió el control mayoritario de la empresa. En 1981 el grupo Dreher, ex propietario de Dreher S.A. (actualmente Heublein), compró el control accionario (52%), quedando la familia Mônaco con 28% y el grupo argentino con 20%.

Poseen viñedos en Pinto Bandería (15 hs.) donde produce 8% de las uvas que precisan. El resto se adquiere en la zona. Produce anualmene 2,5 millones de litros.

Sus planos preveían la construcción de una bodega mayor y más moderna, y una eliminación gradual de los vinos comunes. En 1985 entró en convocatoria de acreedores y los planes se suspendieron.

11. Suntory

Empresa productora y distribuidora de bebidas alcohólicas, pertenece a la multinacional japonesa Suntory, una de las mayores empresas de bebidas del mundo.

En 1983 inició la distribución de vinos producidos con marca propia por la Cooperativa Forquete. En 1985 ampliaron su línea con vinos producidos por la EMBRAPA.

Están planeando instalar su propia bodega.

12. Vieyza

Empresa distribuidora pertenece al mismo grupo chileno dueño de las marcas de Eyzaquirre y Maximiano.

Sus vinos finos son producidos por la bodega Maison Laroche.

13. Bols

Pertenece a la multinacional holandesa Bols. Distribuye vinos producidos por la Cooperativa Garibaldi.

B. COOPERATIVAS

1. Companhía Río Grandense

Empresa fundada en 1929 a través de la asociación de 49 productores de vinos. Posee viñedos propios (Granja Unión) que suplen sus necesidades, adquiriendo el resto de 4000 colonos de toda la región. La Granja Unión fue pionera en la implantación comercial de variedades viniferas en el país, siendo creada en 1931 con 50 hs.. Actualmente posee 170 hs.

Posee una capacidad de almacenamiento de 50 millones de litros, y una producción anual de 15 millones de litros. Hace algunos años desarrollaron el viñedo San Felicio, con 360 has. localizado en Pinheiro Machado, donde se cultivan variedades nobles. Los vinos de esta región fueron lanzados en 1983.

2. Cooperativa Aurora

Fundada en 1931 por un pequeño grupo de vinicultores, posee actualmente cerca de 1300 colonos asociados, responsable por el abastecimiento de más de 50 millones de kilos de uvas plantadas en 3250 hs.

Hasta la década del '60 se limitaba a producir vinos comunes y vendidos a granel. En 1964 produjo el primer vino fino. Actualmente los vinos comunes representan 60% del total, aunque crece la producción de finos.

En 1978 compraron 24 hs. en el distrito de Pinto Bandeira donde crearon el Centro Tecnológico de Viticultura para la distribución de mudas de viniferas para sus asociados.

Ultimamente invirtieron en la adquisición de equipos modernos para la elaboración de blancos finos frutados.

A fines del '83 adquirieron de la Heublein una bodega bien montada.

Su capacidad de stock es de 85 millones de litros.

3. Cooperativa Aliança

Fundada en 1931, en el municipio de Caxias do Sul, produce 4 millones de litros por año. Sus vinos finos son generalmente pasteurizados.

4. Cooperativa Forqueta

Fundada en 1929 posee más de 400 asociados localizados en Forqueta.

Su producción se sitúa en torno de 10 millones de litros. Aproximadamente un 20% corresponde a vinos finos. Produce vinos para distribuidores como D.S. y Suntory.

5. Cooperativa Garibaldi

Fundada en 1929 posee cerca de 700 asociados de la región de Garibaldi.

Produce 15 millones de litros por año, siendo así el 2º productor de vinos de Brasil. Tiene una capacidad de almacenamiento de 45 millones de litros.

Produce vinos para distribuidores como Bols y Colmar.

6. Cooperativa Pompeia

Establecida en 1965 en Pinto Bandeira tiene cerca de 200 asociados. Posee viñedos en la zona, siendo cerca de 35% de viníferas. Su producción está en torno de 6 millones de litros con capacidad de almacenamiento de 10 millones. Al firmar un acuerdo de cooperación técnica con la Cave de Latour mejoró considerablemente sus vinos blancos.

Produce vinos para los siguientes distribuidores: Colmar, de Bertoli, Pieroth, y Plantagenet.

C. EMPRESAS FAMILIARES

1. Armando Peterlongo

Fundada en 1911 en Garibaldi pertenece a la familia Peterlongo.

Posee 8 viñedos en un total de 120 hs., todas localizadas en Garibaldi. Los viñedos tienen 90% de viníferas y abastecen el 70% de las necesidades. Su bodega tiene una capacidad de 6,5 millones de litros y una capacidad de stock de 12 millones.

El principal producto es el champagne. Durante muchos años produjo vinos y champagnes para la distribuidora D'Argent. Actualmente produce vinos para la Adega Montemago.

2. **Georges Aubert**

Empresa fundada en 1951 y con sede en Garibaldi. Adquiere las uvas que necesita de colonos de la región.

Actualmente es el mayor productor de champagne del país seguido de cerca por Armando Peterlongo. La producción de vinos y champagnes es de 2,5 millones de litros, siendo 36% finos.

3. **Monte Lemos**

Fundada en 1974 localizada en Faria Lemos. Pertenece a la familia Dal Pizzol que se instaló en la región en 1940 y en Brasil en 1878.

Posee 15 hs. de viñedos que proporcionan 80% de las necesidades. La capacidad de la bodega artesanal es de 300 mil litros.

4. **Salton**

Fue constituida en 1910 en Bento Goncalves. Viñedos de 50 hs. Recientemente compraron vasijas de acero inoxidable, centrífugas y equipos de refrigeración.

La producción media es de 5,5 millones de litros, siendo 35% vinos finos.

5. **Vinícola Fraiburgo**

Fundada en 1962 por la asociación entre la familia alsaciana Frey y franceses argelinos. Se localiza en Fraiburgo, Santa Catarina.

Capacidad instalada de 12 millones de litros de vinos y otros productos.

A través de Agrícola Fraiburgo S.A. poseen 80 hs. de viñedos lo cual representa 80% de la uva necesaria.

Fuera de las empresas descriptas se verifica la presencia de pequeñas bodegas artesanales, distribuidoras con marca propia, y hasta una bodega del Centro Nacional de Pesquisa de Uva e Vinho-EMBRAPA, y la Cooperativa-Escola dos Alunos da Escola Agrotécnica Federal de Bento Gonçalves Ltda.

EMBALAJES REPRESENTAN HASTA 70%
DEL COSTO DE LOS VINOS NACIONALES*

Solamente una reducción en el precio de envases y embalajes puede hacer que los vinos nacionales consigan competir con los importados, principalmente los latinoamericanos, que debido a los acuerdos bilaterales invadieron el país.

La botella, corcho, cápsula, etiqueta, y caja de cartón representan de 65% a 70% del costo final, mientras que en Argentina estos mismos equivalen a un máximo de 50% del precio final.

En las manos del oligopolio de vidrios formado por Cisper y Santa Marina, y de productores de corchos que también dominan el mercado, las bodegas tratan de encontrar soluciones para reducir sus costos y recuperar las ventas, afectadas por la competencia de los importados.

El enólogo Danio Braga presidente de la Asociación Brasileña de Someliers y defensor incondicional de los vinos nacionales teme que los acuerdos bilaterales produzcan importación de vinos argentinos a granel. En su opinión, los vinos finos nacionales son similares a los importados, especialmente los blancos.

Los procesos de industrialización de los vitivinicultores brasileños, según Braga, están entre los más modernos y competitivos del mundo. Es la fijación por el gobierno de un precio mínimo para la uva la principal traba para el crecimiento de la producción de vinos de calidad. Con lo anterior concuerda Adolfo Lona (enólogo argentino), director de De Lantier, que considera ser el precio bajo el principal motivo de entrada de productos importados de mala calidad.

— **Costos.** Según Lona, mientras en Argentina, el embalaje representa de 40% a 50% del costo total del producto, en Brasil varía de 75% en el caso de los vinos finos espumantes (champagnes), a 65% en los populares. Considerando los insumos separadamente, la botella llega a equivaler a 50% del costo del vino fino popular, el corcho 20% y la cápsula (que lacra) 15%. Los otros 15% son distribuidos entre la etiqueta y la caja de cartón.

Lona viene discutiendo con proveedores una forma de reducir los costos de embalaje para evitar la importación. Según él, los productores alegan que están en manos del gobierno, ya que sus mayores costos son la energía eléctrica y la "barrilha leve", materia prima cuya importación es monopolio del Estado, que repasa para las industrias por un precio doblado.

(*) Jornal de Brasil, 26/08/90

Por los cálculos de los fabricantes la importación directa de la "barrilha" podría bajar de 15% a 20% el costo de la botella.

"Somos uno de los pocos países del mundo que aun importa corcho en fardo para fabricar corchos para botellas" afirma Lona. Considera que la importación del producto acabado, en caso que la alícuota de 40% fuese reducida (en el caso del fardo la alícuota es de 5%), se podría bajar el precio del corcho entre 20% y 30%.

La Corticeira Paulista, que posee 60% del mercado de corchos del país alega que depende de la materia prima importada (corcho natural) para la fabricación, aprovechando apenas 20% a 30% del producto bruto. Importado de Portugal y España, el corcho natural de buena calidad cuesta, según la empresa, de U$S 5 a U$S 6 la tonelada, haciendo que el millar de corchos sea vendido a Cr$ 21.000 (natural) y Cr$ 2.500 (aglomerado).

— **Competencia.** Los acuerdos entre Brasil y países latinoamericanos preven la entrada de 100 mil cajas (1,2 millones de botellas) de vinos argentinos con alícuota cero. Arriba de eso la alícuota pasa a ser 59,5%, mismo valor pago por el vino proveniente de Uruguay y Chile.

B. INDUSTRIA VITIVINICOLA ARGENTINA

La vid ingresó en Argentina en el siglo XIV con los conquistadores españoles, aunque el despegue se produjo solamente en el siglo XIX y se debió a tres causas:

1. Llegada a Mendoza y San Juan del tren proveniente de Buenos Aires.

2. Llegada a las provincias de Cuyo de una gran corriente inmigratoria.

3. El impulso dado por el presidente Sarmiento al cultivo de la viña.

Actualmente hay 316.000 hectáreas cultivadas con vid. La producción de vinos pasó de 20 millones de hectolitros en 1936 para 27 millones actualmente. Existen 1849 bodegas con una capacidad de vasijas de cerca de 70 millones de hectolitros. Es el 6º productor mundial.

El viñedo argentino no ha sido el fruto de una larga tradición como en Europa ni tampoco de un cultivo planificado y tecnificado desde el primer paso como el californiano, sino más bien el resultado de aportes sucesivos o simultáneos de corrientes inmigratorias que trataban de implantar en su nueva patria lo que traían de su tierra natal.

En el viñedo reina una confusión bastante grande en materia de cepajes.

Para mejorar el encepado hay importantes trabajos que desarrolla el Instituto Nacional de Tecnología Agropecuaria (INTA).

Mientras que en Francia 25% de los vinos son finos, en Argentina esta proporción desciende al 7%.

La producción se concentra en las provincias de Mendoza y San Juan, aunque hay desarrollos interesantes en Río Negro, La Rioja y Salta.

A. EMPRESAS MULTINACIONALES

1. Proviar S.A. (Moet & Chandon)

Fundada en 1958, se localiza en Agrelo, y tiene una capacidad de 7 millones de litros. El viñedo propio tiene una superficie de 100 hectáreas. La empresa hizo su reputación por el champagne.

2. Tierras Viejas

Inicia sus actividades en 1982 después que una empresa española compró la tradicional bodega Gargantimi.

3. Rodas

Pertenece a Cinzano (Italia). No tiene viñedos propios, ni bodega de elaboración, sino una bodega de "crianza" y una planta, por otra parte muy organizada y equipada de embotellamiento.

4. Calvet

Renombrada casa francesa tiene sus vinos elaborados por la bodega Gargiulo bajo la supervisión de Calvet.

5. Graffigna

Una empresa española adquirió esta tradicional bodega familiar. El origen de la empresa se remonta a 1869 fecha en que Juan Graffigna comenzó sus actividades en San Juan.

Actualmente, Viñedos Graffigna S.A. es uno de los más importantes establecimientos vitivinícolas del país. Aparte de sus viñedos que cubren 660 hectáreas y de la bodega de elaboración y fraccionamiento ubicada en San Juan, equipada con modernos aparatos para la elaboración, clasificación, y conservación de vinos y mostos, cuenta con plantas de fraccionamiento en varios lugares.

B. EMPRESAS FAMILIARES

1. Arnaldo Etchart S.A.

A fines del siglo XIX la familia Etchart empezó a plantar cepas de vid en la zona de microclima de Cafayate, Salta.

La bodega fue construida en 1938. Tiene un viñedo propio de 215 hs. y una capacidad de bodega de 5,2 millones de litros. En 1974 organizó en Perdriel, Mendoza, una nueva explotación. La capacidad de esta bodega adicional es de 6 millones de litros. 75% de las uvas son de cosecha propia.

2. La Rosa y El Recreo

Bodegas fundadas en Cafayate a fines del siglo pasado por la familia Michel Torino. La Rosa es la más antigua y más moderna de la zona. Tiene capacidad para 7 millones de litros de los cuales una parte va en recipientes de roble de Nancy y el resto en piletas térmicas. Cuenta con un viñedo propio de 800 hectáreas.

Ya El Recreo produce un millón de litros, casi todo de vinos finos, y posee una viña de 140 hectáreas.

3. El Parque

Fundada en 1869 en San Juan por don Justo Castro, su bodega conserva el viejo estilo colonial. Posee 113 hectáreas de viñas, y una bodega con capacidad de 20 millones de litros de los cuales 3 millones pertenecen a toneles de roble. El 20% de la producción de vinos se hace con uva propia.

4. Arizu S.A.

Una de las más importantes empresas vitivinícolas del país, fue fundada por los hermanos Arizu, dos inmigrantes españoles, a fines del último siglo.

Comenzó como empresa comercial, para luego construir su propia bodega en Godoy Cruz y explotar sus propios viñedos en Perdriel.

En Villa Atuel plantó 1500 hectáreas de viñas en un solo paño. A la vez edificó una bodega y laboratorios en el lugar.

En 1978 pasó el paquete accionario mayoritario al Grupo Greco, que al sufrir intervención del gobierno afectó el funcionamiento de la empresa.

Siguió operando bajo nueva administración.

5. Federico Benegas

Don Tiburcio Benegas Ortiz fundó en Mendoza, a fines del siglo pasado, la primera bodega productora de vinos finos.

Muy conocida por sus champagnes vendió la marca Crillón a la multinacional Seagram.

En 1980 reapareció el nombre Benegas que en realidad auspicia los vinos finos que elabora Gancia en una muy moderna bodega con uvas propias.

Por otro lado Seagram inauguró en 1972 una moderna bodega para elaboración de champagnes de calidad. Produce 300 mil cajas por año.

6. Espiño (Luis Baldini S.A.)

La firma Angel Espiño e hijos fué fundada en 1923 como una empresa comercial para la venta de vinos finos. No tenía viñedos y una planta de Luján de Cuyo era sólo de embotellamiento.

En 1979, Bodegas y Viñedos Luis Baldini S.A. compró la totalidad de las acciones de la familia Espiño.

Luis Baldini se inició en la vitivinicultura en 1917 adquiriendo en etapas sucesivas tierras vírgenes que dedicó al cultivo de la vid. Posee actualmente 1034 hectáreas. Toda la uva se vinifica en una bodega que puede almacenar 192.000 hectolitros en piletas cubiertas de epoxi. En 1960 adquirió a El Globo, 108 toneles de roble de Nancy, y en 1976 compraron a Santa Silvia 16 toneles y 40 cubas de roble. Atilio Baldini sucedió a su padre al frente del establecimiento, ampliándolo y modernizándolo.

7. Finca Flichman

Don Sami Flichman fundador de la firma llegó a Argentina a fines del siglo XIX, y después de establecerse en Mendoza se dedicó a la vitivinicultura.

La empresa llegó a poseer a fines de la década del '20 tres bodegas en Mendoza, dos con viñedos, y una planta de fraccionamiento en Buenos Aires.

La crisis del año '30 redujo la empresa a solamente el viñedo y bodega existente en Barrancas, Mendoza.

La tercera generación que pasó a colaborar en la dirección le dió una nueva dinámica. Por una parte se inició una agresiva política de exportación principalmente a EUA, y por otra parte se abasteció al mercado interno únicamente con marcas propias.

Los viñedos abarcan 100 hectáreas, y los vinos tienen amplio reconocimiento en el país y exterior por su calidad.

8. Furlotti

Fundada en 1892 por don Angel Furlotti, cuenta actualmente con una capacidad de bodega de 85 millones de litros. Posee 1250 hs de viños situados en Maipú y Agrelo. También elabora vinos para la empresa Cuatro Espuelas que los comercializa bajo la marca Fundación de Mendoza.

9. López

Fundada en 1886 por José López Rivas, de origen español, constituye una de las empresas más prestigiosas en el sector.

Como otras empezó como empresa comercial. Edificó su primera bodega en Maipú donde compró una parcela de tierra.

Posteriormente construyó una segunda bodega que unió a la anterior por un vinoducto.

Los viñedos fueron agrandándose y orientándose a cepas finas.

Actualmente es la tercera generación de López que se dedica a la elaboración y comercialización de vinos finos.

La capacidad actual de la bodega es de 27,5 millones de litros con una importante cantidad de vasijas de roble de Nancy.

10. Navarro Correas

La familia Navarro Correas tiene un largo historial en el desarrollo de la vid en Mendoza, aunque su nombre como productor de vinos finos es reciente. Anteriormente los vinos se vendían a traslado a otras bodegas.

Actualmente la empresa comercializa sus vinos finos con marca propia.

La bodega tenía una capacidad de 3 millones de litros de los cuales 600 mil pertenecen a toneles de roble de Nancy.

En 1982 se agregó una segunda bodega equipada con moderna maquinaria Gasquet, lo que le da una capacidad total de 6 millones de litros.

11. Nazar Anchorena

El establecimiento fue fundado en 1906 por Benjamín Nazar Anchorena en el distrito de Carrodilla. Los viñedos se encuentran en esa zona y en Agrelo.

Posteriormente la firma incorporó a su actividad una bodega en Río Negro y una firma para cepas finas.

12. Norton

Fundada por el inglés Edmundo James Palmer Norton, inició su plantación de viñas y un pequeño edificio en 1895. En el curso de tres generaciones, la bodega se amplió, se modernizó progresivamente según los adelantos de la técnica, para volverse uno de los más importantes establecimientos del país.

La bodega ubicada en Perdriel y que se dedica únicamente a la crianza de vinos finos tiene actualmente una capacidad de 9 millones de litros de los cuales 4 millones son de vasijas de roble de Nancy.

Las propiedades cubren 1600 hectáreas entre las cuales 500 son plantadas con cepas muy nobles.

13. José Orfila

Don José Orfila compró en 1905 un molino, acrecentó plantaciones de viña, agrandó la bodega y trajo de Europa toneles y cepas.

Actualmente tiene un viñedo de 260 hectáreas en el departamento de Junín y una bodega de 7,5 millones de litros. Toda la organización produce únicamente vinos finos.

14. La Rural S.A.

Fundada en 1887 por Don Felipe Rutini que había dejado su pequeño viñedo en Etruria (Italia). En 1895 ya había construido el primer cuerpo de su bodega compuesta de varios toneles de roble de Nancy.

La vieja bodega es actualmente un verdadero museo.

Sus hijos ampliaron la bodega y el viñedo.

La bodega tiene actualmente una capacidad de 7 millones de litros, de los cuales 1,8 millones son de vasijas de roble de Nancy. Los viñedos localizados en Maipú, Tupungato, y Rivadavia cubren 250 hectáreas. Utilizan únicamente uvas de cosecha propia vinificada en la bodega Coquimbito.

15. Santa Ana

Fundada en 1891 por Don Luis Triasso, fue una de las primeras a elaborar vinos finos y champagne.

La bodega tiene una capacidad de 12,4 millones de litros, siendo el 60% en vasijas de roble. Entre sus 222 vasijas de roble se encuentra una cuba realmente espectacular, con una capacidad de 300.000 litros.

Equipos de refrigeración de 190 mil frigorías/hora y una cámara frigorífica de 400 mil litros de capacidad muestran la capacidad en la materia.

El viñedo tiene 38 hectáreas, y adquiere también productos de terceros.

16. Pacífico Tittarelli

Se inició en 1915 y tiene actualmente tres bodegas situadas en Rivadavia y Maipú. Tiene capacidad para 23,1 millones de litros. Sus viñedos propios cubren 700 hectáreas. Elabora sus vinos únicamente con uvas propias. Vinos finos (32%), reserva (42%) y común (28%).

La firma exporta parte de sus vinos principalmente a EUA.

17. Pascual Toso

Fundada en 1889 por Don Pascual Toso, oriundo del Piamonte italiano. Los descendientes desarrollaron más los proyectos del fundador y actualmente posee dos bodegas, la primera en Guaymallén, y otra ubicada en medio a los viñedos de Barrancas. En sus viñedos cultiva cepajes finos. Exporta parte de su producción a EUA, Inglaterra y América Latina. Elabora vinos para la empresa Federico Alvear.

18. Weinert

Bodegas y Cavas de Weinert se encuentra situada en Luján de Cuyo. Este establecimiento se remonta al siglo XIX. En 1976 fue adquirida por la firma Weinert (Brasil) que procedió a su reconstrucción y adecuó la bodega exclusivamente para vinos finos. Capacidad instalada igual a 4,4 millones de litros. Adquiere toda la uva de terceros.

19. Bianchi

Fundada en 1910 por Don Valentín Bianchi oriundo de Italia, tiene una capacidad de 1 millón de litros. Tiene modernos equipos de molienda, un lagar tipo Sernogiatto para uvas tintas, una moledora tipo Amros para blancos.

Tiene un viñedo propio ubicado en Las Paredes (100hs).

Produce vinos finos que son ampliamente reconocidos.

20. Goyenechea

Fundada en 1868 por dos inmigrantes vascos, los hermanos Santiago y Narciso Goyenechea. Tiene una capacidad de 11,4 millones de litros, y está ubicada a 40 kilómetros al Sur de San Rafael. El viñedo propio es de 400 hectáreas.

Actualmente es la cuarta generación que tiene a su cargo la dirección de la empresa.

21. Suter

Fundada en 1900 por Otto Suter, hijo de viticultores suizos, se encuentra cerca de San Rafael.

La tercera generación administra la bodega, siendo que la cuarta ya comienza a colaborar.

Bodega muy moderna y con capacidad para 10,5 millones de litros. Gran tradición en vinos blancos.

22. Peñaflor

La mayor bodega argentina pertenece a la familia Pulenta.

Gran experiencia en la producción de vinos comunes. Adquirió la importante bodega Trapiche con lo cual consolidó la línea de vinos finos.

Posee extensos viñedos.

C. ESTATALES

1. Giol

Pertenece al gobierno de Mendoza, y se considera con Peñaflor los dos gigantes. Elabora anualmente 400 millones de kilos de uvas. Posee 2500 hs. de viñas.

El primer establecimiento fue fundado en 1896 por dos inmigrantes italianos, Juan Giol y Bautista Gargantini. En 1909 a dos kilómetros de distancia construyeron una segunda bodega y unieron las dos por un vinoducto.

En 1954 todo el paquete accionario pasó al gobierno provincial. Sus dos bodegas tienen una capacidad de 500 millones de litros.

El papel de las cooperativas no tiene en la producción de vinos argentinos la importancia que tiene en Brasil. En Argentina es marcada la importancia de la empresa tradicional de origen familiar, algunas de las cuales ya poseen una tradición de 100 años.

✵✶✵

INSTRUCCIONES DE NEGOCIACION

Una delegación de la Asociación de Bodegueros de Mendoza se trasladará desde Mendoza, a Porto Alegre, Rio Grande do Sul, Brasil, para conversar y negociar una transición ordenada del MERCOSUR y analizar proyectos de cooperación. Se ha previsto una visita de tres días, y en esa oportunidad se agendará una segunda reunión en Mendoza si fuera necesario proseguir con las negociaciones.

La visita y la negociación cuenta con el respaldo de los organismos de clase y gobiernos de los países involucrados.

El programa oficial previsto sería el siguiente:

A. Primer día

    a) Recepción y traslado al hotel X en Porto Alegre.

    b) Visita protocolar al gobierno del Estado.

    c) Cocktail organizado por UVIBRA.

B. Segundo día

    a) Reunión de trabajo (9 a 12 hs.) (I).

    b) Almuerzo y visita a Vinícola Aurora (12.30 - 16.30 hs).

    c) Reunión de trabajo (17 a 19 hs.) (II).

    d) Noche libre.

C. Tercer día

    a) Reunión de trabajo (9 a 12 hs.) (III).

    b) Almuerzo y visita a Maison Forestier (12.30 - 16.30 hs.).

    c) Reunión de trabajo (17 a 19 hs.) (IV).

    d) Cocktail despedida FIERGS (Federção Industrias do Rio Grande do Sul) 21 hs.

En total se han previsto cuatro reuniones formales de trabajo, así como encuentros informales.

El grupo proveniente de Argentina está integrado por autoridades de la Asociación de Bodegueros que a su vez son presidentes de 4 bodegas de primer nivel, a saber:

a)   Dr. Jorge Copita, Presidente Asociación

b)   Lic. Exequiel Rosé, Vicepresidente

c)   Enol. Aqua Nobebo, Tesorero

d)   Lic. Fruto Prohibido, Gerente

Ya el grupo brasileño tiene una representatividad similar y está integrado por:

a)   Dr. Cancione Dicuna, Presidente Asociación

b)   Enol. Viva Lapepa, Vicepresidente

c)   Enol. Fundo Branco, Tesorero

d)   Ing. Garrafa D'Oro, Gerente

AGENDA BASICA DE LA REUNION

1)   Breve análisis de MERCOSUR y perspectivas.

2)   Cooperación global a nivel sectorial. Interés.

3)   Proyectos específicos de cooperación.

4)   Otros que las delegaciones consideren pertinente.

Esta primera reunión será de naturaleza exploratoria para percibir el "ambiente" existente para cooperar, identificar los focos de preocupaciones, identificar una cartera de proyectos a desarrollarse y evaluarse en futuras reuniones, y principalmente crear un "clima" favorable para futuras reuniones.

INSTRUCCIONES CONFIDENCIALES DELEGACION ARGENTINA

En este momento Argentina cuenta con una industria vitivinícola más desarrollada que la brasileña y con mayor tradición. La producción de vinos llega a 27 millones de hectolitros por año, de los cuales se exporta una cantidad poco significativa, sin embargo el mercado brasileño absorbe unas 100.000 cajas de vinos finos por año. Brasil exporta a Argentina prácticamente nada. En el marco del MERCOSUR Brasil exporta para Paraguay principalmente vinos en damajuanas.

Se sabe que la industria vitivinícola brasileña hizo un gran progreso en los últimos 15 años, ya que una industria de características artesanales fue transformada con la llegada de grandes multinacionales del sector como Seagram, Martini & Rossi, Cinzano, Moet e Chandon, National Distillers, etc.

Estas empresas trajeron moderna tecnología (equipos y procesos de vinificación), incorporaron personal calificado, disciplinaron el desarrollo de materias primas proporcionando a los colonos financiamiento, control de calidad, y asistencia técnica, y mejoraron sustancialmente el marketing de vinos.

Se ha hecho un esfuerzo de desarrollo de viñedos con variedades viníferas nobles, ya sea mediante reconversión o ampliación de superficies.

Brasil tiene un bajo consumo per cápita de vinos, en torno de 2,5 litros por habitante por año, con una gran concentración de consumo en el Estado de Rio Grande do Sul. En este estado se bebe vino regularmente en las comidas, mientras que en los otros el vino no acompaña la mesa salvo en circunstancias especiales.

Es más popular la cerveza para esos fines.

Brasil está comenzando a desarrollar una industria de exportación de vinos con excelentes resultados, al punto que consigue colocar 500.000 cajas de vinos finos de una sola bodega en EUA.

La formación de enólogos que anteriormente se efectuaba en el Colegio Don Bosco, Mendoza, que era la única entidad que otorgaba títulos universitarios, permitió establecer un vínculo cercano entre las vinícolas de Brasil y Argentina. Actualmente varios enólogos argentinos trabajan en Brasil, y varios enólogos brasileños se formaron en Mendoza, y trabajan en bodegas de Brasil. Sin embargo, Brasil está creando su propia carrera universitaria en Bento Gonçalves, a través de EMBRAPA y el Ministerio de Educación.

Varias de las multinacionales que operan en Argentina operan también en Brasil.

El consumo de vino en Argentina (5º en el mundo) había caído de 80 lts. para cerca de 60 lts. por habitante/año debido a la crisis económica que afecta al país hace muchos años, lo cual colocó a las bodegas en una situación financiera y de rentabilidad delicada. Lamentablemente esa caída del mercado interno no pudo compensarse con una actividad exportadora significativa debido a los elevados costos de producción, como a una política de comercio exterior poco eficiente. El costo de los insumos industriales (botellas, etiquetas, corchos, cajas y papeles) era sumamente alto debido a la concentración de la oferta y tamaño del mercado. Desde el punto de vista de la exportación el tratamiento financiero y fiscal (devolución de IVA) había sido inconsecuente.

ASPECTOS DE LA AGENDA

1) Breve análisis del MERCOSUR y perspectivas.

   Uds. consideran que MERCOSUR va a funcionar en lo que se refiere al cronograma de desgravación arancelaria previsto, tienen dudas con relación a la eliminación de la protección no arancelaria, y creen que la coordinación de la política macroeconómica y corrección de asimetrías será dificultosa y se conseguirá lentamente, simpre que el equilibrio interno y externo en cada país se consiga a corto plazo; caso contrario será difícil subordinar la política económica doméstica a la política de integración.

   No obstante el cuadro anterior consideran prudente iniciar acciones de cooperación sectorial, y sugieren que se organice un sistema de lobby del sector privado para sustentar los intereses junto a los negociadores oficiales. El sector privado debería ser consultado a través de sus Cámaras Sectoriales en lo referente a las "asimetrías".

   Uds. consideran que es necesario primero organizar mejor el diálogo y la negociación en la cámara sectorial de Argentina donde existen algunas rivalidades y donde algunas bodegas no participan.

   Esta cooperación interna debería ser pre-requisito para una cooperación con agentes del mercado ampliado.

2) Cooperación global a nivel sectorial. Interés.

   Hay una cooperación natural que si no existe se debe dar a nivel de las bodegas de empresas multinacionales del sector, así la misma empresa poseerá bodegas en Rio Grande do Sul, y Mendoza, que a partir del arancel cero tendrán que buscar un sistema de consulta para una división del trabajo y especialización si es que ambas continúan funcionando. En este sector el interés será evidente.

   Ya en el caso de bodegas nacionales, Brasil cuenta con algunas cooperativas de porte (Aurora, Rio Grandense, ect.) y empresas familiares. En Argentina predomina el sistema de empresa familiar, aunque la mayor bodega es un ente estatal (bodega Giol). Algunas bodegas tradicionales de índole familiar han sido vendidas a grupos extranjeros o han firmado contratos de asistencia técnica. Situación similar se percibe en Brasil.

Muchas de estas empresas familiares son de inmigrantes italianos, españoles, y alemanes y no tienen una tradición de cooperación entre ellas.

A pesar de lo anterior consideran que la posición del mercado forzará a las empresas a modernizarse y buscar cooperación tanto en el marco del mercado doméstico como del mercado ampliado.

Será necesario un esfuerzo de concientización e instrucción sobre mecanismos y modalidades de cooperación. Naturalmente cuanto más profesional sea la gerencia de la empresa más fácil será el diálogo y la cooperación.

Uds. perciben intereses diferenciados conforme indicado aunque predomina la actitud de diálogo desde ahora.

3) Proyectos específicos de cooperación.

En la medida que se cree que el MERCOSUR tendrá una evolución favorable y que se percibe un interés de cooperación dominante sería factible plantear proyectos específicos, a saber:

a) Revista Vino MERCOSUR.

b) Intercambio Tecnológico.

c) Publicidad institucional para fomentar consumo de vino en mercado ampliado y promoción en el exterior para formación de "imagen" del vino de MERCOSUR.

d) Retro-integración desarrollando una industria de envases para abastecer de manera eficiente al mercado de la industria vitivinícola del mercado ampliado.

e) Establecimiento de un esquema de cooperación comercial fuera del MERCOSUR. Esto podría significar el desarrollo de una empresa comercializadora que coloque la oferta exportable del mercado ampliado. El punto c) se vincula a esta propuesta. Se sugiere que este sea un proyecto piloto para cooperación.

f) Se deja a cargo del equipo negociador la elaboración de un inventario de proyectos adicionales. Desarrolle y ejercite su creatividad para enriquecer el diálogo. Se sugiere la presentación de 5 propuestas adicionales.

❋ ❋ ❋

INSTRUCCIONES CONFIDENCIALES DELEGACION
BRASILEÑA

La industria vitivinícola ha tenido un notable crecimiento y modernización en los últimos 15 años debido a la masiva entrada de empresas multinacionales como Seagram, Martini & Rossi, Cinzano, Moet e Chandon, National Distillers, Domecq, etc. La actividad que era básicamente artesanal y se encontraba en manos de cooperativas y estructuras familiares, se modificó con un régimen de administración moderna y eficiente privando una mayor orientación hacia el mercado.

Las empresas extranjeras (Italia, Canadá, EUA, España) aportaron una tecnología moderna (equipos y procesos de vinificación), incorporaron personal calificado tanto en la rama de producción como en la parte de mercadeo, disciplinaron el desarrollo de materias primas proporcionando a los productores financiamiento, control de calidad, y asistencia técnica, y mejoraron sustancialmente el marketing de vinos.

Las exportaciones de vinos brasileños al MERCOSUR son pequeñas y se dirigen principalmente a Paraguay donde se colocan vinos comunes en damajuanas.

Brasil tiene bajo consumo de vino per cápita (2,5 lts. por hab. por año), con una fuerte concentración en el Estado de Rio Grande do Sul. En este estado se bebe vino regularmente con las comidas, ya que en los otros se acompañan las comidas con cerveza y refrigerantes, siendo el vino servido en circunstancias especiales.

Como parte del proceso de modernización se ha puesto énfasis en el desarrollo de nuevas variedades viníferas para la producción de vinos finos (riesling, semillon, chenin blanc, chardonnay, cabernet franc, cabernet sauvignon, merlot, etc.).

La exportación de vinos finos está teniendo un desarrollo espectacular debido a los esfuerzos de la Cooperativa Aurora que consigue colocar 500.000 cajas de la marca "Marcus James" en EUA.

Para mejorar el nivel de la enología el gobierno brasileño se ha preocupado por intermedio del Ministerio de Agricultura-Embrapa (Empresa Brasileña de Pesquisa Agropecuaria) de formar cuadros técnicos y realizar investigaciones en centros creados específicamente en Rio Grande do Sul. Más aún, la Escuela de Enología localizada en Bento Gonçalves comenzó a ofrecer cursos de nivel universitario recientemente. Hasta entonces la única escuela que ofrecía título universitario era la Escuela Don Bosco localizada en Mendoza, Argentina donde muchos enólogos brasileños han estudiado.

Es interesante indicar que casi todas las multinacionales que operan en Brasil operan también en Argentina.

Argentina es el cuarto productor mundial de vinos, y el consumo per cápita a pesar de haber caído, llega a 60 lts. por habitante/año. La mayoría de las bodegas tienen una rentabilidad reducida y una situación financiera poco holgada debido a la prolongada crisis de la economía argentina.

Lamentablemente la actividad exportadora en el sector no ha sido fructífera debido a los elevados costos de producción, y algunas dificultades creadas por la política macroeconómica y sectorial. El costo de los insumos industriales (botellas, etiquetas, corchos, cajas, y papeles) era sumamente alto debido a la concentración de la oferta y tamaño del mercado.

Este problema también se presenta con el suministro de insumos en la industria brasileña.

ASPECTOS DE LA AGENDA

1) Breve análisis del MERCOSUR y perspectivas.

Uds. consideran que el MERCOSUR se inserta en una "moda" mundial por la integración, y contando además con respaldo político del más alto nivel, al igual que apoyo externo considerable, el esquema deber prosperar.

En su opinión las mayores dificultades provendrán de la necesidad de ajustar y coordinar la política macroeconómica, así como la eliminación de las asimetrías globales y/o sectoriales. Hay escasa experiencia en América Latina en subordinar la política económica a la política de integración.

Conociendo la magnitud de la industria vitivinícola argentina consideran que no sería conveniente una competencia depredatoria por lo cual no son partidarios de esperar para ver la consolidación del MERCOSUR, sino que deben iniciar de inmediato acciones de cooperación sectorial.

La estructura empresarial del sector siendo heterogénea (multinacionales, cooperativas, empresas familiares) carece de un nivel de integración apropiado. Sería conveniente compatibilizar intereses internos primero para un diálogo mas fructífero con otros operadores del mercado ampliado.

Creen firmemente que la negociación del MERCOSUR ha sido conducida hasta ahora exclusivamente por entes oficiales, y que es necesario organizar un lobby apropiado del sector privado para participar más activamente en las negociaciones, principalmente en esta etapa de transición.

2) Cooperación global a nivel sectorial. Interés.

En base a la estructura empresarial se considera que los intereses de multinacionales, cooperativas, y empresas familiares no serán homogéneas. Las empresas multinacionales al estar localizadas en ambos países deberán naturalmente cooperar y reestructurar el sistema de trabajo intraempresarial. Deberán buscar una división del trabajo y especialización.

Las empresas familiares pertenecen a inmigrantes alemanes, italianos, españoles, y portugueses y no tienen una tradición de cooperación entre ellos.

Existen cooperativas de porte como Aurora, Rio Grandense, etc. que al estar movidas por una filosofía y una estructura empresarial similar presentan un potencial de cooperación entre ellas y similares argentinas.

En Argentina la mayor empresa (Bodegas Giol) pertenece al gobierno, pero el grueso de las empresas es de naturaleza familiar con presencia de algunas cooperativas. Otra empresa gigante es Peñaflor que produce alrededor de 200 millones de litros y que disputa con Giol, el segundo lugar en el mundo después de la empresa americana Gallo propiedad de Coca Cola. Argentina produce alrededor de 1 800 millones de litros.

Consideran Uds. que la presión del mercado forzará a las empresas a modernizarse y buscar cooperación tanto en el marco del mercado doméstico como del mercado ampliado. Sin embargo sería conveniente un esfuerzo de concientización e instrucción sobre mecanismos y modalidades de cooperación.

Aunque hay intereses diferenciados Uds. perciben que predomina la actitud para dialogar.

3) Proyectos específicos de cooperación.

En la medida que se percibe el MERCOSUR como un proyecto viable sería necesario montar el marco para cooperación. Se detallan a continuación algunas ideas:

a) Cooperación para "demarcación" y "denominación de origen". Es decir demarcar las zonas para identificación del origen y calidad de vinos. Esta práctica es fundamental para la comercialización de los vinos.

b) Cooperación para una identificación "ampelográfica" de las cepas, ya que no se tiene una clara noción del tipo de cajas disponibles y desarrollo de variedades propias. Se tiene conocimiento de los interesantes trabajos sobre genética que vienen desarrollando los ingenieros Alcalde en Luján de Cuyo, y Gargiulo en San Rafael e intensa cooperación en este campo.

c) Importación a Brasil de mostos argentinos terminados para fraccionamiento y exportación por bodegas brasileñas, usando infraestructura comercial disponible de las tradings brasileñas. El producto saldría con marca local.

d) Cooperación para la creación de una "central de compras" destinada a la importación de insumos industriales (botellas, etiquetas, etc.) para uso común.

e) Realización de inversiones de bodegas argentinas en nuevas regiones vitivinícolas de Brasil (ej. zona de Santana do Livramento, cerca frontera con Uruguay) en "Joint Ventures" con bodegas locales. Estos serían vinos finos destinados exclusivamente a la exportación.

f) Queda a cargo del equipo negociador la elaboración de un inventario de proyectos adicionales. Desarrolle y ejercite su creatividad para enriquecer el diálogo. Se sugiere la presentación de 5 propuestas adicionales.

CUESTIONARIO

1) ¿Cuál es su opinión sobre el pasado, presente y futuro de la integración en América Latina? Comente.

2) ¿Qué opinión le merece la Iniciativa Bush? Describa su esencia, propósitos y mecanismos.

3) ¿Cómo afectará la Iniciativa Bush los esquemas de integración existentes?

4) Describa los conceptos de "zona de libre comercio", "unión aduanera", "mercado común" y "unión económica" según la teoría de la integración.

5) ¿Cuáles son los intereses, beneficios, y costos del MERCOSUR para cada sector:

a) empresas públicas;

b) empresas multinacionales;

c) empresas nacionales (grandes, pequeñas, medias)?

6) En la jerga de la integración se habla mucho de "coordinación de políticas macroeconómicas" y "asimetrías". Qué significan esos conceptos, que importancia tienen en la formación de "uniones económicas".

7) En su opinión ¿qué papel debe jugar el sector público en el proceso de formulación e implementación de la integración? Describa.

8) En su opinión ¿qué papel debe jugar el sector privado en el proceso de formulación e implementación de la integración? Describa.

9) En su opinión ¿cuál será el impacto económico de MERCOSUR en Argentina, Brasil, Paraguay, y Uruguay. Describa en términos generales y sectoriales.

10) ¿Cuáles son las barreras que Ud. percibe para la cooperación inter-empresarial? Aspectos psicológicos, gerenciales, de propiedad, tipología empresarial, tamaño, legislación, tradición, etc. Comente.

11) Describa detalladamente los diferentes mecanismos de ajustes que puede emplear una empresa en función de las nuevas reglas del juego definidas por MERCOSUR y la apertura económica. Analice cambios internos y procedimientos de integración y cooperación inter-empresarial.

12) Negociación. Se ha previsto un ejercicio de simulación de negociación donde delegaciones de Argentina y Brasil conversarán sobre mecanismos de cooperación. Las instrucciones constan en el texto.

14.2. MERCOSUR (B)

Mediante el Tratado de Asunción firmado en marzo de 1991, Argentina, Brasil, Paraguay, y Uruguay decidieron crear el 1/1/95 un mercado común que se caracterizará para aquella fecha por el libre tránsito de bienes, servicios y factores de producción, entre los cuatro países, así como la fijación de un arancel externo común.

El "mercado ampliado" tendrá las siguientes características:

a) población: 190 millones de habitantes;

b) P.I.B.: u$s 400 mil millones;

c) comercio exterior total (1990): u$s 68.000 millones (exportaciones u$s 45.000 millones; importaciones u$s 23.000 millones);

d) comercio intrarregional (1990): u$s 13.000 millones (15 % de c);

e) ingreso per cápita promedio U$S 2.100.

Los países que lo integran esperan que el mercado ampliado provoque los siguientes beneficios:

a) aumento de la capacidad operacional y obtención de tamaño de planta óptimo;

b) aumento del comercio intra-regional por desvío de comercio;

c) aumento del comercio internacional total, por una mejor inserción de las empresas en el mercado mundial;

d) modernización tecnológica y gerencial;

e) aumento de la eficiencia y productividad por una mejor asignación de factores de producción en el espacio ampliado;

f) aumento de la cooperación inter-empresarial en el ámbito tecnológico, y comercial para operar en mercados doméstico, ampliado e internacional;

g) aumento de eficiencia en la formulación de la política económica al ser necesaria una coordinación entre los países miembros;

h) fijación de posiciones comunes para negociar en foros internacionales, y con terceros países.

El proceso de negociación para firma del Tratado fue conducido fundamentalmente por las cancillerías y con escasa intervención de otros sectores, particularmente otros ministerios y el sector privado. El "proceso de transición" hasta el 31/12/94 requerirá de un esfuerzo de negociación adicional con la participación de sectores oficiales como Economía, Agricultura, Industria y Comercio, para coordinar la política económica general y sectorial, y para identificar y eliminar asimetrías sectoriales. Aquí, sin dudas, cabe la intervención de la clase empresarial, principalmente a través de las entidades que la agrupan, en un formato que oportunamente será establecido (comisiones mixtas, consultas informales, etc.).

Los empresarios de los cuatro países conscientes del nuevo marco operacional, provocado por la integración y la apertura de la economía han iniciado un proceso de consultas con vista a maximizar las oportunidades de negocios que se presentarán y a reducir el costo del ajuste. Saben que una falta de diálogo podría conducir a una competencia depredatoria, así como un exceso de cooperación podría llevar a una cartelización indeseable desde el punto de vista del interés general.

Las acciones a desarrollarse no deberían ser meramente "defensivas", sino facilitadoras de la obtención de los objetivos indicados anteriormente como atribuibles al proceso de integración.

El sector industrial privado simbolizado en Brasil por la Confederação Nacional de Industrias (CNI), y particularmente su rama "paulista", la Federação de Industrias do Estado de São Paulo (FIESP); en Argentina por la Unión Industrial Argentina (UIA); en Paraguay por la Federación de la Industria, Producción y Comercio (FEPRINCO); y en Uruguay por la Cámara de Industrias del Uruguay (CIU); ya han iniciado este proceso de diálogo y pre-negociación. Algunas Cámaras sectoriales han adoptado igual iniciativa, particularmente en el caso de la industria alimenticia. Estas instituciones ya han mantenido contactos previos, aunque de un diferente carácter (preservando intereses domésticos) en oportunidad de negociaciones de acuerdos de complementación económica en el marco de ALADI, o negociaciones bilaterales como las mantenidas en 1974 entre Argentina y Uruguay (CAUCE) y Brasil-Uruguay en 1975 (PEC); también en negociaciones bilaterales Argentina-Brasil a partir de 1985.

La integración como está planteada en MERCOSUR implica un cambio de actitud de la clase empresarial, ya que a diferencia de negociaciones anteriores plantea numerosos intereses comunes, al proponer acciones externas conjuntas, abriendo ampliamente el espacio de cooperación potencial.

Para sobrevivir y ganar un espacio mayor, las empresas —operando en un marco de desprotección— deberán reestructurarse internamente ganando en eficiencia, flexibilidad, y creatividad; deberán internacionalizarse, y en esto un mercado ampliado será un campo de prueba; deberán desarrollar acciones de pro-integración, retro-integración, horizontalización, y verticalización; algunas deberán pasar por procesos de "reconversión". El proceso de cooperación tendrá un amplio universo de oportunidades. El desafío está planteado. Cabe a los empresarios la iniciativa.

El proceso de internacionalización para ser sólido precisa de la disponibilidad de una estructura que permita intervenir en el proceso de negociación del precio y "canasta de servicios" que llega al consumidor final. En otras palabras disponer de algún grado de control de los canales de comercialización internacional. El "canal" es el resultado de un "sistema de contratos" por servicios prestados donde actúan operadores de base y operadores de apoyo.

En el caso de América Latina, la pauta exportadora de productos no tradicionales se compone fundamentalmente de productos exportados FOB, a granel, y/o con marca de terceros; es decir no existe ninguna actividad de marketing internacional. El productor opera normalmente divorciado de los mercados de destino, desconociendo muchas veces el sistema de transacciones y la logística que siguen sus productos. En una situación tan precaria sus esfuerzos de exportación carecen de una base sólida.

Pensando en modificar esta situación algunos países de la región han realizado un esfuerzo por desarrollar instituciones especializadas en comercialización internacional, dejando que la empresa productora se especialice en optimizar su función de producción dejando el mercadeo a los especialistas indicados.

En el ámbito del MERCOSUR, algunos de los países han llevado a cabo un esfuerzo específico desarrollando "trading companies", consorcios y cooperativas de exportación, con resultados parcialmente satisfactorios. Sobre esta materia se sugiere consultar material específico ([1]).

La eficiente inserción internacional pasa por el desarrollo de eficaces sistemas de información, comercialización, y negociación internacional. La integración por su lado permite cooperar en este campo al permitir compartir facilidades y servicios, y sobre este particular ya existen iniciativas de interés.

---

(1) Colaiácovo, J.L., *Canales de Comercialización Internacional.* Editorial Macchi, Buenos Aires, 1990.

Conscientes de esta necesidad, y para marcar un hito en la cooperación inter-empresarial en el ámbito del MERCOSUR, empresarios argentinos propusieron en reciente reunión en Porto Alegre, la creación de la "MERCOSUR Trading Company", proyecto que fue muy bien recibido por empresarios de los otros países miembros.

NEGOCIACION

El objetivo de esta negociación es reunir delegaciones de representantes empresariales de Argentina, Brasil, Paraguay y Uruguay, para definir la constitución y el marco operacional de la empresa "MERCOSUR Trading Company", que estará constituida por capitales de los cuatro países y con un marco de acción en el espacio ampliado.

Esta entidad debería ser un instrumento de inserción internacional, aglutinando y dinamizando la oferta exportable, constituyendo redes internacionales de comercialización, y sirviendo como modelo de cooperación.

La negociación básica será llevada a cabo en Buenos Aires, Argentina, estando cada delegación compuesta de la siguiente manera:

Argentina

- Pedro (Rambo) Maleable (Coordinador)
- Dolores Mesa de Truco
- Mirando Ventana

Brasil

- Marcio (Pelé) Dureza (Coordinador)
- Miguel Bolsillo Furado
- Fofoca Carioca

Paraguay

- Alberto Capone (Coordinador)
- Sadi Husein
- Estoy Enlaluna

Uruguay

- José (Chicho) Porcino (Coordinador)
- Cecilia de Piedra
- Luis (Lucho) Gatica.

La negociación bajo la coordinación de un "chairman" será conducida de la siguiente manera:

1) Un encuentro inicial de 60 minutos para el análisis detallado de los puntos de la agenda convenidos previamente por parte de cada país separadamente.

2) Una primera reunión negociadora de los 4 países por un período de 60 minutos.

3) Un intervalo de 25 minutos para un café estimulante, recarga de baterías y análisis en el seno de cada delegación del progreso alcanzado.

4) Un segundo encuentro de 90 minutos para dar continuidad a la primera etapa, y en la medida de lo posible concluir la negociación.

5) Un período de 30 minutos para que cada mesa negociadora exponga los resultados.

AGENDA NEGOCIADORA

La agenda prenegociada es indicativa y puede eventualmente ser modificada mediante la incorporación de nuevos asuntos si uno de los países participantes considera de interés.

1. Capital de la empresa. Valor. Composición por país. Criterio de integración. Mecanismo de aumento. Composición del directorio.

2. Objeto social. Actividades básicas. Tiempo de duración de la sociedad. Tipo de socios.

3. Localización. Estructura interna. Filiales.

4. Participación del Estado. Entrada futura nuevos socios.

5. Perfil de las actividades.

   a) General vs. especializada por productos y/o mercados.

   b) Productos de los socios o productos de terceros.

c) Exportación y/o importación.

d) Otros servicios (agenciamiento logístico, consultoría, estudios, publicaciones, capacitación).

6. Criterios de remuneración por las operaciones y servicios (Compra y/o Comisiones).

7. Relaciones con otros trading ya existentes en MERCOSUR.

8. Campo de operaciones (País, MERCOSUR, internacional).

9. Asignación de utilidades.

10. Relacionamiento entre trading y empresas de los socios.

El objetivo fundamental de esta negociación es el diseño de un "proyecto de trading" con todos sus lineamientos básicos definidos, para ser ofrecido a inversores de cada miembro del MERCOSUR. Hace parte de una centena de proyectos que prepararían las entidades de clase para implementar un programa de cooperación. Los participantes en la negociación son negociadores profesionales y no tienen un interés preliminar en el proyecto. Dependiendo de la magnitud de la empresa a diseñarse y las necesidades de capital, el proyecto podrá ser ofrecido también a empresarios que no participaron directamente de la negociación, como es el caso de los no miembros del grupo supervisor. Estos intervendrían bajo el carácter de un "contrato de adhesión".

Todo proceso de negociación implica generalmente la intervención de tres grupos que pueden clasificarse como: "grupo supervisor" (diseña y emite las instrucciones), "grupo negociador" (implementa la negociación en el marco de las instrucciones), y "grupo de apoyo" (proporciona soporte técnico, informativo, y logístico antes y durante el proceso de negociación).

En este caso el "grupo negociador" está conformado por negociadores profesionales contratados por las respectivas entidades de clase. La coordinación de cada grupo está a cargo del gerente de cada asociación para servir de "puente" con el "grupo supervisor" que está constituido por un grupo de directivos empresariales interesados en el proyecto.

El "grupo de apoyo" está formado por funcionarios de las asociaciones que hacen parte de los departamentos de "comercio internacional" y de "estudios económicos".

Tratándose de una negociación multilateral privada será necesario indicar un "chairman" para disciplinar y coordinar la negociación. Será un sujeto competente como negociador, designado por el instructor del seminario, y deberá actuar imparcialmente velando por la "higiene" y eficiencia del proceso. Aparte de verificar que las "reglas del juego" de la negociación sean cumplidas (agen-

da, participantes, tiempos, etc.) debe orientar la negociación hacia lo sustanti-
vo, debe disciplinar la discusión, etc.

Eventualmente, el instructor podrá incorporar nuevos participantes al proceso de negociación, en carácter de "asesores", "mediadores", y/o "árbitros".

El "grupo negociador" deberá tomar decisiones en el marco de las instrucciones recibidas del "grupo supervisor". Solamente podrá hacer concesiones
mas allá de lo permitido, si eso facilita la obtención de ventajas relevantes en
otras variables que están siendo negociadas. En circunstancias normales cualquier concesión que sea contraria a las instrucciones debería ser consultada
con el "grupo supervisor"

A los fines de una eficiente negociación el "grupo negociador" debe conocer profundamente el "objeto" que se negocia, en este caso el concepto de "trading company". Se sugiere a los grupos la consulta de las apropiadas referencias a los fines de una adecuada preparación (²).

Los negociadores, a pesar de ser profesionales, pueden actualizar sus conocimientos consultando fuentes especializadas que permitirían fortalecer su
capacidad negociadora (³).

INSTRUCCIONES CONFIDENCIALES NEGOCIACION
DELEGACION ARGENTINA

El objetivo de esta negociación es el diseño de un "proyecto de trading" en
el cual podrían participar inversores argentinos. El grupo supervisor que emite
estas instrucciones tiene interés particular en que la "trading" sea implementada pero siempre que sea preferentemente dentro del marco de las instrucciones. La propia idea de la trading surgió de este grupo y fue aceptada por los otros
países.

---

(2) Colaiacovo, J.L., *Trading Companies. Experiencia Internacional*. Cabicieri Editorial
Ltda. Río de Janeiro, 1986.

(3) Colaiacovo, J.L., *Técnicas de Negociaciones. Aplicaciones al Campo Internacional.*
Cabicieri Editorial Ltda. Río de Janeiro, 1987.

El proceso de negociación no podrá extenderse más allá de un lapso de 30 días.

El equipo negociador deberá mantenerse dentro del marco de las instrucciones y cualquier modificación, si las circunstancias lo ameritan, debe justificarse o consultarse con el "equipo supervisor" para la respectiva autorización.

A continuación indicamos las bases de negociación conforme agenda prenegociada.

1) **Capital de la empresa. Valor. Composición por país. Criterio de integración. Mecanismo de aumento. Composición del directorio**

El capital de la empresa debe ser acorde con las necesidades, definidas por el objeto social y perfil de actividades. También debe contemplarse la legislación sobre la materia conforme "ley de tradings" y "empresas comerciales". En general se establece capital mínimo. La preocupación del legislador ha sido de que la empresa disponga de un capital básico para operar, fijándose en el caso de Brasil y Argentina que disponen una legislación específica, un valor en torno de u$s 1.000.000.

Aún sobre este particular, el capital social debe ser el necesario para una eficiente operación de la empresa conforme su objeto social y perfil.

La distribución del capital debería ser conforme el "valor del comercio exterior" de cada país, en este caso sería (*):

- Brasil   60%;
- Argentina   20%;
- Uruguay   10%;
- Paraguay   10%.

Esto proporciona una participación razonable y lógica. Cualquier otro cirterio que disminuya la participación debe ser repelido. El equipo negociador debe desarrollar los argumentos necesarios para sustentar este punto.

La integración del capital debe hacerse en su totalidad de inmediato, para facilitar la captación de financiamiento y poder implementar las acciones rápidamente.

(*) Los porcentajes indicados no corresponden exactamente a la realidad pero son válidos para el caso.

Cada año el capital será modificado si es necesario conforme el criterio de participación indicado; basta que solamente dos de los socios concuerden.

El gobierno argentino espera un gran repunte del comercio exterior como consecuencia de la apertura y la necesidad de generar dólares para tener liquidez en el mercado interno restringida por la "ley de convertibilidad". Por cada dólar que el Banco Central obtenga se podrá emitir lo equivalente en moneda local. Por lo anterior, el criterio de participación indicado debe defenderse tenazmente.

El acceso a cargos del directorio debe ser de acuerdo con el porcentaje de capital.

2) Objeto social. Actividades básicas. Tiempo de duración de la sociedad. Tipo de socios

La empresa a crearse tendrá fines estrictamente comerciales y las actividades serán aquellas de esa naturaleza y las otras que sirvan de apoyo a la función comercial. Así podrá agenciar servicios de transporte, financiamiento, almacenamiento, etc. No sería conveniente que la empresa desarrolle actividades productivas.

El contrato social tendrá duración ilimitada definiéndose específicamente en el mismo las causales de disolución de la sociedad y el mecanismo de ingreso y salida de asociados.

El cupo de capital que se asigna a cada país, será llenado *libremente* por el mismo y sin consulta o aprobación por los socios de los demás países. La UIA en este caso invitará a empresas del país que suscriban e integren acciones de la empresa. Queda excluida la posibilidad de participación de entes estatales.

El grupo negociador debe encontrar argumentos para justificar esta posición.

Debe evitarse demasiadas consultas y burocratización.

3) Localización. Estructura interna. Filiales

La empresa mantendrá la matriz en uno de los países miembros, y filiales en cada uno de los otros tres. Siendo este proyecto una idea surgida de Argentina sería natural que la matriz fuese localizada en Buenos Aires, aunque sería negociable si se obtienen concesiones en otros puntos.

Para captar la demanda internacional sería conveniente una estructura de filiales fuera del mercado ampliado, en los principales puntos neurálgicos.

Habría que disponer por lo menos de filiales en Africa (1), Asia (1), Europa (1), EUA (1).

Estas filiales tendrían una estructura pequeña y ágil y cobertura regional. Funcionarían en estrecho contacto con bancos de datos oficiales.

En base a lo anterior la estructura de la trading debería ser *geográfica*, con un gerente para cada área.

4) Participación del Estado. Entrada futuros nuevos socios

El país atraviesa después de muchos años por un proceso interno de privatización, por lo cual sería impensable que se asociaran a la trading capitales públicos. Sin embargo el éxito de la Trading dependerá en parte del buen relacionamiento que mantenga con el Estado, ya que a pesar de lo anterior, las compras estatales en el exterior son fuertes, al igual que la oferta exportable del sector.

Hay que dejar en manos de los ejecutivos de la trading la decisión de como captar este segmento del mercado.

La entrada de nuevos socios sería conveniente solamente cuando se consoliden los negocios. Los nuevos asociados podrían incorporarse en la medida que aporten factores esenciales al negocio como capitales, productos, financiamiento, y otros servicios necesarios. La incorporación puede darse solamente dentro del cupo de capital de cada país.

5) Perfil de las actividades

Con relación a las actividades que la trading podría llevar a cabo la posición es la siguiente:

a) General o especializada por productos y/o mercados.

   La trading debería asumir "todo tipo de negocios" siempre que sean rentables y lícitos, por lo cual debería diseñarse un modelo similar a la "general trading company" o sogo shosha japonesa.

b) Productos de los socios vs. productos de terceros.

   Consonante con el punto anterior la empresa deberá tratar "cualquier" producto sin preferencias. Tendrán prioridad los mejores negocios.

c) Exportación y/o importación.

   Serán contempladas ambas actividades en igual medida; siendo recomendable inclusive que la trading efectúe mercado interno.

d) Otros servicios

Una fuente importante de ingresos para la trading deberá provenir de servicios de consultoría, asistencia técnica, agenciamiento de transportes, agenciamiento de financiamientos, etc.

6) Criterios de remuneración por las operaciones y servicios (compras y/o comisiones)

Una trading efectúa básicamente intermediación de negocios, conectando el producto con los clientes. La operación básica es la colocación de bienes que puede producirse bajo dos mecanismos:

a) la trading compra del productor y revende el producto corriendo con el riesgo comercial (de la venta) y financiero (del cobro);

b) la trading "agencia" una operación de compra-venta por una comisión que naturalmente se cobra al productor aunque eventualmente, podría cobrarse al cliente si actuase en carácter de "agente de compra". En estos casos la trading no corre ni con el riesgo comercial ni financiero.

En la propuesta de creación de esta trading se acepta que la trading actúe con el mecanismo que sea más conveniente sin ningún tipo de restricción. Los directivos determinarán en cada caso la modalidad que sea más conveniente.

Para las otras operaciones de agenciamiento de servicios o prestación de servicios directos se trabajará naturalmente con comisiones y honorarios.

7) Relaciones con otras tradings ya existentes en MERCOSUR

En el ámbito de MERCOSUR operan algunas "tradings" y "comerciales exportadoras" (tradings no registradas) que pertenecen a nacionales de los países miembros y también filiales de tradings extranjeras.

Naturalmente que con esas empresas se estará compitiendo por los mismos negocios principalmente si la nueva trading opera con una gama amplia de productos. A pesar de lo anterior sería interesante "cooperar" con algunas de ellas seleccionadas en función de su experiencia, contactos y principalmente filiales en el exterior.

No sería una mala idea que algunas de ellas se asociasen a la nueva trading.

8) Campo de operaciones (país, MERCOSUR, internacional)

El campo de acción de la trading debería ser amplio pero con preferencia de negocios en el MERCOSUR. Esta trading debe ser un instrumento de desvío de comercio hacia el área pero también de creación de nuevos flujos comerciales.

La propuesta más razonable es que la internacionalización se produzca por etapas, concentrándose inicialmente en negocios en el ámbito del MERCOSUR que servirá como "escuela" para aprender a hacer negocios, y posteriormente partir hacia la "aventura" de mercados exóticos, abriendo como se planteó en el punto 3) filiales en puntos neurálgicos de Africa, Asia, Europa y EUA.

9) **Asignación de utilidades**

El destino de las utilidades que se generen en la trading será decidido por la asamblea de accionistas conforme propuesta del directorio, haciendo las reservas legales que sean del caso. Para la decisión se contemplarán las ventajas fiscales y las necesidades de capitalización.

A título de política sería conveniente que se conviniera que un 50% de las utilidades no se distribuyan durante los primeros 10 años para facilitar el crecimiento de la empresa.

10) **Relacionamiento entre trading y empresas de los socios**

Los asociados de la trading podrán o no tener un interés comercial directo ya que podría asociarse diferentes tipos de empresas. En el caso que se trate de asociados vinculados al comercio exterior, la trading podría servir para atender las necesidades de los mismos. En este caso cada asociado negociará con la trading el tipo de relacionamiento comercial que desearía tener. Asi la zona de posibilidades podría oscilar desde el caso de la empresa socia que se compromete a entregar la totalidad de su producción exportable a la trading, o bien sus compras del exterior, hasta el caso de la empresa asociada que no desea tener ningún vínculo comercial o de negocios con la trading. En el caso particular de existir un vínculo el mismo será definido y negociado individualmente de acuerdo a la conveniencia de las partes.

"Deseamos a Pedro (Rambo) Maleable (coordinador),
Dolores Mesa de Truco, y Mirando Ventana éxito total
en la negociación. En caso que el proyecto de trading salga
conforme las instrucciones nos comprometemos a premiarlos
con una semana de vacaciones en la Isla de la Fantasia.

(Grupo Supervisor)

INSTRUCCIONES CONFIDENCIALES NEGOCIACION DELEGACION BRASILEÑA

La idea de conformación de una "trading" provino de empresarios argentinos y se considera un proyecto interesante, ya que facilitaría el acceso a la oferta exportable subregional, y facilitaría la colocación de productos brasileños.

No hay urgencia en la conclusión del proyecto, por lo cual la negociación debe conducirse calmamente y conforme intereses definidos en las instrucciones. El proyecto puede verse también como un gesto político que indica interés en cooperar.

El equipo negociador deberá mantenerse dentro del marco de las instrucciones y cualquier modificación, si las circunstancias lo ameritan, debe consultarse con el equipo supervisor para la respectiva autorización.

Las fases de negociación conforme agenda prenegociada se indican a seguir:

1) **Capital de la empresa. Valor. Composición por país. Criterios de integración. Mecanismo de aumento. Composición del directorio**

   El capital es el instrumento fundamental para que los objetivos puedan obtenerse de una manera eficiente, por lo cual su valor debe fijarse de una manera adecuada, pero integrarse de una manera progresiva definida. Es razonable pensar en 60% (primer año), y 10% en cada año siguiente. El equipo negociador debe desarrollar argumentos para sustentar este punto.

   El punto de partida debe ser un mínimo de u$s 1.000.000 conforme la legislación.

   La distribución del capital debería ser "conforme el P.I.B. de cada país" con lo cual quedaría así (*):

   - Brasil   70%;
   - Argentina   20%;
   - Uruguay   5%;
   - Paraguay   5%;

(*)   Los porcentajes indicados no corresponden exactamente a la realidad pero son válidos para el caso.

Este criterio es el más razonable ya que indica el potencial de cada país para acceder a los mercados internacionales. Cualquier criterio que disminuya la participación no interesa. El equipo negociador debe desarrollar los argumentos necesarios para sustentar este punto.

Cada año el capital será modificado conforme el criterio de participación indicado. El aumento será decidido con el voto favorable de 50% del capital.

Se estima que en un horizonte de 5 años los porcentajes de participación se mantendrían constantes, aunque la participación de Brasil podría aumentar ya que el PIB brasileño tiene una tasa de crecimiento histórica mayor.

El acceso a cargos del directorio debe ser de acuerdo con el porcentaje del capital.

2) **Objeto social. Actividades básicas. Tiempo de duración de la sociedad. Tipo de socios**

Para facilitar desarrollos futuros y evitar modificaciones al estatuto social deberá definirse un objeto social amplio, incluyendo cualquier actividad económica lícita.

El contrato social podría tener una duración ilimitada pero con una cláusula que permita una revisión al cabo de 10 años. Cualquier alteración se efectuaría con simple mayoría del capital votante.

El capital correspondiente a cada país será cubierto por empresarios locales, cuyo perfil empresarial debe corresponder a las necesidades de la empresa a crearse; no podrán exceder de cinco en cada caso (por país) y sus nombres deberán someterse a aprobación de los otros socios extranjeros.

El grupo negociador debe encontrar argumentos para justificar estas posiciones.

3) **Localización. Estructura interna. Filiales**

La matriz debería ser localizada naturalmente en el país que disponga de un mayor potencial de negocios medida por su PIB y comercio exterior, y que disponga de mayores medios de comunicación para facilitar contactos con filiales y rapidez de decisiones.

La comunicación será el alma de este negocio.

En el exterior se podría tener convenios con las redes de tradings brasileñas para aprovechar la estructura que las mismas disponen, siendo por lo tanto conveniente invertir lo mínimo necesario.

Como la trading deberá trabajar con una gama amplia de productos, abarcando toda la parte de importación y exportación, una estructura por productos sería la más funcional. Esta ha sido la experiencia con las grandes tradings brasileñas.

4) Participación del Estado. Entrada futuros nuevos socios

En un momento en que predomina en América Latina un proceso generalizado de privatización y desregulación no sería vista con buenos ojos una sociedad con el Estado en esta materia.

De todas maneras lo anterior no significa que no sea interesante captar los negocios del gobierno a través de relaciones contractuales diferentes. En la medida que la trading cuente con una gerencia profesional este tema será resuelto favorablemente.

El ingreso de nuevos socios será conveniente en la medida que hagan aportes significativos al éxito de la empresa. Este ingreso no debería alterar los cupos de capitales por países. Como se indicó en el punto 2) sus nombres deberían someterse a aprobación de los otros socios extranjeros.

5) Perfil de las actividades

Respecto a las actividades que la trading podría desarrollar cabe lo siguiente:

a) General o especializada por productos y/o mercados.

La trading podría asumir una amplia gama de negocios no existiendo ninguna restricción con relación al tipo de productos y/o mercados.

b) Productos de los socios vs. productos de terceros.

La empresa podrá trabajar también con productos de terceros, aunque debe dar prioridad a los productos de los socios. Inclusive debe verificarse que no existan conflictos de intereses en el sentido de que los productos de terceros no sean competitivos.

c) Exportación y/o importación.

Serán contempladas ambas actividades pero se dará preferencia a las actividades de importación ya que la trading podría ser una "central de compras" para los asociados y además abastecer a terceros. En un momento en que la economía se está abriendo puede resultar interesante trabajar preferentemente con importaciones, ya que el producto importado debe ser mas rentable que el producto nacional después de un período tan largo de protección a la industria nacional.

d) Otros servicios.

Estas actividades (financiamiento, transporte, consultoría, etc.) deben ser periféricas.

6) Criterios de remuneración por las operaciones y servicios (compras y/o comisiones)

La trading efectúa básicamente intermediación de negocios, conectando el productor con los clientes. La operación básica es la colocación de bienes que puede producirse bajo dos mecanismos: a) la trading compra el producto y revende el producto corriendo con el riesgo comercial (de la venta) y financiero (del cobro); b) la trading "agencia" una operación de compraventa por una comisión que normalmente se cobra del productor aunque eventualmente podría cobrarse del cliente si actuase en carácter de "agente de compra". En estos casos la trading no corre ni con el riesgo comercial ni financiero.

La trading que se creará actuará solamente en base a agenciamiento de negocios, principalmente durante los primeros 5 años y hasta que se consolide una cartera de clientes. A partir de ese punto podrá operar por cuenta propia si fuera necesario.

Ahora para las otras operaciones de agenciamiento de servicios o prestación de servicios directos se trabajará naturalmente con comisiones y honorarios.

7) Relaciones con otras tradings ya existentes en MERCOSUR

En el ámbito del MERCOSUR operan algunas tradings destacándose las brasileñas que representan mas del 30% de la oferta exportable del país; algunas de estas empresas tienen casi 20 años de experiencia y operan con filiales en Argentina, Paraguay, y Uruguay, además de redes internacionales.

La propuesta es que se trabaje en convenios con esas tradings para "representaciones cruzadas" y negocios en común. Esto permitirá aprovechar la infraestructura y "know how" existente y las inversiones serán mínimas. Esto es coherente con lo propuesto en el punto 3).

Lo natural sería que algunas de esas trading entrasen como socias de la nueva empresa.

8) Campo de operaciones (País, MERCOSUR, internacional)

La trading (MERCOSUR Trading Company) debe lanzarse desde el comienzo a captar negocios en el mundo entero. Si se inicia tímidamente tendrá dificultades en "despegar" posteriormente. Si con un sistema de "representaciones cruzadas" y "corresponsales" se puede cubrir el mundo entero para qué plantearse restricciones de espacios operacionales. Cuanto mayor sea el universo geográfico de negocios más fácil será cubrir los costos fijos de la empresa.

9) Asignación de utilidades

Las ganancias que pudiera generarse por la trading deberían disponerse de la manera que sea más conveniente conforme intereses de los asociados decidido en asamblea.

Teniendo en cuenta que en los primeros años la empresa tendrá grandes necesidades de recursos, podría proponerse como política que cualquier utilidad se capitalice.

10) Relacionamiento entre trading y empresas de los socios

Se supone, conforme se indicó en el punto 2), que los socios de la trading serán empresas vinculadas al comercio exterior, por lo cual sería natural que haya un interés de los sistemas por vincularse comercialmente con la trading.

Para facilitar el desarrollo de los negocios de "MERCOSUR Trading Company", cada asociado debería asumir compromiso de poner obligatoriamente a disposición de la trading un porcentaje de sus negocios de comercio exterior. Así, por ejemplo, una cifra razonable sería 50% de la oferta exportable de cada empresa. Este compromiso permitiría a la trading contar con una oferta cautiva definida, y por consiguiente diseñar e implementar un plan de exportación racional, escogiendo criteriosamente los mercados de destino.

La incertidumbre en la punta de la oferta genera dificultades de trabajo para la trading al no poder firmar contratos con entrega programada a medio plazo, requisito importante para operar en mercados de países desarrollados.

"Deseamos a Marcio (Pelé) Dureza (Coordinador), Miguel Bolsillo Furado, y Fofoca Carioca éxito total en la negociación. En caso que el proyecto de trading salga conforme las instrucciones nos comprometemos a premiarlos con una semana de vacaciones en la Isla de la Fantasía".

(Grupo Supervisor)

INSTRUCCIONES CONFIDENCIALES NEGOCIACION
DELEGACION PARAGUAYA

El objetivo de esta negociación es el diseño de un "proyecto de trading" bien afinado que pudiera concretarse en el marco de las oportunidades que proporciona el MERCOSUR. Como este país carece de una estructura de "tradings" para penetrar tanto en el espacio ampliado como con terceros, se ve este proyecto con gran entusiasmo. La trading debería facilitar el acceso de productos paraguayos a los mercados de Brasil y Argentina, y dar un salto "hacia afuera" contando con redes en el exterior.

Interesa una rápida conclusión de la negociación antes que proyectos similares pudieran implementarse, inclusive por los propios entes oficiales.

Parecería natural una "alianza" con Uruguay en la negociación.

El equipo negociador deberá mantenerse dentro del marco de las instrucciones y cualquier modificación, si las circunstancias lo ameritan, debe consultarse con el equipo supervisor para la respectiva autorización.

Siguiendo la pauta indicada por la agenda se indica a continuación los "términos de referencias".

1) **Capital de la empresa. Valor. Composición por país. Criterio de integración. Mecanismo de aumento. Composición del directorio**

El capital social debe ser el necesario para que la empresa pueda mantener una gerencia profesional, redes internacionales, y satisfacer plenamente el objeto social.

La distribución del capital debería ser en "partes iguales" entre los cuatro socios; es decir 25% para cada uno.

Esto sería equitativo y mostraría un auténtico interés en cooperar. Evitaría también la suspicacia de manipulación y dominio por un país mayor. Serviría también como incentivo para captar interesados en participar. El equipo negociador debe desarrollar los argumentos necesarios para sustentar este punto. El criterio de participación debe defenderse tenazmente, ya que sería poco interesante participar como socio minoritario.

La integración del capital puede hacerse en su totalidad en 24 meses. Cualquier aumento de capital mantendrá la participación indicada y deberá aprobarse mediante consentimiento del 75% de los socios.

Los cargos directivos se distribuirán equitativamente.

2) Objeto social. Actividades básicas. Tiempo de duración de la sociedad. Tipo de socios

El objeto social debe explicitarse claramente y ser muy concreto para evitar desvíos de fines y sea fácil evaluar las actividades. Las actividades deben ser específicamente comerciales (compra, venta, agenciamiento de operaciones comerciales).

Como es de estilo el contrato puede tener una duración de 50 años, renovable por acuerdo unánime de los socios.

El capital correspondiente a cada país podrá ser cubierto por capitales nacionales o extranjeros, en base a propuesta de la Federación de Industria, Comercio y Producción (FEPRINCO). Lo importante es que se justifique la conveniencia del socio por su aporte a los negocios de la nueva empresa. Por ejemplo, un banco extranjero podría ser interesante. No sería necesaria la aprobación de otros países aunque se consultará a los mismos. Debe mantenerse la autonomía de decisión.

El grupo negociador debe encontrar argumentos para justificar las posiciones.

3) Localización. Estructura interna. Filiales

La matriz podría simbólicamente localizarse en Asunción atendiendo a que fue en esta ciudad que se firmó el tratado del MERCOSUR. Aquí la empresa contaría con apoyo político total.

Como el país carece de redes internacionales para colocar la oferta exportable es importante que esta trading, que será "la trading" del país, posea excelentes filiales en el exterior pero concentradas en puntos estratégicos en función de la cartera de productos que interesan a Paraguay.

Como será una trading especializada (pocos productos y mercados) debería adoptarse una estructura funcional.

Una trading demasiado diversificada significaría una atomización de esfuerzos; lo importante sería concentrar esfuerzos de penetración de pocos productos en mercados específicos. Así para formular un plan de exportación sería más conveniente la organización funcional.

4) Participación del Estado. Entrada futuros nuevos socios

No hay sobre este particular ningún tipo de restricción, y creemos que cada país debe llenar su cupo de la manera que considere más conveniente.

Puede ser interesante una participación directa del Estado para facilitar acceso a financiamiento, servicios de transporte, almacenaje, y por supuesto a la oferta exportable y capacidad de compra del Estado.

El ingreso de nuevos socios sería conveniente en la medida que sea de interés. No obstante es conveniente que se espere por un período básico de 5 años para consolidación de negocios.

Los aspectos contenidos en este punto no son esenciales y pueden negociarse por concesiones en otros.

5) Perfil de las actividades

Sobre las actividades que la trading deberá llevar a cabo se propondrá lo siguiente:

a) General o especializada por productos y/o mercados.

La trading deberá ser especializada trabajando exclusivamente con una cierta línea de productos y mercados específicos. Asi deben rechazarse aquellas operaciones que no se encajen en esa especialización.

Los productos serán escogidos de acuerdo con los productos principales que constituyen la oferta exportable y donde existe una ventaja comparativa evidente.

b) Productos de los socios vs. productos de terceros. La empresa debe trabajar básicamente con productos de los asociados y excepcionalmente con productos de terceros, siempre que los mismos ayuden en la colocación de los primeros.

c) Exportación y/o importación

Serán contempladas preferentemente actividades exportadoras. Entendemos la trading como un instrumento de penetración internacional.

d) Otros servicios

La trading debe ejecutar todos aquellos que faciliten la actividad exportadora.

6) Criterios de remuneración por las operaciones y servicios (compras y/comisiones)

La trading efectúa básicamente intermediación de negocios, conectando el productor con los clientes. La operación básica es la colocación de bienes que puede producirse bajo dos mecanismos: a) trading compra del productor y revende el producto corriente con el riesgo comercial (de la venta) y del financiero (del cobro); b) la trading "agencia" una operación de compra-venta por una comisión que normalmente se cobra del productor aunque eventualmente podría cobrarse del cliente si actuase en carácter de "agente de compra". En estos casos la trading no corre ni con el riesgo comercial ni financiero.

La trading que se propone crear actuará solamente en base a compraventa para facilitar la colocación de productos de los socios; si se trabaja con productos de terceros podrá agenciarse las operaciones.

Para las otras operaciones de agenciamiento de servicios o prestación de servicios directos se trabajará naturalmente con comisiones y honorarios.

7) Relaciones con otras tradings ya existentes en MERCOSUR

En el área comprendida por MERCOSUR ya operan algunas tradings o empresas similares (en Paraguay no hay una legislación sobre tradings) que controlan una parte de la oferta exportable de la región. Sería un error tratar de establecer un vínculo con las mismas ya que ahogarían el desarrollo de la nueva empresa al verle como competidora.

La propuesta es que la trading (MERCOSUR Trading Company) desarrolle una estructura comercial propia y encare la relación con las otras como competitiva, evitando acuerdos y repases de negocios.

8) Campo de operaciones (País, MERCOSUR, internacional)

La función básica de la trading en el momento inicial debe ser desarrollar la oferta exportable de cada país miembro a través de las filiales disponibles. Esa oferta podría colocarse prioritariamente en el ámbito del MERCOSUR para aprovecharse las ventajas disponibles de una fácil penetración en el área por el conocimiento del mercado de los socios y la oferta cautiva que se dispondrá.

A nivel internacional se trabajará con "mercados muy seleccionados" que se desarrollarán en profundidad.

Una cobertura internacional amplia significará una inversión muy alta en filiales propias conforme se propuso en otro punto.

a) Asignación de utilidades

Los asociados tendrán principalmente interés en que la trading sirva como "departamento de exportación" de sus empresas, y no tendrán grandes preocupaciones con las utilidades; es probable también que en los primeros años y hasta que los negocios se consoliden no se produzcan ganancias.

El criterio más razonable sería confiar en las propuestas que el directorio, conocedor de las necesidades de la empresa, pueda efectuar a la asamblea general.

En general sería conveniente capitalizar a la empresa apropiadamente.

10) Relacionamiento entre trading y empresas de los socios

Conforme se indicó en el punto 2 los asociados de la trading deberían poseer un interés directo en hacer negocios con la empresa.

Para facilitar la programación de trabajo, debería fijarse una política sobre esta materia. Lo ideal sería que cada empresa asociada se comprometiera contractualmente a entregar el 100% de sus negocios internacionales a la trading. Este compromiso tendría un doble beneficio: por un lado, la trading contaría con una oferta cautiva que facilitaría el diseño e implementación de un plan de exportación, y por el otro la empresa asociada tendría un interés directo en los negocios de la trading aumentando su apoyo a la misma.

Deseamos a Alberto Capone (Coordinador),
Sadi Husein, y Estoy Enlaluna éxito total en la negociación.
En caso que el proyecto de trading salga conforme
las instrucciones nos comprometemos a premiarlos
con una semana de vacaciones en la Isla de la Fantasía.

(Grupo Supervisor)

INSTRUCCIONES CONFIDENCIALES NEGOCIACION DELEGACION URUGUAYA

Esta "trading" si se ajusta a las necesidades previstas puede ser un excelente mecanismo de acceso a los mercados internacionales. Permitiría aprovechar la experiencia y contactos de brasileños y argentinos.

La "trading" debería facilitar el acceso de productos uruguayos a los mercados vecinos que tienen un gran potencial y magnitud.

La negociación debe ser cautelosa y firme. No por representar un país "pequeño" se debe aceptar cualquier demanda. Una "alianza" con Paraguay parece natural ya que debería haber intereses comunes.

El equipo negociador deberá mantenerse dentro del marco de las instrucciones y cualquier modificación, si las circunstancias lo ameritan, debe consultarse con el equipo supervisor para la respectiva autorización.

La agenda prenegociada será la base del proceso de negociación.

1) **Capital de la empresa. Valor. Composición por país. Criterio de integración. Mecanismo de aumento. Composición del directorio**

El capital de la empresa debe ser aquél que la lógica gerencial indique para cumplir satisfactoriamente los objetivos propuestos. Una subcapitalización implicaría dificultades operacionales.

Lo razonable, justo, y equitativo es que el capital que se apruebe sea suscripto en "partes iguales" entre los cuatro socios; 25% para cada uno.

Esto facilitaría la captación de capitales y evitaría la connotación de dominio por cualquiera de las partes. El equipo negociador debe desarrollar los argumentos necesarios para sustentar ese punto. El criterio de participación debe defenderse tenazmente.

La integración del capital debe hacerse rápidamente (máximo dos años), para facilitar la ejecución de tareas, captación de financiamientos, e implementación de decisiones.

El capital fijado no podrá aumentarse por cinco años, por lo cual conviene fijar un capital inicial apropiado. El proceso de aumento de capital siempre es conflictivo y debe evitarse la discución periódica de este tema hasta que la empresa se consolide. Al cabo de 5 años la decisión, si es necesaria, se tomará por unanimidad.

Los cargos directivos se distribuirán equitativamente.

2) **Objeto social. Actividades básicas. Tiempo de duración de la sociedad. Tipo de Socios**

El objeto social debe ser preciso ya que se trata de una sociedad multinacional. Las actividades deben ser específicamente de comercio exterior.

La duración del contrato sería de 50 años con renovación automática.

El capital social correspondiente al cupo de cada país será cubierto funcionalmente, es decir con participación de personas o empresas idóneas y con actividades afines al comercio exterior. Si fuera conveniente se propondría inclusive la participación del Estado para facilitar captar los negocios de comercio exterior del sector público.

Cada país integra autónomamente su capital.

El grupo negociador debe encontrar argumentos para justificar las posiciones.

3) Localización. Estructura interna. Filiales

Siendo Montevideo la "capital de la integración" desde la década del '60 se esperaría que la matriz funcionase en esta ciudad. El simbolismo será evidente; además este país ofrece una gran agilidad para negocios comerciales/financieros internacionales. Si hay fuertes argumentos en contra se puede negociar la localización con concesiones en otras variables.

Como las redes comerciales internacionales con que cuenta el país son mínimas, esta trading representaría el canal fundamental para movilizar internacionalmente los productos. Así sería conveniente contar con excelentes filiales en el exterior pero localizadas en puntos estratégicos en función de los mercados que interesan al país.

Como será una trading especializada (pocos productos y mercados) debería adoptarse una estructura funcional.

Sería conveniente concentrar esfuerzos de penetración de pocos productos en mercados meta específicos. Una estrategia exitosa de exportación dependerá en gran medida de la organización que se adopte. Lo que no se puede aceptar es trabajar con redes de terceros.

4) Participación del Estado. Entrada futuros nuevos socios

No existe ningún preconcepto en relación a las empresas públicas y esto debe ser decidido por cada país en función de su conveniencia, así como en función de los intereses de la trading.

Puede ser conveniente una participación directa del Estado para facilitar acceso a financiamiento, productos, y servicios varios que son proporcionados por entes estatales.

El ingreso de nuevos socios no debería sufrir restricciones siempre que se cumplan las siguientes condiciones:

a) no modifiquen los cupos de capital;

b) sean aprobados por los socios de ese país;

c) mejoren el funcionamiento de los negocios de la trading.

Debe preservarse la autonomía de decisión en cada país.

5) Perfil de las actividades

La trading deberá presentar el siguiente perfil:

a) General o especializada por productos y/o mercados.

La trading deberá trabajar con una gama pequeña de productos a ser colocados en mercados-meta escogidos y con los cuales se mantienen acuerdos preferenciales de algún tipo.

Debe evitarse una dispersión de esfuerzos.

b) Productos de los socios vs. productos de terceros.

La empresa deberá trabajar exclusivamente con productos de los socios y bajo ninguna circunstancia deben comercializarse productos de terceros.

c) Exportación y/o importación.

Serán contempladas preferentemente actividades exportadoras.

La trading debe servir para desarrollar la oferta exportable del MERCOSUR.

d) Otros servicios.

La trading debe servir como instrumento de promoción de negocios de los socios proporcionando todos aquellos servicios que permitan agilizar y concretar las operaciones de exportación y redunden en beneficio de la empresa al generar un ingreso adicional.

6) **Criterios de remuneración por las operaciones y servicios (compra y/o comisiones)**

La trading efectúa básicamente intermediación de negocios, conectando el productor con los clientes. La operación básica es la colocación de bienes que puede producirse bajo dos mecanismos:

a) trading compra del productor y revende el producto corriendo con el riesgo comercial (de la venta) y financiero (del cobro);

b) la trading "agencia" une operación de compra-venta por una comisión que normalmente se cobra del productor aunque eventualmente podría cobrarse del cliente si actuase en carácter de "agente de compra". En estos casos la trading no corre ni con el riesgo comercial ni financiero.

La trading que se creará actuará siempre en base a compra-venta ya se trate de productos de los socios o de terceros, ya que esta modalidad es más rentable.

Para otros servicios prestados por la trading se trabajará con comisiones y honorarios.

7) Relaciones con otras tradings ya existentes en MERCOSUR

Existen varias tradings operando en el ámbito del MERCOSUR, con mayor presencia de tradings brasileñas. Estas empresas ya captan una porción importante de los negocios de la región.

La creación de la "MERCOSUR Trading Company" despertará reacciones competitivas en las mismas.

La propuesta más conveniente sería mantener una distancia natural en relación a las mismas y verlas con cierta suspicacia.

8) Campo de Operaciones (País, MERCOSUR, internacional)

La trading debería concentrar sus esfuerzos iniciales en desarrollar la oferta exportable de cada país miembro, dando preferencia a la colocación de productos en la propia región ya que los costos logísticos serán menores y las preferencias arancelarias de que se dispondrá en el espacio ampliado facilitará los negocios. La receptividad del mercado local a los negocios de esta trading debe ser favorable por la comunidad de intereses que naturalmente deberá existir.

No obstante habrá un número determinado de productos cuyo mercado natural será extra-zona, en este caso la trading debería trabajar con "mercados muy seleccionados" que se puedan trabajar en profundidad.

9) Asignación de utilidades

La motivación fundamental de los asociados será generar utilidades y un buen rendimiento sobre el capital aportado, por lo cual este punto de la agenda es de fundamental importancia, y debe definirse bien para evitar conflictos posteriores.

Una propuesta lógica y sencilla sería que se distribuya entre los asociados el 100% de las utilidades.

10) Relacionamiento entre trading y empresas de los socios

Fue colocado como requisito básico para asociarse que las empresas socias tenga un interés directo en comercio exterior (importación y/o exportación, servicios al comercio exterior). Como corolario de lo anterior se esperaría que la trading se vea beneficiada por la cooperación de los socios.

Así sería una sana política en esta materia requerir que los asociados se comprometieran a entregar por lo menos un 50% de sus negocios internacionales de cualquier naturaleza a la trading. Esta oferta cautiva facilitaría la programación del trabajo de la trading al permitir tanto diseñar e implementar un plan de exportación de una manera racional, como firmar contratos con compromisos programados de entrega futura.

"Deseamos a José (Chicho) Porcino (Coordinador), Cecilia de Piedra, y Luis (Lucho) Gatica, éxito total en la negociación. En caso que el proyecto de trading salga conforme las instrucciones, nos comprometemos a premiarlos con una semana de vacaciones en la Isla de la Fantasía".

(Grupo Supervisor)

14,3. ACEITUNAS PUNILLA S.A.

Aceitunas Punilla es una Sociedad Anónima de capitales argentinos, dedicada a la producción de aceitunas verdes envasadas y a granel, que se comercializan en el mercado local en frascos de vidrio de varios tamaños y en tambores. Esta sociedad, de origen familiar está radicada en la ciudad de Cruz del Eje, uno de los principales centros de producción de olivares de la provincia de Córdoba, República Argentina. La empresa tiene una producción propia de aceitunas del orden del 40% mientras que el 60% restante lo adquiere a los productores locales, para su posterior tratamiento, fraccionamiento y envase en frascos o directamente en tambores. En este último caso, los compradores venden las aceitunas verdes directamente al público, o bien la fraccionan y envasan con otras marcas. El proceso de producción es bastante rudimentario, no contando la firma con tecnología avanzada.

Su capital social es de u$s 200.000, aunque sus activos tienen un valor real de u$s 350.000 y sus ventas en el mercado local fueron de u$s 900.000 en el año 1990, algo así como 900 toneladas.

El presidente de Aceitunas Punilla, José Carozo, está convencido de la necesidad de diversificar los mercados, entrando al negocio de la exportación. Después de algunos meses de contactos con cámaras de comercio exterior, organismos gubernamentales, consultores y bancos, llegó a la conclusión que convenía investigar en profundidad el mercado de Brasil, de altísimo nivel de consumo en este producto, a la vez que la proximidad geográfica con la Argentina, le permitía costos de distribución relativamente baratos.

La firma encargó un estudio de investigación del mercado brasilero a un consultor de comercio exterior, quién determinó las excelentes oportunidades de comercialización en dicho mercado. Además, la existencia de un acuerdo de complementación económica entre Argentina y Brasil, que desgrava por completo el ingreso a Brasil de las aceitunas verdes, facilitaría mucho más el ingreso a dicho mercado. Los precios históricos pagados eran realmente atractivos, pero los problemas se daban en que la competencia era ardua, y los canales de comercialización en Brasil eran difíciles de conquistar, ya que las empresas distribuidoras y fraccionadoras de ese país, tenían fuertes nexos con otros proveedores argentinos.

En ese contexto, y luego de los preparativos propios de un viaje de negocios, don José Carozo viajó a Brasil, con una agenda preparada por las oficinas comerciales argentinas en ese país. Así en una semana, visitó 12 empresas situadas en San Pablo, Porto Alegre, Curitiba y Río de Janeiro. Las empresas eran distribuidoras, supermercados y Tradings Companies.

La principal relación se gestó con la firma Azeitonas do Sul, gran fraccionador y distribuidor de aceitunas con sede en Porto Alegre, Estado de Río Grande do Sul, perteneciente al Banco Garotinho S.A., que a la vez controla el 85% del paquete accionario de Bom Sucesso Exp. e Imp. Ltda., una trading muy importante del Brasil, ocupando el 7º lugar en el ranking de comercializadoras.

Así surgió la visita a las instalaciones de Cruz del Eje del director ejecutivo de la empresa Azeitonas Do Sul, don Joâ Oliveira, quien llegó a la conclusión de que la materia prima era de una calidad excelente, muy por encima de las aceitunas producidas en otras regiones de Argentina. Pero el problema era el tratamiento que las mismas recibían posteriormente, lo que no lograba los estándares de calidad que requería el mercado de Brasil. El problema adicional era que Aceitunas Punilla no contaba con un capital apropiado para invertir en nuevos procesos de producción para mejorar la calidad del producto terminado, ni sabía dónde ubicar la tecnología para ese proceso.

Después de la visita, la evaluación de la firma brasilera derivó en una propuesta concreta a la firma Aceitunas Punilla: formar una empresa binacional, bajo la forma de una Joint Venture Societaria, ya que dentro del marco de los acuerdos de integración entre Argentina y Brasil, el 6 de julio de 1990, ambos gobiernos habían autorizado el establecimiento de las sociedades binacionales, con ciertas particularidades que la hacían ventajosa.

De esa manera, el socio argentino pondría su materia prima, instalaciones y capital, y el socio brasilero aportaría capital, maquinaria y acceso a mercados. Este último aspecto será de suma importancia para Aceitunas Punilla, ya que tener un socio de este tipo le garantizaba el acceso a un canal de comercialización muy importante en Brasil, puesto que de otra manera debería reducir sus márgenes de rentabilidad al tener que negociar con canales muy fuertes, y también tendría que contar con un adecuado presupuesto para el desarrollo de tales canales.

Una vez que Aceitunas Punilla evaluó la propuesta, ambas firmas prepararon sus respectivas propuestas de negociación, tomando en consideración el estatuto de empresas binacionales entre Argentina y Brasil. La ley de inversiones extranjeras, la ley de transferencia de tecnología y la ley de sociedades comerciales de la Argentina eran flexibles, y no presentaban obstáculos para la constitución de una Joint Venture societaria de este tipo.

INSTRUCCIONES

1. Un grupo debe evaluar y analizar la hoja confidencial de negociación de Aceitunas Punilla.

2. El otro grupo debe evaluar y analizar la hoja confidencial de Azeitonas do Sul.

3. Se encuentran los grupos y a través de un representante se presentan las propuestas. Analice habilidad y poder del oponente, así como información que posee.

4. Los grupos se separan nuevamente para evaluar y fijar posiciones de negociación. Calcule sus espacios y límites de negociación y regateo.

5. Se encuentran los grupos nuevamente y se escuchan las propuestas, donde se continúa la negociación. Puede haber nuevos intervalos de consulta, pero los grupos deben llegar a una solución consensuada. Recuerde que está frente a un potencial socio con quien va a constituir la empresa conjunta.

HOJA DE NEGOCIACION DE ACEITUNAS PUNILLA

1. OBJETIVOS BASICOS Y DE MED/LGO PLAZO DE LA JOINT VENTURE

El objetivo básico será el de producir con destino a la exportación, para atender el mercado de Brasil. En el mediano plazo se ampliaría la planta de la empresa conjunta para atender necesidades de ese mercado. Una vez tomada esta experiencia y con niveles de rentabilidad, se encargarán negocios en otros mercados externos pero sólo por cuenta de Aceitunas Punilla, independientemente de la empresa conjunta. Ello podría suceder en 3/4 años.

2. FORMACION DE LA EMPRESA. COMPOSICION DEL CAPITAL Y TIPOS DE APORTES

Se propone formar una sociedad anónima, bajo la denominación de aceitunas Cruz del Eje E.B.A.B., y que los productos lleven esa marca, para dar idea de su origen foráneo en Brasil. La sociedad tendría 200.000 acciones nominativas no transferibles por endoso, de un voto cada una y con una duración de 10 años.

La firma argentina mantendrá su identidad jurídica, y se formará una nueva empresa sobre la base de un proyecto de inversión de u$s 200.000 de los cuales u$s 130.000 corresponden a nuevas maquinarias de origen brasilero, que entran a Argentina sin pago de derechos de importación en virtud del acuerdo de complementación económica nº 14 entre Argentina y Brasil y una maquinaria de u$s 30.000 que es de origen italiano y se obtiene un financiamiento blando en virtud de acuerdos especiales entre Argentina e Italia. Los u$s 40.000 restantes corresponden a capital de trabajo. Luego, para el primer año se prevé que debería hacer un financiamiento por parte de instituciones bancarias locales o del exterior, por un valor cercano a los u$s 100.000.

El aporte de Aceitunas Punilla sería de u$s 100.000, los cuales se desagregan así:

— u$s 25.000 en maquinarias usadas que se transfieren a la nueva sociedad.

— u$s 25.000 correspondientes al alquiler del espacio físico de la fábrica por los dos primeros años. Luego se pagará una renta a negociar entre las partes.

— u$s 50.000 en efectivo en moneda local, de los cuales u$s 20.000 en moneda local, corresponden a un financiamiento que el Banco Agrario S.A., otorga a Aceitunas Punilla y que éste toma por su propia cuenta y riesgo, con avales y garantías propias. Respecto de la materia prima, la firma Aceitunas Cruz del Eje la compraría en su totalidad, ya sea que provengan de Aceitunas Punilla o de terceros, y no se reconocerán precios especiales. Respecto del acceso al mercado de Brasil, si las intenciones del socio brasilero son que se considere como aporte, debe ser negado, ya que es él mismo el importador. Debe negarse un contrato de representación vía la Trading Bom Sucesso, porque el dominio de canales en el negocio de aceitunas está em manos de Azeitonas Do Sul y no de la Trading. De aceptarse sería una transferencia encubierta para Azeitonas Do Sul.

El aumento del capital accionario estará condicionado a que el mismo sea por partes iguales cuando ello suceda.

3. REPARTICION DE RESULTADOS

Punilla propone que durante los cuatro primeros años, se repartan las utilidades para los socios, sin reinversión de utilidades. Luego, la posición, será a discutir aunque se aceptaría reinvertir para nuevos equipos o tecnologías.

HOJA DE NEGOCIACIONES DE AZEITONAS DO SUL

1. OBJETIVOS BASICOS Y DE MED/LGO. PLAZO DEL JOINT VENTURE

El objetivo básico será la producción y posterior exportación a Brasil, donde Azeitonas Do Sul distribuirá a través de sus propias redes en todo el país, no limitándose a los Estados del Sur de Brasil. En el mediano plazo, —no más de 3 años—, el objetivo es el de incrementar la producción, financiando dicho proyecto —equipos y capital de trabajo— a través del Banco Garotinho S.A. y comercializar en terceros mercados a través de la infraestructura de Bom Sucesso, la Trading vinculada al Banco, quedando en consecuencia la producción, financiamiento y comercialización bajo control del grupo brasilero.

2. FORMACION DE LA EMPRESA, COMPOSICION DEL CAPITAL Y TIPOS DE APORTES

Se propone formar una sociedad anónima, bajo la denominación que proponga el socio argentino, pero con la marca "Azeitona Gaucha" que es la que ya está impuesta en el mercado brasilero. Respecto de las acciones, se propone seguir el modelo previsto en el estatuto de empresas binacionales.

Azeitonas do Sul propone un capital social de u$s 250.000 del cual puede aportar u$s 190.000 de la siguiente manera:

— u$s 160.000 que corresponden a maquinarias, todas de origen brasilero, con el flete y seguro y gastos de nacionalización a cargo de la joint venture.

Aquí Azeitonas Do Sul tiene un resultado neto de parte del fabricante de máquinas de Brasil del 5% que le queda a su favor, ya que obtiene una comisión del 10% sobre precio de venta, pero debe ceder 5% al fabricante porque éste pierde incentivos de exportación en Brasil ya que implica una venta doméstica. Por otra parte, de los incentivos del 10% que Azeitonas Do Sul obtiene por su exportación a la Argentina para capitalizar en inversión, 5% del valor FOB se pierde por los costos de exportación resultantes. En resumen, hay un beneficio marginal de 10% sobre FOB, o sea u$s 16.000.

— u$s 30.000 como valor de su capacidad de acceso al mercado.

Como esto eleva la participación brasilera en más del 70% permitido por el estatuto de empresas binacionales argentino brasileras, se ofrecerá como un aporte de Bom Sucesso América Ltd., la oficina de Nueva York de Bom Sucesso. Si el socio argentino se opone, reducir eso a un contrato de representación o gestión de negocios por el 5% del valor FOB de las exportaciones realizadas desde Argentina.

Como aporte de management, Azeitonas Do Sul propondrá enviar un ingeniero de producción y un gerente de comercialización, con salarios y gastos a cargo de Azeitonas do Sul, que además de tener bajo su control a la empresa conjunta en dos puntos claves, reportarán un 4% sobre la facturación trimestral de exportaciones.

Dado que la nueva tecnología de las maquinarias implica la compra de hojalata especial para el tapado de los frascos (se prevé que un 40% de la producción exportable a Brasil vaya fraccionada con marca propia), Azeitonas debe negociar que queda a su cargo la función de agente de compra de Brasil, ya que tiene una comisión del 1% otorgada por sus proveedores habituales, lo que anualmente le representaría u$s 20.000.

Si Aceitunas Punilla propone capitalizar maquinaria usada de su propiedad, negarse para luego negociar un menor valor ofrecido, considerando valor de valuación bancaria y valor de idénticas máquinas en Brasil, que serán más baratas porque el plazo de depreciación contable de las mismas es más rápido que en la Argentina. A tal efecto se presentarán propuestas de venta de idénticas máquinas por parte de casas distribuidoras de maquinaria usada, rematadores industriales y ofertas de empresas industriales que desean desprenderse de los equipos.

Respecto de la materia prima, Azeitonas propone que la firma cordobesa le haga un contrato a la joint venture reconociendo un precio diferencial menor.

3. REPARTICION DE RESULTADOS

Azeitonas propone una total reinversión de utilidades durante los primeros 3 años, y luego girar utilidades al exterior:

Desde el 4° año: un 50%

Desde el 5° año: un 75%

A partir del 6° año: el 100%.

14,4. CERVECERIA ARTOIS: DE BELGICA A BRASIL

INTRODUCCION

Todos los aficionados a la cerveza están de acuerdo: ningún país del mundo posee un patrimonio más rico que Bélgica en materia de cervezas. Ninguno puede proponer 400 cervezas diferentes, a menudo artesanales, caracterizadas por más de 200 sabores originales, ya sean dulces, amargos o semiamargos.

En su libro The Pocket Guide to Beer, el norteamericano Michael Jackson, afamado catador de cervezas, corrobora esta afirmación. Jackson dice que "los métodos que en el resto del mundo se han olvidado desde hace ya tiempo, se siguen empleando en Bélgica, y en ninguna otra parte los artesanos cerveceros han podido permanecer tan fieles a sus concepciones tenaces y totalmente personales".

Bélgica es hoy, en el plano mundial, uno de los más importantes países exportadores de cerveza: coloca un 20% de su producción en más de 50 países.

UN POCO DE HISTORIA

Los orígenes de la sabrosa poción a base de cebada que hoy conocemos con el nombre de cerveza, se remontan al oscuro y lejano pasado de una región situada entre dos ríos: la Mesopotamia. Lo que se sabe con certeza es que los egipcios y los griegos, los romanos y los germanos, saciaban su sed con cerveza. La receta de su elaboración fue introducida en Europa por los celtas. En esas épocas remotas la tarea de agitar cerveza se solía confiar a las mujeres. La cerveza se consumía principalmente como alimento, aunque también porque las aguas de superficie estaban frecuentemente contaminadas.

A partir del siglo VI los monjes desplegaron una gran actividad en materia de elaboración de cerveza y de investigación de nuevas fórmulas mejoradas, principalmente por la adición de diversas hierbas. Por ello es que en el siglo XII el arte de la cerveza fue un privilegio casi exclusivo de las abadías. Una de las más antiguas abadías benedictinas, la de Affligem, elaboró cerveza desde su fundación en 1083. Hacia la misma época, Arnold, también benedictino, fundó la abadía St. Pierre en Oudenburg, cerca de Ostende, Bélgica. Arnold fue canonizado después de su muerte y se convirtió en el patrono de los cerveceros.

Hacia fines de la Edad Media, la cervecería se convirtió progresivamente en un oficio de la burguesía. A partir del siglo XIV esta casta de cerveceros terminó agrupándose en corporaciones poderosas e influyentes de las que es un ilustre ejemplo la magnífica "Maison des Brasseurs", en la Plaza Mayor de la ciudad de Bruselas.

Durante mucho tiempo la actividad cervecera fue puramente artesanal. En el pasado había una cantidad enorme de empresas cerveceras pero todas ellas eran de pequeña dimensión. Los cerveceros elaboraban sus productos regionales con algunas características comunes; las "calderadas" nunca eran totalmente idénticas y su período de conservación era muy limitado: tenían que consumirse casi inmediatamente después de ser fabricadas.

Los descubrimientos de Louis Pasteur a fines del siglo pasado, los adelantos de la bacteriología, de la química y de la técnica en general sentaron las bases de la conversión de una cerveza que se elaboraba conforme a la tradición, en un producto industrial. El desarrollo de la cerveza de fermentación baja, tipo "pils", exigió importantes inversiones. Las concentraciones, las fusiones y una encarnizada competencia asestaron un golpe mortal a una serie de pequeñas empresas cerveceras artesanales. No obstante, en ninguna otra parte del mundo, hubo tantas empresas modestas que siguieron elaborando sus cervezas regionales.

LA PREPARACION DE LA CERVEZA

El agua, la cebada y el lúpulo son los componentes principales de la cerveza. Se empieza por hacer germinar y por recalentar (apagado) la cebada, que luego se muele en la planta de fabricación. La cebada molida, llamada malta, llega a las cubas de agitación donde se le adiciona el agua. La papilla así obtenida se calienta a 75 grados centígrados durante 4 o 5 horas, revolviéndose continuamente. Después se la clarifica, lo que da lugar a la formación del mosto.

Una vez filtrado, éste se somete a ebullición en calderas durante dos horas, para esterilizarlo y concentrarlo a la densidad deseada y a la vez para destruir ciertas bacterias. Durante esta fase de la agitación, se agrega el lúpulo a fin de darle el grado de amargor y el aroma que se quiera, y para tornarla mas límpida y mejorar su conservación.

Tras eliminar el lúpulo se procede a enfriar el mosto y se lo hace pasar a las cubas de fermentación, donde permanece unos diez días previa adición de levadura; esta convierte el azúcar en alcohol etílico y en gas carbónico, dando lugar a la fermentación principal. La espesa capa de espuma que se forma en la superficie de las cubas demuestra la intensa actividad de la levadura. Este es el momento solemne, pues el contenido de la cuba ha dejado de ser mosto y se ha convertido en cerveza.

Para recuperar fácilmente el gas carbónico excedentario, las empresas cerveceras utilizan cubas de fermentación cerradas. Purificado y comprimido en garrafas, este gas que permitirá al tabernero bombear y servir la cerveza, favorece a la vez la formación de espuma y la efervescencia propias de esta bebida.

Luego, la cerveza sale de las cubas de fermentación y pasa a grandes cubas metálicas donde transcurre un período de estacionamiento durante el cual la bebida madura. Luego se filtra y se la envasa en botellas, barriles o latas.

Las cervezas pueden presentar múltiples diferencias de sabor, color, graduación alcohólica, densidad, aroma y formación de espuma.

La clasificación más corriente se basa en el modo de fermentación. Se distinguen así las cervezas de fermentación baja, alta y de fermentación espontánea. Estas últimas sólo se elaboran en el valle del río Senne, cerca de Bruselas, y son cervezas de trigo candeal. No se les agrega levadura ya que la microflora del lugar permite la fermentación espontánea de las mismas.

LA INDUSTRIA EN BELGICA

La industria cervecera produjo casi 14 millones de hectolitros en 1988, de los cuales unos 12 millones se consumen localmente —lo cual representa algo así como 120 litros por persona/año— y el resto se exporta a diversos mercados, principalmente a Francia, Holanda, Reino Unido, Italia, Alemania y otros.

Casi el 80% de la producción corresponde a las cinco cervecerías más grandes, y los más grandes —Artois y Piedboeuf—totalizan el 60% de la producción.

LA CERVECERIA ARTOIS

El origen de las Brasseries Artois se remonta a 1366. La empresa cobró un importante desarrollo cuando en 1717 Sebastien Artois compró la cervecería Den Horen de Lovaina. Entre 1950 y 1980 dicha sociedad absorbió decenas de otras empresas, entre ellas la Brasserie Dendria, que hoy sigue fabricando cervezas de fermentación baja como la "Safir", "Berengbier" y "Supra", la Brasserie Wielemans-Ceuppens, la Brasserie Martinas y la St. Guibert.

Además, en el extranjero también el grupo Artis absorbió varias cervecerías en Francia y en Holanda.

Aunque hace mucho tiempo que el grupo está presente en los mercados mundiales gracias a las exportaciones directas de su popular cerveza pilsen Stella Artois, su expansión en el exterior ha sido relativamente tardía en comparación con otras grandes cervecerías europeas.

La internacionalización del grupo empezó en 1960, cuando se tomó una participación en la Cervecería Solibra en Abidjan, Costa de Marfil. Desde entonces el grupo Artois ha consolidado notoriamente su presencia en el continente africano tomando sucesivas participaciones en el capital de fábricas de cerveza en Rep. Centroafricana, Senegal, Zaire, Nigeria y Camerún. También ha tomado participaciones en el Caribe, a la vez que controla actualmente más de 10 empresas cerveceras, produciendo anualmente unos 8 millones de hectolitros.

El grupo Artois también ha vendido asistencia técnica a países africanos y a través de Artois Overseas, ofrece licencias de marcas, estudios de factibilidad, investigación de nuevos entrenamiento, compra de materias primas e instalación de cervecerías llave en mano, como las cervecerías instaladas en Canton y Zuhai en la República Popular de China.

Las principales marcas del grupo son las pilsen "Stella", la "Wiel's", la "Leopold", la "Club", la "Celta", la "Loburg" de fermentación baja, la "Artois Light" de bajas calorías, las "Ginder Ale" y "Vieux Temps" similares a las inglesas, y la cerveza de abadía "Abbaye de Leffe".

DESARROLLO DE MERCADOS EXTERNOS

En un proceso actual de desarrollo de mercados, que está a cargo del departamento internacional de la firma, su Director, Rick Leuven, se encuentra analizando los estudios y reportes de mercado que fueron elaborados dentro de su área, sobre algunas naciones latinoamericanas.

De particular interés resulta el reporte elaborado por el Ing. Julien Van Espumen referente al mercado de Brasil.

Según el reporte, Brasil es el sexto productor mundial de cerveza, exporta el producto a 15 países de diferentes continentes y tiene una capacidad instalada de cuatro mil millones de litros por año. Sus exportaciones ya alcanzan los 8 millones de dólares, aunque no ha conseguido una penetración importante si se lo compara con casos como el mexicano o el venezolano.

A pesar de lo que todos creen, Brasil no es un gran consumidor de cervezas, ya que se bebe 30 litros por persona al año, comparados con 145 para los alemanes. Pero el mercado interno se viene expandiendo rápidamente, al punto de absorber un número creciente de marcas. El consumo crece a pasos agigantados.

Actualmente, las principales fábricas son la Brahma, la Antárctica, la Kaiser y la Cerpa. La Kaiser tiene un acuerdo con la Heineken de Holanda para fabricar bajo dicha marca.

El aumento del consumo y de la producción es natural en un país en desarrollo y de clima caliente, aún más tratándose de la bebida alcohólica más popular que se conoce, consumida por todos los estratos de la población y las diversas edades, tanto jóvenes como ancianos.

En Brasil, las cervecerías trabajan con plena capacidad de producción, aunque tengan que importar la mayor parte del lúpulo y la cebada, ingredientes básicos. A pesar de los problemas que el país vive en materia económica, las exportaciones han aumentado.

La empresa más grande, la Cía. Cervejaria Brahma, se ha mantenido en el liderazgo en el mercado nacional. En 1980 le compró el control accionario a la canadiense Brascan, de las Cervejarias Reunidas Skol-Caracu, con sede también en Río de Janeiro. Con una red de revendedores distribuida por todo el país, la empresa creada en 1888, cuenta hoy con 20 fábricas de cerveza y gaseosas en 12 estados de Brasil, además de dos materias en dicho país y una en Argentina, en una joint venture con un grupo cervecero de ese origen. En 1985, la cervecería se asoció a Pepsi Cola para distribuir la gaseosa en Brasil, juntamente con sus productos. Esta firma es la séptima fabricante mundial de cervezas. Sus marcas son la "Brahma Chopp", la "Brahma Extra", la "Brahma Light", la "Malt 90", la "Skol", la "Malzbier" y la "Caracu", estas dos últimas de tipo cerveza negra. Para las ventas en el exterior, el grupo cuenta con una trading company, la Mabra.

La otra fábrica importante es la Antárctica, que junto con la Brahma, domina el 90% del mercado nacional y fue creada en San Pablo a finales del siglo pasado, en 1891.

La cerveza brasilera tiene un sabor amargo, entre amarga y leve y su tenor alcohólico está entre el 4 al 6 por ciento de la escala de Lussac.

El análisis del grupo investigador de Artois detectó que en Brasil, existen 65 millones de tomadores de cervezas, algo así como seis veces y media el mercado belga.

De las cifras de comercio exterior, se detecta que se realizan algunas exportaciones, pero muy poco se ha importado, solo algunas marcas que satisfacen las necesidades de las clases sociales más altas en Río de Janeiro y San Pablo, y que el consumidor medio del Brasil, no tiene especial atracción por marcas foráneas, como existe en otros países. Las importaciones son escasas, no llegan a representar ni siquiera el 2 por ciento del mercado.

Luego del análisis de otras variables, se llega al convencimiento de que el mercado de Brasil es sumamente atractivo e importante, y que ya ha sido abordado por otras marcas extranjeras, en particular el caso de la Heineken. El aspecto a analizar y discutir, es el de cuál debería ser la estrategia mas adecuada para Artois para introducirse en Brasil: la exportación, la transferencia de tecnología o la inversión, ya sea en forma directa o en joint venture.

En relación a la exportación, la empresa dispone de una capacidad limitada —poca ociosidad prevista para los próximos años—, y que no cubre las expectativas para dicho mercado, por lo que si se quisiera entrar con una fuerte estrategia de inserción y presencia, debería aumentarse la producción en la planta de Lovaina. En Bélgica, no se cuenta con incentivos especiales para la exportación, pero sí existen incentivos fiscales para la inversión en el exterior, ya que el país desea exportar capitales, puesto que desde hace varios años es excedentario, para así poder revaluar un poco su moneda frente a otras divisas fuertes.

La política de importación de Brasil grava con un 25% de derechos a la cerveza. Los costos de transporte pueden ser materia de problemas también. Un contenedor lleva 1400 cajas de 24 latas cada una, valuadas en U$S 4 la caja, por lo que el precio FOB Amberes es de U$S 5.600 por contenedor. El flete hacia Santos o Río de Janeiro es de U$S 2.400 por contenedor y el seguro cuesta U$S 500, con lo cual el CIF en Brasil es de U$S 8.500. Entre los derechos y demás recargos, se deben agregar U$S 2.500 por lo que, en consecuencia, cada lata de cerveza, deberá costar U$S 0,32 al cual, agregándole los márgenes normales del distribuidor y del supermercado, lo hace muy costoso para el público consumidor, siendo que sólo unos pocos podrían adquirirla a ese precio.

Y lo que Artois intenta en Brasil, no es venderle a unos pocos, sino a la gran mayoría de consumidores, que es donde estará el gran negocio.

La otra opción es la transferencia de tecnología hacia alguna empresa brasilera grande, fundamentalmente para vender la marca Stella Artois, ya que Heineken está entrando con su marca en esa forma a dicho mercado. Si Artois exporta tecnología, la ley de transferencia de tecnología de Brasil limita las regalías a un 5% en caso de licencias de fabricación y a un 3% para la licencia de marca. En los últimos años, las dificultades de política cambiaria de Brasil han llegado a causar notables problemas y demoras para el giro de regalías, así como de utilidades para las inversiones extranjeras allí radicadas. El deseo del gobierno es limitar los pagos en concepto de tecnología sólo hacia aquellas áreas que aporten un desarrollo tecnológico al país, y ese no es el caso de la cerveza.

Por otra parte, tenemos la opción de una inversión propia o una joint venture. Artois podría entrar al mercado con un socio local, para fabricar bajo la marca Stella Artois, y no tendría problema en su aporte de capital ni en obtener financiamiento. Además, su subsidiaria Artois Overseas puede cooperar en la preparación del estudio de factibilidad y en los aspectos de ingeniería del proyecto en sí mismo, lo cual es una ventaja.

La ley brasilera de inversiones extranjeras es flexible, no tiene demasiadas limitaciones, aunque hay diferencias para los inversores foráneos respecto de las empresas brasileras de capital nacional establecidas por la Nueva Constitución. El problema es que el ambiente y el clima general de inversión se han visto deteriorados, y las agencias de análisis de riesgo, han elevado el nivel de riesgo país para Brasil, aunque eso bien puede ser coyuntural. El régimen legal limita la repatriación de utilidades y les establece un impuesto muy gravoso, a la vez que exige 8 años mínimos de residencia en el país para poder repatriarse el capital, lo cual es una desventaja.

También se pensó en instalar una plantas en el Noroeste de Argentina, para desde allí exportar hacia Brasil, en virtud de que ambos países forman el Mercado Común del Cono Sur (MERCOSUR) y la cerveza desde Argentina entra a Brasil al 0% de derechos, pero finalmente esa opción se rechazó porque el Grupo Bemberg de Argentina, tiene una planta muy importante en Corrientes, relativamente cercana a la frontera con Brasil, y por otras razones de política de la empresa.

En función de los elementos aquí expuestos, evalúe las ventajas y desventajas de las opciones de exportación, transferencia de tecnología e inversión conjunta o 100% propia en el mercado brasilero.

14,5. VIGA MAESTRA: DESAFIOS ESTRATEGICOS

Copihue es un país ubicado al sur de América Latina cuya geografía le ha permitido compartir la actividad minera pesquera y forestal que constituyen los tres grandes rubros tradicionales de exportación en su actual balanza comercial. El sector mas importante es el sector minero que representa más del 55% del total de las exportaciones de Copihue y de un total que US$ 10.000 millones de dólares anuales de exportación, la gran minería del cobre representa un 45%. Viga Maestra es la empresa pública a quien se le encomendó por ley el manejo de los yacimientos de gran minería del cobre que fueron nacionalizados en el año 1970 y que han significado para el desarrollo de Copihue uno de los pilares fundamentales, ya que el presupuesto se sustenta en los retornos que provoca Viga Maestra como la gran Corporación Nacional del Cobre en Copihue.

Los desafíos que enfrenta Viga Maestra entrando en la década de los '90 se pueden resumir en los siguientes cuatro aspectos:

a) La pérdida relativa de competitividad en los costos de producción que está alcanzando Viga Maestra en comparación con su principal competidor que son los Estados Unidos. En 1989 las diferencias y ventajas de costos a favor de Copihue iban disminuyendo con lo cual los directivos de la empresa Viga Maestra se convocaron para revisar profundamente la eficiencia y productividad en sus yacimientos mineros.

Si bien ésta es una desventaja, la solución de problemas de productividad ha provocado un desarrollo de tecnología en cobre que se ha convertido en un servicio exportable. Viga Maestra ya lo ha probado en mercados africanos, en donde ha brindado asistencia tecnológica para la explotación minera a tajo abierto y subterránea, probando de esta forma la tecnología de punta que ha ido desarrollando la propia empresa para ir solucionando sus problemas directos de producción.

b) Otro aspecto importante que debe enfrentar la empresa es la tendencia que se está observando en mercados internacionales en cuanto a productos sustitutos del cobre y que podrían ir desplazando al cobre en el campo de las comunicaciones. La fibra óptica en redes troncales vinculando a grandes conglomerados de población puede ser más barata que los tendidos en cobre. El desarrollo del cobre necesita una diversificación en su consumo y es así como Copihue ha creado un Instituto de Investigación del Cobre de donde ha ido surgiendo una capacidad potencial para convencer al mercado internacional de las ventajas del cobre en la construcción y otro tipo de manufacturas.

c) Otro problema de carácter estratégico es el que tiene relación con los procesos contaminantes que se han utilizado hasta la fecha en Copihue y que deben ser revertidos so-pena de ser acusado Copihue de dumping ecológico. Los mercados internacionales están sensibilizándose cada vez más a los problemas de contaminación que puedan provocar los procesos mineros y es así como Viga Maestra debe encarar un gran ajuste tecnológico que le permita ir disminuyendo los grados de contaminación hasta llegar hasta una reducción total de ellos, con un cambio de los sistemas de explotación.

d) Otro aspecto de desarrollo estratégico tiene relación con una expansión y diversificación de la empresa en los mercados externos. La producción tradicional de la empresa se concentra en cobre electrolítico en wirebars. En la idea de avanzar en una acción de marketing la empresa se propone una acción de posicionamiento en el Mercado Común Europeo en donde ya existe un muy buen conocimiento de la empresa a través de su clientela tradicional: las empresas usuarias del cobre electrolítico, firmas de fabricación de cables eléctricos.

El Directorio de Viga Maestra está presidido por el Ministro de Minería de Copihue. Este ministro ha procurado agilizar y modernizar la gestión de Viga Maestra tomando debida nota de los 4 problemas estratégicos que deben ser resueltos en forma coordinada. Para estos efectos el Ministerio de Minería auspició un proyecto de ley, que fue aprobado por el Congreso, a efectos de autorizar a Viga Maestra para realizar asociaciones con el fin de explotar en forma conjunta yacimientos que están como reserva de Viga Maestra y que de esta forma podrán entrar en explotación.

Por otra parte, Viga Maestra está tratando de potenciar a través de sistemas asociativos la exportación más agresiva de la tecnología en explotación cuprífera que ha ido desarrollando y que constituye un conocimiento de punta dentro del área minera que está tratando de colocar en todo el mercado mundial. Para esto ha entrado en conversaciones con la empresa minera de Finlandia, Nivelingos S.A., con el fin de perfilar contratos de operación conjunta tanto en Copihue como en la comercialización internacional de la tecnología de punta que Viga Maestra ha ido desarrollando. De esta forma, Nivelingo estaría proveyendo a la empresa Viga Maestra de una red comercial desarrollada a nivel mundial y estaría agregando a su cartera de negocios un área de gran rentabilidad como puede ser la modernización a través del know how generado por Viga Maestra.

El camino de las joint ventures ha sido ensayado en ocasiones anteriores por Viga Maestra y gracias a esa experiencia hoy puede proyectar su aplicación al ámbito nacional para co-explotación de yacimientos reservados por ley a Viga Maestra y también para entrar en coinversión para potenciar el uso del cobre en otros rubros no tradicionales y de esta forma fortalecer la presencia del metal rojo en los mercados. Así, la joint venture comienza a ser una herramienta internalizada por la empresa.

Las experiencias anteriores son fundamentalmente tres que resumimos en dos, primero la incursión de Viga Maestra en la Comunidad Económica Europea en donde ha establecido dos contratos de joint venture con similares características; y otro emprendimiento conjunto con una empresa pública de China.

LAS EXPERIENCIAS DE VIGA MAESTRA EN EUROPA

1.   El primero radicado en Alemania con la empresa Kabel Metal Electric que significó la instalación de una planta de fundición continua que produce anualmente 160.000 Ton de alambrón de cobre, materia prima para la industria eléctrica y electrónica.

2.   La segunda experiencia se estableció en Francia y supuso la asociación con la empresa Lyontronic que montó con Viga Maestra una planta de 120.000 Tons. de alambrón/anuales.

En la sociedad con los alemanes Viga Maestra tiene un 40% de la empresa y los socios alemanes la diferencia.

En el caso francés la participación de Viga Maestra, fue de un 26%.

La expansión del mercado que supuso la venta de un producto de mayor valor agregado, que es un insumo de la industria manufacturera europea significó concretamente a Viga Maestra la expansión de su cartera en un 200% en el mercado alemán y en 100% en el mercado Francés.

CUESTIONARIO

1.   ¿Qué opinión le merece una Joint Venture de carácter mixto en donde una empresa del sector público encara asociaciones con el sector privado?. ¿Qué limitaciones y ventajas le ve usted a experiencias de este tipo?

2.   En la estrategia que está desarrollando Viga Maestra en relación al problema ecológico. ¿Qué alcance tiene en mercados internacionales el nuevo concepto de dumping ecológico?

3.   Viga Maestra a escogido a los socios de acuerdo al conocimiento que tenía de ellos como buenos clientes de cobre electrolítico. ¿Participa usted de este criterio para la selección de un socio con quien entrar en Joint Venture?. ¿Qué más le exigiría usted a un socio?

4. Si usted fuese director de Viga Maestra y tuviese a su cargo el departa-
    mento comercial de la empresa, con qué medidas fortalecería su posi-
    ción al entrar en Joint Venture. ¿Qué esperaría usted lograr con la aso-
    ciación y que daría a cambio?

5. ¿Qué limitaciones observa usted en un negociador que representa a
    una empresa pública cuando tiene que entrar a conversar una negocia-
    ción de Joint Venture?

14.6. VIGA MAESTRA CON TUBOLIN SE ASOCIAN CON THANKHEDHAO LTDA. DE HONG KONG

Tubolín es una empresa privada fabricantes de manufacturas de cobre en Copihue. Es una empresa líder en el mercado, que participa en la fabricación de cables eléctricos de uso domiciliario, cables para tendido subterráneo de media tensión y también en tubos de cobre destinados a la construcción.

Tubolín participa en el Comité de Exportadores de Manufacturas que ha formado Copihue Export, la Dirección de Promoción de Exportaciones de Copihue. Allí su Gerente General, Pedro Rayuela, ha conocido las posibilidades de incursionar en la Cuenca del Pacífico, y más concretamente en el mercado chino. El primer conocimiento del mercado chino lo obtuvo a través de una feria que se realizó en la capital de Copihue, a la cual asístió una misión comercial de las compañias de comercio exterior de China. Allí se conectó con la firma Thankhedhao, empresa dedicada a la venta de artículos de construcción. Las primeras conversaciones intentaron evaluar la posibilidad de exportar tubos de cobre para construcciones desde los puertos del Pacífico de Copihue hacia el lejano oriente, vía Hong Kong. El valor del flete, tenía gran incidencia por tratarse de carga de gran volumen, y hacía imposible la competencia de los productos terminados en China. De allí surgió la posibilidad de fabricarlos en ese país.

Luego de establecer algunas notas de intención se decidió tomar un contacto directo. Previamente a este viaje Tubolín se entrevistó con la Vicepresidencia Ejecutiva de Viga Maestra a fin de comprometer también su intención para encaminar un proyecto conjunto que permitiera utilizar la materia prima de cobre y manufacturarla en Asia para una distribución al interior del auspicioso mercado chino.

El peso de estas gestiones recayó precisamente en el ingeniero Pedro Rayuela quien tiene una vasta experiencia en el manejo de manufacturas de cobre. Con el respaldo de Viga Maestra, Pedro Rayuela viajó a Hong Kong en donde tomó contacto directo con Thankhedhao y les propuso la asociación en partes iguales para establecer una planta que fabricara tuberías de cobre para diversos usos en el campo de la construcción. Las perspectivas potenciales del mercado chino, con un desarrollo más agresivo, marcaban que se podía incentivar el consumo de estos elementos reemplazando las cañerías de acero galvanizado o de plástico que se estaban utilizando en dicho país. En la propuesta de trabajo, Tubolín junto a Viga Maestra aportaban el conocimiento y la calidad de una materia prima y el know how de todo el proceso fabril, en tanto

Thankhedhao debía comprometerse en los aspectos de desarrollo comercial, es decir, el cumplimiento de metas comerciales que implicaran una creciente participación en el mercado de China.

El acuerdo se insertó dentro de la legislación china que contempla un mecanismo para la realización de asociaciones, y que consiste en el respaldo por parte del Gobierno Chino al acuerdo alcanzado por una empresa china y los inversores chino-extranjeros o socios extranjeros. Al alcanzarse este respaldo se le aplica a la empresa mixta chino-extranjera una legislación que favorece su desarrollo y permite una tributación especial que incentiva la realización de estos emprendimientos conjuntos. Es la legislación que más entusiasmó a Pedro Rayuela, ya que le otorgaba una seguridad política al contrato que se pensaba realizar.

El tema que inmediatamente se pasó a conversar fue el de la planta y sus dimensiones. En este sentido, Tubolín se comprometió a obtener el equipamiento para una planta que tuviera una tecnología moderna y para este fin el ingeniero Pedro Rayuela se comunicó con una empresa británica que es líder en la producción de tuberías de cobre y comenzó tratativas para adquirir el equipamiento en esa firma, tomando equipos reacondicionados puestos a punto, que cumplían con las exigencias de calidad que tenía el proyecto. La firma inglesa Beatletub se interesó de inmediato.

De regreso en Copihue el ingeniero Rayuela se reunió con Viga Maestra para dar cuenta de los avances y encaminó rápidamente la creación de una sociedad entre Viga Maestra y Tubolín, para encarar estas negociaciones que entraban ya en tierra derecha.

Viga Maestra y Tubolín decidieron realizar una empresa con aportes iguales y se estableció legalmente la misma con el nombre de Vitubol del Pacífico Ltda.

Esta empresa con domicilio social en Copihue, se encargó en conectar a Beatletub para la adquisición de los equipos principales de la planta que se construiría. Por lo tanto, la nueva empresa mixta de Viga Maestra y Tubolín inició en forma paralela las negociaciones con el proveedor de los bienes de capital y con la contraparte China Thankhedhao Limited.

Finalmente luego de prolongadas negociaciones con Thankhedhao y con el proveedor inglés se acordó establecer una tercera empresa en donde Viga Maestra y Tubolín, representados por Vitubol del Pacífico Ltda. participaban en un 50% y Thankhedhao Limited el otro 50%. La nueva firma generada al alero de la legislación para Equity Joint Venture de China llevó el nombre de China-Copihue's Tubes Ltd.

En la adquisición de la planta a la Beatletub se gestionó un financiamiento que consistió en cinco años plazo, con dos años de gracia y un interés Libor más un 2% de comisión para el banco interviniente. Por tratarse de una empresa que contaba con el respaldo del gobierno de la República de China se pudo gestionar en Inglaterra el seguro de Crédito a la Exportación por Comprador Público, con lo cual el exportador británico pudo descontar la operación obteniendo el pago contado del suministro de bienes de capital. También se gestionó con el proveedor una garantía técnica que involucraba la reposición en caso de desperfecto. Los servicios de post-venta también estaban asegurados en términos de asistencia técnica para el mantenimiento periódico de la planta.

Para el montaje de la planta se encargó a la nueva empresa la selección y administración de las obras. Para la capacitación del personal que se ocuparía de trabajar en este nuevo establecimiento, los socios de Copihue trajeron a los supervisores de la nueva planta para un entrenamiento en la planta de Tubolín.

El compromiso del socio chino Thankhedhao fue inicialmente alcanzar una exportación del 50 % de la producción, estimándose ésta en 4.000 toneladas métricas por año.

Desde el inicio de las negociaciones hasta que se tuvo la planta en funcionamiento transcurrieron tres años, las expectativas de comercialización que habían sido bastante auspiciosas al inicio de las negociaciones, no se han alcanzado como metas reales luego de un desarrollo de tres años a partir de la puesta en marcha de la planta. El Gerente Pedro Rayuela señaló en una reciente reunión con Viga Maestra que las posibilidades de expansión dependían de la capacidad comercial que tendría que aportar la firma Thankhedhao Ltd., pero en dicha gestión no se había alcanzado todavía un buen ritmo. Pedro Rayuela comentó que el timing del socio chino es diferente al de los occidentales socios de Copihue, pues en el desarrollo comercial esperado se supuso que el socio chino iba a tener una mayor capacidad de colocación de la producción en el mercado chino. En la centralización burocrática de las decisiones en el plano económico, entraba la posibilidad de desarrollar una estrategia de marketing al estilo occidental. Por lo tanto en la evaluación que ha hecho Tubolín de esta operación se ha apreciado fundamentalmente la experiencia ganada al establecer esta cabecera de playa al otro lado del Pacífico, pero en los resultados objetivos del volumen de ventas no se ha alcanzado en verdad las metas que hacían atractivo todo este esfuerzo. Sin embargo, la empresa ha ido cubriendo sus compromisos con el proveedor británico y el afianzamiento con el socio chino supone principalmente un problema de características culturales, que se puede ir superando en la medida que el cuerpo directivo mixto compuesto por ejecutivos de Copihue y de China comiencen a integrarse en términos de equipo.

El desarrollo de esta experiencia de Tubolín en este negocio, permitió a Tubolín involucrar como socio a la empresa pública más importante en el área minera de Copihue y, por otra parte, establecer una negociación exitosa en términos de obtención de equipamientos de segunda mano. Establecer una negociación de joint venture con una empresa china que también está inserta en el aparato público de su país, reviste como acción empresarial la importancia de un aprendizaje y de una inversión que debe apreciarse en escenarios de más largo plazo.

CUESTIONARIO

1. ¿Cómo aprecia usted la acción negociadora de Pedro Rayuela en este emprendimiento conjunto?.

2. ¿Qué comparación podría usted hacer entre las dos empresas públicas que aparecen en este acuerdo tripartito, Viga Maestra del país Copihue y la firma pública Thankhedhao Limited de China?

3. Para la concreción de una joint venture ¿Cómo considera usted la existencia de un régimen especial para la inserción del emprendimiento conjunto dentro de la legislación china?. Fundamente su opinión.

4. En la promoción del consumo de cobre en el mercado chino y dada las características socio políticas de este país como cree usted que se podría efectuar una tarea más agresiva de marketing a partir de esta joint venture con un socio chino.

5. En qué medida Copihue estaría fortaleciendo su presencia en el mercado asiático a través de una joint venture, si ésta no ha alcanzado las metas inicialmente previstas en cuanto a volumen de ventas. Hasta qué momento se puede mantener justificar un emprendimiento que no es del todo exitoso.

14.7. PETROLEOS NACIONALES
DE COPIHUE, PNC

P.N.C. es una empresa pública que por largos años ha venido explotando yacimientos petroleros que cubren mínimamente las necesidades nacionales y, fundamentalmente, ha concentrado su esfuerzo empresarial en la instalación de refinerías que le permiten procesar el petróleo crudo que el país importa. La necesidad de Copihue de abastecer zonas alejadas del centro de su territorio, le motiva a establecer acuerdos de complementación energética con el vecino país de Malambo. En Malambo funciona también una empresa pública encargada del tema petróleo que lleva el nombre de Empresa de Petróleos de Malambo E.P.M. Malambo y Copihue comparten fronteras y en la región más austral de ambos territorios existe una amplia zona marítima en donde ambas empresas vienen realizando emprendimientos operativos conjuntos que suponen un estilo muy novedoso de cooperación puntual en el campo energético.

Los intereses que confluyen son bastante claros: a Petróleos Nacionales de Copihue le interesa diversificar el abastecimiento de crudo tratando de obtenerlo en un costo más económico y para ello ofrecen a Empresas de Petróleos de Malambo, financiar y aportar tecnológicamente para que, a través de plataformas marítimas, vayan prospectando el fondo marino y así lograr ubicar pozos de petróleos, cuyo producto se destinaría, como un mercado seguro, al abastecimiento de la región austral de Copihue. Malambo, por su parte, logra encarar la exploración y explotación de su propio territorio marítimo a través de la participación de este socio y vecino que está colocando el capital de trabajo y la tecnología para el montaje de las plataformas petroleras.

Petróleos Nacionales de Copihue suscribe con Empresas de Petróleos de Malambo un acuerdo que se denomina Joint Operation Agreement, Acuerdo de Operación Conjunta en donde la empresa P.N.C., no actúa en forma directa sino a través de otra empresa de su holding que lleva por nombre Petrosil. Petrosil es el brazo formal para la realización de un trabajo conjunto en esa área del vecino Malambo. Así se suscribe un acuerdo operativo en donde las partes se asocian para el específico fin de explorar y explotar yacimientos marítimos que tendrán en su resultado como destino:

1. Cancelar a Petrosil los gastos de inversiones en que incurrió para colocar recursos financieros, tecnología y trabajo para la instalación de la plataforma y, luego de saldada esta deuda, Petrosil asegura la compra por parte de Petróleos Nacionales de Copihue P.N.C., del 100% de la producción que genere la plataforma. En caso de no encontrarse petróleo, el riesgo ha sido asumido fundamentalmente por P.N.C. y Petrosil.

Para Malambo que tiene una posición energética menos dependiente del mercado externo que Copihue, resulta muy interesante incrementar la producción, a través de estas operaciones seguras que le ofrece la contraparte de Copihue.

En estas operaciones cada parte mantiene su plena independencia y el entendimiento solamente las compromete en el marco concreto y puntual del contrato del trabajo operativo que están afrontando en cooperación. A EPM le corresponde responsabilizarse por la obtención de las autorizaciones necesarias de su gobierno para que pueda operar en sus aguas territoriales personal técnico y directivo de Copihue.

Copihue y Malambo logran a través de estos acuerdos operativos tejer redes de intereses muy concretos que pueden servir de base para explorar la cooperación en otros ámbitos de la complementación energética, ya que PNC depende del Ministerio de Minería y también se vincula con la Secretaría de Estado encargada de Energía, con lo cual los vínculos a nivel de funcionarios directivos de empresas como PNC y EPM sirven para que se encaminen otras acciones cooperativas como puede ser la complementación a través de gasoductos o traspaso de energía desde Copihue a Malambo y viceversa.

CUESTIONARIO

1. En una Joint Venture el aspecto contractual no pasa necesariamente por la creación de una tercera sociedad hija. En este caso, hemos revisado el mecanismo de Joint Operating Agreement. Podría usted resumir sus características y alcances.

2. Tratándose de empresas del sector público, si usted tuviera que adaptar esta experiencia a la realidad jurídica de su propio país cree usted que podría darse un acuerdo operativo entre empresas públicas de su país y las de cualquier otro país vecino.

3. En este acuerdo operativo, el petróleo que se extrae de las plataformas flotantes tiene un mercado seguro: hay una acción de retrocompra en donde se paga la participación o inversión de PNC a través de un suministro de petróleo y luego PNC le asegura el mercado al proyecto. Si no se diera esto, cómo podría hacerse viable un acuerdo operativo y qué elementos o variables cree usted que podría agregar al acuerdo para que tuviera un resultado positivo para ambas partes.

14,8. JOINT VENTURE DE LA COMPAÑIA NAVIERA SOL AZUL EN EL POOL NAVIERO RUTA NUEVA

Sol Azul es la compañia naviera más importante de Copihue. Sol Azul es una empresa privada que tiene más de 100 años de actividad y su flota está conformada por buques propios y buques arrendados bajo la figura charter a casco desnudo que significa que las naves ingresan a la flota y la compañia dispone su propia tripulación durante todo el período de arriendo de la motonave. De esta forma, las empresas navieras en Copihue han podido ir expandiendo su oferta de servicio para satisfacer el crecimiento del comercio exterior de este país. A partir de la crisis del petróleo de 1973 el transporte marítimo internacional vivió una gran recesión que le obligó a modificar la estrategia del negocio naviero a fin de optimizar el rendimiento de las naves, a través de mecanismos modernos de consolidación de cargas, equipos de transferencia portuaria y naves que fuesen atendiendo los nuevos tiempos del comercio mundial y la tecnología del transporte. En otras palabras, se produce una gran revolución en el transporte marítimo que va a implicar en la organización del negocio naviero, la creación de emprendimientos conjuntos de diversas compañías navieras con el fin de racionalizar sus frecuencias, de atender las rutas a través de embarcaciones y equipos más eficientes, y lograr así superar el problema de sobreoferta de bodega que existe hacia fines de los años '70 como consecuencia de la recesión derivada de la crisis del petróleo.

Durante los años '80 el transporte vive la época de la containerización, la creación de buques especializados en el transporte de contenedores, la modernización de los puertos para convertirse en estaciones de transferencia de carga que faciliten y agilicen, a través de normativas aduaneras más ágiles, las tareas de embarco y desembarco de mercancías. Las compañías navieras son protagonistas directas de esta rápida evolución que va por delante de la evolución del comercio mismo y va abriendo campo para que éste crezca y se haga más eficiente en términos de competitividad de los productos en los mercados.

Es en este marco en el cual la Compañía Naviera Sol Azul decide incorporarse a una experiencia innovadora del negocio naviero que bajo el nombre de Ruta Nueva han conformado una serie de compañías navieras y este emprendimiento conjunto se sustenta fundamentalmente en los siguientes acuerdos:

1. Las empresas que se incorporan al pool naviero Ruta Nueva se comprometen a realizar una coordinación en su plan de inversiones aportando al pool una nave que perteneciendo a cada empresa en términos pa-

trimoniales, se integra funcionalmente a un sistema coordinado de servicios. Es así como Sol Azul debe entrar a este club Ruta Nueva con aportes de un buque portacontenedores de moderna tecnología que junto con otros similares aportados por cada una de las empresas socias establecerá un nuevo y moderno servicio que, con una mayor velocidad de navegación, una mayor capacidad de carga unitizada y una mínima estadía en los puertos, barrerá la ruta hacia Europa y logrará de esta forma hacer más competitiva la actividad de todas las navieras involucradas en esta Joint Venture.

2.   Las compañías no solamente se comprometen a modernizar sus embarcaciones y aportarlas al servicio integrado de Ruta Nueva, sino también se comprometen a impulsar e invertir para que las terminales portuarias sean habilitadas debidamente para la descarga mecanizada de los contenedores y la creación de terminales abiertas en donde se pueda acopiar la carga en lo que se denomina el Pre-stacking de la carga que espera al buque y patios preparados para el almacenaje temporal de las cargas que tendrían que permanecer el mínimo tiempo en el puerto.

3.   En la administración naviera de la flota completa, las empresas deben actuar en forma consorciada, es decir, la programación de los servicios en esta empresa conjunta, consorcio o pool denominado Ruta Nueva, depende del equipo administrador de Ruta Nueva y en este sentido las empresas miembros del consorcio delegan la gesitón en un gerente de Ruta Nueva encargado de programar y supervisar todas las operaciones navieras de todas las naves del consorcio cada vez que toquen determinado puerto.

Esta experiencia en el campo naviero se repite en Copihue en diversas ocasiones y corresponde a un estilo muy natural que se ha ido dando a nivel internacional y que se caracteriza por la conformación de organizaciones que alcanzan una alta eficiencia tecnológica y economías de escala para servir rutas de importancia. La participación de Sol Azul en Ruta Nueva en donde los socios son también europeos, les permite a Sol Azul acceder a servicios de cabotaje dentro de Europa, que de otra forma estarían fuera de su alcance individual como empresa naviera de Copihue.

La importancia logística que reviste una organización supraempresarial que resume los intereses operacionales de cada una de las partes, aparece por lo tanto como un emprendimiento conjunto de carácter operativo comercial, en donde las partes trascienden a la antigua conferencia de fletes para entrar directamente en una experiencia asociativa de fondo que se resume en un compromiso de largo plazo en el sentido de respetar una gestión consorciada de las modernas embarcaciones que se van incorporando al pool.

CUESTIONARIO

1. ¿Cuál entiende usted sería el ámbito de gestión de un pool naviero en los términos formulados para la joint venture Ruta Nueva?

2. ¿Cómo podría a su juicio integrarse en un consorcio de este tipo una naviera de un país que mantuviera todavía leyes de reserva de fletes?

3. ¿Qué controles societarios piensa usted que debería contener una joint venture operativa comercial como la que se ha perfilado en este consorcio Ruta Nueva?

4. Este sistema operativo que mantiene la independencia y personalidad jurídica de cada uno de los consorciados, ¿piensa usted que podría ser viable en otros campos de los servicios de transporte, por ejemplo el aéreo?

5. ¿Cuáles son, a su juicio, los elementos distintivos de una joint venture operativa comercial en el campo de los servicios, respecto a una joint venture que conjuga o complementa producciones?

Este libro se terminó de imprimir
en el mes de mayo de 1993 en los talleres
de Editorial Presencia Ltda.